KB252978

한일 산업경쟁력 비교

박성주 · 박영렬 · 야나기마치 이사오 외 지음

한일 산업경쟁력 비교

한국학술정보

머리말

한국과 일본은 역사적으로 가깝고도 먼 관계를 지속해왔다. 서로 문화를 전수하며 돕기도 하고 싸우고 경쟁하기도 하였다. 스포츠에서도 일본야구 없이 한국야구가 성장할 수 없었고, 한국축구 없이 일본 축구가 발전할 수 없었을 것이며, 아사다 마오 없이 김연아가 성공하기도 어려웠을 것이다. 기업도 마찬가지이다. 소니 없이 삼성전자가 성공하지 못했을 것이고, 도요다 없이 현대자동차도 성공하기 힘들었을 것이다. 세계 다른 국가들과 달리 한국과 일본은 주력산업의 구조가 유사하다. 이는 한국이 일본산업을 기러기처럼 지속적으로 쫓아날아왔기 때문이다. 그러므로, 한국기업들이 초기 산업화에서 앞선 일본의 기업들로부터 기술이전이나 경영의 벤치마킹 모델로서 암묵적 도움을 받아 발전한 것도 부인하기 힘들다. 이런 한국의 대표 기업들이 이제 그동안 쫓아온 일본기업들을 앞서거나 경쟁하는 단계에 와 있다. 그러나 길게 보면, 한국과 일본의 기업들은 서로 경쟁을 통해 단기적인 어려움을 겪는 경우도 있으나, 결과적으로는 서로를 돕게 되고 상호 발전하게 되는 선순환의 관계로 볼 수 있을 것이다.

본서에서 주로 다룬 한일 기업 간의 경쟁력 비교와 변화에 대한 논의는 어느 한 나라만을 위한 것이 아니다. 한국, 일본 두 나라 기업 모두를 위한 것이며 장기적으로는 미래의 동반 성장을 위한 길을 모색하는 노력이다. 그리고 21세기 '아시아 세기'를 맞아 중국과 함께 중요한 두 나라인 한국과 일본 기업의 선의의 경쟁과 협력, 이를 통한 지속 성장을 위한 중요한 노력의 일환이라고 하겠다. 한편 본 연구를 진행하는 과정에서 양국 연구자들 간에는 접근방식이나 견해에 있어 미묘한 차이가 존재했었다. 그러나 이는 활발한 논의와 토론의 기폭제가 되었으며 오히려 한일 양국의 학자들 모두에게 다양한 주장을 접하고 서로 배울 수 있는 소중한 기회가 되었다. 이 과정에서 제기되었던 양국 학자, 전문가들의 허심탄회한 논의와 고민의 흔적들을 본서에 정리해 보았다. 양국의 건설적인 발전에 도움이 되었으면 한다.

끝으로 본 연구를 후원해 주신 아시아연구기금, 포스코경영연구소, 한국경제신문사와 국제 컨퍼러스를 주관해 주신 연세대학교 동서문제연구원에 깊은 감사를 전하며 또한 본 연구를 출판해 준 한국학술정보(주)에도 감사드린다.

저자 일동

서론

박성주(KAIST 테크노경영대학원)

　최근 일본에서는 한국기업에 대한 관심이 대단히 높다. 그 이유는 뒤쫓아 오던 한국기업들이 어떻게 일본기업들을 앞서기 시작하고 있는가 하는 의문에서 출발한다. 삼성전자가 소니를 앞지르고 현대자동차가 도요타와 경쟁한다는 것은 10년 전만 해도 누구도 상상하기 힘든 일이었다. 한국과 일본의 일부 언론에서는 이러한 현상의 근본 이유로 한국기업의 스피드(Speed)와 대담성(Boldness)을 들며 상대적으로 일본기업의 느림과 우유부단함을 이유로 들었다. 또한 한국기업의 글로벌 시장을 개척해 나가는 개방성에 비해 일본기업들이 내수 시장에 안주하는 갈라파고스식 정신자세에 대한 논의도 뜨겁게 일어나고 있으며, 일본 내에서 자성의 목소리도 높다. 그러나 한 기업 더 나아가 한 국가의 기업 간 경쟁력을 한두 가지 요인에 국한해서 얘기한다는 것은 나무만 보고 숲을 보지 못하는 한계를 가지게 된다. 이러한 문제의식으로 인해 본 연구가 시작되었다. 본 연구서에서는 한국과 일본의 경영학자들을 중심으로 한일 양국 간 기업경쟁력에 대한 다양한 의견을 모아 보았다. 특히 양국 경제 발전의 원동력이 된 5개 핵심산업, 즉 반도체, 전자, 자동차, 철강, 조선 산업의 사례를 중심으로 한일 간 기업 경쟁력의 원천이 어디에 있는지, 이의 동적인 변화는 어떻게 진행되고 있는지, 향후 전망은 어떠한지, 또한 한일 경쟁력 비교를 위한 가설과 개념적 틀이 존재하는지에 대해 다양한 의견을 제시하고 이를 담고자 했다.

첫 장에서 KAIST 테크노경영대학원의 정구현 교수는 한국과 일본, 양국 기업의 경쟁력 변화는 크게 볼 때, 장기적인 산업의 순환, 국가별 거시경제 상황의 변화, 지배구조 차이에서 기인한다는 가설을 제시하고 이를 통합하여 산업별 연구에서 활용할 수 있는 개념적인 틀을 제시하였다.

반도체 산업에 대한 분석은 게이오대학교의 야나기마치 이사오 교수, 극동대학교의 하연찬 교수, 슈쿠토쿠(淑德)대학교의 고미 노리오 교수가 진행하였으며 디스플레이 산업에 대한 분석은 LG경제연구원의 홍덕표 수석연구위원과 요코하마시립(橫浜市立)대학교의 아카바네 준 교수가 담당하였다. 야나기마치 교수는 양국 간 경쟁력 변화의 가장 중요한 원인으로 최고경영진의 리더십에 주목하면서 일본에 있어 최고경영진이라는 자리가 조직 내 평범한 자리 중 하나가 되어 버린 것이 양국 간 경쟁력 변화의 중요한 원인이라고 지적하였다. 하연찬 교수는 일본의 부동산 버블 붕괴, 한국의 외환위기에 대응하는 양국

기업들의 모습을 비교하며 반도체 산업의 경우 거시경제 침체라는 외부변수가 양국 간 지배구조의 차이로 인한 경쟁력 역전을 더욱 가속화시켰다고 보았다. 고미 교수는 양국 간 경쟁력 변화는 거시경제 변화에서 기업전략에 이르기까지 다양한 관점에서 설명할 수 있다고 언급하면서 한국의 경우 많은 혁신이 프로세스에 기반을 두고 있어 중국, 대만과 같은 후발국으로부터의 추격에서 향후 자유롭지 못할 수 있다는 점을 지적하였다. 디스플레이 산업에서 홍덕표 수석연구위원은 한국 디스플레이 기업들의 성공요인을 분석하여 양국 간 지배구조의 차이가 경쟁력 변화의 가장 중요한 원인이라고 여긴 반면, 아카바네 준 교수는 디스플레이 산업의 발달과정에서 산업 전반의 지식이 장비에 축적되고 게임의 룰(Game Rule)이 변화한 바 있는데 한국기업들이 장비산업에 축적된 지식을 효과적으로 잘 흡수한 것을 양국 간 경쟁력 변화의 근본적인 원인으로 파악하였다.

철강, 자동차, 조선 분야에 대한 연구에서도 양국의 연구진이 참여하였다. 포스코경영연구소의 김경찬, 이진우 연구원은 장기적 관점에서 철강 산업의 역사와 경쟁력 변화를 고찰하면서 철강 산업에 있어 경쟁력 변화의 요인이 산업수준에서 점차 기업수준으로 이동하고 있다는 의견을 제시하였으며, 아시아경제연구소의 아베 마코토 연구원은 철강기술의 탄생과 수렴이 철강 산업에 있어 선발국과 개도국 간 차이를 결정하고 있다는 견해를 제시하였다. 인제대학교의 이중우 교수는 현대자동차와 도요타자동차의 비교분석을 통해 한국 자동차기업의 미래과제를 언급하였으며 교토(京都)대학교의 시오지 히로미 교수는 국내 생산과 수출이라는 관점에서 자동차 산업을 분석하여 일본, 한국, 중국의 글로벌 경쟁력을 규명하였다. KAIST 테크노경영대학원의 김영배 교수는 한국과 일본의 조선 산업의 발전과정과 양국 간 산업경쟁력 비교분석을 통해 조선 산업의 경우 산업을 바라보는 양국 간 시각차, 그리고 후발자로서 한국기업들의 도전정신이 경쟁력의 역전을 가져왔다는 의견을 제시하였다. 교토산업(京都産業)대학교의 구승환 교수와 고쿠시칸(國土舘)대학교의 히로유키 카토 교수는 각국 정부의 역할과 다각화로 인한 조선 산업에 대한 집중력 차이가 양국 간 경쟁력의 변화를 불러일으킨 중요한 원인이라는 견해를 제시하였다. 끝으로 종합부분에서는 지금까지 논의된 전체 연구내용을 정리하고 본 연구에서 새롭게 발견된 부분과 양국에 있어 중요한 시사점을 도출하고자 하였다.

Contents

1장

한국과 일본기업의 경쟁력 비교 연구: 개념적 틀

한국과 일본기업의 경쟁력 비교연구: 개념적 틀

정구현(KAIST 테크노경영대학원)

I. 배경

한국의 산업화는 1970년대부터 본격화되었다. 박정희 정부에 의해서 주도된 한국의 산업화는 1970년대의 시대상황을 반영하고 있다. 당시는 월남전이 막바지에 달하면서 공산화의 위협이 남한 및 동남아에 만연했던 시기였다. 박정희 대통령은 북한의 남침위협을 극복하고 북한과의 경쟁에서 이기기 위해서 철강과 조선, 화학 등 중화학공업을 일으키는 산업화를 적극 추진하였다. 그리고 산업화의 모델로는 주로 일본의 경제와 산업을 벤치마킹하였다. 한국정부는 1965년 한일 외교정상화를 통해서 일본으로부터 경제협력자금을 받아내어 석유화학 등 기초산업에 투자했을 뿐만 아니라, 기업들도 철강이나 조선 등 주요 산업에서 일본기업의 기술지원이나 합작투자를 통해서 산업을 일으키는 데 필요한 자원을 확보하기 시작했다(Kohli, 1994).

일본의 여러 산업은 1960년대 들어서 본격적인 도약을 하기 시작했으며, 1971년 8월의 브레튼우즈체제의 붕괴와 더불어 일본의 엔이 대폭 절상됨에 따라서 해외에서 새로운 생산기지를 물색하기 시작했다. 당시 일본의 산업계와 학계가 구상한 일본경제의 새로운 성장모델은 '雁行형 모형(Flying Geese Model)'이라는 말로 집약된다. 일본의 산업이 주도하는 가운데, 일본은 우수한 기술(부품과 소재)과 자본을 바탕으로 한국, 대만, 홍콩 등 나중에 NIEs(Newly Industrializing Economies)라고 불리게 된 국가의 산업과 기업을 조직화하는 것이었다. 이 모형에 의하면 일본기업이 계속해서 기술과 자본과 노하우에서 앞서 간다는 전제하에 NIEs는 일본이 주도하는 동아시아 산업 Network에서 수직적 구조를 가지게 되는 것이었다(류상영·이승주, 2003). 이러한 일본이 주도하는 동아시아 산업구도는 1990년경까지는 대체로 그런 모습으로 유지된 듯하다.

그러나 1990년에 일본의 자산 버블이 꺼지면서 일본의 기술/자본의 우위는 약화되기 시작했다. 일본의 경기침체는 예상보다 오래 지속되었으며, 특히 1997년의 아시아 금융위기를 거치면서 더욱 악화되었다. 한국은 1997년 위기에서 IMF의 구제금융을 받고서야 국가부도의 위기를 극복했지만, 위기 이후에는 오히려 경제와 기업의 체질이 바뀌는 전화위복의 결과를 안게 되었다. 돌이켜 보건대, 일본이 한국, 대만 등 인접국에 비해서 누리던 산업경쟁력의 우위는 1990년 이후, 특히 2000년 이후에 급속히 약화된 듯하다. 과연 그런가? 만약 그렇다면 그 원인은 무엇인가? 이러한 산업경쟁력의 변화가 앞으로의 동아시아경제에 시사하는 바는 무엇인가? 이러한 질문이 이 연구가 답하고자 하는 주요 연구과제이다.

Ⅱ. 연구의 핵심질문과 가설

우리가 가진 핵심적인 질문은 다음과 같다. 첫째 질문은 '한국과 비교해서 일본의 산업경쟁력이 언제부터 약화되기 시작했나'이다. 그러나 산업이 다양하기 때문에 모든 산업에서 일시에 경쟁력이 변하지는 않았을 것이다. 여기서 산업을 제조업으로 국한해 본다면, 경쟁력이 있는 산업이란 몇 개의 경쟁력 있는 기업으로 구성되어 있을 것이다. 포터(Porter)의 산업경쟁력 다이아몬드 모형에 의하면 어떤 나라가 어떤 산업에서 경쟁력을 갖게 되는 요인은 요소조건, 수요조건, 연관산업과 경쟁구도 등이며, 여기에 추가해서 정부의 정책과 우연(타이밍)의 변수가 작용한다. 20년이라는 비교적 짧은 기간에 이런 변수들이 급격하게 변하기는 어렵겠으나, 가장 가능성이 큰 것은 생산요소일 것이다. 노동(숙련노동이나 기술인력 등)의 공급이 변할 가능성이 클 것이다. 그러나 경쟁력이란 상대적인 것이기 때문에 특정국의 경쟁력 요인이 크게 변하지 않았다 하더라도 경쟁국의 경쟁력이 급속히 좋아진다면 변화가 나타날 것이다. 경쟁력을 어떻게 측정하느냐의 문제도 있기는 하지만, 일단 우리는 두 가지 핵심질문을 가지고 있다. 산업별로 지난 20년 기간에 일본의 산업경쟁력은 어떻게 변했으며, 그러한 변화의 주요 원인은 무엇인가이다.

이러한 질문은 간단해 보이지만, 제대로 자료를 가지고 검증하고 분석하기는 쉽지 않다. 변수의 정의와 측정에 대해서는 다음 절에서 논하기로 하며, 우선 이 연구의 가설을 생각해 본다. 1990년 이후에 한국기업의 경쟁력이 일부 산업에서 일본기업과 대등해지거나 또는 더 강해졌다면 그 이유는 무엇일까? 다음과 같은 세 가지 가설을 생각할 수 있다.

1. 산업순환가설(또는 산업주기가설)

　1차 산업혁명 이후에 제조업의 경쟁력은 영국으로부터 독일과 미국으로, 그리고 미국의 전성기를 거쳐서 다시 독일과 일본으로 이동해 왔다. 이러한 경쟁력의 이동은 투자와 혁신으로 설명할 수 있을 것이다. 특히 미국은 1880~1910년의 2차 산업혁명을 거치면서 대량생산과 대량소비의 이점을 최대한 살리면서, 동시에 두 차례 세계대전에서 직접적인 피해를 받지 않았기 때문에 1970년경까지 거의 80년 동안 세계에서 가장 경쟁력이 있는 제조업을 유지해 왔다. 이러한 미국의 절대적인 산업 우위는 1970년 이후 독일과 일본에 의해서 일부 산업에서 추월당했다. 1980~1990년대에 들어서면서 자동차와 기계산업, 석유화학, 전자산업 등에서 일본과 서유럽 기업은 미국기업과 대등하거나 더 우월한 경쟁력을 갖추게 되었다. 특정국 산업의 경쟁력은 여러 가지 요인에 의해서 영향을 받을 것이다. 가장 중요한 것은 투자, 혁신과 시장의 특성일 것이다. 일본과 독일 기업은 2차 대전에서 패망한 후에 다시 일어서면서 더 최신 설비에 투자를 하고, 기술 혁신에 박차를 가하면서 미국기업과 경쟁할 수 있게 되었다.

　이러한 산업경쟁력의 국가별 순환현상이 결국 일본에도 찾아온 것이라고 설명할 수 있다. 어떤 산업에서 잘하기 위한 조건(핵심역량)을 기술, 마케팅력과 경영능력이라고 본다면 기업의 역량은 시간이 지나면서 평준화된다. 그러니까 후발기업이 학습을 통해서 결국 선발기업과 대등한 경쟁력을 갖게 된다. 1990년대 이후에 한국이나 대만이 일본기업과 일부 산업에서 대등한 경쟁력을 갖게 된 것은 자연스러운 산업의 사이클이라고 볼 수 있다. 산업순환가설은 Industry Technology

Cycle(Abernathy & Utterback)과 연관시킬 수 있다. 어떤 산업의 기술이 성숙기에 들어서면 기술이 표준화되고, 그때부터는 경쟁이 원가 중심으로 변하게 되며 그렇게 되면 후발국이 경쟁할 수 있게 된다. 만약 선발국이 기술이 표준화된 산업을 졸업하고 더 고기술산업으로 이동할 수 있으면 선발국은 계속 우위를 지킬 수 있겠으나, 그렇지 못하면 산업 전체의 경쟁력이 약화되고 말 것이다. 영국은 이처럼 제조업 전체가 약화된 상황이라고 보겠으나, 일본은 아직 그런 상태는 아니다. 과연 1990년 이후에 일본이 기술이 표준화된 산업을 한국과 대만에 넘겨주고 더 고기술의 산업으로 이동했는지는 분석해 보아야 할 것이다. 이 점은 매우 중요하다. 일본의 제조업이 전반적으로 경쟁력이 약화되었는지, 아니면 일부 산업은 그렇지만 다른 산업에서는 여전히 높은 경쟁력을 유지하고 있는지를 살펴보아야 한다.

2. 거시경제침체가설

일본기업이 1990년대 이후에 상대적으로 경쟁력이 약화된 원인으로 거시경제 침체로 인한 투자 부진을 생각할 수 있다. 1990년에 자산 버블이 붕괴된 이후에 계속된 일본의 경기침체는 때로는 '대차대조표 불황'이라고 불리는데, 그것은 자산가치가 폭락했기 때문에 기업의 대차대조표에서 부채비율이 급등하고 기업의 재무구조가 부실해진 것을 가리킨다. 그 결과 기업들은 부채를 축소해야 하기 때문에 새로운 투자자금 동원이 어려워지고, 새로운 투자에 소극적일 수밖에 없었다. 1990년대에 일본기업은 새로운 설비투자, 신시장 개척(특히 냉전 후에 새로 열린 구 공산권 시장) 등에서 소극적인 경영을 하면서 투자를 게을리 하고 결국 경쟁력이 약화되었다는 설명이다. 이 가설은 1990년대의 큰 변화(냉전의 종식으로 인한 신시장의 등장과 디지털화에 따른 새로운 산업의 등장)를 맞이하여 일본기업이 재무상태가 악화되어 제대로 대응을 하지 못했다는 설명이다.

3. 기업지배구조와 경영의사결정가설

한국과 일본 기업의 경영성과를 비교하는 데 있어서 흔히 지배구조의 차이를 지적한다. 한국의 대기업은 가족 지배하에 있으며 오너 경영자가 직접 의사결정을 하는 데 비해서, 일본은 전문경영자 체제라는 점이다. 특히 일본기업의 주요 의사결정이 기업 내의 여러 부서와 경영자들의 합의(consensus)에 의해서 이루어지는데, 이로 인해 의사결정이 늦어지고 경영이 자연히 리스크 회피형이 되며 또한 대규모의 투자도 꺼리게 된다는 것이다. 경쟁과 기술이 급변하는 그런 산업에서는 적시에 의사결정을 해야 하는데, 일본식의 집단적 의사결정 방식은 이런 상황에서는 매우 불리하다는 주장이다. 이러한 설명이 일견 설득력이 있어 보이기는 하지만, 그렇다면 일본식 경영이 왜 1990년대 이후에 더 불리하게 되었는지는 애매하다. 그러므로 1980년대까지는 매우 성공적이던 일본식 경영이 왜 1990년대 이후에 갑자기 성과가 나빠졌는지를 설명해야 한다.

위의 세 가설 중에서 어떤 가설이 더 설명력이 있는가는 산업에 따라서 다를 수 있다. 철강과 조선 사업은 대표적인 전통 굴뚝산업으로 산업기술상으로 성숙기에 있다고 하겠다. 철강 산업은 1990년대 초에 한국이나 일본의 대표기업들이 이미 어느 정도 설비투자가 완료된 상태였으므로, 투자 부진보다는 공정 효율성의 승부였다고 하겠다. 조선 산업은 1990년대 초에 산업의 주도권이 한국으로 넘어온 대표적인 산업인데, 업계에서 말하는 주요 원인은 엔지니어의 가용성과 그에 따른 고객지향성의 차이이다. 이 두 산업은 기술성숙기에 경쟁력이 한국으로 이동한 산업으로 볼 수 있다. 두 산업 모두 기술이 급변하고 시장이 급변하는 그런 산업은 아니므로 기업의 지배구조가설도 설명력은 약하다고 생각된다. 반면에 반도체와 LCD(FPD)는 기술이 급변하고 대규모 설비투자가 소요되며 리스크가 큰 산업이어서 지배구조가설이 더 설득력이 있다. 특히 이 산업은 역사가 길지 않고 기술이 급변하기 때문에 성숙기 산업이 일본에서 한국으로 넘어왔다는 가설은 설명력이 약하다. 이들 산업은 대규모 설비투자가 소요되는 산업인데, 일본기업이 1990년대에 제대로 대응을 못했다면 거시경제가설도 일부 설명력이 있다. 자동차 산업은 전통 산업이면서 동시에 IT 등 전자부품이 점차 더 비중이 커진다는 점에서 신산업의 성격도 가지고 있다. 그리고 산업의 주도권이 한국보다는 일본에 있다는 점에서는 세 가지 가설이 모두 설득력이 약한 편이다. 일본의 자동차 기업들이 과연 1990년대 중반에 투자가 소홀했는가를 점검해 보는 것은 전체적인 연구의 맥락과 관련해서 유용할 것으로 판단된다. 매우 잠정적이기는 하지만 이상의 추측(conjecture)을 정리하면 다음 <표 1>과 같다.

〈표 1〉 세 가지 가설의 설명력 정도

	산업순환	거시경제	지배구조
철강	**	*	*
조선	***	*	*
자동차	*	*	*
반도체	*	***	**
디스플레이	*	**	**

* 설명력 낮음 / ** 설명력 중간 / *** 설명력 높음

Ⅲ. 문헌조사

일정한 기간 안에 산업의 주도권이 한 나라에서 다른 나라로 넘어가는 것을 연구하는 것이 이 연구의 핵심이므로, 이 연구는 근본적으로 동태적인 성격을 갖는다. 따라서 어느 한 시점에서 두 개 이상의 경제경쟁력을 비교하는 정태적인 접근으로는 한계가 있을 것이다. 제도경제학은 그런 점에서 한계가 있을 것으로 여겨지며, 기술습득 또는 기술의 Catch-up을 연구한 문헌들이 오히려 설명력을 가질 수 있다.

1. 제도경제학

Hall & Soskice(2002)는 선진국 경제를 자유시장경제(Liberal Market Economy)와 조정시장경제(Coordinated Market Economy)로 나누며, 전자는 미국과 영국으로 대표되는 영미식 자본주의 그리고 후자는 독일이나 일본으로 대표되는 대륙식 자본주의로 보았다. 두 체제는 모두 장단점이 있는데, 전자는 시장이 유연하므로 자원 이동이 쉽고 나아

가서는 혁신이나 신기술 개발에 유리하다. 반면에 후자는 고용이 더 안정적이고 소득분배도 전자에 비해서 더 균등한 반면에 외부의 충격에 대해서 경제가 조정해 나가는 유연성이 약하다. 한국과 일본은 굳이 분류한다면 둘 다 조정시장경제라고 볼 수 있으며, 특히 전통적으로 국가가 경제에 개입하는 정도가 높은 나라이다. 일본도 적어도 1970년 경까지는 통상산업부(MITI)의 산업정책의 영향력이 컸으며, 한국도 1960년도 중반 이후 국가가 주도한 산업화를 추진한 바 있다. 따라서 한국과 일본의 경쟁력을 비교하는 데 있어서는 두 나라의 시장경제 특징은 설명력이 크지 않을 것으로 짐작할 수 있다. 한국이나 대만은 경제제도 면에서는 크게 볼 때 일본형이라고 할 수 있지 않을까?

2. 거시경제의 영향

경제제도나 자본주의 체제의 특징은 아니라도, 거시경제의 성과가 그 나라 기업의 성과에 미치는 영향은 매우 클 수 있다. 일부 일본기업의 경쟁력 약화가 1990년 이후 20년간 계속되고 있는 일본경제의 침체와 관련이 있을 가능성은 크다. 일본기업의 매출 중에서 내수 비중이 상대적으로 크고(70~80% 수준), 또한 일본의 국내 수요는 까다롭고 특이한 점이 많아서 내수 경쟁력이 반드시 해외로 이전되지 않는 면도 있다(소위 '갈라파고스' 현상). 더 근본적으로는 일본경제에서 정부의 역할이 크다면, 정부의 리더십이 약화되면서 기업의 경쟁력도 약화될 수 있는 여지가 있다. 여하튼 1990년 이후 20년간 계속되고 있는 일본경제의 장기침체와 일본기업 경쟁력 간의 관계가 무엇인지를 규명하는 것은 상당히 의미 있고 중요한 명제이다.

일본경제의 장기침체에 대한 분석은 이 글의 범위 밖이기는 하나, 매우 흥미롭고 중요하다. 경제성장에 필요한 모든 조건을 갖춘 일본이 어떻게 이렇게 장기간 동안 침체를 벗어나지 못하는 것인가? 경기사이클 이론에 의하면 경기 하락이 오면 재고가 늘고 생산이 감소하여 가동률이 낮아지며, 그 결과 기업은 고용을 축소하고 실업자가 늘게 된다. 그런 불경기가 오면 정부는 금리를 인하하고 재정을 확대하여 경기부양을 하게 된다. 일본의 경우는 고용시장이 유연하지 못하여 노동시장에서 불경기의 효과가 잘 나타나지 않을 뿐만 아니라, 금리도 이미 낮아서 통화정책이 효과가 없었던 점이 있었을 것이다.[1] 그 결과 재정을 통한 경기부양을 여러 차례 시도했으나 그 효과는 미미하였고, 정부의 부채만 증가하는 결과를 가져왔다. 이러한 일본경제의 경직성은 일부는 노동시장과 자본시장에서 원인을 찾을 수 있으며, 다른 한편으로는 인구구조(고령화)에서 찾을 수 있을 것이다.

일본경제의 거시지표를 <부표 1>에서 보면, 1990년의 일본의 고령화율은 12.08%로서 아직도 고령사회에 진입하기 전이었고, 당시의 GDP 대비 정부부채는 68% 수준이어서 양호하였다. 그렇다면 일본의 장기침체는 자산 버블이 꺼진 후에 정책대응이 미진하고 잘못되었던 것으로 보는 것이 타당할 것이다. GDP 대비 정부의 재정수지도 1988~1992년 5년간은 흑자기조였으나, 1993년 이후는 18년간 계속 적자재정이었다. 특히 재정적자가 GDP의 5%가 넘었던 해가 18년 중에서 10년이나 되었던 것으로 볼 때, 불황을 재정지출 확대로 타개하

---

1) 일본 중앙은행의 할인율은 버블 붕괴 직전인 1990년 초까지 2.5% 수준이다가, 버블 붕괴 이후 1년 만에 6%까지 인상되었다가 다시 인하되기 시작하여 1994년 초부터 2% 이하로, 그리고 다시 1995년 중반부터 1% 미만의 수준을 유지하고 있다.

려던 시도가 번번이 실패하였음을 보여 준다. 일본경제가 본격적인 디플레로 진입한 해를 1999년으로 보면, 결국 1991년 버블 붕괴 후 약 8년 동안에 일본정부가 구조조정과 경기부양에 실패한 것으로 보아야 할 것이다.[2] 고령화율도 1990년대 들어서 급속히 높아졌는데, 1994년에 처음으로 고령화 사회에 진입하였고(14.06%) 2005년에는 초고령 사회(20.16%)로 진입하게 된다. 결국 버블 붕괴 후 7~8년의 정책 실기 이후에 고령화율도 급상승하고 디플레 국면에 접어들면서 경제의 역동성을 살리기가 매우 어려워진 것으로 볼 수 있다.

거시경제가 침체되면 기업의 성장도 정체되는 것은 당연하다. 특히 일본과 같이 저성장과 장기적인 물가하락(디플레)이 겹쳐서 일어나는 경우에 기업의 매출은 경상가격으로 하락하게 되며, 이렇게 되면 기업의 성장이 정체하고 필요한 투자를 하기가 어려울 것이다. 그러나 기업이 국제화가 충분히 되어 있다면 내수 시장의 불황을 해외에서의 성장으로 메울 수 있을 것이다. 그런데 일본기업의 경우는 두 가지 요인 때문에 해외시장의 성장이 기업의 침체를 막기는 어려웠던 것 같다. 하나는 일본기업의 내수의존도가 매우 높다는 점이다. 예를 들면, UNCTAD가 매년 발표하는 '세계 글로벌기업 100'을 보면(해외자산 기준) 일본기업이 8개가 수록되어 있는데, 그중에서 4개가 자동차회사(Toyota, Honda, Mitsubishi, Nissan)이고 2개가 전자(Sony, Hitachi)이다. 수출이나 해외매출의 기준으로 볼 때 일본기업의 해외 진출은 낮은 편이다.

또 하나는 기업경영의 문화적 경향이다. 일본의 대기업은 경영진

---

2) 기업과 금융기관의 구조조정도 버블 붕괴 후 8년이 지난 1998년까지 거의 유보된 것으로 평가된다(이주경, "일본 장기불황기 기업, 은행, 가계의 재무구조 변화와 시사점", 금융시스템 리뷰, 2005.1, 76 - 101).

의 구성이나 문화적 경향(자국 지향적인가, 아니면 글로벌인가의 문제)이 다분히 자국 지향적이다. 최근에 몇몇 대기업이 외국인을 CEO로 영입한 사례가 있기는 하나, 대부분의 일본기업 최고경영진은 거의 100% 일본인으로 구성되어 있다. 또한 일본의 상위 또는 중간 경영자들도 외국근무를 기피하고 자국에 남아 있기를 바라는 경향이 있다고 한다. 이러한 기업문화는 기업전략의 시야를 결정하는 데 영향이 클 것이다. 기술력이 뛰어나고 제품의 경쟁력이 높다고 하더라도 반드시 기업이 글로벌화하는 것은 아니다. 일본기업은 1971년 이후 엔화의 가치가 올라가고 국내의 생산비가 높아져서 불가피하게 해외로 진출하기는 했으나, 이는 상당히 방어적인 성격이 강했고 기업전략 자체가 세계적인 글로벌 기업을 지향한 것은 아니라고 볼 수 있을 것이다.

일본 대기업은 일본시장에 대한 의존도가 높고, 또한 경영진이 기본적으로 자국지향적(ethno centric) 성향을 가졌기 때문에, 1991년 이후 일본경제가 장기침체에 빠져들면서 일본기업도 같이 침체기에 접어들었다고 보는 것이 타당할 것 같다.

3. 기술습득 또는 기술추격이론

산업의 기술 변화와 기술 습득에 대한 연구로는 Utterback and Abernathy의 연구와 김인수 교수의 연구가 있으며, 최근에는 서울대학교 이근 교수가 '기술추격의 경제학'이라는 주제로 특히 동아시아의 산업 변화를 설명하고 있다(2007·2008). 이 교수팀의 연구는 이론적 뿌리를 Malerba(2002)의 논문인 "Sectoral Systems of Innovation and Production"에 두고 있으며, 이 연구는 한 나라의 기술발전을 그 나라 안에 있는 기업 뿐만 아니라 연구소와 대학 등 비영리조직과의 상호작용까지를 포함한다. 즉, 기업의 기술 개발은 산업 기술과 지식의 창출, 전파와 활용에 의해서 영향을 받으며, 이는 더 나아가 그 나라의 혁신시스템, 즉 국가혁신시스템(National Innovation System)에 의해서 영향을 받는다고 본다. 우리가 연구하려는 대상은 일정 기간에 한 나라 산업의 기술과 기업경영의 역량 강화에 의존하고 있기 때문에, 이러한 접근은 상당한 시사점을 줄 것으로 기대된다. 다만, 이들 문헌은 거의 전적으로 기술역량에 초점을 맞추고 있기 때문에 경영역량, 즉 기업의 자원과 역량을 포함한다면 더 설명력이 높은 모델이 나올 수 있을 것이다.

4. 산업조직론

Porter(1990)의 Five-Forces-Model(또는 Diamond Model)은 산업의 경쟁력을 설명하는 모형이다. 이 모형도 한 시점에서는 정태적이라고 하겠다. 그러면 우리가 설명하려는 한 나라 산업의 경쟁력의 변천을 설명하는 데는 이 이론이 얼마나 도움이 될까? 지난 20년 동안에 일본 주요 산업의 Five Forces에 어떤 변화가 있었나?

- 수요요인(Demand Conditions): 국내수요가 위축되었나?
- 공급요인(Factor Conditions): 일본의 생산요소 경쟁력이 약화되었나?
- 관련 산업(Related and Supporting Industries): 일본이 경쟁력이 있는 산업에서 일본부품과 소재기업의 경쟁력이 약화되어서 일본기업이 해외로 공급원을 바꾸었기 때문에 경쟁력이 약화된 것인가?

-기업전략과 경쟁여건(Firm Strategy, Structure and Rivalry): 여기에
도 워낙 여러 변수가 포함되기 때문에 변수를 정의하기 힘들다.
주 관심사는 과연 산업구조상에 유효한 경쟁이 있느냐 하는 점
인데, 과연 일본산업의 전반적인 경쟁이 지난 20년간에 더 약화
되었는지를 규명할 필요가 있다.

포터의 산업경쟁력 모형은 특정 시점에서 특정 국가가 특정 산업
에서 경쟁력을 갖게 된 요인을 설명하려는 시도이다. 이 이론은 기본
적으로 동태적 모형은 아니며, 또한 모든 요인을 포함하다 보니 사후
적 설명은 가능할지 몰라도 예측적인 힘은 거의 없다고 하겠다. 이런
관점에서 보면 일본의 특정 산업이 어느 시점에서 경쟁력이 약화된
요인을 이 모형이 설명해 주기는 어려울 것이다. 1990~2010년 20년
동안에 일본의 산업별 공급요인이나 관련 산업에 큰 변화가 있었다
고 보기는 어렵다. 또한 일본 국내의 경쟁여건도 크게 변하지 않았을
것이다. 다만 수요요인은 앞에서도 지적했듯이 일본경제의 장기 침체
가 영향을 주었을 것임에 틀림없으나, 이 요인을 구태여 포터의 모형
으로 설명할 필요는 없다.

5. 기업의 지배구조 또는 내부역량

한국과 일본 대기업의 지배구조는 분명히 다르다. 한국은 창업자
및 가족이 경영에 참여하는 가족자본주의의 모습인데, 일본의 대기업
은 대주주가 경영에 참여하지 않는 전문경영체제이다. 그러나 이 기
본적인 차이는 지난 20년간 계속 유지되어 왔다. 따라서 지배구조의

차이로 경쟁력의 변화를 설명하기는 어렵다. 물론 지난 20년 동안에도 양국의 지배구조에 작은 변화는 있었다. 일본의 대기업 그룹(Keiretsu) 구조가 약화되었으며, 자본시장의 입김이 더 세졌다. 한국의 경우에도 1997년의 외환위기 이후에 지배구조가 좀 더 투명해지고 자본시장의 영향력이 더 커졌다. 그러나 이런 정도의 지배구조 변화가 양국의 대표적인 산업의 경쟁력에 영향을 주었는지는 불분명하다. 아마도 아닐 것이다.

그렇다면 기업 내부 역량의 차이는 어떤가? 이 기간에 한국의 대표적인 기업의 기술력, 디자인역량, 고객관리와 브랜드력, SCM 등 관리역량 등이 괄목할 만큼 달라졌나? 일본기업에 비해서 한국기업의 여러 경영역량이 상당히 근접해 왔을 가능성이 크다. 물론 일본기업의 경영역량도 그 기간에 향상되었겠지만, 상대적인 격차가 많이 줄어들었을 가능성이 크다. 문제는 그런 지표를 어떻게 만들어서 격차의 축소를 보여줄 것인가이다.

Ⅳ. 변수의 측정과 가설의 검증

1. 산업경쟁력의 측정

국가경제 차원에서의 경쟁력은 1인당 GDP라는 지표나 성장률이라는 지표도 있고, 또 국가경쟁력을 측정하는 지표(WEF나 IMD 경쟁력 지표)도 있으나, 이 연구에서는 일단 산업경쟁력을 측정하려는 것이므로 다음과 같은 지표를 생각할 수 있다.

- 해당 산업의 수출경쟁력(Revealed Comparative Advantage, RCA)을
  나타내는 지표
- 총생산량이나 생산성을 나타내는 지표
- 그 나라의 해당 산업 기업의 경쟁력 지표로 나타내는 방법(성장
  성, 수익성이나 해당 산업 내에서의 시장점유율, 시장가치, 글로
  벌 산업에서의 위상 등)

만약에 산업의 경계가 분명하고, 이들 산업이 과점상태(상위 3~5
개 기업이 전체 시장의 50~70% 이상을 점유)에 있다면 상위 3~5개
기업의 성과지표를 가지고 해당산업의 경쟁력을 나타낼 수 있을 것
이다. 현재 우리가 관심을 가지고 있는 산업은 대개 과점산업이다. 5
개 산업에서 합해서 70% 이상의 점유율을 차지하는 기업의 수가 몇
인가를 짐작해 본다.

- 철강(일관제철): 한국 1~2개, 일본 3~4개
- 조선: 한국 3개, 일본 2~3개
- 자동차(승용차): 한국 1~2개, 일본 3~4개
- 반도체(메모리): 한국 2개, 일본 2개
- 비디오(LCD 또는 FPD): 한국 2개, 일본 3~4개

이들 5개 산업에서 한국은 2~3개 기업, 일본은 3~4개 기업이 전체
산업생산이나 시장(수출과 내수)의 70% 이상을 점유할 것으로 추정
되므로, 이 연구에서는 이들 대표기업의 실적(성장성, 수익성, 시장가
치 Market Cap, 세계 시장점유율)을 종합해 보면, 성과지표로 활용할

수 있을 것이다.[3]

2. 연구의 범위 및 가설의 검증

1) 연구의 1단계
- 해당 산업에서의 과점기업의 파악(합해서 M/S가 70% 이상 되는 기업 모두)
- 이들 대표기업의 성과지표(4가지)를 1990~2009년까지 20년 자료 Compile
- 한일 대표기업의 성과지표의 비교(시계열자료: 전 기간 및 두 Sub－Period)[4]

이렇게 되면 산업연구이면서 동시에 기업단위 연구가 된다. 이 연구의 분석단위(Unit of Analysis)가 산업이면서 동시에 기업이 되는 것은 문제가 없나? 과점산업인 한은 큰 문제가 없어 보이며, 다음에 성과의 원인(경쟁력 분석)에서 기업적 요인이 나와야 하므로 이런 2원적 분석은 유용성이 있을 것으로 판단된다. 5개 산업에서 한일 두 나라 대표기업의 1990~2009년 20년의 성과지표를 보면 과연 어느 시점부터 일본기업의 성과가 악화되기 시작했는지를 알 수 있을 것이다. 2000년 이후에 일본기업의 성과가 두드러지게 악화되지 않았을까 예

---

3) 철강, 조선, 자동차 기업은 우리가 조사하려는 제품이 산업과 회사를 대표하므로 이들 성과지표를 회사 단위로 측정해도 문제가 별로 없겠지만, 반도체와 디스플레이는 삼성전자나 소니, 파나소닉처럼 다각화된 기업에 있어서는 Market Cap이나 수익성 자료를 얻기 힘들지 모른다. 이런 경우에는 성장성이나 점유율 지표를 1차로 활용하고, 수익성과 시장가치는 부차적으로 활용할 수 있을 것이다.

4) 두 Sub－period란 경제위기(1997) 이전과 이후로 하되, 이전은 1990~1999까지 10년, 이후는 2000~2009년까지 10년으로 한다(또는 2008년을 빼는 것도 한 방법).

상하지만, 산업에 따라서 다르게 나타날 가능성이 크다. 반도체, 조선 산업에서는 1990년대 초부터, 그리고 Display 산업은 역사 자체가 짧기 때문에 아마도 2000년대 들어와서 일본기업의 경쟁력이 약화되었을 것 같고, 자동차 산업은 성장성에서는 한국기업이 성과가 좋은 편이지만 다른 성과지표에서는 일본기업이 여전히 높은 성과를 유지하고 있을 것이다.

2) 가설의 검증

a. 가설 1의 검증

지난 200여 년 동안 제조업의 경쟁력이 영국, 미국, 독일, 일본 등으로 이동해 왔다는 가설을 이 연구에서 검증하기는 어렵다. 중요한 것은 일본의 산업경쟁력이 전반적으로 약화되었는지, 아니면 일부 산업에서만 약화되었는지를 규명하는 일이다. 일본은 1880년대 이후 산업화를 하면서 거의 모든 산업을 일으키려는 노력을 하였다. 그럼에도 불구하고 2차 대전 후의 일본 수출을 보면 상당히 제한된 산업에서 경쟁력이 있었다. 전통적으로 일본이 경쟁력이 있는 산업은 다음과 같은 특징이 있다고 생각된다.

- 자동차나 전자와 같이 기술집약적인 상품
- 제품이 세계적으로 표준화된 상품
- 철강, 조선, 석유화학과 같은 중공업

반면에 일본은 제약이나 소비용품 같은 산업에서는 세계적인 기업을 배출하지 못했다. 그러나 일본은 수출경쟁력이 없는 산업에서도 독특한 내수산업과 내수지향 기업을 많이 갖고 있다.

b. 가설 2의 검증

1990년대 이후 일본기업들의 설비투자가 저조했는지는 일본경제 전체의 설비투자자료와 개별기업의 대차대조표의 자료를 가지고 검증할 수 있을 것이다.[5] 또한 일본기업의 해외 진출에 대한 통계(outward FDI 등)도 간접적인 자료가 될 것이다. 가설 2가 맞는다면, 일본기업의 대외 직접투자는 1985년 Plaza Accord 이후 급증했다가 1990년 이후에 감소했을 것이다. 가설 2는 산업별 대표기업의 재무제표나 산업별 투자자료 또는 해외 진출자료를 통해서 검증이 가능할 것이다.

c. 가설 3의 검증

이 가설도 검증이 쉽지 않다. 1990년을 전후해서 두 나라의 지배구조나 의사결정 패턴이 크게 변했다는 근거가 있어야, 지배구조의 변화라는 변수가 작용했다고 주장할 수 있을 것이기 때문이다. 한국기업의 지배구조는 외환위기를 거치면서 확실히 바뀌었으나, 지배구조의 변화가 한국기업의 경쟁력에 어떤 영향을 주었는지를 규명한 논문은 아직 보지 못했다. 일본도 과거의 Keiretsu식 그룹의 결속력이 장기불황 이후에 많이 약화되었는데, 과연 이러한 변화가 일본기업의

---

5) 실제로 일본의 기업 설비투자는 1988~1990년의 3년간 전년 대비 평균 13~14%가 증가하는 급증세를 보이다가, 버블 붕괴 직후인 1991~1994년에는 마이너스 10%의 급감세를 보였으며, 1995~1997년에는 다시 다소 증가하였다. 그 후 일본의 기업과 은행의 구조조정이 본격화된 1998년 이후에 설비투자는 다시 감소하는 추세를 보이고 있다(이주경, 앞의 논문, 83~84쪽). 이 연구는 이 문제 관련해서 다음과 같은 언급을 하고 있다. "요컨대 많은 기업의 동시적 재무조정이 부채 디플레이션을 촉발한다는 대차대조표 불황론은 적어도 1997년 이후 일본의 이중 침체를 설명하는 데 상당히 유효한 것으로 판단된다."(84쪽)

경쟁력에 어떤 영향을 주었는지는 논의할 필요가 있을 것이다.

이렇게 볼 때, 이번 연구의 핵심은 5개 산업에서의 양국의 대표기업의 1990~2009년까지의 재무상황과 성과에 대한 분석이 되겠다. 이 계량적 분석이 이번 연구의 핵심적인 부분인 것은 확실하지만, 이 5개 산업에 대한 분석만 가지고는 우리가 답하려는 질문에 대한 부분적인 해답 밖에 얻지 못할 것이다.

V. 맺는말

이상의 논의를 정리해 보면 지난 20년의 일본은 매우 특수한 상황이다. 한마디로 디플레의 시기이고 장기불황의 시기였다. 내수의존도가 높고 본국 지향적인 일본기업들이 이런 국내경제의 상황에서 제대로 필요한 투자를 하지 못해서 경쟁력이 점차 약화된 것으로 보아야 할 것이다. 일본기업의 지배구조가 강력한 리더십을 발휘하기 어렵게 하는 '내부합의도출형(Consensus Decision Making)'인 것은 사실이며, 이는 호황기나 불황기나 마찬가지였다. 그러나 국내 경제가 고도성장을 하고 환율과 기타 기업여건이 좋아서 승승장구하던 시기에는 그런 의사결정방식이 크게 문제가 되지 않았다. 그러나 1990년 이후에 일본기업이 위기에 처하게 되자 그런 '내부합의도출형' 의사결정으로는 신속하고 과감한 의사결정을 하지 못하게 되고, 이러한 기업지배구조는 결정적인 약점이 되었다. 이는 기업 뿐만 아니라 일본사회 전체, 특히 정치권에서도 심각한 문제가 되고 있다. 고이즈미 수상이후에 일본은 수상이 거의 1년에 한 번씩 바뀌는 리더십 위기를 맞고 있다. 국가부채가 GDP의 200%가 넘는 국가적 위기상황에도 필요한 개혁과 개방을 하지 못하고 있는 일본의 국가지배구조 문제가 여실히 노정되고 있다.

국민경제 전체의 규모가 축소되고 기업이 설비투자를 하지 못하는 상황에서도 경쟁력의 명암은 산업에 따라서 다르게 나타날 것이다. 축적된 기술이 덜 중요하고 설비투자가 중요한 산업에서는 경쟁력의 약화가 두드러질 것이다. 대표적인 산업이 반도체나 LCD 같은 산업일 것이다. 이들 산업은 기술 변화의 속도가 빠르고 축적된 기술의 중요성이 낮아서 일본기업들이 저돌적인 투자를 하는 한국의 대기업에게 쉽게 밀려났을 것이다. 조선업은 이미 투자가 어느 정도 이루어진 성숙산업이기 때문에 설비투자 자체보다는 엔지니어의 공급과 같은 요인이 작용했을 가능성이 크다. 철강업도 1990년경에 이미 상당히 성숙된 사업이었기 때문에 경쟁의 판도가 단기간에 역전되지는 않았을 것이다. 디스플레이 부문은 기술 변화의 영향이 더 컸을 것이다. 1990년대 중반에 아날로그에서 디지털로 기술의 대전환이 있었는데, 이 전환에 대한 적응력에서 일본기업과 한국기업의 대응속도가 달랐던 것 같다. 자동차 산업이 가장 예외이다. 자동차 산업은 기술적으로도 가장 복합적이고 관련 부품산업의 기술수준과 품질이 매우 중요한 산업이다. 일본의 자동차 산업은 그런 점에서 일본경제의 가장 단단한 부분이라고 하겠다. 또한 일본의 자동차 산업은 가장 글로벌화에 적극적이었기 때문에 일본경제의 장기침체에도 불구하고 해외에서의 선전을 통해서 계속해서 성장세를 유지할 수 있었다. 이처럼 거시경제의 영향은 산업의 특성과 기업의 전략에 따라서 다른 영향을 미쳤다고 하겠다.

참고문헌

〈국내 문헌〉

류상영·이승주(2003). "탈냉전기 한일경제관계와 플라잉기즈 모델". 국제정치 논총, 43(2), 175-199.

오태헌(2009). "일본의 성숙산업에 대한 연구-1990년대 자동차, 가전산업을 중심으로-". 한일경상논집, 43, 37-60.

이근(2007). 『동아시아와 기술추격의 경제학』. 박영사.

이근 외(2008). 『기업 간 추격의 경제학』. 21세기북스.

이주경(2005). "일본장기불황기기업, 은행, 가계의 재무구조변화와 시사점". 금융시스템리뷰, 76-101.

<해외 문헌>

Cho, Dong-Sung, Dong-Jae Kim & Dong Kee Rhee(1998). "Latecomer Strategies: Evidence from the Semiconductor Industry in Japan and Korea". Organization Science, 9(4), 489-505.

Hall, Peter A. and David Soskice(eds.)(2002). *Varieties of Capitalism: The Institutional Foundations of Comparative Advantage*. Oxford University Press.

Kohli, Atul(1994). "Where do high growth political economies come from? The Japanese lineage of Korea's developmental state". World Development, 22(9), 1269-1293.

Malerba, Franco(2002). "Sectoral systems of innovation and production". Research Policy, 31, 247-264.

Porter, Michael. E.(1990). *The Competitive Advantage of Nations*. The MacMillan Press.

Porter, Michael. E. *et al.*(2000). *Can Japan Compete?* Basic Books and Perseus Publishing.

〈부표 1〉

연도	GDP 성장률 (실질, %)	소비자 물가 상승률(%)	엔/달러환율 (기간평균)	고령 화율(%)	GDP대비 재정수지비율(%)	GDP대비 일반정부채무 비중(%)	일본 무역수지 (백만 엔)	실업률 (%)
1980	3.18	7.81	226.74	9.10	−4.6	51.4	−2,612,853	2.02
1981	4.18	4.91	220.54	9.34	−4.0	56.1	2,004,839	2.21
1982	3.38	2.72	249.08	9.56	−3.9	60.1	1,776,198	2.36
1983	3.06	1.87	237.51	9.77	−4.1	65.8	4,894,485	2.65
1984	4.46	2.29	237.52	9.94	−2.7	67.3	8,004,167	2.71
1985	6.33	2.04	238.54	10.30	−1.3	67.7	10,870,724	2.62
1986	2.83	0.60	168.52	10.58	−1.3	71.0	13,738,997	2.77
1987	4.11	0.14	144.64	10.90	−0.3	73.5	11,578,279	2.84
1988	7.15	0.66	128.15	11.23	0.6	71.4	9,932,863	2.51
1989	5.37	2.26	137.96	11.61	1.4	68.3	8,843,962	2.26
1990	5.57	3.05	144.79	12.08	1.9	68.0	7,601,732	2.10
1991	3.32	3.28	134.71	12.56	1.9	67.5	10,459,739	2.10
1992	0.82	1.74	126.65	13.05	0.8	72.3	13,484,862	2.16
1993	0.17	1.31	111.20	13.55	−2.4	78.4	13,376,091	2.51
1994	0.86	0.60	102.21	14.06	−3.7	84.6	12,393,225	2.89
1995	1.88	−0.10	94.06	14.56	−4.6	92.4	9,982,141	3.15
1996	2.64	0.10	108.78	15.11	−5.1	100.3	6,737,890	3.36
1997	1.56	1.88	120.99	15.66	−4.0	107.1	9,981,809	3.40
1998	−2.05	0.58	130.91	16.21	−5.6	120.1	13,991,357	4.11
1999	−0.14	−0.29	113.91	16.72	−7.4	133.8	12,279,548	4.68
2000	2.86	−0.68	107.77	17.37	−7.6	142.1	10,715,775	4.72
2001	0.18	−0.78	121.53	17.97	−6.3	151.7	6,563,711	5.03
2002	0.26	−0.88	125.39	18.54	−8.0	160.9	9,881,450	5.36
2003	1.41	−0.30	115.93	19.05	−8.0	167.2	10,186,327	5.25
2004	2.74	0.00	108.19	19.48	−6.2	178.1	11,953,343	4.72
2005	1.93	−0.30	110.22	20.16	−4.8	191.6	8,707,152	4.43
2006	2.04	0.30	116.30	20.82	−4.0	191.3	7,901,880	4.13
2007	2.36	0.00	117.75	21.49	−2.4	187.7	10,795,517	3.85
2008	−1.17	1.39	103.36	22.10	−4.7	196.2	2,063,338	3.99
2009	−6.28	−1.37	93.57	22.75	−10.8	216.3	2,671,236	5.07
2010	3.96	−0.72	87.78	23.13	−9.3	219.0	6,634,670	5.06
2011	−	−	−	−	−	−	−2,496,010	−

자료
1) GDP 실질성장률 - IMF World Economic Outlook Database 2011.09.
2) 소비자물가상승률 - IMF World Economic Outlook Database 2011.09.
3) 엔/달러환율(기간평균) - World Bank WDI & GDF databank
4) 고령화율(전체인구 대비 65세 이상 인구 비율)

　　-OECD Historical Population data and Projections
5) GDP대비 일반정부 재정수지 비율
　　-IMF World Economic Outlook Database 2011.09.
　　-財務省'日本の財政関係資料' 2011.09.
　　-IMF Fiscal Monitor Update 2012.01.
6) GDP 대비 일반정부채무비중
　　-IMF World Economic Outlook Database 2011.09.
　　-財務省'日本の財政関係資料' 2011.09.
　　-IMF Fiscal Monitor Update 2012.01.
7) 일본무역수지(단위: 백만 엔)-財務省貿易統計
8) 실업률-IMF World Economic Outlook Database 2011.09.
※ 2011년 일본무역수지는 속보치(잠정치)

2장

반도체 산업

엘피다에 있어서의 최고경영진과 전략적 의사결정
─사카모토 유키오의 기업가 활동─

야나기마치 이사오(게이오대학교)

I. 서론

최고경영진을 단순한 관리자가 아닌 '기업가(entrepreneur)'로 볼 때 기업의 성과는 최고경영진의 능력에 의해 많이 좌우될 것이다. 이러한 관점에서 보면 일본기업의 경쟁력이 저하되었다는 것은 일본기업 최고경영진의 경쟁력이 저하되었다는 추론이 가능하다. 본 연구에서는 일본과 한국, 양국 간 산업경쟁력의 변화가 최고경영진의 경쟁력 차이에서 기반을 두고 있다는 가설을 중심으로 양국 간 최고경영진의 경쟁력 차이와 이로 인한 산업경쟁력의 변화를 살펴보고자 한다.

이를 위해 일본 최고경영진 경쟁력 약화와 관련된 역사적 배경과 일본식 경영의 구조적 측면에서 주목해야 할 요인을 기존 연구를 통해 살펴본 후, 뛰어난 경쟁력을 가진 것으로 평가받고 있는 엘피다 메모리의 CEO, 사카모토 유키오에 대한 사례 분석을 통해 일본기업의 미래를 전망해 보도록 한다.

Ⅱ. 본론

1. 경쟁력 원천으로서의 최고경영자

1) 이타미 다카유키의 연구

이타미는 1995년에 발표한 '최고경영자와 기업의 적응력'이라는 논문에서 '일본기업의 경영에 있어서의 3가지 부족'한 것 중 하나로 '최고경영진의 수용능력, 파워 부족'을 지적한 바 있다. 1990년대에 들어 이러한 문제가 심각해지는 가운데, 사회의 수요에 비해 최고경영진의 공급이 충분하지 않았던 배경으로 다음 3가지를 주목한 바 있다.

① 세대의 위기

리더로서의 기반을 구축하기 위해서는 '경험의 폭과 깊이'가 필요하나 '인격 형성'의 기본이 되는 청춘기나 '한창 일할 시기'인 30~40대에 있어 중요한 경험을 쌓을 기회가 매우 부족하다.

② 시스템의 피로

일본의 조직은 평등 지향이 강하고, 연공서열의 가치관을 만들었기 때문에, 젊고 우수한 인재가 큰 일을 할 기회가 별로 없다.

③ 사장의 포스트화(Post化)

최고경영진에 대한 경력을 지나치게 요구한 나머지, 젊은 임원의 발탁이 적으며 임원들의 재임기간도 짧아지고 있다. 사장 취임 연령의 고령화, 사장 재임기간의 단축/균일화가 점차 보편화되면서 '사장'

이라는 자리는 적임자가 차례로 교대하는 조직 내 평범한 자리 중 하나가 되어 버렸다.

이타미는 2004년의 논문 '좋은 경영자의 모습'에서 '좋은 경영자'들의 공통점을 추출하여 경영자의 이상형으로 제시한 바 있다. 이타미는 경영자의 3가지 역할로서 '리더', '조직의 얼굴', '설계자'의 역할을 제시하고 '리더의 역할'을 가장 핵심적인 역할로 보았다. 경영의 본질이란 혼자서는 할 수 없는 일을 많은 사람의 노력을 모아서 타인을 통해 일을 하는 것이기 때문에 조직의 구심력으로서 역할이 가장 핵심적이라고 보았기 때문이다.

또한 이타미는 경영자는 '에너지', '결단력', '정(情)과 이(理)'이라는 3가지 자질[1]과 '경영이란 타인을 통해 일을 한다', '큰 무리를 통솔한다', '큰 책임을 자각한다'는 3가지 의식을 가져야 한다고 보았다. 물론 '3가지 자질'과 '3가지 의식'이 최고경영자가 구비해야 할 필수적인 요건이라는 것은 너무나 당연한 것이나 이것을 완벽히 구비하는 것은 쉽지 않다는 점에 주목할 필요가 있다. 즉, 경영자는 상식적인 것을 제대로 알고 실행할 수 있어야 '좋은 경영자'가 되며 반대로 '좋은 경영자'는 '위대한 상식인'이 되는 것이다.

---

1) 도코도시오는 '생명력＝지력×(의지력＋체력＋속력)'이라는 견해를 제시한 바 있는데 이타미는 그의 견해를 차용, 부분적으로 변형해 쓰고 있다. '의지력'이란 일을 하려고 하는 의욕의 크기, 뜻의 높이를 말하며, '지력'이란 '논리적 검증을 제대로 할 수 있는 능력'을 말한다. '결단력'은 '판단력＋도약력'으로 이루어지는 것으로 철학·윤리관에 기초한 도약력이 있어 비로소 결단에 이른다. '정'은 '인간의 심정', '이(理)'는 '사물이 움직이는 논리'를 말하는데, 양쪽 모두에 깊은 이해관계를 가질 필요도 있다.

2) 다나카 가즈히로, 모리시마 모토히로의 연구

다나카와 모리시마는 2004년의 논문 '전후 일본의 경영자 군상(群像)'에 있어서, 실증분석에 근거하여 전후 일본 최고경영진의 특징을 정리한 바 있다. 여기서 도출된 최고경영진의 유형은 다음 2가지이다.

① 한 회사에서 오랜 기간 일반사원으로 근무를 거쳐 임원 승진된 후 한 계단씩 올라가면서 조금씩 경험을 쌓고 사장직에는 60세 전후에 취임, 6~8년 정도의 임기를 거쳐, 기차가 정해진 선로를 달리듯 회장으로 퇴임해 가는 경우
② 일반사원 경력은 긴 반면, 전무, 상무 등의 경력이 짧아 '경영자'로서 훈련이 부족한 상태에서 사장에 취임하게 되는 경우

일본에서는 임원 취임까지의 기간(=일반사원 재직기간)이 길어짐에 따라 경영자가 되기 위한 훈련기회가 감소되는가 하면 이미 고령화된 임원이 사장에 취임함에 따라 단기간 재임 후 퇴임하는 '사장임기의 단축화' 현상이 점차 고착화되고 있다. 이러한 현상으로 인해 기업 전반에 있어 활력이 감소하는 것은 불가피한 것이다.

지금까지 이타미와 다나카, 모리시마의 연구에 대하여 간략히 살펴보았다. '사장의 포스트화'와 같은 상황하에서 최고경영진에게 기업가적 역할의 수행을 요구하는 것은 기대하기 어렵다. '기업가적 역할의 수행'이란 최고경영자로서 강력한 리더십을 발휘하고, 장기적 관점에서 큰 위험도 극복하면서 적극적이고 과감한 의사결정을 통해 국가나 사회의 발전에 공헌하는 것 등을 의미한다. 전반적으로 사업

활동을 창조적으로 실천해 나가는 것이라고 말할 수 있다. 그리고 기업가로서의 근저에는 뚜렷한 경영이념이나 경영철학, 도덕관이나 윤리관과 같은 정신적인 건전성이 기반을 이루고 있는 것에도 유념할 필요가 있다.

2. 사카모토 유키오의 기업가 활동

1) 사장 취임 이전의 훈련기간

엘피다 메모리의 사장, '사카모토 유키오'를 기업의 리더로서 높이 평가하는 학자의 한 사람으로 노나카 이쿠지로가 있다. 일찍이 노나카는 다음과 같이 말하고 있다.

" '지적체육회계(知的体育会系)'[2]란 논리 분석과 직접 경험, 이론과 실천, 형식지와 암묵지, 언뜻 모순되어 보이는 것을 자신 안에 계속 돌리면서 성장해 갈 수 있는 인재를 말한다. 사카모토 사장과 같은 리더가 지금 필요하다."

매우 흥미로운 평가이지만, 저자는 여기에 덧붙여서 사카모토가 최고경영진으로서 기업가 활동을 강력하게 실천해 왔다는 점을 특히 강조하고 싶다. 사카모토의 주요 경력을 살펴보도록 하자.

엘피다 사장 취임 이전의 사카모토의 주요 경력은 <표 1>, <표 2>와 같다. 이 시기는 '기업가 활동을 위한 충분한 훈련기간'이었다.

---

2) 사전적 의미는 '머리가 좋은 운동선수형 인재'이나 '움직이면서 생각할 수 있는 사람'을 지칭하는 일본의 상징적 단어이다. 스포츠는 기본적인 운동능력 이외에 리더십이나 게임의 흐름/타이밍을 잘 파악하는 상황 판단능력이 매우 중요한 특징이 있는데 일본에서는 이러한 특징에 착안하여 지적 능력, 리더십, 상황 판단 능력 또는 정태적인 능력과 동태적인 능력을 종합적으로 구비한 인재를 '知的体育会系'라고 부르고 있다 (역자 주).

사카모토는 사장 취임 이전에 일본 텍사스 인스트루먼트(TI)(28년), 고베제강소 반도체 부문(사업 재건 3년), 일본 파운드리(사장, 사업 재건 2년)에서 근무한 바 있는데 이 시기에 전사적 경영에 대한 경험을 축적하였으며 적자 사업이었던 DRAM 사업의 재건을 통해 '재건청부인(再建請負人)'이라는 평가까지 받게 되었다. 또한 사카모토는 33년간이라는 기간 중에서 약 15년[3]을 '임원'으로 재직한 바 있는데, 이때 (엘피다의) 사장이 되기 위한 충분한 경험과 지식을 축적할 수 있었던 것으로 보인다. 그리고 고베제강소에서의 3년간을 제외한 대부분의 기간을 '외국계 기업'에서 근무했다는 점에도 주목할 필요가 있다.

<표 1> 사카모토 유키오의 주요경력

연도	주요경력
1947년	군마현 마에바시시 출생
1970년	일본체육대학 졸업. 고교야구 감독을 목표로 고향인 군마현의 교원 채용 시험을 봤으나 실패함. 친척의 소개로 일본 텍사스 인스트루먼트(YI)에 입사
1971년~	동사에서 생산 기획과장(24세), 기획부장(29세), 제조부장(31세)
1988~1990년	텍사스 인스트루먼트(TI) 미국 본사 근무(개발제조책임자, 41세)
1991년	귀국. 텍사스 인스트루먼트 이사(43세)
1993년	텍사스 인스트루먼트 부사장(45세)
1997년	사장 승진에 누락되면서 퇴사 고베 제강소 전자, 정보 사업부 반도체 본부장(51세)
2000년	일본 파운드리(현 UMC Japan) 사장(53세)
2002년	엘피다 메모리 사장(55세~현재)

자료: 저자 작성

---

3) 일본 TI에서 약 10년을 포함.

〈표 2〉 엘피다 메모리의 주요 연혁

연도	내용
1999년	-NEC와 히타치의 공동출자로 설립. (구 명칭: NEC 히타치 메모리㈜) 사장을 교대로 세우기로 합의
2000년	-상호를 엘피다 메모리㈜로 변경
2002년	-사카모토 유키오, 사장 취임(11월 1일, 첫 외부초청, 임기 3년). 동일집행임원제 도입. 취임 시 3대 공약: 1) 1년 이내에 흑자화. 2) 2년 이내에 상장. 3) 4년 이내에 세계 톱 3에 진출 -사카모토는 과거 2회 사장후보가 되었으나, 모회사의 의견으로 인해 백지화. 3번째로 후보가 되어 드디어 취임
2003년	-조직개편(본부, 부, 과 제도의 폐지)=NEC와 히타치의 공평한 인사배치를 철폐 -대만, 중국의 파운드리 3사와 생산위탁계약을 체결 -미쓰비시전기 DRAM 부문이 이관(3월). 일본 유일의 DRAM 전문메이커 -인텔이 1억 달러 자금 지원(6월) 등, 총액 1,000억 엔의 자금 조달 -자금 조달액 1,700억 엔으로 증가(10월)에 따라, NEC와 히타치의 출자비율은 절반에서 약 35%씩으로 감소
2004년	-세계 최대 DRAM 공장 건설을 발표(6월, 3년에 5,000억 엔 투자). NEC와 히타치에 자금 의존 없음 -도쿄증권거래소 일부 상장(11월)
2005년	-NEC와 히타치, 엘피다 주식의 일부 매각을 발표(8월)
2006년	-몇 년간 1조 엔 투자를 발표(8월)=차세대의 DRAM 공장으로 -9월 중간기의 연결결산에서, 영업이익 195억 엔(과거 최고) -대만, 力晶반도체와 합병하여 PC용 DRAM 공장 설립을 발표(12월, 두 회사에서 1조 6,000억 엔)
2007년	-전년 제44반기의 연결결산에서, 영업이익 273억 엔(과거 최고) -이사와 직장 전체의 의견으로, 사카모토 유키오 사장의 연임을 발표(9월) -9월 중간기의 연결결산에서 영업이익 99억 엔 -대만, 연화전자(UMC)와 동배선기술 등 공동개발에 합의(10월)
2008년	-3월기의 연결 영업손익이 200억 엔을 넘는 대규모 적자(상장 후 처음) -사카모토 유키오 사장의 임원보수 50%, 2인의 상무 10%, 8인의 집행임원 5%를 각각 감액(4월) -세계 3위인 독일의 키몬다와 차세대 DRAM의 기술제휴 발표(4월) -중국 쑤저우에 합작공장 건설에 합의(5,400억 엔, 소주벤처투자집단 SVG, 8월) -사카모토 유키오 사장의 임원보수 50%, 2인의 상무 10%, 8인의 집행임원 5%를 각각 감액(10월). 또한 사카모토 유키오 사장의 임원보수는 12월까지 100% 감액을 추가 발표(본인이 신청, 10월) -대만의 馬英九 총통과 면담하여, 당국의 주도에 의한 대만 DRAM 메이커 6곳의 재편을 요청. 그 후 대만메모리(TMC)가 설립되어 재편이 시작되지만, 대만메이커의 대부분이 이탈하여 좌절됨. -중국의 합작공장 가동, 보류(11월). 4~9월기 연결결산 456억 엔 적자

연도	
2009년	-독일 키몬다 파산(전년 12월). 엘피다의 영향 없음 -공적 자금 신청을 검토(2월). 경제산업성에서 지원을 시사함(4월). 개정산업활력 재생법시행(4월) -대만 당국, 공적 자금 투입에 의한 새로운 회사, 대만 메모리 준비실, 엘피다와의 제휴를 발표(4월) 엘피다 측도 받아들일 것을 표명함 -3월기의 연결 최종손익이 1,600억 엔의 대폭 적자(과거 최대) -엘피다 재건지원, 관민의 출/융자로 2,000억 엔 규모로(6월) -정부, 엘피다에 공적 지원 인정(6월). 합계 400억 엔의 공적 자금, 주입(8월 31일) -공모 증자, 약 600억 엔을 조달(9월) -세계 최소 DRAM칩을 개발(10월). 7~9월기의 연결영업손익, 수억 엔의 흑자 -세계 최첨단 DRAM의 양산 개시(12월)
2010년	-대만의 瑞晶전자에 설계개발거점 설치(1월) -3월기의 연결영업손익이 268억 엔 흑자(3년 만의 영업흑자). 최종 손익이 30억 엔 흑자 -최첨단 DRAM, 대만의 瑞晶전자에서 시작 성공. 양산체제로. -히로시마 공장, 휴대단말기용으로 특화(2011년 도중, 10월) -연도 내에 대만증권거래소에서의 상장을 예정
2011년	-대만力晶반도체가 생산하는 DRAM 전량을 매수하기로 합의, 새로운 일본과 대만의 연합으로(1월) -3월기의 연결영업손익이 350억 엔 흑자. 최종 손익도 30억 엔 정도의 흑자 -최첨단 DRAM(30나노대), 5월부터 양산으로＝히로시마 공장＋瑞晶전자(삼성에게 반년 뒤처짐) -최첨단 DRAM(25나노대), 7월부터 양산으로(세계 최초) -대만의 茂德과학기술원(7위)과의 제휴강화 교섭 중단(5월) -길어지는 엔고로 인하여 히로시마 공장에서의 생산 40%를 대만 자회사인 瑞晶전자로 이전할 것을 발표(9월)

자료: 저자 작성

일본체육대학 시절에는 야구만 생각하던 사카모토가 고교 야구의 감독이 되기 위해서 교원 채용시험에 떨어진 후 친척의 권유로 우연히 입사하게 되었던 것이 '일본 TI'라는 외국계 기업이었다. 당시 사카모토는 반도체의 의미도 몰랐다고 하는데, 입사 후 천성적인 호기심과 생명력, 체력, 미국인 상사의 이해로 승진을 거듭하여 마침내 미국 본사에서 글로벌 조달·관리 담당임원에 오르게 되었다. 당시 2년은 사카모토에게 있어 매우 중요한 경험의 시기였다. 사카모드는 "미국의 회사는 능력이 있으면 자꾸자꾸 끌어 올려서, 여러 가지 조직에서 경험을 시킵니다. 이것은 미국의 인사제도의 좋은 점이라고 생각합니다"라고 여러 곳에서 언급한 바 있으나, 그러한 여건을 제공해 주는 외국계 기업이 확실히 사카모토와 매우 잘 맞았던 것이다.

귀국 후에는 일본 TI의 부사장까지 되어, 자타 모두 인정하는 '차기 사장 후보'가 되었지만, 사장 승진에 누락되자 실의에 빠져서 퇴사를 하게 된다. 하지만 반도체 세계에서 살아갈 결심을 한 후, 곧바로 고베제강소로부터 반도체 사업의 재건을 맡게 되고, 재건에 성공하자 다음에는 일본 파운드리(원래는 일본기업이었지만, 사카모토가 사장으로 취임한 당시에는 대만기업이 모회사)에서 반도체 사업의 재건에 착수하였다.

2) 당시 엘피다의 상황

엘피다 메모리의 전신은 NEC 히타치 메모리(주)로, 1999년 6월 NEC와 히타치의 공동출자에 의해 설립되었다. 1980년대에는 세계 반도체 시장의 약 90%를 일본기업이 점유하고 있었지만, 1990년대에 들어서서 한국·대만기업의 추격과 1998년의 DRAM 불황으로 DRAM 산업의 위축은 가속화됐다. 이러한 외부환경의 변화로 인해 사업 축소를 고려한 반면, NEC는 사업 확대를 추진함에 따라 양 사는 DRAM 사업을 통합하게 되었다. 그러나 DRAM 산업을 둘러싼 시장상황은 최악이어서 양쪽의 모기업들은 대규모 투자를 진행시킬 여유가 없었다.

사카모토 유키오가 사장으로 취임하기 이전의 엘피다를 상징하는 이야기가 있는데 그것은 사카모토 자신이 과거에 두 번이나 이 회사의 사장 후보로 거론되었으나 계속 보류되고 있었다는 것이다. 처음은 NEC와 히타치가 DRAM 사업을 통합한 1999년이다. 일본 TI의 부사장을 거쳐, 고베제강소의 반도체 사업을 일으킨 능력이 높게 평가되었지만 '외부영입'을 꺼려하는 양쪽의 모회사가 반대하였다. 두 번째는 2001년으로 이때는 히타치 측이 '이번에는 우리 쪽에서 사장을 세울 차례이다'라고 주장하여, 사카모토의 영입은 이루어지지 않았다고 한다. 결국 사카모토가 사장으로 취임하게 되는 것은 투자판단의 지연 등으로 사업통합 당시 12% 수준이었던 세계 시장점유율이 6%까지 떨어진 2002년에 이르러서였다.

그렇다면 사카모토 자신이 사장 취임에 즈음하여 엘피다라는 회사를 어떻게 진단하고 있었을까. 사카모토는 방송 인터뷰 등을 통하여 자신의 견해를 밝힌 바 있는데 이 중 몇 가지를 살펴보도록 하자.

"일본의 종합전기메이커가 뒤처지고 있는 것은 경영진이 해야 할 일을 하지 않기 때문입니다. …문제점은 크게 2가지입니다. 하나는 일본기업 경쟁력의 원천이라고 생각되어 온 '현장주의'가 유명무실화되어 버린 것, 또 한 가지는 경영의 스피드가 서구선진국이나 한국메이커에 비해 너무 늦다는 것입니다."

엘피다 고전의 원인에 대해서는 '매니지먼트의 문제로 인해 제품설계력이 약하기 때문이다'라고 진단하고 "제품전략 뿐만 아니라 인사나 투자전략에 대해서도 3년간 모회사가 경영 전반에 관여해 왔기 때문에 시장의 스피드를 따라갈 수 없었다"라고 평가하기도 하였다. 사카모토는 '모회사와의 속박을 완전히 끊은 독립기업으로서의 엘피다의 문화를 새롭게 만든다'라고 새로운 방향을 제시한 바 있다. 사카모토 사장 취임 후 초기 개혁을 살펴보도록 하자.

3) 사장 취임과 초기 개혁

사장 취임 회견 때, 사카모토는 3대 공약으로 ① 1년 이내 흑자화, ② 2년 이내 상장, ③ 4년 이내 Global Top 3 진입을 내걸었다. 2가지는 실현되었고 ③도 상당한 진전을 보였다. 사카모토가 볼 때, 엘피다는 기술에서 동일 업종의 타사에 비해 전혀 뒤지지 않았지만, 최고경영진의 경영능력이 없는 까닭에 기술이 사업성과로 연결되지 못하는 기업이었다. 그래서 사카모토는 기술자들의 사기를 높일 수 있도록 '이익을 내면서, Global Top 3 진입'라는 '꿈'을 제시하고, 명확한 목표로 정했다. 이후 ① 조기 주식 상장에 의한 자금 조달, ② 연령·학력·성별에 사로잡히지 않는 조직 운영, ③ 손익계산서의 공개 및 '종업원들과 문제점에 대한 공유, 또한 매니지먼트의 개혁을 위한 불필요한 임원의 모회사 전배'와 같은 구체적인 개혁을 단행하였다. 그러나 사카모토는 이러한 개혁에 필요한 자금이 부족해 미국의 인텔을 비롯하여 모든 방면에서의 자금 조달에 매진해야만 했다.

여기에서 '불필요한 임원의 처우'는 어떻게 생각하고 있었던 것일까?

"사내에서 제일 임팩트가 있었던 것은, 실적이 오르지 않는 임원을 모기업인 NEC, 히타치 제작소로 돌려보낸 것이지요. … 일본인은 미국인과 달리 스스로 그만둔다고는 말하지 않습니다. 그러니까 우리 쪽에서 '출신회사로 돌아가면 좋겠다'고 분명히 말했습니다. 반론해오는 임원에게는 객관적인 업무성과를 제시하고 성과가 좋지 않다는 점을 분명히 했습니다. 본인은 물론 NEC, 히타치도 불만이었겠지요. 그러나 저의 관점에서 보면 당연합니다. 3년간이나 막대한 적자를 내고 있었는데, 강등, 급여 삭감, 인사이동도 없다면 죽은 조직이 되어 버립니다."

사카모토의 눈에 비친 엘피다는 대기업병에 걸린 전형적인 기업이었다. 모회사의 '문화'라고도 할 수 있는 대기업병을 없애기 위해 사카모토는 사내 개혁을 향한 '7개 조'를 제시한 바 있다. ① 회의는 1시간 이내에 끝낸다. ② 전자메일에는 24시간 이내에 답한다. ③ 사내 리포트는 A4 사이즈의 종이 1장으로 한다. ④ 전원이 '씨', '군'을 붙여서 부르고, 직함으로는 부르지 않는다. ⑤ 출신회사나 학력, 성별, 연령에 집착하지 않는다. ⑥ 특별보너스 등의 매력적인 보수제도를 도입한다. ⑦ 사장, 임원이라고 해도 예외는 일절 없다 등의 내용이었다. 사카모토 자신이 사장으로서 모범적인 행동을 취한 것은 말할 필요도 없다. 그러나 그가 이러한 개혁을 서둘렀던 것은 엔지니어들을 어떻게든 고무시켜, 사기를 높이기 위해서였는데, 이들이 조직에서 대규모로 이탈하게 되면 개혁도 실현이 불가능하다고 보았기 때문이다.

당시 엘피다의 내부 상황을 엘피다에서 도우시샤 대학으로 옮긴 前엔지니어가 現엔지니어 12명에게 인터뷰를 통해 조사한 바 있는데 '사카모토 씨 취임 후, 기술진의 사기가 바로 높아졌다'고 결과가 나오기도 하였다. 설립 초기에는 사업 축소, 실적 악화, 출신 모기업 차이로 인한 내부갈등 등으로 '기술자에게 있어 최악의 환경'이었으나 재건청부인으로 스카우트된 사카모토는 '기술은 세계 최고의 수준'이라며 기술자들의 용기를 북돋아 주었다. 또한 사기 향상을 위하여 종업원 소유 주식제를 도입, 전원이 주주로서 경영자 의식을 가질 것을 요구하는 한편, 각종 특별 보너스를 강화하여, 보수 면에서도 엔지니어의 자긍심을 높였다.

　다음으로, 2003년 말부터 2004년 초에 걸쳐 개발체제 재구축의 일환으로 추진된 '사가미하라 개발부문의 히로시마 공장 이관'에 대하여 살펴보도록 하자. 사장 취임 전까지 엘피다는 R&D 부서의 자체 건물이 없이 R&D를 NEC나 히타치에 위탁하고 있었다. 위탁비는 엄청나게 높았고 그렇다고 해서 새롭게 R&D 연구소를 세울 자금적 여유가 없었다. 사카모토는 '연구개발이 비즈니스와 괴리되어 있다. 연구개발은 라인에 들어가지 않으면 안 된다. 사가미하라시의 연구부문을 히로시마 현의 신공장으로 옮겨야 한다'고 생각하고 제조라인 안에 개발기능을 넣고자 하였다.

　그러나 이관은 간단하지 않았다. 당시의 설계, 개발부문(사가미하라)과 제조부문(히로시마)은 커뮤니케이션이 원활하지 않았다. 사카모토는 2003년 1월 사가미하라 사업소를 방문하여 사원들과 미팅을 가진 적이 있는데 설계부문의 한 여직원은 "히로시마와의 협조가 잘 이루어지지 않습니다. 사장님은 이것을 알고 계십니까?"라며 사카모토에게 직설적인 질문을 하기도 하였다. 우여곡절 끝에 사가미하라에서는 설계·개발부문의 130명이 히로시마로 이동하였는데 그것은 전체의 90%를 넘는 규모였다.

　제조라인으로 설계/개발부서 이전이 완료되자 '개발과 양산의 융합'이라고 평가가 나오기 시작했고, 많은 투자비용이 절감되었다. 또한 그때까지 같은 현장에서 이야기를 한 적이 없었던 제조라인의 사원과 연구원이 항상 제조현장에서 이야기함으로써 새로운 아이디어가 많이 떠올라 개발기간이 큰 폭으로 단축되는 등 부수적인 효과를 거두기도 하였다.

4) 도쿄증권시장의 상장과 일본·대만의 연합

사카모토의 비즈니스 모델은 DRAM 전업 메이커로서의 경쟁력을 강화하는 것이었다. 그 내용은 DRAM 중에서도 미래성장분야인 디지털기기·가전 등으로 향한 고부가가치 DRAM은 자사의 히로시마 공장에서 계속 전담하고 기존의 PC용·범용 DRAM은 외부, 특히 대만의 Powerchip(力晶반도체) 등에 생산을 맡긴다는 것이었다. 과거부터 수요변동이 심해 경영의 압박요인이 된 범용품은 외부에 위탁하고 가격폭락이 일어나기 어려운 고부가가치품(저전력, 고속제품)에 전념하자는 것이었다. 나아가 DRAM 사업 추진을 위한 기본 3요소인 ① 시장점유율을 유지하는 생산능력, ② 세대교체를 선도하는 개발능력(특히 미세가공 기술), ③ 의사결정의 속도를 추구하는 자세에는 변화가 없었다.

앞에서도 일부 언급하였으나 사카모토 사장 취임 당시 엘피다에 있어 기술(인간)은 최고수준이었지만 자금이 매우 부족했다. 사카모토는 개인적인 관계까지 동원하여 DRAM의 고객이기도 한 미국의 인텔에 직접 가서 자금 조달을 진행시키고, 인텔의 지원을 근거로 다방면에서 자금 조달을 위해 움직였다. -엘피다는 당시 상장기업이 아니었기 때문에 시장으로부터 자금 조달을 할 수 없어 사카모토에게 있어 설비투자를 위한 거액의 자금 조달은 큰 과제였으며, 주식 상장이 필요했다.- 2004년 5월 하순의 이사회에서, 5,000억 엔을 투자하는 DRAM 신공장의 건설이 결정되었지만, 이 투자 의사결정과 관련하여 사카모토는 NEC, 히타치와 의논하지 않았다고 한다. 이 이후에도 '자금 조달을 부탁할 생각은 없다'고 언급한 바 있는데 2004년 11월에 주식이 상장되면서 모회사의 소유주식 비율은 더욱 낮아져 '모회사와의 분리'가 가속화되었다. 일부 보도에 의하면 NEC와 히타치의 출자비율은 상장 전의 각각 35.6%에서 상장 후 각각 23.8%로 저하할 것으로 추정되기도 하였다.

다음으로 일본과 대만 연합에 대하여 살펴보자. 2006년 12월, 이전부터 PC용 DRAM(범용품)의 생산위탁처로 제휴관계에 있던 대만의 Powerchip와 합작으로 범용 DRAM 신공장 설립이 발표되었다(회사명은 서정전자: Rexchip). 기자회견에서 사카모토는 "Powerchip과 4년간의 제휴관계에 있어 나와 黃薰 사장의 관계는 나와 아내의 관계보다 밀접하다. 양 회사는 지금까지 친척관계였지만, 오늘로서 가족이 된다"라고 말하였고, Powerchip의 黃崇仁薰 사장(회장) 또한 '4~5년 전, 일본이 한국에 져서 DRAM 산업을 방치하려고 했을 때, 경제산업성의 사람과 사카모토 사장에게 '일본의 기술을 일본인 이상으로 신뢰하고 있다', '사카모토 사장은 보통 일본인 경영자와 달리 의사결정이 빠르다. 닛산자동차의 곤 사장과 같은 귀재다'라고 말하는 등 양자는 강한 신뢰를 갖고 있었다.

엘피다에 있어 Powerchip과의 제휴는 톱 메이커인 삼성전자에 대한 본격적인 도전을 의미하는 것이었다. 합작공장의 건설지가 대만이 되었던 것에 대해 사카모토는 '대만 당국은 일본보다 투자유치에 대하여 노력하고 있다. 투자우대정책4)뿐이라면 중국이 낫겠지만 대만이 인프라가 충실하다'라고 평가했다. 여기에서 엘피다가 Powerchip를 어떻게 평가하고 있었는지에 대해 살펴보도록 하자. 2006년의 제휴 강화 당시, 사카모토는 다음과 같이 언급하였다.

---

4) 대만에 진출한 하이테크 기업은 일정 조건을 채우면 생산 개시부터 5년은 본래 25% 정도의 실효 법인세율이 최저 10%가 될 가능성이 있는 반면, 일본의 법인세율은 40% 정도로 높아서 투자규모가 큰 반도체 회사에 있어 대만 진출의 이점은 크다.

"Powerchip은 뛰어난 기술을 가진 엘피다가 없으면 미세화가 진행되는 향후는 전혀 제품을 만들 수 없다. 엘피다도 마찬가지이다. PC용이라는 매스시장(Mass Market)에 도전하는데 생산 코스트 관리에 뛰어난 Powerchip 없이는 저렴한 제품을 만들 수 없다."

이것은 형식적인 인사치레가 아니라 엘피다에게 있어 세계 최고의 생산성을 올리는 공장이 자신이 아니라 Powerchip임을 의미하는 것이다. 2003년, 양 회사의 첫 제휴와 관련된 일화로 사카모토가 사장으로 취임한 당시의 히로시마 공장에서 있었던 일을 살펴보자.[5] 당시 엘피다 임직원들은 비록 실적은 부진하나 기술에서는 자신의 공장이 세계 제일이라고 여기고 상대방의 말에 귀 기울이지 않으려 했다. 사카모토 사장은 임직원들을 변화시키기 위해 히로시마 공장의 기술자에게 力晶공장에 가 보도록 했다. 대만으로 간 일본 기술자들은 생산성, 제조장치 가동률 등에서 자신들의 공장이 Powerchip 공장에 비해 뒤처지고 있다는 점을 직접 확인하고 충격에 빠지게 되었다. 하지만 더욱 놀라운 것은 Powerchip 기술자는 '배워야 할 것은 없다'는 이유로 히로시마 공장에 단 한 명도 오지 않았다는 것이다.

"기술자 대부분이 세계 경쟁에서 탈락되고 있는 상황에 정신이 번쩍 들었다."
　　－히로시마 엘피다 메모리의 츠치야다 카유키 집행임원 겸 E300Fab 매니저－

---

5) 당시는 아직 엘피다로 이관되지 않고, NEC의 공장에서 가동되고 있었다.

이런 일을 겪은 후 히로시마 공장은 (Powerchip과의) 생산 코스트 차이를 5%까지 줄이는 것이 목표가 되었고 여러 활동에서 항상 벤치마크로 여기게 되었다. 당시 히로시마 공장 기술자들의 능력이 물론 우수하기는 하였으나 Powerchip을 낮게 보는 자만심이 만연해 있었고, 그들에 대한 쇼크요법은 이렇게 시작되었다. 이후 엘피다와 Powerchip은 합작회사를 설립하기도 하였는데, 합작법인인 서정전자의 설립에 관해 사카모토 사장은 '…상대기업인 대만의 Powerchip은 생산성이 매우 높고, 세계 제일의 저비용으로 DRAM을 제조할 수 있는 회사입니다. 한편 엘피다는 고부가 제품비율이 높습니다. Powerchip을 우리와 합하면 Powerchip 이상으로 효율이 좋은 공장이 됩니다'라고 언급하기도 하였다.

5) 세계 금융위기와 공적 자금

리먼쇼크 이후 세계경제는 대부분의 산업이 위기에 빠졌는데 반도체 산업은 이 중에서도 매우 심각한 영향을 받은 산업 중 하나였다. DRAM 업계에서는 5~10% 정도의 공급 과잉이 있었다고는 하나 2년 만에 가격이 1/15까지 떨어지는 가격폭락이 일어났다. 사업이 기본적인 상식을 벗어난 상황이었다. 보도에 의하면 전례가 없는 세계적 불황으로 재무구조가 악화된 하위 메이커들이 재고를 마구잡이로 저가에 팔아서 현금 확보를 서둘렀던 것이 주된 원인으로 지목되었다. 이러한 상황을 주시한 사카모토는 큰 그림을 그리기 시작하였다. 2008년 10월에 대만을 방문했을 때 소만장 부총통과의 간담 자리에서 "대만 한 나라에 DRAM 메이커가 6곳이나 있다. 왜 1곳으로 만들지 않는가? 작은 회사가 각각 독자적으로 거액의 투자를 하고, 가격을 서로 경쟁하는 것은 비효율적이다"라고 말하였고, 이 말에 소 부총통은 깊은 공감을 나타냈다고 한다.

이때의 이야기가 계기가 되어 대만 당국과 엘피다가 주도하는 대만 DRAM 메이커 재편 작업이 시작되었다. 사카모토가 초기에 구상한 시나리오는 당국이 출자하는 계열사 TIMC(대만 창신 메모리) 밑으로 DRAM 6개 사를 통합하고, 거기에 엘피다와의 거대연합을 구축하자는 것이었다. 그러나 이 TIMC 시나리오는 대부분 대만 메이커가 반발하여 실현되지 못했다. 왜냐하면 그사이에 DRAM의 시황이 회복되어 PC용·범용 DRAM 가격이 오르면서 재편 무드가 단번에 식어버렸기 때문이다.

한편 일본 내에서 엘피다의 수익도 매우 어려운 상황에 있었다(<그림 1> 참조). 사카모토가 다음으로 시도한 것은 공적 자금의 이용이었다.

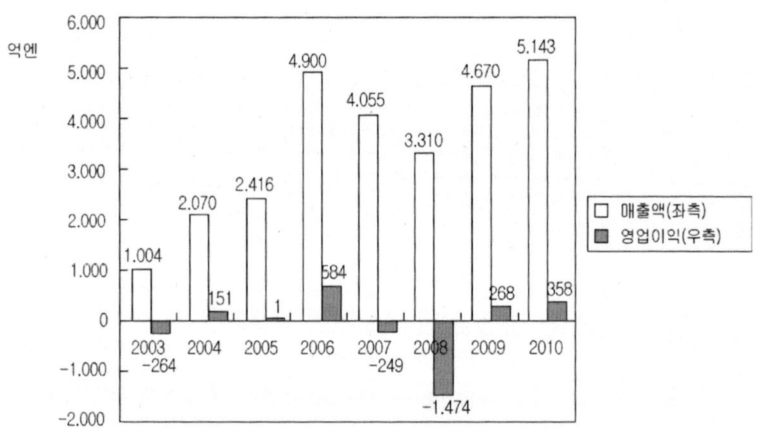

자료: 엘피다 자료를 참고로 필자가 작성.

〈그림 1〉 매출 및 영업이익의 추이

기존에 실적이 부진한 금융기관 등에 대해 공적 자금이 투입된 후 국유화 조치와 함께 경영 재건이 진행된 사례가 있었다. 그러나 2009년 4월에 시행된 「개정산업활력특별조치법(산업재생법)」은 공적 자금을 민간기업(사업회사)에 자본 투자하는 것으로 이례적인 긴급조치이다.

2009년 6월 30일, 일본정부는 엘피다 메모리에 대하여 공적 자금을 사용하여 일반기업에 자본을 주입하는 「개정산업활력재생법(산업재생법)」의 적용을 인정했다. 일본정책투자은행이 우선주의 형태로 약 300억 엔을 출자하고, 정부가 실질적으로 80%의 회수를 담보했다. 게다가 정책투자은행이 약 100억 엔의 융자도 실시했다. 사카모토는 이와 관련하여, 다음과 같이 언급하였다. '공적 자금의 지원 요청에 거리낌은 없었는가?'라는 질문에 대하여, '전혀 없었다. 우리는 살아남아 차세대 투자를 해야 하므로 자존심 때문에 공적 자금을 거부하는 선택은 염두에 없었다'라고 말하고 있다.

공적 자금 투입에 관해서는 찬반양론이 공존하였다. 사카모토는 그러한 의견을 충분히 이해했는데 DRAM 산업 자체의 안정적인 발전을 위해서는 삼성전자만의 '1강' 구조에서 그에 대항하는 세력으로서 '엘피다＋대만연합'을 구축하여 '2강' 구조가 되는 것이 바람직하다고 보았기 때문에 정부지원을 받아들이는 것에 주저하지 않았다. 또한 한국기업은 법인세의 조치나 각종 보조금 등 한국정부의 지원을 받고 있었기 때문에 크게 문제가 된다고 보지도 않았다.

정부도 또한 엘피다의 지원에 매우 긍정적이었는데 사카모토는 '정부, 특히 경제산업성이 믿을 수 없을 정도로 협력적이었습니다. 일본의 반도체, 특히 DRAM의 등불이 꺼지지 않도록 진지하게 생각하고 함께 행동해 주었습니다'라고 그 자세를 높게 평가하였다. 한편 공적 자금 투입(합계 400억 엔)에 민간은행의 융자가 추가되면서 엘피다가 조달한 자금은 1,400억 엔에 육박하고 시황개선 등이 맞물리면서 빠르게 실적을 회복하였다.

6) 일본과 대만 관계의 강화와 새로운 글로벌 경쟁

2009년 가을 이후, 다시 사카모토는 일본과 대만의 관계 강화를 위하여 움직였다. 앞에서 서술한 당국 주도에 의한 6사 통합화는 실패했지만 엘피다는 대연합을 구축하기 위해 꾸준히 노력하였다.

하나는 Powerchip에 대한 경영력의 강화이다. 2009년 10월, Powerchip에 대출한 백수십억 원의 담보권을 행사하는 형태로 Powerchip으로부터 서정전자의 주식을 취득했다. 그 결과 서정전자에 대한 출자비율이 52%에서 70% 이상으로 증가했다. 또한 2010년 3월에는 서정전자에 DRAM 설계개발거점을 설치했는데, 일본에서 확립한 칩 생산기술의 개량판을 대만에서 개발하여 PC전용 DRAM의 경쟁력 강화하기 위한 것이었다. '장래는 대만은 1사에 집약해야 하며, 두드러지게 생산효율이 높은 서정전자가 그 계열사가 될 수 있다. 서정의 생산라인을 중시하여, 설비투자는 일본보다 대만에서 먼저 한다'라는 사카모토의 발언에서 볼 수 있듯이 사카모토의 사업전략에 있어 일본과 대만의 제휴는 더욱 중요한 과제가 되고 있었다.

이러한 움직임은 2011년 1월, 'Powerchip 제품전량 매입발표'로 연결되었다. 그 결과 DRAM 세계 시장점유율(생산기준)은 한국 하이닉스 반도체를 상회하여 마침내 세계 2위가 되었다. 주요 내용을 살펴보도록 하자. 사업 취득은 2단계로 나누어져 있다.

① 제1단계: Powerchip은 자사 제품으로부터 철수하여 반도체 메이커 전용으로 수탁생산하는 파운드리(수탁생산회사)로 비즈니스 모델을 전환한다. 엘피다는 Powerchip으로부터 DRAM의 전량을 구입하여 엘피다 제품으로써 판매한다.

② 제2단계: 엘피다는 Powerchip의 최첨단 공장을 취득한다.

Powerchip의 黃崇仁董 사장은 '파운드리사업으로 전환하면 수익이 안정된다'라고 제휴의 목적을 설명했으나 합의에 이를 때까지의 과정은 순조롭지 않았다. 일반적인 생산위탁을 넘는 내용으로 인해 Powerchip은 오히려 제휴 강화에 부정적인 입장이었던 것이다.

1994년의 Powerchip 설립으로부터 이 회사를 대만 유수의 DRAM 기업으로 기른 黃崇仁董에게 있어 독자경영은 큰 집착이었다. 대만 메이커가 당국 주도로 설립하는 계열사의 산하에서 파운드리가 된다는 구상을 끝까지 받아들이지 않고, '나는 쉽게는 죽지 않는다'라고 말했을 정도였다. 그 후에도 엘피다와 생산 수·위탁 이상으로 논의되는 것을 피해 왔다. 그러나 2010년 후반 이후의 DRAM 시황 급락에는 마침내 견디지 못하고 엘피다와의 경영통합의 길을 선택했다.

2011년 가을이 되자, 엘피다는 장기간의 엔고현상으로 인해 국내 생산(히로시마 공장)의 40%를 대만 생산자회사, 서정전자로 이전하여, PC용·범용 DRAM를 전면 이전할 계획을 발표했다. 그리고 히로시마 공장의 DRAM 생산능력은 직경 300미리 실리콘 웨이퍼 채용으로 월간 약 12만 장에서 7만 장으로, 서정전자는 8.5만 장에서 13.5만 장으로 각각 재조정하여 생산체제를 근본적으로 재검토한다고 발표하였다. 그리고 히로시마 공장은 최신제품이나 제조기술의 개발, 생산의 마더공장의 역할을 담당하게 되었다.

Ⅲ. 맺음말

지금까지 사카모토 유키오의 사업활동 흐름을 역사적으로 정리해왔다. 이 과정에서 주목해야 할 것을 몇 가지 언급하며 마무리하고자 한다.

첫째, 이타미, 다나카, 모리시마의 연구에서 지적한 '좋은 경영자'의 전형적인 예로서 사카모토 유키오를 주목할 수 있다. 일본체육대학을 졸업하고 '지적체육회계'라고 불린 사카모토는 외국계 기업에서 직장생활을 시작하는 등 커리어 형성과정이 독특하며 보통 경영자와는 다른 면이 많다고 할 수 있다. 그러나 최고경영자로 성장하는 가운데 젊은 시기에 임원으로 등용되어 충분한 시간 속에서 여러 부서를 담당함으로써 전사적이고 글로벌한 관점에서 경영을 배울 수 있었던 것은 귀중한 자산이었다. 나아가 반도체의 프로로서 '재건청부인'이라고 언급될 정도로 적자에 빠져 있던 사업의 재건을 맡아 2번이나 성공한 경험이 있는데, 이 경험은 엘피다의 사장 취임까지의 충분한 훈련기간이었다.

둘째, 사카모토 유키오의 활동은 보통 샐러리맨 경영자에게서는 이룰 수 없는 기업가 활동의 실천이었다. 사카모토 자신이 흥미로운 코멘트라고 말하고 있으므로 소개하기로 하겠다.

(청취자) "사카모토 씨가 오시고 나서 의사결정의 스피드가 올랐다는 인상을 받았습니다."

(사카모토) "반도체 비즈니스는 즉시 결단해 나가지 않으면 잘 되

지 않습니다. 일본기업의 경우 다리가 긴 것은 상당히 잘 됩니다. 그런데 다리가 짧은 것, 예를 들면, 컴퓨터라든지 반도체라든지, 최근에는 가전이라든지, 이런 분야가 자꾸자꾸 약해지고 있습니다. 이것은 일본기업 속에 즉시 결단할 수 없는 체질이 있기 때문이라고 이해하고 있습니다. 그러니까 어느 의미에서 오너 경영자가 아니면 반도체 비즈니스는 어렵다고 생각합니다."

-방송 A-

"우리들은 외부에서 돈을 모아 와서 일을 하고 있습니다. 그리고 외부에 대해 큰 책임이 있습니다. 이에 비하여 사내에서 돈을 받아 자회사나 합작회사로써 사업을 하고 있는 경우에는 어디까지나 조직 내의 논리에 지나지 않는데, 이래서야 책임을 느낄 방법이 없습니다. 아무리 사장이라고 해도 기업가는 아니지요. 4~5년 정도 지나면, 그 지위에서 멀어져 갑니다. 그러니까 리더십을 발휘해라고 말해도 무리입니다."

-방송 B-

2개의 코멘트에서 공통된 점은, 반도체 비즈니스는 그 사업의 특성상 뛰어난 리더십과 과감한 의사결정이 필요하므로 이른바 샐러리맨 경영자보다는, 오너 경영자와 같은 타입이 요구된다는 것이다. 하지만 문제의 본질은 오너 경영자인가 샐러리맨 경영자인가가 아니라, 최고경영진이 얼마나 기업가적인 기능을 발휘할 수 있는가에 있다고 볼 수 있다.

사카모토는 사장 취임 당시 3년 임기였다. 결과를 낼 수 없으면 스스로 물러날 각오이기도 했다. 하지만 공약이 거의 실현되어 임기를 완수할 수 있었으며 정년인 60세에 이르러서는 직원들으로부터 충분한 신임을 얻어 연속 재직을 표명, 현재에 이르고 있다. 사카모토는 직원들의 지지가 이어지자 '연속 재직해 주었으면 한다는 의견을 들으면 (투사 등의) 경영 판단을 하는 데에도, 가끔 정리해고를 단행한다고 해도 든든하게 느끼겠지요. 하나 하나의 결정에 무게감을 느낍니다. 스스로에게 있어서 동기가 상승됩니다'라고 언급한 바 있다.

마지막으로, 향후 엘피다의 과제에 대하여 지적하고 싶다. 그것은 '포스트 사카모토 유키오'를 어떻게 준비하고 있는가 하는 것이다. 2002년에 사장으로 취임하여 10년째가 된 현재, 사카모토는 63세의 연령으로 아직 충분히 기업가 활동은 가능하다. 이와 관련된 질문에 '후계자의 육성은 물론 하고 있다. 사장과 그다음 정도까지는 머릿속에 그리고 있다…'라고 언급한 바 있으나 자세한 것은 아직 분명하지 않다. 당분간 계속될 사카모토 체제하에서, 엘피다라는 조직이 제2의 사카모토, 제3의 사카모토를 낳아 가는 구조를 어떻게 구축해 나갈 것인지 주목되는 바이다.

참고문헌

<일본어 문헌>
이타미 다카유키(2004). "좋은 경영자의 모습". 히도츠바시비즈니스리뷰, 2004
년 가을호, 6-17.
이타미 다카유키(2005). "최고경영자와 기업의 적응력". 일본의 기업시스템 제
Ⅱ기 제2권. 기업과 거버넌스, 유히가쿠, 357-384.
다나카 가즈히로, 모리시마 모토히로(2004). "전후 일본의 경영자 군상". 히도
츠바시비즈니스 리뷰, 2004년 가을호, 30-48.
요네쿠라 세이이치로우, 후지무라 슈죠, 사카모토 유키오(2003). "일본의 반도
체를 한번 더 되살리겠습니다". 히도츠바시비즈니스리뷰, 2003년가을
호, 176-189.
노나카이 쿠지로, 사카모토 유키오(2004). "'지적체육회계'가 마지막에 이기는
이유". 프레지던트, 2004년 4월 12일호, 120-125.
"메카라이프(메커니즘＋라이프)한 사람들 사카모토 유키오 씨". 일본기계학회
잡지, 112(1084), 2009년 3월, 49-52.

엘피다 메모리 주식회사 각종 IR관계 자료(http://www.elpida.com/ja/ir/) 참고.
일본경제신문, 일경산업신문 참고.
일경비즈니스, 일경일렉트로닉스, 일경정보스트래터지, 일경마이크로디바이
스, 주간동양경제, 주간다이아몬드, 주간이코노미스트 등 참고.

메모리 반도체 산업에서의 韓日기업 경쟁력 비교연구

하연찬(극동대학교)

I. 서론

메모리 반도체산업의 대표적 특성은 흔히 황의 법칙(Hwang's law) 혹은 무어의 법칙(Moore's law)으로 대변되는 빠르고 큰 기술 변화와, 예측 불가능한 급격하고 엄청난 가격변동[1]일 것이다. 이와 같은 메모리 반도체 제품과 공정기술 변화의 특성은 참여기업들에게 R&D와 생산설비 구축에 막대한 자금을 지속적으로 투자해야 하는 큰 위험을 감수하게 하고, 이로 인해 가격 하락시 생존을 건 소위 치킨게임(chicken game)을 피할 수 없게 만들고 있다. 따라서 메모리 반도체산업에 참여한 기업들은 감당하기 어려운 위험하에서 기술, 제품, 공정, 목표시장, 투자규모, 제휴 등 전략적 의사결정을 신속하고 과감하게 하지 않으면 생존하기 어렵다.

이러한 거친 산업환경인 메모리 반도체산업에서 후발진입자인 삼성전자와 하이닉스로 대표되는 한국기업들이 미국과 일본의 막강한

---

1) 2007년 초 5.9달러였던 512메가바이트 DDR2 DRAM 가격은 2008년 9월 0.73달러까지 하락한 사례가 있음.

기존 선도기업을 앞질러 2010년 현재 세계 최고의 점유율과 경쟁력을 확보하고 있는 흥미로운 현상을 보여 주고 있다. 삼성전자를 예로 들면, DRAM 분야에서 1992년 이후 세계 1위의 시장점유율을 유지하고 있으며, NAND Flash에서는 2003년 이후, SRAM에서는 1995년 이후 현재까지 1위를 유지해 오고 있는 괄목할 만한 성과를 보여 주고 있다. 반면, 한국기업이 진입하기 전에 최고의 글로벌 경쟁력을 가졌던 일본의 메모리 반도체기업들은 2010년 2분기 실적 기준으로 볼 때 대표기업인 엘피다(Elpida)가 17.7%의 세계 시장점유율로 한국의 삼성전자 35.4%와 하이닉스 21.5%에 이어 3위에 머물고 있는 실정이다.

따라서 메모리 반도체 산업에서 한국기업과 일본기업의 경쟁력을 비교하고, 경쟁력 변화에 영향을 미친 요인을 분석함으로써 국가 간 기업의 경쟁력 변화에 대한 이론을 정립하고자 한다. 또한 한국기업들이 향후 중국을 포함한 신흥국들의 추격에도 불구하고 지속적으로 경쟁력을 유지하는 방안을 모색하는 것이 실무적 목적이다.

Ⅱ. 본론

1. 한일 메모리 반도체산업의 경쟁력 비교

2009년 2분기 세계 시장점유율을 보면, <그림 1>에서 보는 바와 같이 메모리 반도체와 비메모리를 합친 반도체 전체에서 미국이 49.2%, 일본이 21.6%, 한국이 10.1%로 미국의 경쟁력이 가장 높게 나타나고 있다. 그러나 메모리 반도체인 DRAM에서는 한국이 56%, 일

본이 16.6%로 나타나고 있으며 메모리 반도체 중 최근 성장성이 높은
NAND Flash에서도 한국이 52.6%, 일본이 29.5%로 한국의 경쟁력이
아주 높은 것으로 나타나고 있다.

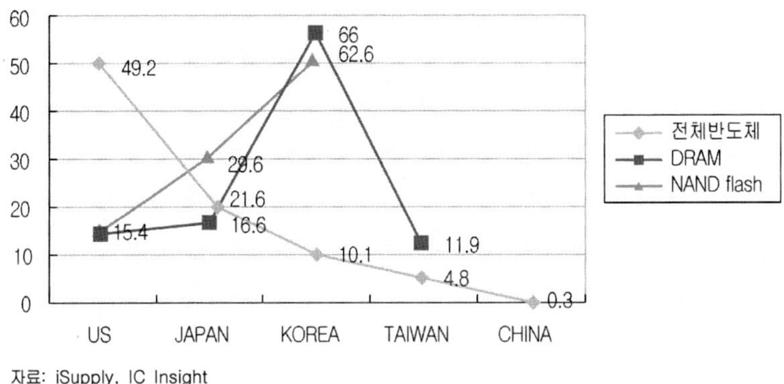

자료: iSupply, IC Insight

〈그림 1〉 2009년 2분기 반도체 국가별 시장점유율 비교(단위: %)

개별 메모리 반도체 생산기업들의 세계 시장점유율을 보면, <그림 2>
에서 보는 바와 같이 DRAM에서는 2010년 2분기 현재 삼성전자가
35.4%로 압도적인 1위를 차지하고 있고, 2위 역시 한국의 하이닉스가
21.5%, 일본의 엘피다는 17.7%를 차지하여, 한국 대 일본이 약 57%
대 18%로 DRAM에서의 한국기업의 경쟁력이 훨씬 앞선다는 것을 볼
수 있다.

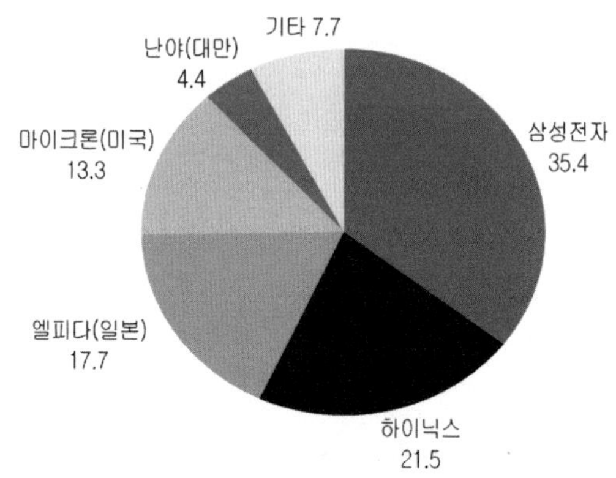

자료: iSupply, IC Insight

〈그림 2〉 2010년 2분기 DRAM 반도체 기업별 시장점유율(단위: %)

또한 NAND Flash 반도체에서는 〈그림 3〉에서 보는 바와 같이 2010년 2분기 현재 삼성전자가 40.3%로 압도적인 1위를 차지하고 있고, 2위는 일본의 도시바(Toshiba)가 31.5%로 나타나 NAND Flash에서도의 한국기업의 경쟁력이 앞서고 있다는 것을 알 수 있다.

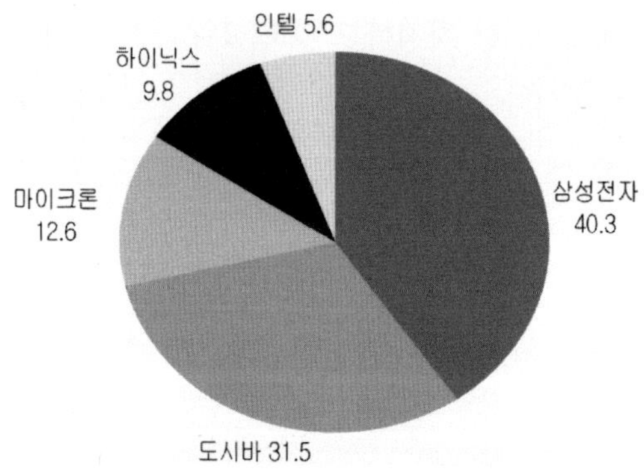

자료: iSupply, IC Insight

〈그림 3〉 2010년 2분기 NAND Flash 반도체 기업별 시장점유율(단위: %)

참고로, 메모리와 비메모리 분야를 합친 전체 반도체 매출액을 1987년 이후 비교해 보면, <그림 4>에서 보는 바와 같이 한국의 성장성이 뚜렷하며 일본과의 격차가 점차 좁아지는 것을 볼 수 있다. 한국의 반도체 매출액의 대부분이 메모리 제품이라는 것을 감안하면 메모리 분야의 경쟁력이 일본을 추월해 왔다는 것을 추론할 수 있다. 또한 <그림 5>에서도 1980년대 중반에 일본이 반도체 산업에서 미국에 비해 경쟁력을 강화시켰으나 1990년 초반 일본의 경제 침체가 시작된 이후 경쟁력이 약화되어 미국과 한국 등 아시아 국가들에 비해 경쟁력이 약화된 것을 볼 수 있다.

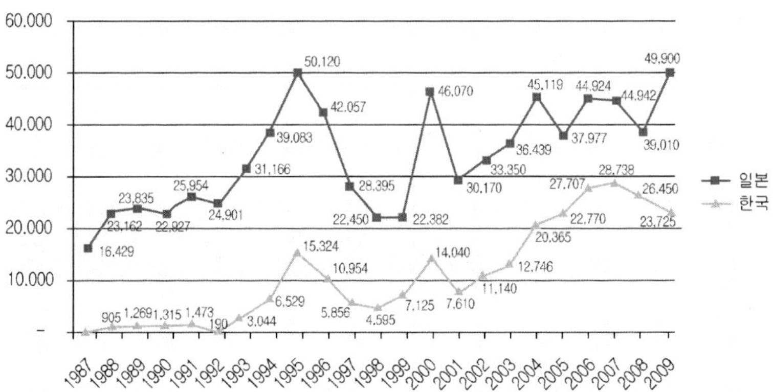

자료: Gartner, Dataquest

<그림 4> 1987년 이후 한일 반도체(전체) 매출액 추세 비교(단위: 백만 달러)

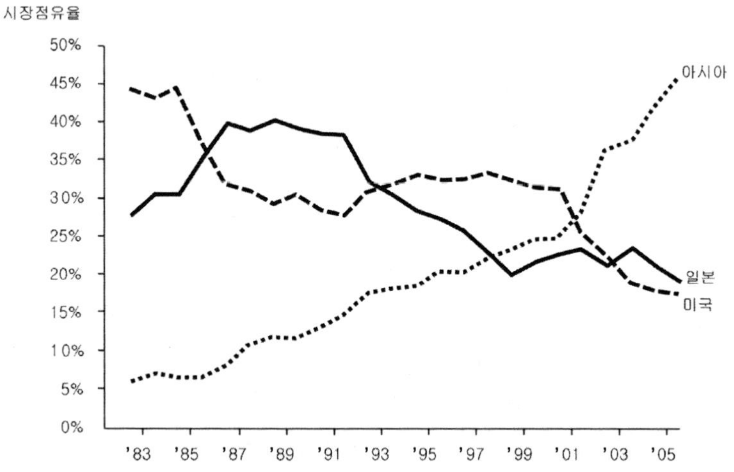

자료: Gartner, Dataquest

〈그림 5〉 1982~2005년 국가별 반도체 세계 시장점유율(%)

　　매출 및 시장점유율의 변화를 종합적으로 살펴볼 때 한국은 반도체, 특히 메모리 반도체부문에서 지속적으로 경쟁력을 강화시켜 일본에 비해 강한 경쟁력을 가지게 되었다는 것을 볼 수 있다. 1992년 삼성전자는 DRAM 반도체에서 세계 1위를 기록하고 현재까지 1위를 유지하고 있다는 사실을 보아도 한국의 메모리 분야의 경쟁력이 일본에 비해 훨씬 높다는 것을 알 수 있다.

2. 한일 거시경제지표 분석

　　앞서 제시한 <그림 5>에서 보면 일본이 1991년 이전에 확보했던 반도체 제품의 시장점유율이 1991년 이후 지속적으로 감소한다는 것을 볼 수 있다. 이를 보면 경기침체라는 거시경제 요소들이 일본 메모리 반도체 산업의 경쟁력을 약화시킨 요인이 될 가능성이 있다고 볼 수 있을 것이다. 따라서 두 국가의 거시경제지표를 비교하고자 한다.

1) 일본의 주요 거시경제지표 분석

일본의 경제는 <그림 6-1~4>에서 보는 바와 같이 1990년까지 지속적으로 성장해 왔다. 주가와 부동산가격, GDP 성장률을 보면 1990년까지 일본경제는 거대한 성과를 이룬 것으로 평가할 수 있었다. 이에 힘입어 기업의 설비투자증가율도 평균 약 10%대를 유지하여 기업의 경쟁력을 유지했다. 그러나 1990년 부동산 버블이 붕괴하기 시작하면서 이후 거의 20년간 주가와 부동산가격, GDP 성장률이 급격하게, 지속적으로 낮아졌으며 기업들도 설비투자를 거의 하지 못하는 것을 볼 수 있다. 따라서 거시경제지표가 악화된 것에 의하여 메모리 반도체기업들도 투자를 하기 힘들어지고, 그 결과 경쟁력을 잃게 된 것이 아닌가 추정해 볼 수 있다.

자료: Bloomberg

〈그림 6-1〉 일본의 거시경제지표(1): 니케이 225지수 월평균추이

(기준 : 2000=100)

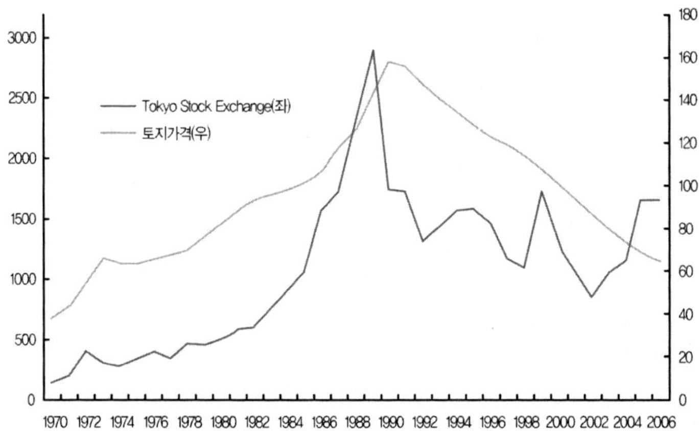

자료: Bloomberg. 일본부동산연구소
주: 토지가격은 전용도 평균

<그림 6-2> 일본의 거시경제지표(2): 일본주가 및 부동산 가격추이

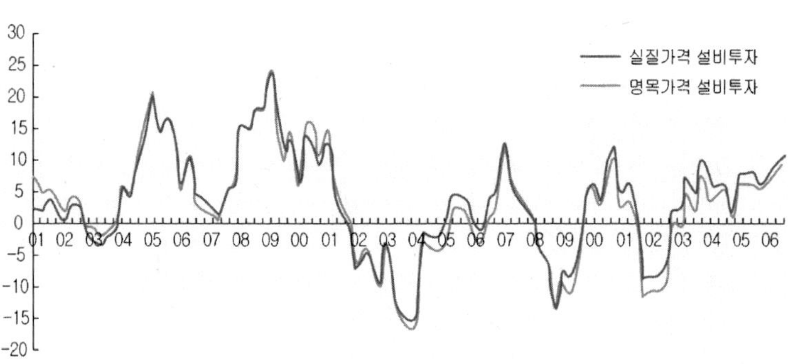

자료: 일본 내각부

<그림 6-3> 일본의 거시경제지표(3): 일본의 설비투자 증가율 추이

(단위 : %)

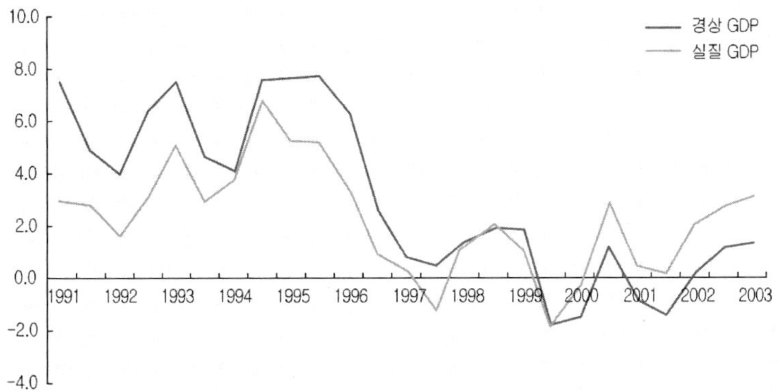

주: 1980년~1993년은 1995년 기준가격. 1994년 이후는 2000년 기준 가격임.
자료: 일본 내각부

〈그림 6-4〉 일본의 거시경제지표(4): 일본의 경상 및 실질 GDP 성장률 추이

2) 한국의 주요 거시경제지표 분석

한국의 거시경제지표는 <그림 7-1~4>에서 보는 바와 같이 경제성장률도 평균 5% 정도로 안정적으로 유지되어 오고 있으며, 주택매매가격도 안정적인 증가세를 유지하고 있다. 또한 주가도 지속적으로 오름세를 유지하여 1990년 이후의 일본과 정반대 현상을 보여 주고 있다. 이러한 호의적인 거시경제하에서 기업들은 설비투자수준을 일정하게 유지함으로써 경쟁력을 지속적으로 향상시킬 수 있었을 것으로 추정해 볼 수 있다. 따라서 삼성전자와 같은 한국 메모리 반도체 기업들은 적절한 투자를 통해 경쟁력을 확보할 수 있었을 것으로도 볼 수 있다.

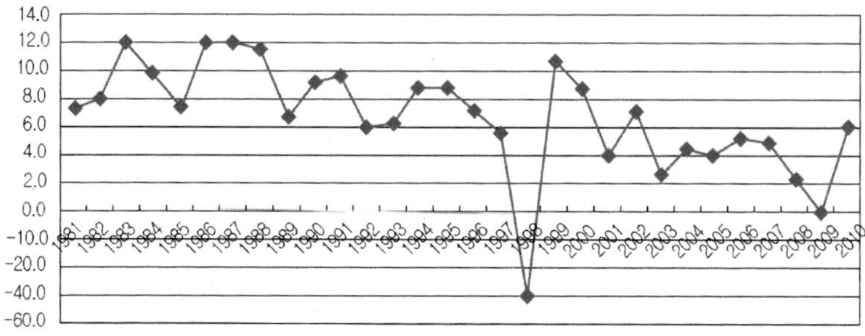

〈그림 7-1〉 한국의 경제 성장률 추이(1981~2010, %)

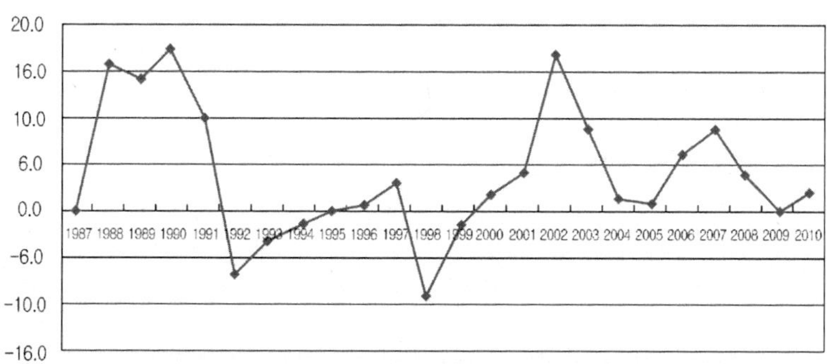

〈그림 7-2〉 한국의 주택매매가격 등락률(전 도시, %)

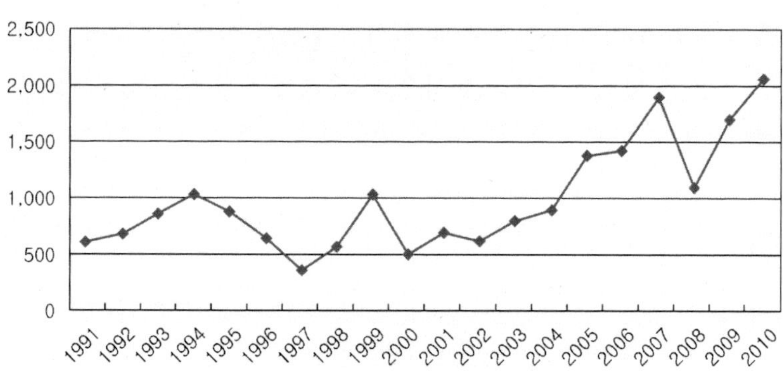

〈그림 7-3〉 한국의 종합주가지수 추이(1980=100)

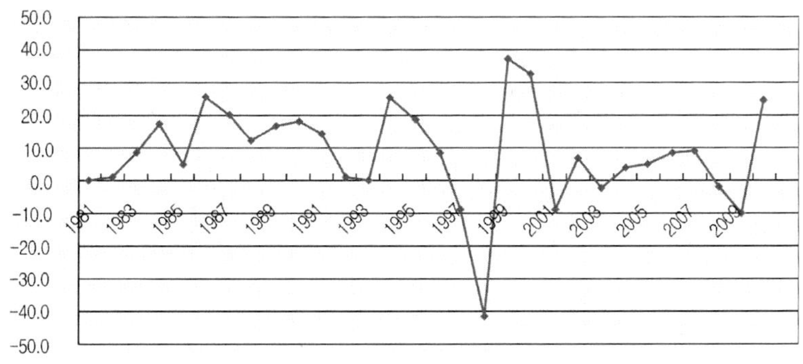

〈그림 7-4〉 한국의 설비투자 증감률 추이(실질, %)

3. 한일 메모리 반도체 산업 및 기업분석

1) 일본의 메모리 반도체 산업 및 기업분석

일본의 반도체 기업들은 1980년대 중반에 DRAM 반도체 산업에서 양산기술을 바탕으로 선도국인 미국기업보다 경쟁력을 강화시켜 반도체 부문에서 세계적인 경쟁력을 구축해 가고 있었다. 그러나 1991년 일본의 버블경제가 붕괴되면서 제품 개발과 설비에 투자를 하지 못하게 됨으로써 1984년 진입한 삼성전자에게 1992년에 DRAM 매출 1위 자리를 내주고 말았다. 설상가상으로 1996년 DRAM 가격이 폭락하면서 수익성이 악화되자 일본기업들은 기술 개발과 설비투자를 축소하고, 해외 공장의 폐쇄(미쓰비시), 공장의 해외이전(히다찌) 등 방어적·소극적 사업전략을 선택하였으며, 소규모 투자로 위험이 낮고 수익성이 높은 비메모리 반도체 분야로 사업영역을 전환해 버렸다. 2001년에는 이미 계획한 메모리 반도체 설비투자를 50% 축소하고, 미국의 IT 버블 붕괴로 인해 NEC와 후지쓰가 메모리 반도체 사업에서 철수하게 되었다. 2002년 일본의 반도체 회사들은 메모리 반도체 생산을 위한 엘피다를 설립하고, 2007년 엘피다와 대만의 파워칩 제휴를 통해 경쟁력을 확보하려 하나 2008년 엘피다와 파워칩은 감산을 결정하였다. <표 2>에서 보는 바와 같이 2010년 투자계획을 보면, 한국의 삼성전자와 하이닉스가 7조 8천억 원을 투자하려는 반면, 일본기업인 도시바와 엘피다는 2조 원 정도를 투자하는 것으로 나타나 투자를 통한 경쟁력 회복은 어려울 것으로 보인다.

결론적으로 일본 반도체 기업들은 메모리 반도체 시장의 특성상 피할 수 없는 일시적 수익성 악화라는 위기에 처하자 제품 개발 및 설비투자를 감축하고 비메모리 시장으로의 사업 전환을 하는 등 수비적 기업전략을 선택하여 메모리 분야에서 경쟁력을 상실하게 된 것으로 보인다.

<표 1> 일본 메모리 반도체산업 주요 연혁

연도	내용
1980	반도체(DRAM) 사업경쟁력 확보(양산기술)
1984	≪삼성 진입≫
1991	일본버블 붕괴
1992	≪삼성 DRAM 매출 1위 달성, 5라인 투자(200mm 웨이퍼), 64M 개발≫ ≪1996 DRAM 가격폭락 시작≫
1998	일본 메모리 경쟁력 약화(기술 및 설비투자 축소), 미쓰비시 미국공장 폐쇄, 히다찌 공장 해외이전, 시스템 반도체로 이동 시작
2001	반도체 설비투자 50% 축소 ≪2001 미국 IT 버블 붕괴≫, NEC, 후지쓰 메모리사업 철수, 삼성 300mm 웨이퍼 투자
2002	엘피다 설립(1999)
2004~6	도시바 300mm 웨이퍼 공장 건설
2007	엘피다＋파워칩
2008	엘피다와 파워칩 감산, ≪키몬다(Infineon) 파산≫

〈표 2〉 2010년 주요 메모리 반도체 생산기업의 투자계획

업체명	투자계획 발표내용
삼성전자	투자규모 5조5,000억원, DDR3 DRAM 공정전환 중심
하이닉스반도체	투자규모 2조3000억원, DRAM 공정 44나노로 전환, 낸드플래시 생산능력을 2배 수준으로 확대, R&D와 기존 장비 업그레이드, 해외법인 공정전환 투자 등
Toshiba	투자규모 1,000억엔(약 1조3,000억원). 최신 설비 도입 위주, 미국의 낸드플래시 생산업체인 샌디스크(SanDisk)와 합작 공장에도 500억엔 투자해 생산능력 40% 향상 목표
Elpida	DRAM부문에 2010년 10년까지 400억엔 투자계획을 2011년 3월말까지 600억엔으로 확대, 65나노에서 45나노로 공정전환 중심
프로모스	11월부터 엘피다의 생산위탁파트너로서 DRAM생산 개시
파워칩	DRAM에서 NAND Flash로 주력생산변경, 55억 대만달러 투자자금 유치

자료: 경향신문, 매일경제, 연합뉴스, 이데일리 등 보도자료 및 각사 공시자료

2) 한국의 메모리 반도체 산업 및 기업분석

한국의 대표적인 반도체 기업인 삼성은 1983년 DRAM 반도체 사업에 진출을 결정하게 된다. 당시 반도체 사업에 대한 진입과 막대한 투자금액에 대한 우려와 반대에도 불구하고 기업가 정신으로 과감하게 진입을 결정하였지만 짧은 기술수명주기로 적자가 심화되는 어려움을 겪게 되었다. 1987년 엄청난 누적적자에도 불구하고 1M DRAM 생산을 위한 3라인 설비에 막대한 금액을 투자하여 1988년 한 해 동안 1M DRAM으로 그동안의 누적적자를 해소했다. 또한 1988년에는 4M DRAM을 개발하며, 1990년 16M DRAM을 개발함으로써 일본과의 기술격차를 없앴다. 1992년 4M DRAM으로 DRAM 매출 세계 1위를 달성하였고, 5라인에 200mm 웨이퍼 도입하는 당시 3조 원이 소요되는 과감한 투자결정을 하였다. 또한 1992년 64M DRAM을, 1994년 256M DRAM을 개발하여 기술적으로 일본을 앞서 나가기 시작했다. 1993년부터 1995년 사이는 4M DRAM으로 고수익을 창출한 기간이

며, 이때 축적된 이익으로 이후의 투자자금을 충분히 확보했던 것이다. 1996년 DRAM 가격이 폭락하기 시작하여 세계의 메모리 반도체 기업들은 큰 어려움에 처하게 되었고 투자를 축소하거나 사업을 축소할 수밖에 없었지만 삼성은 축적된 자금으로 1996년에는 1G DRAM을 개발하여 기술 면에서 일본을 완전히 추월하였다. 1999년 이후 LG반도체와 현대반도체가 합병하여 하이닉스를 설립하였다.

결국, 한국의 메모리 반도체 산업은 삼성전자의 1987년 3라인 투자와 1992년 5라인 투자에 대한 과감한 의사결정에 의해 결정적으로 경쟁력을 확보한 것으로 볼 수 있을 것이다. 첨단산업에서 후발주자로서 선도기업을 추격한다는 것은 쉬운 일이 아님에도 불구하고 시의적절하게 연구개발과 설비투자에 과감한 의사결정을 내릴 수 있었던 것이 관건인 것으로 보인다. 이러한 경쟁력의 확보는 <그림 8>에서 보는 바와 같이 어떤 환경에서도 업계 최고의 영업이익률을 보여 주고 있다.

〈표 3〉 한국메모리 반도체산업 주요 연혁

연도	한국기업의 연도별 주요 연혁
1983	반도체(DRAM) 사업 진출 결정
1987	3라인투자(1M DRAM)
1988	4M DRAM 개발
1990	16M DRAM 개발(일본과 기술격차＝0)
1992	DRAM 매출 1위 달성, 5라인 투자(200mm 웨이퍼), 64M 개발
1994	256M 개발, 1993~1995 4M DRAM 고수익기(자금축적) ≪1996 DRAM 가격폭락 시작≫
1996	1G DRAM 개발 ≪1997 TI DRAM 사업부매각→마이크론테크놀로지≫
1999~2001	[현대＋LG→하이닉스 탄생] ≪2001 미국 IT 버블 붕괴≫, 삼성 300mm 웨이퍼 투자 ≪2004~2006 도시바 300mm 웨이퍼 공장 건설≫ ≪2007 엘피다＋파워칩≫

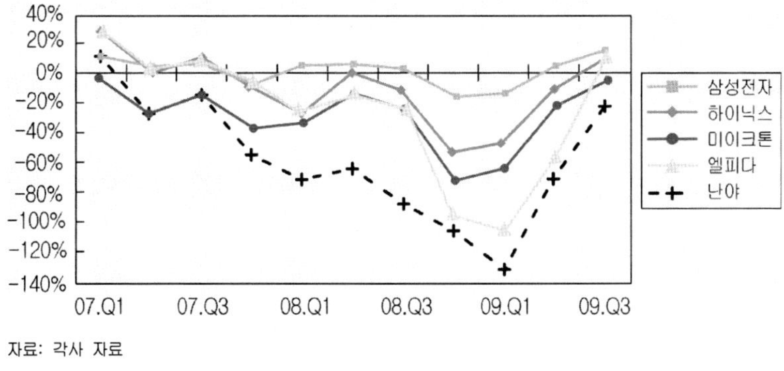

자료: 각사 자료

〈그림 8〉 DRAM 반도체 기업의 영업이익률 추이

4. 한·일 메모리 반도체 산업 경쟁력 영향요인 분석

일본기업들의 경쟁력이 약화된 가장 중요한 계기는 1993~1995년까지의 4M DRAM 수익성 호황기에 16M DRAM 사업을 위한 수익성 확보를 하지 못한 것이라고 추정된다. 이는 1990년부터 시작된 일본의 버블 붕괴로 인한 거시경제의 악화로 기술수명주기에 필요한 기업들의 투자가 이루어지지 못한 것으로 추정된다. 따라서 거시경제의 침체로 인하여 과감한 투자의사결정을 할 수 없었던 기업지배구조 혹은 경영의사결정의 문제가 있었던 것으로 생각된다.

반면, 한국의 삼성전자는 경쟁열위를 극복하기 위해 누적적자와 자금난에도 불구하고 집중적인 투자로 1990년 일본과의 기술격차를 없애고, 1992년 200mm 웨이퍼 생산을 시작하여 1993~1995년 엄청난 이익을 실현하고, 이후 16M DRAM 사업을 위한 자금을 확보한다. 이러한 면은 후발기업이 선도기업과의 기술격차를 따라잡기 위해 역량을 집중한다는 기술추격이론으로 설명될 수 있다.

또한 1996년 DRAM 가격폭락기에 이미 경쟁력이 떨어진 일본기업들은 수익성 악화를 견디지 못하고 사업축소, 철수, 해외이전 등 소극적 대응과 적은 자금으로 사업 가능한 시스템 반도체 사업으로 전환한 바 있는데 이로 인해 메모리 분야에서 경쟁력 회복은 더욱 어려워졌다. 일본기업들은 그 당시 보다 과감하고 공격적인 투자를 할 여력이 있음에도 불구하고 한국기업과는 달리 소극적 의사결정을 내렸는데 일본의 기업지배구조가 여기에 영향을 주었을 가능성이 있다.

2000년대 들어서면서 각 사의 메모리부문을 통합하여 엘피다를 설립하고, 도시바가 의욕적인 투자(Flash 부문)를 하고, 대만업체와 협력을 추진하는 등 다양한 시도를 하고 있으나 하지만 경쟁력을 회복하기 어려운 상황으로 보인다.

Ⅲ. 결론

메모리 반도체 산업에서의 일본의 경쟁력은 한국에 비해 뚜렷이 약화된 것으로 나타나고 있다. 최근 모바일 제품시장의 성장으로 수요가 증가하고 NAND Flash 부문에 대한 도시바의 적극적인 투자에도 불구하고 메모리 분야에서 한국기업을 재차 추격한다는 것은 당분간 어려울 것으로 판단된다. 일본은 1980년 중반에 양신기술을 바탕으로 미국보다 우위 경쟁력을 확보하였으나, 거시경제의 침체와 그에 따른 소극적 투자의사결정으로 경쟁우위를 유지하지 못하였다. 반면, 한국기업은 기술격차를 줄이고 추월하기 위해 최대한의 역량을 결집하였으며, 진입 초기의 자금난과 누적적자상황과 1997년 외환위기로 촉발된 경기침체기에도 지속적으로 과감한 투자를 하는 등 적극적 의사결정을 함으로써 일본기업이 누렸던 경쟁우위기간을 2배 이상 누리고 있다.

전체적으로 볼 때, 메모리 반도체 산업에서 일본의 경쟁력 변화를 설명하려는 학문적 이론으로는 거시경제 침체에 따른 지배구조/의사결정구조 가설이 타당하다고 판단된다. 1990년 일본의 버블 붕괴로 인한 경기침체기에도 일본기업에 기업가 정신이 강한 지배구조가 유지되고 있었다면 소극적 의사결정을 하지 않았을 것이고 경쟁력도 약화되지 않았을 것이다. 반면 이 산업은 기술이 제품성능은 물론 생산원가에도 결정적 영향을 미치며, 주기적으로 새로운 생산시설에 투자를 해야 하므로 국가 간 산업순환이론은 설명력이 떨어지는 것으로 보인다.

한국기업들에게는 향후 중국, 인도 등 신흥국들의 추격으로 인해 어떻게 경쟁력을 유지할 것인지가 중요한 과제로 대두될 것으로 예상된다. 앞서 살펴본 바와 같이 메모리 반도체 산업의 경우 산업순환이론의 설명력이 떨어지기 때문에 P램, STT-MRAM 등 메모리 반도체의 차세대 기술에 대한 과감한 투자를 지속할 수 있는 지배구조/의사결정구조를 유지하는 것이 유력한 대안이 될 수 있을 것이다.

참고문헌

〈국내 문헌〉

김수현(2009). "일본, 반도체주력기업의 재편 움직임", 동향자료, KOTRA.

김용회(1998). "일본 반도체기업구조 조정 활발", 동향자료, LG경제연구원.

김재평(2001). "일, 반도체 5개사 설비투자감소율 최대 63.3%", 동향자료, KOTRA.

신철식(2005). "한국산 메모리반도체 세계 시장독주", 동향자료, KOTRA.

우상민(2008). "일본반도체산업, 양극화움직임가속", 동향자료, KOTRA.

한수연(2006). "일본반도체사업 부진 계속된다", LG경제연구원.

KIS Industry Outlook(2010.1). "Semiconductor Memory Chips", 한국신용평가.

Lee, Keun, Tae Young Park(2010). "Catching-up or Leapfrogging in Indian IT Service Sector: Windows of Oppotunity", Path-Creating and Moving Up the Value Chain. paper at the Asialics.

JOINS 및 조선일보, 서울경제 각종 기사자료 참고.

Wikipedia 각종 자료 참고.

가트너데이터리퀘스트사, iSuppli사, IC Insights사의 자료를 재인용.

한일 전자기업 경쟁력의 현황과 향후 과제

고미 노리오(슈쿠토쿠대학교)

I. 서론

전기·전자산업은 제 2차 세계대전 이후 아시아의 많은 국가들에 있어 경제를 부흥시킨 핵심적인 산업이라고 볼 수 있다. 전기/전자산업은 서구 선진국들이 주도하던 산업이었으나 일본을 시작으로 NIES (Newly Industrializing Economies)인 한국, 대만, 아세안, 중국, 인도가 점차 산업 거점으로 부상하였다. 이 과정에서 국가 간에는 무역마찰, 기업 간에는 서구 선진국의 기업과 다른 지역의 기업 간 경쟁이 치열하게 반복되어 왔다. 최근에는 일본과 다른 후발국으로 산업 이전과 기업 간 부침이 다시 반복되고 있다. 본 연구에서는 통상마찰의 역사를 통해 한국·일본기업 간 변화를 간략히 살펴본 후, 각 국 정부의 산업정책이나 기업들의 경영전략이 경쟁력 변화에 어떠한 영향을 주었는지 살펴보고자 한다. 그리고 마지막으로는 양국 기업들의 당면할 과제와 향후 전개 방향을 논의해 보고자 한다.

한·일 양국의 산업경쟁력 변화와 관련하여 정구현 교수가 제기한 논점은 다음 몇 가지 핵심질문을 중심으로 논의해 볼 수 있을 것이다.[1]

(1) 한국과 비교했을 때, 일본의 산업경쟁력은 언제부터 저하하기 시작했는가?

(2) 당시 일본의 산업경쟁력이 악화된 원인은 무엇인가?

(3) 한국의 산업경쟁력도 가까운 장래에 중국의 추격으로 저하될 것인가?

질문 1, 2와 관련하여 일본과 한국의 산업경쟁력을 비교할 때, 국가 수준에서 산업경쟁력을 논할 것인지, 아니면 개별 기업의 우열을 중심으로 비교할 것인지를 정할 필요가 있다. 본 연구에서는 한국 전기·전자산업의 분석과 관련하여 삼성전자와 LG전자, 반도체 산업에서는 삼성전자와 하이닉스를 중심으로 분석하고자 한다.

양국 산업의 특징에 대해서는 보다 구체적인 분석이 이어지겠으나 한국은 국가 주도로 산업별 집약화가 추진된 결과, 대부분의 산업에서 1~2개 회사에 의한 내수시장 독점(Monopoly or Duopoly) 체제를 구축하고 이를 기반으로 글로벌 시장에 진입하고 있다. 그 결과 기업들이 대부분 산업에서 독점적 위치(걸리버형 혹은 후지산형 기업)[2]에 있다. 이로 인해 한국에서는 산업과 기업이 사실상 크게 구분되지 않기 때문에 양국 간 비교에 있어 산업수준에서 경쟁력을 평가, 비교하는 것은 정확하지 않을 수 있다. 그러므로 본 연구에서는 일본의 과점적 산업구조, 한국의 독점적 산업구조라는 기본적인 맥락하에서 양국 간 비교를 진행하고자 한다.

---

1) 기본적으로는 아카마츠, 고지마 교수의 '안행형 모델(Flying Geese Model)'이 아시아 공업화의 구축과 네트워크 형성을 전반적으로 설명해주고 있다. 그러나 보다 정확한 분석을 위해서는 연구의 핵심질문을 구체화해 볼 필요가 있다.

2) 1개 회사 또는 수 개 회사의 시장점유율이 압도적으로 높아서 다른 기업과의 격차가 매우 두드러진 경우를 '걸리버형 독과점(Gulliver Monopoly)'이라 하고 시장을 지배하는 소수의 기업을 '걸리버형 기업'이라고 한다. 일본에서는 이를 자국의 산업 특성과 결합시켜 흔히 '후지산형 기업'으로 표현한다(역자 주).

Ⅱ. 본론

1. 통상마찰과 기술이전의 역사

1960년대부터 일본과 미국 양국은 전기·전자산업에서 경쟁하면서 통상마찰을 반복해 온 바 있다. 1960년대부터 일본의 TV메이커는 미국 TV메이커와 치열한 경쟁을 반복했고, 1960년대 미국기업이 제기한 소송은 1992년까지 계속된 바 있는데 그 법정투쟁이 끝났을 때 미국 TV기업은 모두 사라지게 되었다. 나아가 양국 간 반도체산업에서의 마찰은 1985년부터 1995년까지 계속되었으며 이 과정에서 한국·대만이 강력한 라이벌로 부상하였다. 일본과 미국이 경합을 벌일 때, 한국과 대만은 양국에서 개발된 생산설비를 적극적으로 활용하는 대량생산전략을 통해 빠르게 성장하였다.

〈표 1〉 일본과 미국 간 무역 마찰연표

연대	사항
1950년대	섬유제품의 마찰
1960년대	철강마찰
1970년대	컬러TV 마찰 자동차 마찰 일본, 대규모 소매점포법 시행(1974년) 하이테크산업
1980년대	반도체 마찰 플라자 합의(1985년) 쇠고기, 오렌지 자유화 실시(1988년) 미국, 포괄통상법(슈퍼301조) 제정(1988년) 일·미 구조협의 개시(1989년)
1990년대	일·미 포괄경제협의(1993년)
2000년대	일본, 대규모 소매점포법 폐지(2000년)

자료: 일·미 통상마찰 연표

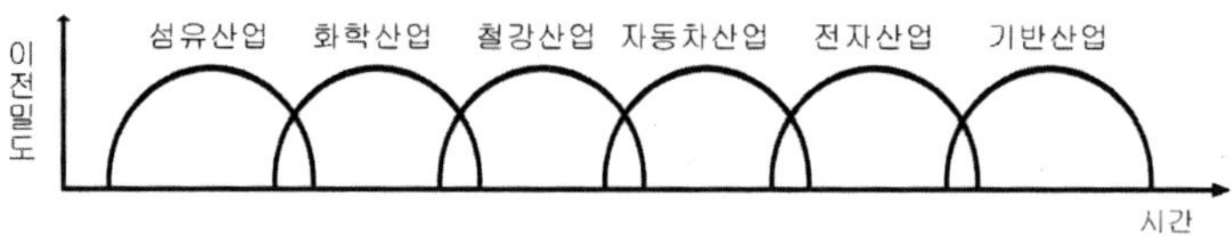

〈그림 1〉 시간에 따른 산업이전

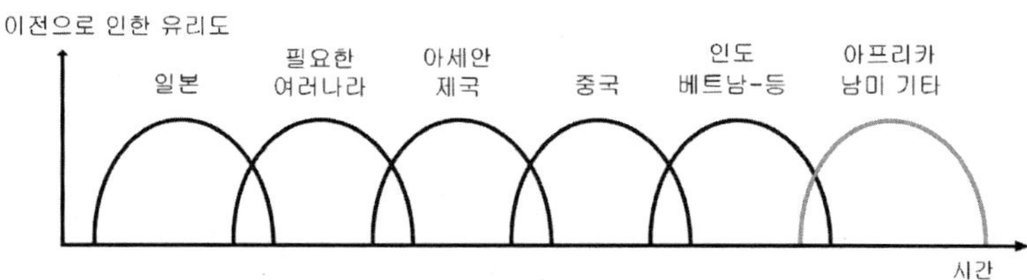

자료 : '후지츠총연 일본의 기술 이전'에 저자 산업 지역 가필

〈그림 2〉 시간에 따른 국가별 산업이전

미국에서 일본으로 이전된 산업은 이후 일본에서 NIES를 중심으로 한 아시아 각국으로 다시 이전되었는데 기술이전에 있어 아시아의 첫 번째 인수자는 한국이었다고 할 수 있다.

2. 전기/전자 산업과 반도체 산업의 한·일 비교

1) 전기/전자 산업

한국은 초기에는 저렴한 인건비와 낮은 환율을 기반으로 노동집약적인 조립산업을 중심으로 성장한 바 있다. 공정 혁신(process innovation), 적극적인 시장전략이 효과를 거두면서 세계 시장에서 본격적인 성장의 교두보를 확보하게 되었는데 이 과정에서 삼성전자의 빠른 성장과 실적은 일본기업과 매스컴에 충격을 안겨 주기도 하였다. 한국은 전기/전자 산업에서 정부 주도로 산업 내 구조조정을 추진하면서 독점기업의 성장이 촉진된 반면, 일본은 과점적 양상이 지속되는 가운데 내수 중심의 성장이 진행되었다. 일본기업들의 경우 수출비율이 상대적으로 낮은 편인데, 산업 전반으로 볼 때 17.4% 수준이며, 전기산업 내 중전(重電) 산업의 경우 40%, 통신·AVHC 산업에서는 평균 50~68% 수준을 보이고 있다. 반면 한국의 경우 수출비중이 54.8%에 육박하고 있다.[3]

2) 반도체 산업

<표 2> 기업별 글로벌 반도체 시장점유율(2009년)

(단위: 100만 달러)

2008 Rank	2009 Rank	Company Name	2008 Revenue	2009 Revenue	Percent Change	Percent of Total	Cumlulative Percent
1	1	Intel	33,767	32,095	-5.0%	14.2%	14.2%
2	2	Samsung Electronics	16,902	17,123	1.3%	7.6%	21.7%
3	3	Toshiba	11,081	10,640	-4.0%	4.7%	26.4%
4	4	Texas Instruments	11,068	9,612	-13.2%	4.2%	30.6%
5	5	STMicroelectronics	10,325	8,400	-18.6%	3.7%	34.3%
8	6	Qualcomm	6,477	6,475	0.0%	2.9%	37.2%
9	7	Hynix	6,023	5,940	-1.4%	2.6%	39.8%
6	8	Renesas Technology	7,017	5,664	-19.3%	2.5%	42.3%
12	9	Advanced Micro Devices(AMD)	5,455	5,038	-7.6%	2.2%	44.5%
7	10	Sony	6,950	4,670	-32.8%	2.1%	46.6%
11	11	NEC Electronics	5,826	4,403	-24.4%	1.9%	48.5%
10	12	Infineon Technologies	5,954	4,340	-27.1%	1.9%	50.5%
14	13	Broadcom	4,643	4,198	-9.6%	1.9%	52.3%
16	14	Micron Technology	4,435	3,995	-9.9%	1.8%	54.1%
24	15	MediaTek	2,896	3,524	21.7%	1.6%	55.6%
19	16	Elpida Memory	3,599	3,498	-2.8	1.5%	57.2%

---

3) 일본 전기/전자산업의 기업의 수는 미국과 한국의 동종산업 기업을 합한 것보다 더 많다.

13	17	Freescale Semiconductor	4,966	3,344	-32.7%	1.5%	58.6%
15	18	Panasonic Corporation	4,473	3,330	-25.6%	1.5%	60.1%
17	19	NXP	4,055	3,247	-19.9%	1.4%	61.5%
18	20	Sharp Electronics	3,607	2,886	-20.0%	1.3%	62.8%
		Top 20 Companies	159.519	142.422	-10.7%	62.8%	
		ALL others	99,389	84,313	-15.2%	37.2%	
		Total Semiconductor	258,908	226,735	-12.4%	100.0%	

(Source: iSupply. November 2009)

자본집약적 산업인 반도체 산업에 있어 한국기업은 DRAM 분야에서 일본, 미국 기업을 뛰어넘어 세계 시장을 석권하였다. 반도체 산업에서 나타난 '후발자의 집중투자에 의한 차별화'라는 성공방정식은 한국기업의 전형적인 성공방정식이라고 볼 수 있다. 그러나 한국기업들의 성공은 몇 가지 한계[4]를 안고 있다고 보이는데 핵심설비 및 자재를 해외에 의존하고 있으며 혁신이 부가가치의 원천에서 이루어지기보다는 공정을 중심으로 진행되어 왔기 때문이다. 그리고 제품 포트폴리오 측면에서도 문제를 지적할 수 있다. 반도체 산업의 경우 전체 시장에서 개별 반도체가 26%, 메모리가 26%, 시스템 LSI가 48%를 차지하고 있는데(시스템 LSI는 향후 빠른 성장[5]이 예상되고 있다), 한국의 대표 반도체기업인 삼성전자와 하이닉스는 상대적으로 성장이 더딜 것으로 예상되는 디지털 가전용 메모리시장을 중심으로 성장해 온 것이 대표적인 사례이다.

고도성장을 이룩한 삼성전자의 사례를 중심으로 보다 자세히 살펴보도록 한다. 삼성전자는 메모리 반도체인 DRAM 시장에서 세계 1위,

---

4) 설계영역 분야에도 구조적 약점이 존재한다고 볼 수 있다.

5) 반도체가 적용되는 주요 제품으로는 PC, 휴대전화, 디지털 가전, 자동차 영역을 들 수 있으나 향후 다양한 영역으로 지속적인 확장이 예상된다. 이 과정에서 메모리의 비율은 20% 정도가 될 것으로 예상된다.

세계 반도체시장에서는 시장점유율 2위(2009년 7.7%)로, 숫자로 나타난 성과로 볼 때 삼성전자를 최고의 기업으로 볼 수도 있다. 그러나 삼성전자의 성과가 향후에도 계속 이어질 것이라고 확신하기는 어렵다. 이는 삼성전자의 최근 성과가 질적인 측면에서 몇 가지 한계를 안고 있기 때문이다.

첫째, 삼성전자의 사업영역은 반도체 시장의 핵심영역이 아닌 메모리 반도체에 포진해 있다는 점이다. 세계 반도체 시장(2009년 2,284억 달러)은 비메모리 반도체(주로 자동차나 휴대전화용 반도체)가 75%를 차지하고 있어 메모리 반도체(주로 PC용의 반도체)는 25%에 지나지 않는다. 삼성전자의 경우 비메모리 반도체의 기술에 있어 미국과 10년 이상의 격차가 존재한다고 평가를 받고 있으며 현재의 성과는 대부분 Process Innovation나 투자능력에 기반을 두고 있다는 점을 지적할 수 있다.

둘째, 반도체 제조장치의 80%, 반도체 부품 및 소재의 60%를 일본이나 미국으로부터 수입에 의존하고 있다는 점을 지적할 수 있다. 삼성전자는 제조에 필요한 핵심장비나 소재를 외부의 공급에 의존하고 있는데 향후 사업을 확대하기 위해서는 이러한 과제를 해결해야만 할 것으로 보인다. 인텔은 세계 반도체시장에서 18년 연속 시장점유율 1위를 차지하고 있으며(2009년의 시장점유율은 14.6%) 금년 2/4분기에는 3분기 연속 성장과 더불어 사상 최고의 이익률을 기록, 흔들리는 미국 경제와는 차원이 다른 경쟁력을 과시하고 있다. 일본의 경우 도시바의 반도체와 히타치, 미쓰비시, NEC의 반도체부문 3사가 합병한 르네사스, 엘피다를 주목할 필요가 있다. 메모리 전문기업인 엘피다는 최근 20나노의 프로세스를 적용한 제품을 선도적으로 제품화하고 있다. 도시바의 플래시 메모리 커스텀 LSI는 1조 엔의 매출을 달성한 바 있으며, 르네사스는 3사 합병에 의해, 커스텀 LSI, CPU에서 강점을 보이고 있는데 특히 자동차용 CPU에서 세계 시장의 40%를 점유하고 있다. 이 밖에 소니, 파나소닉, 샤프도 반도체기업으로 볼 수 있으나 대부분 자사제품을 위한 것으로 외부 판매는 중간 정도의 규모에 머무르고 있다.

3. 산업경쟁력 변화의 원인

이상의 분석을 근거로 일본과 한국의 전기·전자 산업에 대한 경쟁력 비교를 진행하고자 한다. 국가 주도의 산업정책과 기업의 내부 역량 및 전략이라는 2가지 관점을 중심으로 살펴보도록 한다.

1) 산업수준의 원인

한국기업의 경쟁력을 강화시킨 거시수준의 요인으로는 일반적으로 낮은 통화가치, 낮은 법인세, 독점(Monopoly) 혹은 과점(Duopoly)을 용인하는 정부정책, 정부와 민간이 협력하여 산업발전을 추진하는 State-Industry Complex 정책 등을 들 수 있다.[6] 그중에서도 아시아 외환위기에 즈음하여 추진했던 산업 재편성 정책은 한국기업들의 경쟁력 제고에 매우 중요한 역할을 했던 것으로 판단된다. 한국은 외환위기를 맞아 글로벌 관점에서 경쟁력 있는 기업을 육성하기 위해 산업 재편성을 적극적으로 추진한 바 있다. 전기/전자산업에서도 이러한

---

6) 한국의 State-Industry Complex 정책은 미국의 Military-Industry Complex를 모방한 것으로 추정된다. 특히 최근 향후 한국의 FTA 협정은 한국 수출에 크게 기여할 것으로 보인다.

재편성이 추진되었는데 삼성전자, LG반도체, 현대반도체의 기존 3강 구도는 LG반도체와 현대반도체가 합병되면서 삼성전자, 하이닉스의 2강 구도로 재편되었다. 한국의 경우 이러한 산업 재편이 결과적으로 볼 때 긍정적 효과를 낳은 것으로 보이는 반면 일본에서는 이러한 적극적인 산업 재편 노력 자체가 부족했다. 물론 일본에서도 르네사스, 엘피다(Elpida)와 같은 합병 사례가 존재하긴 하나 전면적인 산업의 재편 사례는 찾아보기 힘들다.[7]

여기에 상대적으로 낮은 법인세율, 기업들의 연구개발 활동에 대한 정부의 경제적 지원 등은 한국기업들의 빠른 성장을 촉진한 것으로 보인다. 반면 일본의 경우 법인세율이 상대적으로 높은 가운데 기업들의 연구개발 투자가 정체되어 있으며 정부와 긴밀한 협력을 통한 글로벌 시장 개척 역시 부족한 편이라고 할 수 있다.

2) 기업수준의 원인

한국 전기/전자 산업의 성장을 살펴볼 때, 한국기업들은 전략적으로 민첩하게 움직여 왔으나 일본기업들은 국내경쟁에 집착한 나머지 글로벌 관점에서 기업경영을 상대적으로 소홀히 해 온 측면이 있다. 일본, 한국기업에서 발생한 현상을 기존의 몇 가지 이론적 틀을 통해 하나씩 살펴보도록 한다.

---

7) 산업 및 기업의 성장에 있어 한국정부의 적극적인 역할은 다른 산업에서도 흔히 찾아볼 수 있다. 사회간접자본 수출의 경우, 한국은 정부와 기업 간 긴밀한 협력을 통해 수출을 추진하고 있으며 심지어는 대통령이 직접 나서는 경우가 있는데, 이는 일본에서는 찾아보기 힘든 것이다.

a. 리버스공학, 리버스마케팅, 오픈이노베이션

'포워드형(forward)'이라고 할 수 있는 일본의 제조전략은 마케팅, 상품기획, 개념설계, R&D에 많은 노력을 기울인 후, 제품 설계단계에서 공급자들과 부품 및 금형을 긴밀히 조율한 후 비로소 본격적인 생산에 들어가는 특징이 있다. 그 결과 본격적인 생산에 착수할 때까지 몇 년간의 시간이 소요되는 단점이 있으나 획기적인 혁신을 추구할 수 있는 장점이 있다.

반면 리버스 엔지니어링형(Reverse Engineering)인 한국은 일본이 달성한 혁신으로부터 제조전략을 수립하는 특징이 있다. 일본제품을 분해하여 기능과 성능, 부품을 조사한 후 이를 기반으로 글로벌 관점에서 상품을 다시 기획하고 설계하는 것이 바로 그것이다. 이후 생산단계에서는 기존부품이나 범용성이 높은 부품을 활용하여 개발시간의 단축, 재료비 절감을 추진하고 있는데 이러한 제조전략은 한국기업 성장의 초기단계에서 가장 큰 성공요인이었다고 할 수 있으며 양국 간 원가경쟁력, 경영 스피드의 차이를 낳기도 하였다.

b. 프로세스 이노베이션과 프로덕트 이노베이션

기업은 일반적으로 제조 공정의 개선이나 개발을 추진한 후 기술력을 강화하면서 단계적으로 상품 개발을 강화, 혁신해 나간다. 이러한 혁신전략은 '발본적 이노베이션'이라고 정의할 수 있는데, 한국기업들은 '발본적 이노베이션'을 추구하기보다는 최신식 설비를 통한 원가경쟁력, 생산프로세스 개선에 집중하는 특징이 있다.

c. 포터의 Generic Theory

DRAM 시장에서 한국기업의 성공은 제품기술에 의한 차별화보다 집중적인 투자와 대규모 양산을 통한 전체적인 비용 절감에 기반을 두고 있는데 이는 마이클 포터 교수가 말하는 원가우위전략의 전형적인 사례라고 할 수 있다.

d. 초국가적 전략

글로벌 전략의 차이도 일본과 한국기업 간 상대적 경쟁력 변화를 야기한 중요한 원인 중 하나로 지목할 수 있다. 한국기업들의 경우 초기단계에서부터 글로벌 시장을 전제로 한 사업전략을 수립하고 실행하는 특징이 있는데 그 결과 초기단계부터 빠른 성장을 이룩할 수 있었다. 한국기업들은 초기단계에서 차별적인 기술력 확보에 집착하기보다는 한 세대 정도 뒤떨어진 기술을 기반으로 시장에 진입한 이후 전 세계에서 뛰어난 제조장비를 수입, 소재공급자와의 네트워크를 구축하여 기술의 흐름을 면밀히 관찰하고, 빠르게 흡수해 나갔다. 그리고 일본기업과는 대조적으로 아시아 금융위기에서도 차세대 투자를 적극적으로 진행하였는데, 이는 세계적인 기업으로 도약하는 데 큰 기여를 하였다.[8]

e. 선택과 집중

GE는 특정 사업이 미국에서 2위를 유지할 수 없다고 판단되면 해당사업에서 종종 철수한 바 있는데, 이와 마찬가지로 삼성전자도 세

---

8) 고도성장기 노키아의 전략과 유사한 측면이 있다.

계 시장에서 5위 이상의 성과를 낼 수 있는 사업을 선별하고 집중한
바 있다.

f. 아키텍처론(Architecture)

부품기술이 발전하면서 디지털화·모듈화가 빠르게 진행되자 제
조경험이 부족한 개발도상국에서도 첨단제품의 제조가 점차 용이하
게 되었다. 이러한 변화로 인해 인건비 측면에서 우위에 있는 대만의
수탁제조기업(EMS)이나 중국기업의 경쟁력이 점차 높아지고 있다. 일
본기업들은 통합/클로스형 아키텍처 제조업에서 강점을 발휘하고 있
는 반면, 한국기업들은 모듈러/오픈형 아키텍처 산업에서 강점을 발
휘하고 있다. 제조업의 디지털화·모듈화는 향후에도 지속될 것으로
보이는데 양국 기업들은 모두 개발도상국으로부터 새로운 도전에 직
면하게 될 것으로 보인다.

g. 파괴적 이노베이션

파괴적 혁신(Disruptive Innovation)을 주장하는 크리스텐슨(Christensen)
교수에 따르면 파괴적 혁신은 기존 기업들 간의 질서를 일시에 재편
시킨다. 이러한 현상은 전기/전자 산업 내에서도 관찰되는데, 파괴적
이노베이터가 지속적 이노베이터의 마켓을 빼앗는 현상은 지금도 세
계 시장에서 일어나고 있다. 앞서 언급한 제조 아키텍처론과 마찬가
지로 일본, 한국의 기업들은 향후 개발도상국과의 거센 경쟁에 직면
하게 될 것이다.

h. 글로벌 전략과 다국가 전략의 병용

글로벌 표준제품을 통한 저원가 전략의 추진도 중요하나 특정 시장에 필요한 제품 개발도 중요하다. 다시 말해 규모의 경제를 추구하면서 동시에 특정 시장에는 해당 시장에 적합한 사양으로 대응하는 것인데 중국 혹은 인도와 같은 거대한 시장과 미개척시장이었던 아프리카 등에서 본격적인 수요의 성장이 시작되면서 이러한 시장 및 세그먼트에 대한 대응이 중요한 문제로 대두되었다. 여기에 대한 대응에 있어 일본과 한국기업은 차이가 있었다.

i. 갈라파고스 현상

일본기업이 지나치게 품질 기능에 집착하여, 특수한 상품 개발을 진행시킬 때가 자주 있다.

j. 브랜드 전략

브랜드 전략의 중요성 역시 빼놓을 수 없다. 브랜드 가치의 확립은 뛰어난 제조능력의 확보와 더불어 중요 과제인데 일본기업은, 브랜드는 제품의 품질이나 기술이 뛰어날 경우 자연스럽게 따라오는 것이라고 보는 인식이 있어 세계적인 브랜드의 육성에 수동적으로 대응하는 경향이 있었다. 반면 삼성전자의 경우 과감한 브랜드 투자를 통해 브랜드 가치를 빠르게 제고시키고 있다.

4. 양국 기업이 직면하게 될 과제

지금까지 한국과 일본 양국 간 산업의 경쟁력을 비교하고 경쟁력 변화의 주요 원인에 대해 살펴보았다. 앞서 일부 언급되기도 하였으나 양국 기업은 머지않은 미래에 몇 가지 과제에 직면할 것으로 보인다. 예상되는 핵심과제를 중심으로 살펴보기로 한다.

1) 서구 선진국 기업의 방향 전환
2) 전문기업의 등장
3) 인수자로서의 EMS · Foundry의 역할 증대
4) 개발도상국 기업의 성장
5) 소프트 · 솔루션 · 서비스기업의 하드웨어기업 매수

1) 서구 선진국 기업의 방향 전환

구미기업의 GE, 지멘스, 필립스는 아시아 기업들과의 경쟁에서 탈피, 새로운 사업 포트폴리오 전략에 기반을 두어 사업의 영역(domain)을 근본적으로 전환시키고 있다. 최근 일본기업들의 변화를 살펴보면 일본기업 역시 그러한 변화를 시작했다고 볼 수 있다.

〈표 3〉 주요 서구 전기/전자기업들의 사업 포트폴리오(매출구성, %)

	GE(%)	지멘스(%)	필립스(%)
연도	2009년	2009년	2009년(2000년)
에너지	22	27	—
소비재 & 공업제품	6	45	37(45)
기술 인프라 의료	26	14	33(9)

IT서비스	–	7	0(6)
조명	–	–	30(14)
부품반도체	–	–	–(23)
NBC유니버설	10	–	–
재무운용	36	1	–
부동산	–	2	–
기타	–	4	–(3)
합계	100	100	100(100)

자료: 각 기업 연차보고서

2) 전문기업의 등장

최근 전기/전자 산업에서는 산업 내 가치사슬의 분화와 통합이 활발히 진행되고 있다. 실리콘밸리를 중심으로 대형 전문기업이 탄생하고 있는데, 특허의 라이선싱과 반도체를 판매하는 퀄컴, 저전압 CPU의 설계 아키텍처를 판매하는 ARM이 여기의 대표적인 사례라고 할 수 있다. 전문기업들은 하드웨어, 소프트웨어, 서비스, 솔루션 등을 분리하여 독자적인 사업으로 전개하고 있다. <그림 3>을 살펴볼 경우 대형 고성과 기업들은 주로 하드웨어, 소프트웨어, 솔루션 등 영역에서 특화된 전문기업임을 알 수 있다. 한편 고성과 영역에서 일본이나 한국기업을 찾아보기는 어렵다.

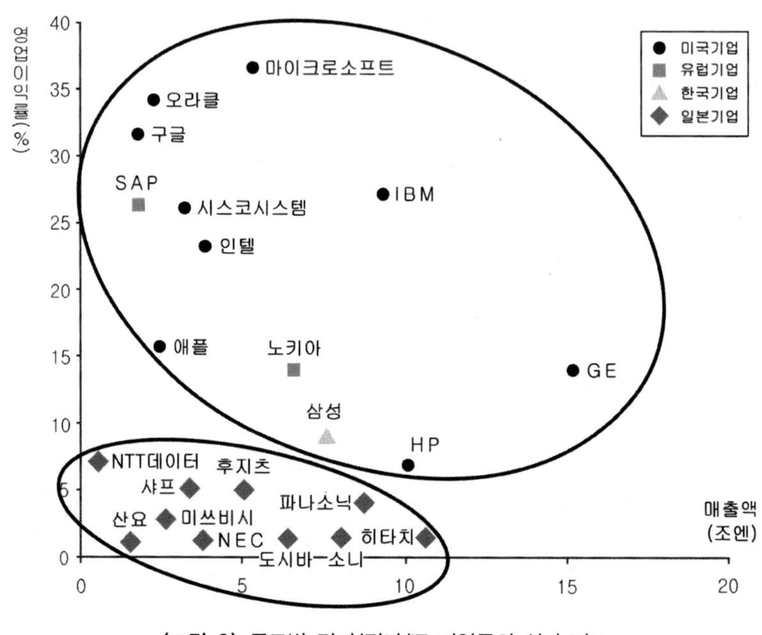

〈그림 3〉 글로벌 전기/전자/IT 기업들의 성과 비교

3) EMS 및 Foundry의 역할의 증대

전기/전자 산업에서 큰 흐름 중 하나로는 대만 EMS(Electronic Manufacturing Service), Foundry의 성장을 들 수 있다. 이들 기업은 높은 설비가동률과 낮은 인건비를 더하여 빠른 속도로 외형을 확대해 나가고 있다. 예컨대, 애플의 전 제품, 소니의 플레이스테이션 및 TV의 일부 모델의 경우 제조는 대만의 혼하이가 생산을 전담하고 있다. 여기서 나아가 일부 대만기업들은 제품 디자인까지 수행하는 ODM(Original Design Manufacturing)으로까지 성장한 사례가 있는데 에이서가 여기의 대표적인 사례라고 할 수 있다. 반도체 산업에서는 Foundry가 생겨나서 팹리스 기업들(Fabless)[9]로부터 수주를 받고 있는데, 이들

의 제조물량은 전세계 반도체 생산량의 20%에 육박하고 있다.

4) 개발도상국 기업의 성장

중국기업들은 풍부한 내수를 기반으로 섬유, 잡화 산업에서 경쟁력을 확보한 바 있으며, 향후에는 첨단 산업 영역에서 빠르게 성장할 것으로 예상된다. 일본기업들은 이미 이러한 도전을 겪고 있으나 한국기업들은 이러한 도전에 대한 경험이 아직은 부족한 편이라고 할 수 있다. 한국기업 역시 국민소득의 증대와 함께 일본과 마찬가지로 개도국 기업들로부터 도전을 받기 시작하고 있다. PC 및 노트북 시장에서 Lenovo는 미국 IBM의 PC 분야를 매수하여, 세계 시장에서 이미 일본, 한국기업들과 본격적인 경쟁을 펼치고 있다.

5) 소프트·솔루션·서비스기업의 하드웨어기업 매수

인터넷 검색회사인 구글은 모바일기기의 운영체제인 '안드로이드'를 가지고 있으며 최근에는 통신기기 기업인 모토로라를 인수한 바 있다. 기존이 전기/전자 산업 내에서 인수/합병은 주로 제조기업 간 결합이었던 반면, 최근의 인수/합병은 과거와는 달리 보다 이질적인 기업 간 결합이 증가하는 양상을 보이고 있다. 특히 소프트/서비스/솔루션과 같은 Soft한 영역의 기업과 하드웨어기업 간 인수/합병이 향후 산업 내에서 어떠한 결과를 초래할 것인지에 대해서는 면밀한 모니터링이 필요할 것으로 보인다.

---

9) 부가가치가 높은 개발·설계만을 하고, 제조는 Foundry를 통해 해결하는 기업.

5. 한국, 일본 기업의 경쟁전략

지금까지 일본과 한국기업 간 상대적 경쟁력 변화의 원인, 향후 예상되는 과제를 살펴보았다. 지금부터는 이러한 상황에서 양국 기업들은 어떠한 움직임을 보이고 있는지 간략히 살펴보도록 한다.

1) 일본기업들의 전략

일본기업들의 가장 큰 변화로 선택과 집중을 들 수 있다. 전기/전자 산업 내의 일본계 기업은 그 사업의 성격을 기준으로 볼 때, 크게 3가지로 분류할 수 있다.

첫 번째는 C&C(Computing & Communicating)형 기업으로 후지쯔, NEC를 대표적인 기업으로 제시할 수 있다. 후지쯔의 사업영역은 IT서비스(2009년 매출비중-52%), 시스템 플랫폼, 유비쿼터스 솔루션(23%), 부품사업(13%)으로 구성되어 있으며 NEC는 IT서비스/제품(24%), 네트워크 시스템(27%), 퍼스널 솔루션(19%), 부품(14%), 사회인프라(8%) 사업을 전개하고 있다.[10] 여기에 속한 기업들은 IT서비스와 네트워크 및 솔루션에 집중하고 있다.

두 번째는 E&E(Electronics & Energy)형 기업으로 도시바,[11] 히타치, 미쓰비시를 주요한 기업으로 제시할 수 있다. 여기에 속한 기업들은 사회인프라 쪽으로 사업영역을 점차 이전시키고 있다.

마지막 유형으로는 AVCE(Audio, Video, Consumer Electronics)형을 들

---

10) 후지쯔의 경우 IT서비스가 전체 매출에 있어 52%, 유비쿼터스 솔루션이 23%, 부품사업(LSI/전자부품)이 13%를 각각 차지하고 있다. NEC는 IT서비스가 24%, 네트워크 시스템이 27%, 퍼스널 솔루션이 19%를 차지하고 있다.

11) 도시바의 경우 소비재 제품(34%), 사회인프라(34%), 부품(19%)이 중요 사업영역이다.

수 있다. 소니, 파나소닉, 샤프가 여기의 대표적인 기업인데 소니의 경우 소비재 제품(30%), 네트워크 제품(21%), 영화 및 음악(16%), 금융(12%)이 주요 사업이다. 파나소닉은 B2C로부터 B2B의 영역이 확대하여 전체 사업을 소비재, B2B 솔루션, 부품사업으로 크게 구분하고 있는데, 아직까지는 소비재 제품사업(39%), 백색가전사업(13%), 부품사업(12%)이 매출액의 다수를 차지하고 있다. 전반적으로 볼 때, 일본의 전기/전자 산업은 기존의 동질적인 사업구조에서 분화와 통합을 반복하면서 다양한 방향으로 변화해 나가고 있다고 볼 수 있다.

2) 한국기업들의 경쟁전략

한국기업들의 최근 움직임은 다음과 같이 정리해 볼 수 있다.

① 기존 제품: 시장 적합성(fitness)을 지속적으로 추구하면서 시장
　지배력을 유지하고 후발기업들의 추격에 대응
② 신기술/신상품: 혁신활동 강화, 일본식 제조전략 추진
③ 적극적인 신사업추진: 예) 의료 분야에 참가, 리튬 이온 배터리
④ 포트폴리오 전략: 사업의 선택과 집중, HDD의 매각

한국기업들은 전반적으로 볼 때, 이상 4가지 방향에 대하여 특별히 어느 한 가지에 집중하고 있지는 않는 것으로 판단된다.

Ⅲ. 결론

일본과 한국, 양국 기업의 경쟁력을 제고하기 위해서는 다음의 몇 가지 과제를 상정해 볼 수 있다.

첫째, 적극적인 FTA 체결을 들 수 있다. FTA, EPA, TPP의 진전은 국내외 생산거점의 재배치를 촉진하고 있다. 일본기업들은 과거 관세장벽을 우회하기 위해 적극적으로 해외 진출을 추진하였으나 무역장벽이 점차 해소되면서 기존 해외투자가 과잉투자로 전락, 해외사업을 재정비하는 데 20년이 필요하였다. FTA와 관련해 한국은 적극적인 모습을 보이고 있는 반면 일본은 상대적으로 더딘 양상을 보이고 있다. 일본은 FTA를 보다 서두를 필요가 있으며 양국 모두 FTA, TPP를 더욱 적극적으로 추진해야 한다.

둘째, 신규 BRICS 시장용 상품의 차별화를 꾀하는 다국가전략(Multi-Domestic Strategy)을 적극적으로 추진할 필요가 있다. 중국, 인도의 자동차시장은 지금까지 구미 중심으로 생산/판매되었던 기존제품과는 달리 BOP(Bottom Of Pyramid), MOP(Middle Of Pyramid) 세그먼트에 대한 대응이 중요하며 이를 위해서는 시장 친화적인 상품의 기획, 원가 경쟁력 확보가 중요한 과제가 될 것이다.

셋째, 적극적인 선택과 집중이 필요할 것으로 예상된다. 산업 전반으로 아웃소싱, 오픈 이노베이션, 수평분업 등이 동시 다발적으로 진행되고 있다. 이러한 변화의 격동기에는 기존의 사업모델을 재점검하여 신중한 선택과 집중이 필요할 것이다. 수직통합형 사업모델의 고유한 장점을 부정할 수는 없으나 수직분업 역시 새로운 부가가치의 창출이 용이하다는 점을 간과해서는 안 될 것이다. 예컨대 PDP산업에서 일본의 파나소닉은 도레이와의 합작을 통해 기존 하이테크제품의 기술에 화학 분야의 기능성 소재를 효과적으로 결합, 새로운 부가가치 창출에 성공한 바 있다.

지금까지의 논의는 <그림 4>와 같이 요약해 볼 수 있는데, TOP, MOP, BOP 시장에 대한 시장 친화적 상품의 개발, 수평·수직의 기업제휴, 오픈 이노베이션에 의한 신상품의 개발, EMS의 활용이 세부 검토항목이 될 것이다.

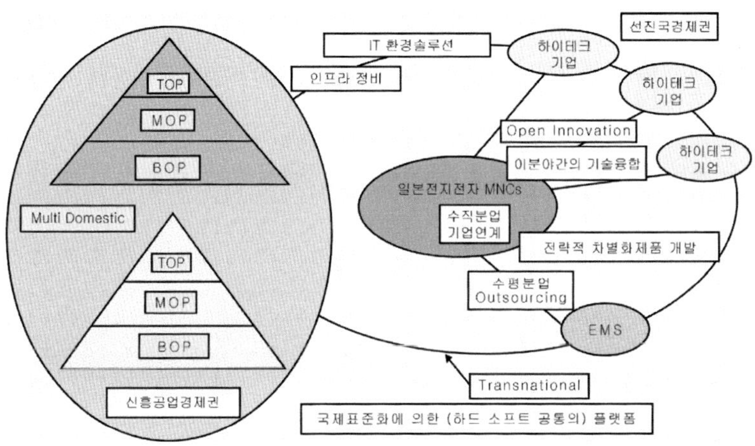

〈그림 4〉 글로벌 전자산업의 변화와 기업들의 대응

지금은 일본, 한국기업 모두 변혁기를 맞아 새로운 방향을 모색하는 입구에 있는 것으로 보인다. 서구 선진국의 대표적인 전기/전자 기업인 GE, 지멘스, 필립스는 사업모델의 전환을 적극적으로 추진하고 있으며 일본기업 역시 이러한 전환을 검토·진행되고 있다. 한일 양국 기업에 있어서 이러한 변화는 향후 중요한 과제가 될 것이며 대응한 다양한 전략이 수립·추진되어야 할 것이다.

참고문헌

<일본어 문헌>
이타미 다카유키(2010). "일본의 기술경영에 이의가 있다". 일본경제신문사.
시마다 다츠미(1999). "아웃소싱전략". 일본과학기술연합.
하야시 마사키(2011). "현재 일본기업의 경쟁전략". 미네르바책방.
아오시마 야이치, 다케이시 요시아키, 마이클 M. 쿠스마노(2010). "메이드인 재
　　　팬은 끝난 것인가". 동양경제신보사.
고노미 야이치(2010). "경쟁력 강화의 전략". PHP 연구소.
하기히라 가즈미(2011). 『일본제조업의 전략』. 다이아몬드사.
와카바야 시히데키(2011). 『일본의 전기산업은 이렇게 소생한다』. 양천사.

<해외 문헌>
마이클 E. 포터(2001). 『일본의 경쟁전략』. 다이아몬드사.

3장

디스플레이 산업

한일 TV 산업 경쟁력 비교

홍덕표(LG경제연구원)

I. 서론

1990년대 말까지 TV산업의 시장점유율은 일본기업들이 선두를 유지하고 있었다. 그러나 2000년대 들어와 일본기업들의 시장점유율은 하락하면서 한국기업들의 시장점유율이 증가하기 시작하였다. 현재는 한국기업들이 압도적으로 앞서고 있다.

<표 1>에서 보는 바와 같이 금액기준으로 TV(CRT/LCD) 시장점유율을 보면 1999년도에 소니가 10%로 1위, LG가 8.3%로 3위, 삼성이 7.5%로 4위, 미쓰비시가 7.5%로 5위의 순이었다. 2006년에 보면 순위가 바뀌어 삼성이 15.2%로 1위, 소니가 10.3%로 2위, 파나소닉이 9.2%로 3위, LG가 8.5%로 4위 순이었다. 2010년에는 삼성이 더욱 증가한 18.2%로 1위를 굳히고 있으며, LG가 15.8%로서 2위로 부상하였다. 반면 소니는 8.7%로 3위로 밀려났으며, 파나소닉이 6.9%로 4위, 도시바가 6.1%로 5위를 차지하고 있다.

〈표 1〉 TV 시장점유율 추이(CRT/LCD, 금액기준, %)

순위	1999		2006		2010	
	업체	점유율	업체	점유율	업체	점유율
1위	소니	10.0	삼성	15.2	삼성	18.2
2위	필립스	9.2	소니	10.3	LG	15.8
3위	LG	8.3	파나소닉	9.2	소니	8.7
4위	삼성	7.5	LG	8.5	파나소닉	6.9
5위	미쓰비시	7.5	필립스	7.7	도시바	6.1
5대 기업 점유율		42.5		50.9		55.7

자료: Display Search

　

2000년대에 들어서 유형별 시장점유율 추이(수량기준)를 보면 (<표 2>, <표 3> 참조) CRT-TV의 경우 2005년에 물량기준으로 한국기업(LG전자, 삼성전자)이 17%, 일본기업(소니, 파나소닉, 샤프, 도시바)이 15%로 이미 한국이 일본을 추월했으며, 이 추세는 지속되어 2008년에는 한국기업(LG전자, 삼성전자)이 28%, 일본기업(소니, 파나소닉, 샤프, 도시바)이 6%로 한국기업이 압도적으로 앞서고 있다. 이는 일본기업들이 전략적으로 이 사업에서 철수한 반면 한국기업들은 사업을 지속한 데에 주로 기인한다. 2010년에는 그 격차가 더 벌어졌다.

〈표 2〉 CRT-TV 시장점유율 추이(수량기준, 단위: %)

구분		2005	2006	2007	2008	2009	2010
한국기업	삼성전자	8	9	10	12	14	15
	LG전자	9	11	13	16	25	30
	소계	17	20	23	28	39	45
일본기업	소니	5	4	3	1	0	0
	파나소닉	4	4	3	3	3	2
	샤프	3	2	1	1	2	1
	도시바	3	2	2	1	2	3
	소계	15	11	9	7	6	6
중국기업		15	30	32	37	28	21
기타		54	39	36	28	27	28
합계		100	100	100	100	100	100

자료: Display Search

LCD-TV의 경우 2005년에는 물량기준으로 한국기업(LG전자, 삼성전자)이 17%, 일본기업(소니, 파나소닉, 샤프, 도시바)이 62%로 일본기업들이 한국기업들을 훨씬 앞서고 있었다. 2008년에는 한국기업(LG전자, 삼성전자)이 30%, 일본기업(소니, 파나소닉, 샤프, 도시바)이 33%로 한국기업이 많이 추격해 왔다. 2010년에는 한국기업(LG전자, 삼성전자)이 30%, 일본기업(소니, 파나소닉, 샤프, 도시바)이 31%로 격차는 더 줄어들었다. 더욱이 금액기준으로는 한국기업이 34%, 일본기업이 32%로 한국기업이 일본기업을 추월한 것으로 나타났다.

기업순위(수량기준)로 볼 때에도 2007년까지는 소니가 1위였으나 2008년에는 삼성전자에 1위를 내주고 2위로 내려앉더니 2010년에는 LG전자에 2위 자리까지 내주었다.

〈표 3〉 LCD-TV 시장점유율 추이(수량기준, 단위: %)

구분		2005	2006	2007	2008	2009	2010
한국기업	삼성전자	10	13	17	20	19	18
	LG전자	7	7	9	10	11	12
	소계	17	21	26	30	30	30
일본기업	소니	27	25	21	14	11	11
	파나소닉	6	5	4	4	4	5
	샤프	25	11	10	9	7	7
	도시바	4	5	5	6	6	7
	소계	62	46	40	33	27	31
중국기업		3	7	8	10	19	17
기타		18	26	27	27	24	22
합계		100	100	100	100	100	100

자료: Display Search

Ⅱ. 본론

1. 과거 일본기업의 성공요인

1) 일본 TV의 경쟁력

일본기업, 특히 소니는 브라운관 제조능력을 바탕으로 TV시장의 주도권을 확보해왔다. 흑백 브라운관 TV의 태동에서부터 컬러 브라운관 TV까지의 성장과정은 네 단계로 시대를 구분해 볼 수 있다.

먼저 1940년부터 1960년대까지의 미국기업 주도 시기이다. GE에서 분사되어 나온 RCA사는 1940년 자사가 개발한 TV방식을 표준화시키고 경쟁사들을 물리치면서 주도기업으로 부상하였다. 1950년대 초 흑백 TV가 포화상태에 이르자 섀도우마스크(Shadow mask) 컬러 TV를 개발하여 주도권을 계속 유지해 나갔다. 그러나 1960년대 들어 미국 사법 당국이 특허 공개를 지시한 이후 독점체제가 와해되면서 경쟁력을 상실했고 이후 일본기업들이 본격적으로 부상하는 기회를 잡게 된다.

1960년대에 이르러 소니를 필두로 한 일본기업들이 부상하기 시작한다. 특히 소니는 미국기업보다 빨리 진공관에서 트랜지스터 IC로의 기술전환에 대응하여 트랜지스터 TV를 출시하는 한편, 들고 다닐 수 있는 포터블 TV 등의 독창적인 제품으로 승부해 나갔다. 회로를 집약시키고, 집적회로(IC)의 사용률을 높임으로써 부품 수를 줄여 비용을 획기적으로 절감하였다. 또한 화상표시속도의 고속화, 소비전력의 삭감, 화질 향상 등을 통해 성능을 개선해 나갔다. 더욱 획기적인 것은 1968년 트리니트론(Trinitron) 방식의 CRT를 개발하여 TV산업의 강자로 부상하였다.

1970년대부터는 소니가 시장을 주도한 시기였다. 트리니트론 방식의 CRT 개발로 RCA의 특허를 회피하면서 제품 차별화에 성공할 모니터, 방송국장비시장에서도 두각을 나타내기 시작했다. 특히 방송모니터용으로 많이 사용되면서 소니 TV의 우수성이 알려지게 되었다.

이러한 트리니트론의 우위는 1990년대까지 지속되었다. 1990년에는 HDTV(고화질 TV)용 'HD 트리니트론'을 발매하였으며, 1996년에는 완전 평면형 CRT인 'FD 트리니트론'을 출시하였다. 또한 CRT를 완전 평면화하고 화상 처리를 획기적으로 개선한 WEGA 엔진을 개발하여 소니 TV만의 차별성을 강화하였다.

2) 일본기업의 성공방정식

일본기업의 경쟁력은 장기적인 관점의 연구개발, 종신고용에 기반을 둔 정밀한 제조능력, 그리고 수출 중시 판매전략 세 가지 요인에 근거하였다고 볼 수 있다.

a. 장기적인 관점의 연구개발

먼저 장기적인 관점의 연구개발에 있어서는 일본기업들이 단기적인 수익에 구애받지 않고 장기적인 관점에서 한 분야를 꾸준히 개발하여 독창적인 사업영역을 개척해 왔다는 점이다. 또한 신기술 도입에 따른 리스크 인식도 상대적으로 낮았다. 미국기업들의 경우 기존 기술에서 충분한 수익을 창출하기 위해 신기술로의 전환을 서서히 추진하려 했던 반면, 일본기업들의 경우 자국시장의 경쟁이 격렬해짐에 따라 경쟁적으로 신기술을 도입하고 개량해 나갔다.

장기적인 관점의 연구개발의 대표적인 사례가 소니사의 트리니트론 성공사례이다. 트리니트론의 실패와 성공은 소니의 장인정신을 단적으로 보여 주는 사례이다. 1960년대 초 컬러 TV에 대한 시장요구에 부응하기 위해 소니사는 독자적인 제품을 내놓겠다는 계획을 발표하였다. '크로마트론'이라는 기술을 활용하여 2년여에 걸쳐 많은 실패를 경험한 끝에 제품은 완성되었지만, 당시 시장 소비자가격이 20만 엔 수준이었던 데 비해, 제조원가는 40만 엔이 넘게 나왔다. 그럼에도 불구하고 소니는 이 제품을 계속 판매하다가 회사가 거의 파산 직전인 1966년에 이르러서야 당시 회장이었던 이부카가 크로마트론 제품 생산을 포기하게 된다.

그러나 소니는 이 방식 개발을 중단하는 대신 새로운 신기술을 개발하겠다고 선언함으로써 신기술 개발에 대한 집념만은 버리지 않았다. 개발에 동참한 엔지니어들도 지난 5년간의 실패 경험을 헛되이 버리지 않겠다는 각오로 신기술 개발에 몰두한 결과, 1968년에 총 하나로 3개의 빔을 쏘는 전자총과 틈새격자 방식이라는 신기술이 접목된 12인치 트리니트론을 탄생시키게 된다. 이처럼 엔지니어들이 온갖 역경에도 굴하지 않고 개발을 지속할 수 있었던 것은 바로 소니의 '장인정신'에 대한 확고한 믿음이 있었기 때문인데 한때 크로마트론 방식 TV 개발의 실패로 회사가 존망의 기로에 서 있음에도 불구하고 소니의 노력은 소니정신, 즉 개척자 정신이 모든 사원들에게 심어져 있었기 때문에 가능했던 것이다.

b. 정밀한 제조 능력

두 번째로 들 수 있는 요인이 종신고용에 기반을 둔 제조 능력이다. 일본에서 생산된 TV는 특히 품질의 우수성에서 타 경쟁제품에 비해 월등하다는 평가를 받아 왔다. 이러한 품질의 차이는 엔지니어나 생산현장 기술자들의 오랜 경험에 의해 축적된 기계적인 정밀성에서 비롯되었다고 볼 수 있다. 또한 컬러 브라운관의 독특한 제조비법도 경쟁력의 밑바탕이 되었다. 외형만으로는 제조비밀을 알아낼 수 없어 특허 신청조차 되지 않았음에도 불구하고, 트리니트론 TV의 독특한 제조비법은 아무도 알아내지 못하였다.

c. 수출 중시의 판매전략

마지막으로 마케팅 차원에서 일본 TV가 첨단제품이고 우수한 제품이라는 브랜드 이미지를 각인시키려 한 것이 주효하였다. 특히, 단순히 표출된 소비자의 니즈에 맞는 제품을 개발하기 보다는 시장을 창출하는 데 역량을 집중함으로써 브랜드를 육성해 나갔다. 소니의 모리타 전 회장의 말을 들어 보자. "우리의 전략은 소비자 대중에게 어떤 제품을 원하는지를 묻기보다는 새로운 제품을 가지고 그들을 이끌어 가는 데 있다. 따라서 시장조사에 비중을 두는 대신 신제품을 개발하고 대중에 대한 교육과 커뮤니케이션을 통해 시장을 창출하는 데 역량을 집중시킨다." 이러한 전략은 워크맨 개발의 사례에서도 극명하게 나타났다.

또한 당시 경쟁기업들이 딜러나 일반 도매상과 같은 중간 유통단계를 거쳐 소비자에게 제품을 판매하던 관행을 탈피하여, 자체 판매망을 구축하고 소비자와의 직접적인 커뮤니케이션을 시도하였다. 소니사는 자사 제품만을 판매하는 도매상과 독자적인 소매점의 개설을 통해 시장을 장악해 나갔다.

소니사가 미국시장 진입 시에 자체 유통체제를 갖게 된 배경은 다음과 같다. 소니는 당초 일본시장이 선발 가전업체들의 계열화 전략으로 진입하기가 어려웠던 현실적 여건을 고려하여 일찍부터 해외시장 진출을 모색하였다. 즉 자발적인 국제화라기보다는 국내시장에서의 유력한 선발 경쟁자를 회피하기 위한 수단으로 해외에서의 사업에 먼저 관심을 두었다고 볼 수 있다.

미국시장 진입을 위해 소니는 1955년 애그롯사와 판매대리계약을 맺고, 이 회사를 통해 미국 전역에 판매망을 갖춘 전자제품판매회사 델모니코를 주 판매자로 선정하였다. 그러나 판매정책 측면에서 갈등이 발생하였다. 미국 전역에 제품을 판매하기를 원하는 소니의 입장과는 달리 델모니코는 뉴욕 지역에 한정해서 판매하는 것을 선호했다. 그 주된 이유는 판매효율과 채산성 측면에서 지역을 집중하는 것이 낫다고 판단했기 때문이며, 당연히 시장 개척에는 소극적으로 대응했다. 게다가 소니 허가 없이 트랜지스터 TV의 판매를 발표했을 뿐 아니라, 임의로 가격을 낮게 설정하고 예약주문까지 받았다.

이러한 갈등에 고심하던 소니는 독자적인 유통체제를 구축하기로 결심한다. 당시 CEO는 미국시장에서 일고 있는 국제경쟁 격화의 흐름에서 승리하기 위해서는 델모니코와의 관계를 단절하고 판매체제를 정비하는 것이 장기적으로 소니에 도움이 된다고 판단했다. 이를 위해 현지 판매법인을 설립하고 직접 현지 소매점에 직접 유통하는 것을 추진하였다.

3) 일본기업들의 경쟁력 약화 요인

2000년대 초반 브라운관 TV에서 디지털 평판 TV로 전환을 기점으로 해서 일본기업들의 경쟁력이 급속도로 약화되기 시작하였다. 일본기업들의 경쟁력이 약화된 요인은 몇 가지로 나누어 살펴볼 수 있다.

a. LCD와 디지털 기술

1990년대 일본기업들은 LCD 패널이 TV에 채용될 가능성이 매우 낮다고 판단했다. 반면 TV의 디지털화에는 매우 높은 관심을 보였다. 먼저, LCD 패널에 대한 당시 일본기업들의 전략적 선택배경을 살펴보면 다음과 같다. 소니의 경우 FPD(Flat Panel Display)가 CRT보다 훨씬 뛰어나며 빛을 내부적으로 발광하는 기술을 개발할 필요가 있다고 믿었다. 하지만 PDP나 LCD는 보다 진보된 형태의 패널이 개발될 경우 사라질 중간단계의 패널로 간주하고 이들 패널과 관련된 투자를 하지 않았다. 대신, CRT 기반의 WEGA TV를 가능한 한 오랫동안 유지하면서 LCD와 같은 중간단계적인 기술을 건너뛰고 차세대 디스플레이인 OLED에 주력하기로 하였다. 당초 Sharp 이외의 기업들은 LCD가 동화상 반응속도가 느리고 화면이 어두운 점 등 결점 때문에 가정용 TV로는 적합하지 않다고 간주하였다. 요컨대 범용 기술로 생산 가능한 'Commodity성'의 LCD-TV는 혁신적인 제품으로 승부하는 일본기업의 철학과는 맞지 않는다고 여긴 것이다.

반면 디지털 TV의 칩셋(Chipset)에 대한 일본기업들의 평가는 달랐다. 디지털 TV 제품의 핵심 칩의 확보 여부가 제품의 가격 및 성능을 좌우하는 핵심요인이며, 핵심 칩 사업 자체만으로도 완제품 판매 이상의 막대한 로열티 수입을 얻을 수 있다고 보았다. 디지털 시대의 고화질은 TV 패널에 달려 있는 것이 아니라 전송기술, TV의 신호처리 기술에 달려 있다고 판단하였다.[1] 따라서 디지털 TV 사업의 주도권을 잡기 위하여 독자적인 칩셋 등 핵심부품 개발을 통한 가격과 성능에서의 비교우위를 점하고자 했으며, 특허 확보를 통해 로열티 부담을 경감시키고자 했다. 전체적으로 볼 때, 디지털 TV 시대가 도래하면 TV Box는 범용화하고 핵심부품과 소프트웨어, 콘텐츠가 경쟁의 핵으로 부상할 것이라는 것이 당시의 지배적인 견해였다.

그러나 LCD-TV의 등장은 TV 시장의 게임의 룰을 근본적으로 바꾸지는 않았다. 아날로그 시절 CRT가 중요했듯이 여전히 패널 경쟁력은 중요했다. 신속하고 과감한 투자와 선도적인 제품 개발, 대량생산 체제를 구축한 기업이 시장을 주도한다는 점에서는 동일했다. LCD-

---

1) 소니 近藤哲二郎 디스플레이 연구소장.

TV는 매년 가격이 30%씩 하락했고, 소비자들이 선호하는 화면은 대형화되어 갔다. 이 때문에 LCD 패널 생산의 대면적화, 즉 세대경쟁을 통한 원가경쟁력 제고가 중요한 경쟁요소가 되었다. 또한 LCD 패널 자체 소싱이 여전히 중요한 요소였다. 주요 부품을 자체적으로 생산하고 이들 부품을 사용하여 완제품을 만드는 수직 계열화된 사업구조는 의사결정 스피드를 높여 Time-to-market을 통한 경쟁력을 키우는 기반이 되었다.

그러나 일본기업들은 여전히 기존의 게임 룰이 디지털 시대에 바뀔 것으로 판단하였다. 디지털화의 진전은 디지털 TV에 탑재되는 반도체 비율을 증가시키기 때문에 많은 기능이 소수의 반도체칩에 의해 발휘되기가 용이하다고 생각했다. 따라서 반도체칩처럼 원천기술을 중심으로 한 핵심부품에서의 경쟁우위를 지켜 나가고자 하였다.

또한, 아웃소싱을 강조하였다. CRT 시절과는 다르게 가치사슬이 분화될 것이라는 점에 착안하여 제조전문기업에 위탁하여 생산하고자 했다. 대신, 확고한 부품산업과 전후방 간의 높은 신뢰관계를 중요한 동력으로 여겼다. 그러나 이러한 오판은 일본기업들이 경쟁에서 밀려나게 하는 주요 요인이 되었다.

b. 제조경쟁력 측면

LCD-TV를 기준으로 한·일 기업 간 제조경쟁력을 비교해 보면 다음과 같다. LCD-TV의 경우 원가구조를 보면 재료비(LCD 패널, TV용 IC 등)가 50~55%로 가장 많이 차지한다. 생산관리비(부품 및 상품재고비용 등)가 10~30%, 고정비(연구개발비, 인건비 등)가 15% 내외, 광고 및 판매비가 10% 미만이다. 재료비의 경우 대부분 패널소싱에 들어가는 비용으로서 패널을 내재화한 LG전자나 삼성전자 등 한국기업들이 약간의 원가우위(3~5%)를 보이고 있다. 생산관리비는 TV 사업 초기에 가장 변동이 심한 부분으로서, 평판 TV가 확산되면서 분기마다 20%씩 가격이 하락하였기 때문에 부품과 상품재고비용의 부담이 컸었다. 그러나 패널을 내재화한 한국기업들이 패널을 아웃소싱해야 하는 일본기업에 비해 유연한 대응을 할 수 있었기에 원가 측면에서도 10~20% 우위를 점할 수 있었다. 고정비용이나 광고 및 판매비에 있어서는 큰 차이가 없었다. 결론적으로 패널과의 수직통합전략을 펼친 한국기업들이 핵심부품 소싱비용과 SCM 비용 양면에서 모두 원가우위를 유지할 수 있었다.

특히, 공급 과잉과 공급 부족을 주기적으로 반복하는 LCD 사업 초기에는 패널소싱과 재고관리능력이 TV 제조부문의 핵심 역량으로 작용했다. 대규모 투자가 필요한 장치산업의 특성상 공급의 수요에 대한 탄력성이 낮기 때문에 발생하는 수급 사이클이 LCD 업계에 상존한다. 공급 부족 시 대규모 설비투자가 실시되는데, 본격 가동이 이루어지는 2년여 후에는 공급이 확대되면서 공급 과잉이 발생할 수 있다. 이는 다시 가격 하락으로 이어진다. 가격 하락은 시간이 지나면서 수요 증대를 촉발하고, 수요 점증으로 공급 과잉이 해소되면서 가격 하락이 둔화되고 수급은 균형을 이루게 된다. 그러다 다시 수요가 지속적으로 증가함에 따라 공급 부족을 겪으면서 가격이 상승하는 과정이 되풀이된다. 이와 같은 수급 사이클에 대응하기 위해서는 자체 패널소싱과 공급망 관리가 필수적이며 동시에 생산원가를 낮추고 디자인 및 개발 생산 측면에서의 스피드도 높일 수 있다.

한편 일본기업들의 오퍼레이션 대응력 약화는 스스로 자처한 측면이 있다. 일례로 생산부문을 각 사업과 별도로 분리시켜 별도의 플랫폼(Platform)화하여 사내분사화함으로써 개발과 생산의 협력을 약화시킨 것을 들 수 있다. 이러한 EMCS(Engineering, Manufacturing and Customer Service) 제도의 도입은 기존 대기업 사업부제 체제하의 '수직통합형 생산방식'으로는 책임경영을 효과적으로 구현하기 어려웠기 때문이었다. 이러한 문제를 해결하기 위해 46개 공장을 Assembly, Component, 반도체 3개 생산통괄회사로 재편하고, 장기적으로는 다른 메이커의 수주생산도 허용하였다. 그리고 생산총괄회사는 단순조립공장이 아닌 독립적인 이익책임단위로서 설계, 자재 조달, 생산, 물류, 고객서비스를 통합적으로 수행했다. 그러나 결과적으로는 개발부문과 생산부문의 협력이 가장 중요한 디지털 가전이 최초 생산되던 시기에 사업부문과 제조부문이 멀어지면서 제품 개발 및 양산속도, 물류대응, 품질관리 측면에서 여러 가지 문제가 발생하고 말았다. 결국 이러한 시대착오적인 생산시스템이 제조경쟁력을 약화시키는 데 큰 원인을 제공한 셈이다.

c. 거시경제요인

일본기업의 경쟁력이 약화된 데에는 일본기업들의 높은 내수비중과 장기간의 내수부진도 큰 원인이다. 국내총생산(GDP)을 기준으로 일본경제의 내수비중은 65%에 달한다. 인구규모도 세계 10위권이다. 따라서 국내에서만 잘 판매해도 상당한 규모의 시장을 형성할 수 있다. 일본에 내수 시장 경제체제가 확립된 것은 1970년대 이후다. 당시 일본기업은 6·25전쟁과 베트남전쟁의 특수를 만나 2차 세계대전 패망 이후 전기/전자 산업의 발판을 다지게 된다. 기업들은 내수에서 확보한 수익을 토대로 해외시장에서 브랜드 가치를 높여 나가는 방식으로 사업을 확대해 나갔다. 그러나 까다로운 특성을 가진 일본 소비자들을 대상으로 개발한 제품들이 글로벌 트렌드와는 괴리를 보이게 되었고, 이러한 추세의 연속은 일본을 '갈라파고스'로 만들어 일본기업들의 글로벌 경쟁력을 약화시켰다.

또한 일본경제는 1990년대 거품경제가 붕괴된 이후 내수부진의 극도 침체기를 경험하게 된다. 소비심리가 위축되다 보니 제품보유기간이 길어지고 교체수요도 부진해졌다. 수요가 부진하다 보니 기업경영에서도 자원의 효율적 활용이 중시되고, 이에 따라 투자수익 등 자본효율성을 강조하다 보니 전략적 투자가 어려워져 전 세계적인 IT 호황의 흐름도 제대로 탈 수가 없었다.

당시 버블 붕괴의 여파로 근로소득의 증가율은 1990년대 이후 줄곧 마이너스를 기록했다. 전반적인 경제 성장의 둔화와 함께 기업의 수익성이 악화되면서 근로자의 상여금 또한 크게 줄어드는 등 임금상승을 크게 제약하였다. 장기불황으로 고용안정성이 낮아지고 이런 상황에서 사회안전망에 대한 불안감이 확산되었다.

2. 한국기업의 성공요인

1) 원천기술 확보단계(1980년대 중반~1990년대 후반)

이 시기는 한국기업들이 일본기업들의 원천기술을 Catch-up 하기 위해 디지털 TV 및 LCD 관련 기술들을 확보하던 단계이다. 한국기업들의 TV 사업은 LG전자, 삼성전자 등에서 1960년대 중반부터 시작되었다. 이때에는 주로 산요, NEC, 히타치 등 일본기업들로부터 기술 도입을 하거나 합작법인을 설립하면서 사업이 시작되었다. 1970년 초에 처음으로 흑백 CRT-TV를 OEM으로 수출하였으나, 일본과의 기술격차는 약 15년이나 벌어진 수준이었다. 1970년대 중반에 이르러 LG전자와 삼성전자는 각각 '이코노'와 '로터리'라는 독자 브랜드로 TV를 출시하였다.

1980년대에 들어 미국 RCA 등으로부터의 기술 도입으로 컬러 TV를 본격적으로 생산하였으며, 1990년대 초반부터는 미국, 유럽 등 선진시장에서 브랜드 인지도 제고에 힘을 쏟았다. 그러나 당시 일본업체들과의 브랜드 인지도 격차는 매우 컸다. 삼성전자의 한 임원의 말을 빌리면 당시 삼성전자는 세계 5위인 샤프를 따라잡는 것이 목표였다고 한다. 당시 샤프만 해도 저 멀리 쉽게 넘볼 수 없는 세계적인 브랜드로 인식되었다고 회고한다.

그러나 한국기업들은 1990년대 초반부터 디지털 TV 기술 개발에 박차를 가하기 시작한다. LCD-TV 및 PDP-TV의 원천기술을 개발하는 데 자원을 집중하였다. LG전자의 경우에는 미국의 제니스(Zenith)사 인수를 통해 디지털 TV의 핵심 칩 기술을 확보하였다. 그리고 1990년대 후반 세계 최초로 디지털 TV를 출시하기에 이른다.

이 당시의 한국기업들은 CRT-TV에서 뒤처져 있던 TV 사업을 디지털 TV에서 역전시켜 보려고 하였다. 즉 디지털 TV로의 전환시점을 핵심 모멘텀으로 간주하고, 디지털 TV의 상업화에 발 빠른 투자를 추진하였다.

삼성전자 TV 사업의 전환점은 1993년에 일어났다. 당시 이건희 삼성전자 회장이 미국 LA의 한 가전매장을 방문했을 때, 가장 돋보이는 자리를 차지하고 있는 일본제품과는 달리, 한쪽 구석에 먼지를 뒤집

어쓴 채 처박혀 있는 삼성제품을 목격하였다. 이 사건은 당시 세탁기 금형 불량사건과 맞물리면서 소위 "마누라와 자식만 빼고 다 바꾸라"는 '프랑크푸르트 선언'의 계기를 마련해 준다.

프랑크푸르트 선언 이후 삼성전자는 무섭게 변해 갔다. TV 사업에서 소니를 넘기 위한 각고의 노력이 더해졌다. 다행히 소니가 브라운관 TV에 집착하는 사이, 삼성전자는 브라운관 TV에 이어 평판 TV 시대가 열릴 것으로 예상하고 1995년부터 LCD 양산에 착수하였다. 그 결과 1998년에 세계 최초로 디지털 TV를 출시하였다. 당시 삼성전자는 500억 원의 연구개발비와 10년의 개발기간, 600여 명의 연구원을 투입하였으며, 1998년 초까지 총 1,600여 건의 핵심기술을 개발하고 1,500여 건의 관련 특허를 확보하였다고 한다.

2) 시장 선도역량 준비단계(1990년대 후반~2000년대 중반)

이 시기는 디지털 TV를 모멘텀으로 한국기업들이 Top Tier로 도약해 가는 단계였다. 이 당시 한국기업이 시장을 선도할 수 있는 역량을 확보할 수 있었던 배경에는 기업주의 직접 경영을 통한 과감한 대규모 투자, SCM 역량 강화, 한국기업들 간 선의의 경쟁 등이 있었다.

a. 기업주경영을 통한 과감한 대규모 투자

한국기업은 기업주가 실질적인 의사결정권한을 보유하고 있었기 때문에 일본기업과 대비해서 과감한 설비투자가 가능했다. 과감한 선투자를 통해 규모의 경제를 실현함으로써 원가경쟁력을 확보하였다. 대단위 디스플레이 클러스터 구축을 통한 일관생산체제로 생산성 향상을 기할 수 있었다.

당시 LCD 패널업체인 LG필립스LCD(現 LG Display)와 삼성전자는 2000년대 초 불황기임에도 불구하고 공격적인 투자를 감행하였다. 2002년 5월과 10월에 5세대 TFT-LCD 라인 가동에 들어갔으며, 그 영향으로 한국의 TFT-LCD는 짧은 업력에도 불구하고 단기간에 세계 최고의 지위에 오를 수 있었다. 삼성그룹은 삼성SDI와 삼성LCD의 합병을 통해 이원화된 TFT-LCD 관련 사업을 일원화해 시너지효과를 높였다.

한국기업들의 공격적인 투자는 그 이후에도 멈추지 않았으며 지속적으로 규모의 경제를 지향해 일본기업 대비 높은 원가경쟁력을 확보할 수 있었다. 이 같은 투자는 예측한 대로 시장이 형성되지 않을 경우 대규모 투자의 후폭풍으로 인해 전체 사업에 엄청난 피해를 줄 수 있다는 측면에서 과감한 투자를 결정할 수 있는 구조가 아니면 사실상 하기 힘든 것이다. 이것이 바로 LCD 사업의 특징이었으며, 한국기업들이 일본기업들에 비해 이런 특성에 더 적합한 지배구조, 즉 의사결정 구조를 가지고 있있다.

당시 동아일보에 난 기사는 다음과 같다.

"2001년 '디스플레이의 꽃'으로 불렸던 액정표시장치(LCD) 산업은 매서운 한파를 맞았다. 후발주자인 대만업체들이 대거 진출하면서 공급 과잉으로 가격폭락 사태가 빚어진 것이다. 15인치 LCD 가격이 1년 동안에 450달러에서 220달러로 반 토막 나면서 '돈 잡아먹는 하마' 취급을 받았다. 그해 11월 LG필립스LCD 임직원들은 경북 구미시 사업장 내에 6세대 생산라인 투자를 위해 확보한 땅에 잔디 대신 보리씨앗을 뿌렸다. 엄동설한을 이겨 내는 보리의 생명력을 마음에 새겨 위기를 극복하자는 뜻이었다. 임직원들은 다음 해 6월 '눈물 젖은 보리쌀'이라는 글귀와 함께 보리쌀 한 봉지씩을 받았다. 그리고 첫 LCD 제품을 내놓은 지 10년 만에 LG필립스LCD는 10인치 이상 대형 LCD 분야에서 세계 1위의 기업으로 우뚝 설 수 있었다. 일본이 1990년 대 말 LCD산업의 미래를 확신하지 못하고 머뭇거리는 사이 과감하게 4세대 공장에 투자한 것이 한국이 주도권을 빼앗는 계기가 되었다."

b. SCM 역량 확보

또 하나의 성공요인은 한국기업들이 Market Leader로서의 지위를 유지하기 위해 SCM(Supply Chain Management) 역량을 강화하고 신제품 출시속도를 향상시켰다는 점이다. 먼저 SCM 역량 확보와 관련해서 삼성전자는 1990년대 후반에 밀어닥친 아시아 금융위기 직후부터 SCM 시스템 구축에 관심을 보였으며, 지속적인 시행착오를 겪으면서 역량을 축적해 왔다. 그 결과 수급이 빠르게 변화하는 TV 시장에 유연하고 적절하게 대응할 수 있는 시스템을 구축하게 되었다. 이를 통해 낮은 재고수준을 유지할 수 있게 되었으며, 이는 매출과 수익에 영향을 미쳐 높은 매출과 수익성을 확보할 수 있게 되었다. TV는 신제품이 자주 출시되기 때문에 시간이 지남에 따라 가격인하의 폭이 큰 특징이 있다. 이에 따라 TV 가격이 하락할 때마다 베스트바이 등 대형 전자전문 유통업체에서는 그 인하폭을 TV 제조사에 전가하기 때문에 재고수준을 낮게 가져가는 것이 수익성에 매우 중요한 요소가 된다.

또한 제품라인업은 더 넓게, 출시속도는 더 빠르게 하였다. 스피드가 중요한 시장인 만큼 삼성전자는 경쟁사 대비 두 배나 더 자주 신제품을 선보이려 했다. 뿐만 아니라 글로벌 론칭 역량을 확보해 나갔다. SCM과 신제품 출시 역량을 바탕으로 저가에서 고가까지 모든 라인업을 동시에 출시할 수 있는 글로벌 론칭 역량을 확보하였다. 많은 신제품을 짧은 기간에 출시하게 되면 마케팅 비용이 증가하고 고객 관심을 끌 수 있는 기회는 떨어지게 된다. 하지만 풀라인업을 제공한다면 전자전문 유통점에서의 진열공간을 폭넓게 확보할 수 있는 기회가 제공될 수 있다. 때문에 이런 풀라인업을 동시에 출시할 수 있는 역량을 확보하는 것이 매우 중요한데, 한국기업들은 이러한 면에서 상당한 투자노력을 하였다.

부품공용화도 SCM 개선에 일조를 하였다. 예를 들어 유럽형 32인치 LCD-TV용과 미국형 60인치 PDP-TV에 들어가는 PCB를 공용으로 사용하였다. 또 모든 TV에 동일한 소프트웨어를 사용하도록 하였다. 이를 통해 2005년에 16주가 걸리던 글로벌 제품 출시기간이 4주로 단축되었다. 이로써 유럽지역에 공급 부족 현상이 나타나면 아시아에서 즉시 대응하는 것이 가능해졌다.

c. 한국기업 간 선의의 경쟁

삼성전자와 LG디스플레이는 양 사 간 선의의 경쟁을 통해 세계 최고수준의 LCD 패널역량을 확보할 수 있었다. 세대경쟁을 통해 대형 LCD 관련 세계 최고의 기술력과 생산성을 확보할 수 있었으며 이는 전방산업인 TV 세트에도 긍정적으로 기여하였다. 1995년부터 일기 시작한 삼성전자와 LG디스플레이 간의 세대경쟁은 1~2년마다 세대를 올리는 결과를 낳았다. 격상된 세대는 생산성과 가격경쟁에서 유리한 고지를 제공해 주기 때문에 각 사는 경쟁적으로 세대 Upgrade 경쟁을 한 것이다.

〈표 4〉 LCD 패널세대별 생산시기

LCD 패널세대	삼성전자	LG디스플레이
1세대	'95	–
2세대	'96	'95 3/4분기
3세대	'98	'97 말
4세대	2000	2000
5세대	2002	2002
6세대	2003	2004
7세대	2005	2006
8세대	2007	2009

자료: 각 사 홍보팀

〈표 5〉 연도별·업체별 생산 Capa추이(천㎡)

업체	'03	'04	'05	'06	'07	'08
LGD	2,680.3	3,938.4	7,469.9	11,890.6	16,463.1	20,899.0
Samsung	2,643.1	4,561.5	7,256.3	12,283.7	18,094.9	26,052.9
AUO	2,068.8	3,990.9	6,500.4	11,290.8	15,821.0	18,124.9
CMO	1,081.3	2,238.1	4,125.7	6,631.1	10,328.1	15,368.8
Sharp	1,382.6	2,382.6	3,217.6	4,104.6	6,959.1	9,553.3
기타	5,260.3	6,670.3	10,352.9	14,241.8	18,009.7	19,930.4
합계	15,116.4	23,781.8	38,922.9	60,442.6	85,675.9	109,929.3

자료: Display Search

3) 시장 선도단계(2000년대 중반 이후)

2000년대 중반을 넘어서면서 한국기업들은 비약적인 성장을 하면서 Top Tier 그룹으로의 진입에 성공하였다. LCD-TV의 시장점유율(수량기준) 경우 삼성전자가 2005년에는 소니, 샤프에 이어 3위였는데, 2006년에 2위로 올라섰으며, 2008년에 1위로 도약하였다. 금액기준으로도 같은 결과였다. LG전자의 경우 수량기준으로 2005년에 4위, 2008년에 3위, 2010년에 2위(금액기준은 3위)로 올라섰다.

a. 그룹 차원의 역량 집중

삼성전자는 LCD-TV의 1등 달성을 위해 그룹 차원에서 핵심자원을 TV 사업부에 집중하였다. 이는 디지털 TV의 모멘텀을 통해 시장 점유율을 높이려는 최고경영진의 과감한 선택과 집중의 의사결정이 있었기에 가능하였다. 삼성전자는 2004년에 그룹 차원에서 'TV 일류화사업추진위원회'를 설립했다. 당시 이건희 회장은 "아날로그 방식에서는 우리가 출발이 늦어서 졌다. 하지만 세상은 디지털 시대로 넘어간다. 출발선이 같기 때문에 우리도 1등 할 수 있다"며 TV 사업을 독려하였다.

일류화추진위원회가 발족되고 얼마 지나지 않아서 반도체부문에서 일하던 연구원들이 이동배치되었다. 당시 업계는 TV 성능의 핵심이 되는 반도체 칩을 외부에서 조달하고 있었기 때문에 반도체 칩은 차별화 요소로 작용하지 못하였다. 그러나 삼성전자는 칩의 자체 개발이 TV의 경쟁력 제고에 일조할 것으로 예상하고 독자적인 칩 개발을 전략 방향으로 결정했다. 그러나 사업부 자체적으로는 전문인력이 없었다. 그래서 반도체사업부에서 인력을 데려온 것이다.

그러나 여기에는 난관이 있었다. 사업부별로 성과급제도를 적용하는 상황에서 성과가 좋은 반도체사업부 인력이 상대적으로 성과가 저조한 TV 사업부로의 전환을 꺼려했고 자연히 사기가 저하되었다. 이에 경영진은 전환인력들에게 반도체사업부에 상응하는 인센티브를 주는 것으로 동기부여하였다.

이렇게 해서 모인 전문인력들은 점차 새로운 가능성을 꿈꾸기 시작하였다. 즉 대형화, 디자인, 반도체 성능으로 승부를 해 볼 수 있다는 자신감이 생기기 시작하였다. 반도체 설계팀은 대형 TV에 가장 적합한 칩을 개발했다. LCD 사업부는 패널 대형화로 뒷받침했다. 디자인팀은 새로운 디자인을 고안해 냈다. 의사결정도 다른 조직과는 달리 빠르게 진행되었다. 이렇게 해서 탄생한 것이 2006년의 '보르도 TV'이다. 이 TV는 삼성전자가 1위 자리에 오르는 토대가 되었다.

삼성전자는 2008년 하반기에 새로운 혁신제품을 준비한다. 소위 'LED-TV'라 부르는 LED BLU(Back Light Unit)의 LCD-TV가 그것이다. LCD-TV는 영상이 나오는 화면(디스플레이)과 빛을 쏘아 주는 광원 부분(BLU)으로 되어 있다. 기존 LCD-TV는 형광등을 광원으로 사용하였으나, 저전력·고화질이 가능한 LED 광원을 새로운 차별화 포인트로 활용하고자 했다. LED 광원을 사용함으로써 두께 측면에서도 차별화가 되었다. 다만 원가가 많이 들기 때문에 프리미엄 제품으로 출시하였다.

삼성전자가 LED-TV를 출시함에 있어서는 그룹 차원의 자원 집중 노력이 일조했다. 삼성은 TV 부문에 있어서 일등을 목표로 그룹 차원에서 핵심자원을 활용해서 차별화를 지향했다. 특히 LCD-TV에 사용되는 BLU(Back Light Unit)가 형광등(CCFL)에서 LED로 변화하는 추세를 예견하고, 이 분야에서의 리더십을 확보하기 위하여 그룹 차원에서 LED 비즈니스 강화 전략을 수립하였다. 그 구체 방향을 보면 다음과 같다.

첫째, 시스템 차원의 해결이다. 고유한 사업모델의 구축을 통해서 시스템 차원에서의 설계 자유도를 확보했다. 세간의 이목을 집중시킨 엣지형 LED BLU LCD-TV의 론칭은 패널을 생산하는 LCD 사업부가 아닌 TV를 만드는 VD(영상) 사업부가 주도하여 진행하였다. LED 광속의 부족분이나 방열이슈는 세트의 휘도변경을 통하여 해결하였으며 모듈 차원의 얇은 두께이슈는 세트에서의 기구설계를 통해 보완하였다. 만일 패널사업부에서 주도하였다면, 이들의 고정관념이 TV 디자인 자유도를 침식할 수도 있었지만, 세트사업부가 주도함으로써 디자인 측면의 혁신을 이룰 수 있었다는 것이 내부평가이다.

둘째, 그룹 차원에서 특허 대응 측면이다. LED 전문회사, 삼성LED를 설립하면서 삼성전자, 삼성전기의 LED, LD(Laser Diode) 관련 모든 특허를 무형자산 형식으로 삼성LED에 출자하였다. 삼성LED 설립 시 그룹으로부터 사업의 걸림돌을 사전에 제거하라는 지시가 있었는데, 대표적인 것이 특허였다는 얘기가 내부에서 있었다.

셋째, 집중적인 자원 투입이다. 급속한 LED 사업의 성장에 걸림돌이 되지 않도록 그룹 차원에서 인력 지원을 독려하였다. 삼성전기의 LED 관련 인력, 삼성전자의 반도체 전문인력까지 삼성LED로 전환시켰다.

마지막으로 선택과 집중이다. 후발자의 한계를 감안하여 사업/기술을 전개하였다. 우선 BLU용 LED 사업을 안정화한 후 단계적으로 조명 사업에까지 확장하는 것을 고려하였다. Captive가 있는 TV BLU Mid-power LED에 우선 역량을 집중하고 점차 글로벌 수준으로까지 제품 확대하는 것을 목표로 하였다.

LG그룹의 경우에도 그룹 차원의 협력이 경쟁력의 원천이 되었다. 특히 LG그룹은 편광판 등 LCD 소재(LG화학), LED 등 전자부품(LG이노텍), LCD 패널/모듈(LG디스플레이), TV 세트(LG전자)에 이르기까지 수직적 통합을 통해 글로벌 경쟁력의 기반을 구축하였다.

LG전자는 1999년 필립스와 합작으로 LCD 전문회사인 LG필립스LCD를 설립했다. 합작법인은 몇 가지 전략적 의미가 있었다. 당시 LG전자는 아시아와 중국 중심으로, 필립스는 유럽과 미국 중심이어서 글로벌 생산기지와 주 고객이 거의 중복되지 않았다. 제품 구성 측면에서도 주력분야가 달라 시너지가 크게 창출될 것으로 기대하였다. 무엇보다도 두 회사가 보유한 기술력과 R&D 자원의 결합은 디스플레이업계 선두로의 도약을 가능하게 해 주었다.

b. 차별적인 디자인 지향

삼성전자는 디자인 경쟁력의 중요성을 일찌감치 간파하고 그룹 차원에서 체계적으로 준비하여 왔다. 삼성전자는 2004년 5월 '금형일류화추진위원회'를 발족하였다. 이는 최고의 제품을 만들려면 금형이 최고수준이어야 한다는 이건희 회장의 지시를 실행에 옮긴 것이다. 특히, TV 일류화를 위해서는 디자인경쟁력이 필수이고, 이를 위해서는 금형일류화가 수반되어야 한다는 논지가 밑바탕에 깔려 있다. 그래서 예를 들어 TV 각도에 따라 색깔이 달라 보이는 TOC(Touch Of Color)를 구현하기 위한 이중사출공법 개발에 1,000억 원이 넘는 돈을 투자하기로 했다. 당시 TV 사업부가 한 해 벌어들이는 수입이 4,000억 원 수준인 것을 감안하면 파격적인 결정이었던 것이다. 이 프로젝트에는 국내 11개 협력사가 참여했고, 2007년 11월 보르도 TV의 후속 모델인 '크리스털로즈' TV가 탄생한 것이다. 이 TV는 삼성전자가 1위의 자리를 공고히 하는 데 기여했다. 이 과정에서 삼성전자는 금형만이 아니라 디자인 측면에서도 세계 최고의 수준에 도달할 수 있었다.

LG전자 역시 디자인경쟁력 강화를 위해 지속적으로 노력해 왔다. 그 결과 2008년에는 디자인이 획기적으로 개선된 '초슬림 LCD-TV 스칼렛'을 전 세계 80여 개국에 동시 론칭하였다. '2008 CES 혁신상'을 받으면서 출시 전부터 주목받은 이 제품은 기존 LCD TV의 두께

(105mm)를 절반 이상으로 줄인 44.7mm로 세계 최소 두께를 실현한 것이다. LG전자는 LCD 모듈의 백라이트유닛(BLU)과 LCD 패널과의 거리를 최소화하는 기술뿐 아니라 패널구조를 얇게 만드는 혁신적인 기술을 개발·적용함으로써 최소 두께를 달성할 수 있었다. 또, 붉은색과 검은색의 조화, 보이지 않는 스피커 적용, 전원을 켜고 끌 때 원형의 홀을 터치하면 불빛과 멜로디가 나오는 '블루밍라이트' 등 LG만의 차별화된 디자인을 사용하였다.

LG전자는 2009년 TV의 화면과 테두리의 경계선을 없앤 '보더리스(Borderless)' 콘셉트의 TV를 출시하였다. '보더리스' TV는 전면에 필름코팅기술을 적용, LCD 패널 전면과 테두리 부분을 같은 색상의 한 장의 필름으로 코팅해 테두리가 보이지 않는 하나의 스크린으로 구현한 게 특징이다. IFA2009에서 일반에 처음 공개하여, 유럽 최고 권위의 기술상인 '유럽영상음향협회(EISA) 어워드'에서 유럽 최고 LCD TV(European Best Value LCD TV)에 선정되기도 하였다.

c. 협력사와의 동반자 의식

삼성전자의 성장 이면에는 협력업체와의 상생경영의 노력이 숨어 있었다. 자금이 부족한 협력사의 장비 구입을 삼성전자가 대신함으로써 협력사의 투자리스크를 분산시키고 협력사와의 동반자 의식을 통해 히트상품을 제조할 수 있었다. '크리스털로즈 TV'의 경우 협력업체들이 새로운 TV 사각틀(베젤)을 만드는 데 필요한 장비투자를 망설여 애를 먹었다. 영세한 협력업체들로서는 성공 여부가 불확실한 새로운 TV에 '올인'할 수 없다는 입장이었다. 이에 삼성전자는 고민 끝에 과감한 결정을 내렸다. 새 베젤 제조에 필요한 장비를 TV 사업부가 직접 구매해 협력업체들에게 빌려 주기로 한 것이다. 당시 2,000억 원이 드는 투자였다. 보르도 TV로 벌어들이는 수입이 한 해 2,000억 원 남짓하던 시절을 감안하면 어려운 결정이었다. 이러한 조치는 협력업체의 적극성을 이끌어 내었고 그래서 탄생한 크리스털로즈는 2008년 300만 대가 팔리는 히트 상품이 되었다.

LG디스플레이(당시는 LG Philips LCD)는 2006년 1월 TV용 LCD시장에 대비하기 위해 135만 평 규모의 파주 디스플레이 클러스터를 구축하였다. 파주 디스플레이 클러스터는 TFT-LCD 패널 생산공장이 들어서는 본 단지와 유리기판, 부품, 장비 등 후방산업의 협력업체단지, 그리고 LG전자의 LCD-TV공장 등 전방산업시설까지 갖춘 총 135만 평 규모의 일관생산체제의 디스플레이 전문클러스터로 구축되었다. LG디스플레이의 협력업체와의 생산기술 협조체제는 잘 이뤄졌다는 평가다. 주요 부품 및 장비업체의 국산화 비율은 60% 이상인데 이는 협력업체들과의 공동 개발 프로젝트를 통해 장비 국산화 노력을 한 결과이다. 장비 국산화는 LCD 생산장비의 일본 의존도를 낮추는 것은 물론 원가절감에 있어서도 한몫하고 있다. LG디스플레이는 부품·장비 협력회사들이 어려운 경제상황 속에서도 경쟁력을 더욱 높여 갈 수 있도록 상생협력을 지속적으로 전개해 나갔다. 회사는 협력회사들의 생산성 향상, 원가절감 기술 개발 등을 위해 회사의 전문가들을 지원하고, 나아가 업부혁신, 금융/회계/법무 등 경영지원분야로 상생을 확대 전개해 글로벌경쟁력을 강화할 수 있도록 지원하고 있다.

Ⅲ. 결론

CRT-TV의 경우에는 미국에서 일본으로, 다시 한국으로, 그리고 지금은 중국으로 이전하고 있는 산업순환가설이 설득력이 있다. 그러나 LCD-TV의 경우 차별화 포인트가 지속적으로 변하는 하이테크 영역으로서, 원가경쟁력보다는 차별화에 의한 경쟁의 특성을 보유하고 있다. 따라서 산업순환 가설의 설득력은 떨어진다.

LCD-TV의 경우 LCD 패널에 대한 투자규모가 조 단위를 넘어서는 것으로서, 사업 초기에는 일본기업들이 전략적 판단에 의해 투자에 소극적이었다. 2000년대 중반 이후 패널의 중요성을 인식하고 LCD 패널 생산에 투자하려 했으나 장기적인 경기침체에 따른 자금부족으로 생산능력의 Catch-up을 제대로 하지 못하였다. 따라서 경쟁력 격차의 원인이 된 패널 생산능력의 차이를 설명함에 있어서 거시경제침체 가설은 부분적으로 설득력이 있다고 볼 수 있다.

LCD 패널은 기술이 급변하고 대규모 설비투자가 소요되며 리스크가 큰 산업이어서 지배구조와 의사결정구조가 큰 영향을 미쳤다. 더욱이 한국기업들의 경우 수직계열화에 기반을 둔 그룹 차원의 대응이 경쟁력 강화에 큰 영향을 준 바, 이러한 점이 지배구조특성에서 비롯되었다고 추론된다. 그래서 기업지배구조와 경영의사결정가설이 가장 설득력 있게 뒷받침해 주고 있다.

결론적으로 한일 TV산업 경쟁력 비교에 있어서 산업순환가설은 설득력이 떨어지고, 거시경제침체가설은 부분적으로 설득력을 얻고 있다. 그러나 가장 설득력 있게 한일 TV산업 경쟁력 변화를 설명해 주는 가설은 기업지배구조와 경영의사결정가설이다.

참고문헌

강경래(2009). "삼성TV, 전 세계 안방을 점령하다". 머니투데이, 2009.11.02.

김용준(2009). "이건희 회장 리더십이 '1등삼성' 키웠다". 한국경제신문, 2009.11.06.

김용준(2010). "TF가 '천덕꾸러기'라고? 회사 살린 일등공신!" 한국경제신문, 2010.03.30.

김재윤(2004). "TV산업의 재편과 새로운 경쟁질서". SERI.

김현예·김용준(2010). "'금형이 디자인경쟁력' — 이건희 회장 '금형철학' 7년 만에 결실". 한국경제신문, 2010.10.11.

박성배(2006). "한국평판디스플레이산업". SERI.

박영철(2009). "우리가 몰랐던 삼성TV의 10년 기적". 위클리조선, 2009.03.06.

송위진·이근·임채성(2004). "디지털 전환기의 후발기술 추격 패턴 분석". 기술 혁신연구, 제12권, 제3호.

아사쿠라레이지(2000). 『소니의 야망』. 바다출판사.

오동희(2005). "공격적 투자로 최단기간 세계최강". 디지털타임즈, 2005.03.04.

우상민(2008). "일본가전업계, TV 사업의 성패로 희비 갈려 — TV 사업의 합종 연횡에 가속도 붙을 듯". KOTRA, 2008.05.26.

우창범(2009). "LCD시장의 변화: Crystal Cycle & Consumer Cycle". 한국신용평가.

유영목(2005). "한일 제조기업의 제조경쟁능력 비교 연구". 한일경상논집.

이상록(2005). "LG필립스LCD 10년 만에 LCD 세계 1위". 동아사이언스.

이승일(2003). "일본전자업체를 통해 본 디지털경쟁력의 본질". LG주간경제, LGERI, 2003.7.23.

장세진(2008). "Sony vs. Samsung 삼성과 소니". 살림Business.

홍승민(2010). "일본 글로벌기업의 전략변화와 시사점". KOTRA.

Sony 홍보센터(1998). 『소니자서전』. 상상북스.

Kathwala, Shahida and Hansa Iyengar(2005). "Sony Corporation: Turning Around the Television Business". ibs case development center.

小林吉彌(1988). 『소니의 국제감각을 훔쳐라』. 청림출판.

일본 LCD 산업의 변용(變容)

아카바네 준(요코하마시립대학교)

I. 서론

오늘날, LCD(액정) 패널[1]은 노트북, 모니터, TV, 휴대전화, 자동차 내비게이션 등 다양한 전기제품장치에 사용되고 있다. LCD는 우리들의 일상생활에서 이미 없어서는 안 될 반드시 필요한 전자장치라고 해도 과언이 아닐 것이다. LCD 패널은 일본기업에 의해 만들어졌으며(누마가미, 1999: 352-357), 1990년대 초기에는 일본기업이 압도적인 생산량으로 대부분의 시장을 차지하였다. 그러나 1990년대 중반부터 삼성전자나 LG디스플레이와 같은 한국기업이 진출하였고, 1990년대 말부터는 다수의 대만기업이 뒤따라 본격적으로 진출하였다. 이후, 일본·한국·대만 삼파전으로 경쟁이 계속되었으나 2000년대 후반 이후, 일본의 시장점유율은 한국, 대만으로 크게 양분되었다. 본 연구의 목적은 이러한 일본 LCD산업의 변천배경을 분석하는 데에 있다.

본 연구는 다음과 같은 순서로 진행하였다. 제1절에서는, 일본·한

---

1) 본 원고에 있어서, 'LCD 패널'은 TFT-LCD(Thin Film Transistor Liquid Crystal Display)를 말한다. LCD 패널에는 그 외 TN-LCD, STN-LCD이 있지만, TFT-LCD이 기술적으로 새롭고 세계에서도 가장 많이 보급되어 있다.

국·대만의 LCD산업 발전과정을 연도별로 분석하여, 일본의 LCD산업이 한국, 대만의 LCD산업에 어떻게 추격(Catch-up)되었는지를 정리하였다. 제2절에서는 1990년대 말에 일본기업이 살아남기 위한 대책으로, 대만으로의 기술이전을 이행할 수밖에 없었던 배경에 대해 살펴보았다. 제3절에서는 LCD 패널의 생산과정에서 발생한 혁신과 혁신으로 인한 경쟁요인의 변화, 그리고 한국 및 대만 등 후발기업들의 추격에 대하여 검토하고 향후 과제를 제시하였다.

Ⅱ. 본론

1. 일본·한국·대만 LCD산업의 발전과정

세계의 LCD 패널 생산에 있어서 일본·한국·대만의 시장점유율 변화에 대해 살펴보도록 하자. <그림 1>은 LCD 패널의 주요 생산국인 일본, 한국, 대만의 생산량과 시장점유율의 추이를 나타내고 있다.[2] LCD 패널 생산량 기준으로 볼 때 2000년에는 일본의 시장점유율이 약 50%를 넘어 전 세계 LCD 패널의 반 이상이 일본에서 생산되었다. 그러나 3년 후인 2003년에는 일본은 시장점유율에서 한국보다 낮아졌고 2005년 이후 보합상태를 보이다 2009년에 이르러서는 21.3% 수준에서 정체되었다.

---

2) LCD 패널의 생산국으로서는, 일본, 한국, 대만 외에 중국이 있다. 그러나 중국의 생산량은 2000년대 말 시점에서 전 세계 생산량에 있어 미미한 수치를 기록하고 있으며 신뢰할 수 있는 통계도 존재하지 않는다. 따라서 2000년대 후반에 있어서 세계 LCD 패널의 생산량은 이 3개국의 생산량 합계라고 간주할 수 있다.

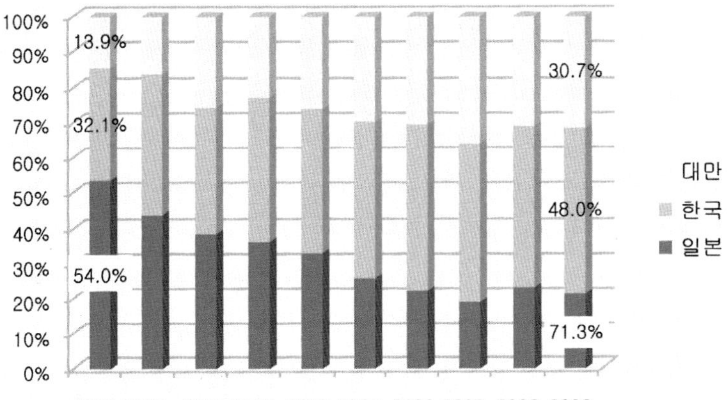

자료 : 기계통계연보, 한국정보통신협회, 중화민국 공업생산 통계연보, Taiwan Statistical Data Book, International Financial Statistics에서 작성.

〈그림 1〉 주요 3개국 LCD 패널 생산량 추이와 시장점유율[3]

LCD산업은 생산량 이외에 'LCD 패널의 유리기판 크기' 측면에서 기업 간, 국가 간 비교가 가능한 산업이다. LCD 패널의 생산성 향상은 유리기판의 크기에 달려 있고 대형 유리기판을 활용하기 위해서는 고도의 설비/기술, 막대한 자금이 필요하기 때문에 LCD산업의 진화는 주로 유리기판의 크기를 중심으로 분석되어 왔다.

1) 1990년대 전반

처음으로 TFT-LCD의 LCD 패널 생산을 개시한 것은 1990년 일본의 NEC였다. 당시 LCD 패널의 유리기판은 300mm×400mm 크기의 제1세대[4] 기판으로 주로 휴대전화나 소형의 휴대정보단말(Personal Digital

---

3) 대만의 생산데이터는 생산량밖에 없기 때문에, 판매량과 판매금액에서 계산한 판매단가를 생산량에 곱하여 생산금액을 산출하였다. 또한 모든 나라의 생산금액은 각국의 현지통화로 계산하므로 각 나라별로 비교할 수 있도록 각 연도의 평균환율 비율로 미국달러로 환산하였다.

4) 이 유리기판은 '제○세대'라는 호칭으로 크기를 나타내는 것이 TFT-LCD업계의 관행으로 되어 있다. 이것

Assistance, PDA)에서 활용되었다. 이듬해인 1991년에는 샤프, DTI[5]가 양산을 시작했으며 1992년에는 마츠시다 전기(現 파나소닉), 호시덴, 1994년에는 산요전기와 대만의 Unipac(聯友光電)이 각각 양산을 시작하였다. 한편 한국기업은 아직 이 시기에는 LCD산업에 진출하지 않았다.

제2세대(약 360mm×465mm) 유리기판을 활용한 LCD 패널은 1993년에 양산이 시작되었는데, 제1세대 LCD 패널과 마찬가지로 NEC가 최초로 생산을 시작하였다. 이듬해 1994년에는 샤프, 히타치, DTI, 1995년에는 세이코엡슨과 한국의 삼성전자, LG전자가 각각 생산을 개시하였다. 한국기업은 일본보다 3년 늦게 이에 합세하여 제2세대부터 LCD 패널 생산에 본격적으로 참가하였다.

1990년대 전반에는 일본기업이 LCD 패널 생산을 선도하고 있어 생산기술의 해외이전에 나서지 않았는데 이로 인해 후발기업들인 한국과 대만기업들은 생산기술을 스스로 개발해야만 했다. 또한 한국기업이나 대만기업은 LCD 패널의 고객 확보, LCD 관련 부품 및 소재의 안정적 수급과 관련해서도 많은 어려움을 겪을 수 밖에 없었다. 당시 LCD 관련 부품 및 소재는 일본기업들이 거의 독점하고 있었고 고품질의 부품 및 재료는 수급이 어려워질 경우 일본기업에 우선적으로 공급하는 경향이 있었는데(누마가미, 1999: 220－222), 당시 한국과 대만기업은 생산라인 운영의 안전성이라는 측면에서 많은 애로가 있었을 것으로 추정된다.

은 엄밀한 의미에서 표준화된 기준은 아니다.

5) DTI: Display Technology Inc. 도시바와 일본 IBM의 합병회사로 TFT－LCD의 양산체제를 목적으로 1989년에 설립되었다.

2) 1990년대 후반~2000년대 초기

1990년대 후반이 되면서 LCD산업의 경쟁환경은 크게 변화하게 된다. 제3세대(550mm×650mm) 유리기판은 1995년부터 일본의 샤프, DTI에 의해서 생산이 시작되었으나 다음 해인 1996년에는 한국의 삼성전자도 제3세대 생산을 시작하였다. 한국기업은 일본기업보다 2세대에서 3년 뒤처져 LCD산업에 진입하였으나 제3세대가 되자 한국기업과 일본기업의 차이는 약 1년으로 줄어들게 된 것이다.

일본기업은 한국기업의 본격적인 추격이 시작되면서 커다란 경쟁의 위협에 노출되었고, 1990년대 말에는 대만기업으로의 기술이전을 잇따라 추진했다. CTP(中華映管)와 미쓰비시전기 산하의 첨단디스플레이 간 제휴를 시작으로, Unipac(聯友光電)과 마츠시다 전기, ADT(達碁科技)와 일본 IBM, HannStar와 도시바가 1998년에 각각 제휴를 체결하였다. 그리고 1999년에는 대만에서 제3세대 및 제3.5세대 유리기판이 양산되기 시작하였다.

이러한 일본기업들의 대만기업으로의 기술이전은 한국기업의 추격에 대해 일본과 대만 간 연합을 통해 대응하려는 전략의 일환으로 실시되었다고 볼 수 있다. 그러나 한국기업들의 견제라는 일본기업들의 초기 의도와는 달리 대만으로의 기술이전은 일본·한국·대만 삼파전이라는 결과를 낳고 말았다. 제4세대 유리기판이 LCD산업 내에 적용되던 시점에 이르러서 2000년에는 샤프, 삼성전자, LG디스플레이가 모두 같은 해에 생산을 개시하였다. 적어도 연도순으로 살펴보았을 때, 일본과 한국 간의 격차는 없어지게 되었다. 또한 2001년은 대만의 ADT(達碁科技), CTP(中華映管), CMO(奇美電子)가 각각 4세대 제품을 생산하기 시작하면서 일본과 대만 간의 갭도 이 시기에는 1년으로 줄어들었다.

3) 2000년대 초기~2000년대 후반

21세기에 들어서 선진국에서는 디지털방송[6]이 본격적으로 개시되었고 LCD 패널을 사용하는 제품 중 TV에 대한 관심이 빠르게 증가하였다. LCD-TV시장은 2001년부터 2002년에 걸쳐 점진적으로 확대된 바 있는데 일본에서는 2002년 무렵 30인치급 LCD-TV가 대형 판매점에 진열되었다. 이와 같은 크기의 TV용 LCD 패널을 생산하기 위해서는 제5세대 이상의 제조설비가 요구되었다. TV용 패널을 제조할 수 있는 제5세대 제조설비는 삼성전자, LG디스플레이, AUO(友達光電), ADT(達碁科技)와 Unipac(聯友光電)이 2001년에 합병하여 세운 기업이 2002년에 생산을 개시하였다. 또한 2003년부터 2005년에 걸쳐서 CMO(奇美電子), HannStar, QDI(廣輝電子) 등 대만기업이 연이어서 생산을 시작하였다. 반면 일본기업 중에서는 제5세대 유리기판을 활용할 수 있는 제조설비를 구비한 기업이 없었다. 제6세대에 있어서는 샤프, LG디스플레이, AUO(友達光電)가 2004년에 생산을 시작하였으며 1~2년 후 대만의 CTP(中華映管), QDI(廣輝電子), 일본의 IPS알파테크놀리지[7]가 생산을 시작하였다. 제7세대에서는 삼성전자가 2005년, LG디스플레이와 AUO(友達光電)가 이듬해인 2006년에 각각 생산을 개시하였다. 제8세대는 샤프가 2006년, 소니·삼성전자(S-LCD)가 2007년에 각각 생산을 개시하였다. 대만에서는 2009년에 AUO(友達光電)가 제8.5세대 라인을 운영하기 시작하였다. 현재 가장 높은 세대의 제조설비를 보유하고 있는 기업은 샤프로서 오사카의 사카이시에 있는 샤

---

6) 세계에서 최초의 디지털방송은 1994년에 미국에서 개시되었다. 그 이후, 디지털 방송은 선진국을 중심으로 급속하게 퍼져 나갔다.

7) 2010년 10월 1일 날짜로 '파나소닉디스플레이주식회사'로 상호를 변경하고 있다.

프 제10세대 생산라인은 2009년부터 가동되고 있다.

이 시기의 주요한 특징으로 설비투자 경쟁에서 탈락이 시작되었다는 것이다. 일본기업 중 제4세대 이후의 유리기판을 도입하고 있는 것은 샤프와 IPS알파테크놀로지 뿐이며, 대다수 일본기업이 세대 투자경쟁에서 철수하였다. 한편, 한국에서는 현대전자가 2002년에 북경동방전자에 TFT-LCD 부문을 매각함으로써 삼성전자와 LG디스플레이 양강체제가 구축되었다. 대만의 경우 8개의 TFT-LCD기업이 있는데, PVI(元太科技)를 제외한 7개 기업이 제5세대 이후의 유리기판을 도입하고 있다. 따라서 제5세대 이후에는 한국과 대만기업이 경쟁의 주역이 되고 있다고 볼 수 있다.

〈표 1〉 세대별 유리기판의 도입 연도[8] -일본·한국·대만의 비교-

구분	일본	한국	대만
제1세대	1990년 NEC		1994년 Unipac(聯友光電)
제2세대	1993년 NEC	1995년 삼성, LG	1997년 PVI(元太科技)
제3세대	1995년 DTI, 샤프	1996년 삼성	1999년 Unipac(聯友光電), ADT(達碁科技), CTP(中華映管), CMO(奇美電子)
제4세대	2000년 샤프	2000년 삼성, LG	2001년 ADT(達碁科技), CTP(中華映管), CMO(奇美電子)
제5세대		2002년 삼성, LG	2002년 AUO(友達光電)

---

8) 그림에서는 각 세대의 유리기판을 최초로 투입한 기업명과 그 투입연차를 기입하고 있다. 삼성전자와 AUO (友達光電)의 (*)는 모두 8.5세대를 나타낸다.

제6세대	2004년 샤프	2004년 LG	2004년 AUO(友達光電)
제7세대		2005년 삼성	2006년 AUO(友達光電)
제8세대	2006년 샤프	2007년 삼성(*)	2009년 AUO(友達光電)(*)
제9세대			
제10세대	2009년 샤프		

자료: 각 사 홈페이지, 산업타임즈(2006), 이와이(2000)에서 작성.

2. 일본기업의 대만으로의 기술이전

제1절에서 살펴본 바와 같이, 일본의 LCD산업은 1990년 출발하여 약 10년 만에 한국과 대만기업에 추월당했다고 할 수 있다. 2000년 이후에는 유리기판 확대의 투자경쟁에서 탈락한 일본기업도 수없이 많다. 이러한 일본 LCD산업의 변화의 계기가 된 것 중 하나는 대만으로의 기술이전이었다.

일본에서 대만으로의 기술이전의 효시는 1997년에 미쓰비시전기 산하의 첨단디스플레이(ADI)가 CTP(中華映管)에 기술이전을 결정한 시점으로 거슬러 올라간다. 이듬해인 1998년에는 일본 IBM, 마츠시다전기, 도시바가 각각 ADT(達碁科技), Unipac(聯友光電), HannStar에게 기술을 이전하기로 결정하였다. 그 결과 1999년부터 2000년에 걸쳐서 제3세대 및 제3.5세대의 생산라인이 대만에서 잇달아 가동을 개시하였다.

이후에도 샤프가 QDI(廣輝電子), 기후산요우(岐阜三洋)가 TOPPLY(統寶光電)에게 각각 기술이전을 실시하였다. <표 2>는 일본기업에서 대만기업으로 기술이전을 정리한 것으로 대만의 6개 회사가 일본으로부터 기술을 이전받은 것을 알 수 있다. 또한 처음에는 내부 기술로 LCD 패널의 생산을 시작한 CMEL(奇晶光電)도 2001년에 일본 IBM의 야스공장(野洲工場)에 있는 제3세대 라인을 매수하여 관련 기술의 라이선스나 기술지원을 일본 IBM에서 받고 있다.9) 따라서 CMEL(奇晶光電)도 기본적으로는 일본기업에서 기술을 도입했다고 볼 수 있을 것이다. 이처럼 일본기업은 대만의 LCD산업을 구축하는 데 깊이 관여했다고 말할 수 있다.

〈표 2〉 일본에서 대만으로의 기술이전

기술을 제공한 기업 (일본기업)	기술을 받은 기업 (대만기업)	대만기업의 양산개시년
미쓰비시전기	CTP(中華映管)	1999년
마츠시다전기	Unipac(聯友光電)	1999년
일본 IBM	ADT(達碁科技)	1999년
도시바	HannStar	2000년
샤프	QDI(廣輝電子)	2001년
기후산요우	TOPPLY(統寶光電)	2002년

자료: IRC, 산입타임즈사, 각 사 홈페이지에서 작성.

그렇다면 어째서 1990년대 말에 일본기업은 잇따라 대만으로 LCD 기술을 이전하게 되었던 것일까. 이하에서는 2가지의 측면에서 그 요인에 대하여 분석하기로 하겠다.

1) 생산 코스트

1990년대 말 당시, LCD산업의 사업환경은 전반적으로 매우 어려운

---

9) 매수로 인하여 새로운 회사 IDTech가 설립되었다. 이 회사는 2005년에 CMO(奇美電子)가 대만에서 제5.5세대 라인을 시작함과 동시에 소니에 매각되고 있다.

상황에 처해 있었다. 이를 단적으로 나타내는 지표가 LCD 패널의 시장가격 동향이다. LCD 패널의 시장가격은 1997년부터 1998년에 걸쳐서 급속하게 하락하였는데, 삼성전자, LG디스플레이, 현대전자 등 한국기업이 극단적인 저가격 전략을 취했기 때문이었다(창화은행, 2000: 86). 당시 한국은 아시아 외환위기의 영향으로 인해 대부분의 기업이 자금 확보에 어려움을 겪고 있었으며, 시급한 운전자금의 확보를 위해 기본적인 수익성을 무시하고 제품을 극단적인 가격에 판매하였다. LCD 패널도 저가격으로 덤핑되었는데, 이것이 시장가격의 급격한 하락을 불러왔고, 일본기업들도 계속적으로 어려운 사업환경에 직면하게 되었다.

그러나 이러한 사업환경의 악화(시장가격의 하락)만으로는 일본기업의 대만 기술이전을 충분히 설명하기 어렵다. 대만 기술이전을 설명하기 위해서는 1990년대 말 당시의 일본·한국·대만의 LCD 패널 기업의 원가구조에 대한 이해가 필요하다. <표 3>는 1990년대 말 당시의 LCD 패널의 생산원가구조를 국가별로 표시한 것이다. 먼저 재료·부품비 측면에서는 일본의 원가구조에 주목할 필요가 있다. 앞에서 언급한 바와 같이 당시에는 일본이 LCD 패널의 재료·부품을 아직 독점하고 있어 기본적인 원가구조는 상대적으로 더욱 좋았을 것으로 추정할 수 있다.

〈표 3〉 LCD 패널 생산 코스트구조[10)

구분	일본		한국		대만	
	가격	시장가격대비	가격	시장가격대비	가격	시장가격대비
재료·부품비	136.4	45.3%	141.7	47.1%	145.0	48.2%
컬러필터	31.1	10.3%	32.8	10.9%	34.5	11.5%
백라이트	23.0	7.6%	25.4	8.4%	24.2	8.0%
드라이버IC	59.2	19.7%	59.2	19.7%	62.3	20.7%
유리기판	7.0	2.3%	7.4	2.5%	7.8	2.6%
편광판	7.5	2.5%	8.3	2.8%	7.5	2.5%
기타	8.7	2.9%	8.7	2.9%	8.7	2.9%
감가상각비	50.1	16.6%	50.1	16.6%	50.1	16.6%
인건비	18.1	6.0%	6.3	2.1%	8.2	2.7%
연구개발비	22.6	7.5%	16.9	5.6%	11.3	3.8%
판관비	30.7	10.2%	24.5	8.1%	20.4	6.8%
제조원가	257.8	85.6%	239.5	79.6%	235.0	78.1%
시장가격	301.0	100.0%	301.0	100.0%	301.0	100.0%
매출총이익	14.3%		20.4%		21.9%	
법인세	56.0%		30.8%		25.0%	
순이익	6.3%		14.1%		16.4%	

자료: 공업기술연구원(1999: 5-32)에서 작성.

그러나 일본은 모든 다른 부분의 원가구조에서 한국과 대만에 비해 불리한 것으로 나타나는데 특히 눈에 띄는 것이 인건비, 연구개발비, 법인세이다. 이로 인해 재료·부품구매 단계의 저원가구조가 다른 부분의 높은 비용으로 상쇄되어 전체적인 순이익에 있어 한국과는 8퍼센트, 대만과는 10퍼센트나 차이가 나게 된다.[11) 전체적으로 볼 때,

---

10) 가격의 단위는 미국달러. 또는 각 항목의 계산은 제3.5세대의 생산라인에서 이루어지고 있음.

11) 무엇보다도, 공업기술연구원의 코스트 계산은 득률(사용한 원료에 대한 제품의 수율)을 3개국 모두 80% 라고 가정하고 있는데, 이러한 의미에서 직접 실태를 표시한 것은 아니라는 점에 유의할 필요가 있다. 1999년에 15인치 TFT-LCD의 제조원가는 일본, 한국이 각각 5만 엔, 4만 8,000엔이었던 것에 비해서 대만에서는 6만 9,000엔이었다(산업타임즈사, 2000: 49). 즉 실제로는 수율(收率, yield)이 나쁜 만큼 대만기업의 원가가 높아진다. 그러나 수율은 생산량의 확대와 더불어 개선을 고려한다면 중장기적으로는 오히려 인건비나 판매관리비 등이 경쟁력의 규정요인으로서 중요해질 것이다. 따라서 이 시점에서 원가 측

일본기업이 가장 원가가 높은 체질이며, 시장가격 하락의 영향을 가장 쉽게 받는 것 역시 일본기업인 것이다. 1990년대 말의 시장가격 하락과 일본기업의 고비용 체질을 감안할 때, 이 시기에 연이어서 이루어진 대만으로의 기술이전은 비용 절감의 압력에 직면한 일본기업이 선택한 경영전략의 하나라고 생각할 수 있다.

2) 일본기업 간의 경쟁요인

한편 1990년대 말이 되자 해외로의 기술이전을 거부하고 있었던 일본기업은 마치 둑이 무너지는 것처럼 차례 차례로 대만기업으로 기술이전을 추진하였다. 지금부터는 일본기업 간 경쟁이라는 관점에서 대만으로 기술이전에 대하여 살펴보고자 한다.

앞에서도 언급했다시피, 일본기업 중에서 제일 먼저 대만으로 기술이전을 결정한 것은 미쓰비시전기 산하의 첨단디스플레이(ADI)였다. 이 회사가 CTP(中華映管)으로의 기술이전을 정식적으로 발표한 것은 1997년 4월이다.[12] 당시에는 LCD 패널의 생산량에 있어 일본의 시장점유율이 매우 커서 국가단위로 볼 때, 일본의 생산기반이 아직 다른 나라를 압도하고 있었던 시기였다. 그러나 기업수준에서 보면 국가라는 거시적 수준에서는 관찰된 것과는 상이한 현상이 발견된다. 당시 최첨단 제3세대 LCD 패널을 일본에서 생산하고 있던 기업은 샤프, NEC, 도시바·일본 IBM의 연합인 DTI, 히타치, 마쓰시다 전기, 산요전기(三洋電機), 그리고 첨단디스플레이 7개 사였다. 국가단위로 볼 때 다른 국가에 비해서 압도적인 생산량을 자랑하고 있었음에도

면의 우위성은 대만기업에 있다고 생각해도 좋다.

12) 일본경제신문. 1997년 4월 25일.

불구하고 기업 간 경쟁은 매우 치열했던 것이다. 그리고 상하위 기업 간 차이가 계속 벌어졌는데 첨단디스플레이의 생산규모는 업계 1위인 샤프의 1/5 정도밖에 되지 않았다.[13] 그 결과 경쟁에서 밀리고 있던 첨단디스플레이는 LCD사업의 재편이 필요한 상황에 처해 있었다. 기본적으로 LCD 패널의 생산량을 확대하고 생산성을 높이는 공격적인 방안이나 반대로 사업을 축소하는 방안을 고려해야 했는데 어떠한 대안을 선택하더라도 여러 가지 문제가 있었다. 예컨대, 공격적인 전략을 택할 경우 하위기업이기 때문에 자금 부담을 가능한 한 최소화해야 했는데 미쓰비시전기는 1996년에 쿠마모토 현 시스이시에 최신 제3세대 생산라인을 갓 도입한 상황이었기 때문에 LCD사업의 축소가 쉽지 않았다. 이러한 상황에서 새로운 대안으로 모색한 것이 '대만기업으로의 기술이전'이었다고 보인다. 기술이전의 상대로는 대만 최대의 모니터 생산 회사인 CTP(中華映管)가 선택되었는데, 미쓰비시전기는 CTP(中華映管)가 생산하는 LCD 패널의 30~40%를 매입하기로 계약을 체결하였다.[14] 이를 통해 첨난디스플레이는 투자리스크 없이 생산능력을 사실상 확대할 수 있게 되었다.

이처럼 대만으로의 기술이전은 어디까지나 첨단디스플레이의 LCD 사업을 재구축하는 적극적인 사업개혁의 일환으로 실시되었다. 다시 말해 기술이전으로 인하여 미쓰비시전기가 LCD사업을 소홀히 하였다는 것은 아니다. 실제로 1999년 9월에 미쓰비시전기는 첨단디스플레이의 전체 소유주식을 합병회사인 아사히유리에서 양도받아서 전액 출자 자회사로 하였다. 이것은 변화가 심한 LCD사업에 있어서 의

---

13) 닛케이산업신문, 1997년 6월 5일.
14) 닛케이산업신문, 1997년 6월 5일.

사결정 등의 사업의 신속화를 한층 도모하기 위한 조치였다고 생각된다(IRC, 2001b: 194).

한편, 상대 회사인 CTP(中華映管)는 브라운관 모니터 생산을 하고 있있지만 당시에는 브라운관 모니터가 LCD 패널 모니터로 대체될 전망이 커서 CTP(中華映管) 스스로도 LCD 기술을 제공해 주는 일본기업을 찾고 있었다. 모기업인 대동그룹이 도시바와 제휴관계를 체결했다는 점에서 당시 CTP(中華映管)도 도시바에 LCD 생산기술 제공을 타진했다고 보인다. 그러나 도시바는 일본 IBM과 함께 디스플레이테크놀로지를 설립하고 있었으므로 단독적으로 LCD 기술을 해외로 이전할 수 없었다. 그래서 미쓰비시전기의 첨단디스플레이와의 제휴가 실현된 것이다.

이 제휴를 시작으로 일본기업의 기술이전은 빠른 증가세를 보이게 된다. 1998년 3월 2일에는 도시바가 HannStar에 대한 LCD 제조기술의 제공을 발표하였으며(일본경제신문, 1998년 3월 3일) 1998년 3월 17일에는 일본 IBM이 ADT(達碁科技)에 마찬가지로 제조기술을 제공할 것을 발표하였다(일본경제신문, 1998년 3월 18일).[15] 그리고 같은 해 10월에는 마쓰시다전기가 Unipac(聯友光電)과 LCD에 관련된 광범위한 기술제휴를 결정하였다(닛케이산업신문, 1998년 10월 30일). 여기에서 주목해야 할 점은 1998년에 대만 기술이전을 발표한 일본기업들은 대부분 선두기업이 아닌 중위권 또는 하위권 기업들이었다는 점이다. 이들 기업은 자사의 설비투자 부담은 늘리지 않고 생산량의 확

---

15) 도시바, 일본 IBM이 거의 같은 시기에 각각의 대만기업과 제휴를 발표한 것은 'DTI'를 통한 두 회사의 협력이 이 시점에서 이미 의미를 상실하고 있었음을 시사하고 있다. 두 회사는 2001년 8월에 합병계약을 해지하고, TFT-LCD사업을 분할하였다. 그 후 도시바는 2002년 4월 마쓰시다 전기산업과 '도시바·마츠시다 디스플레이테크놀로지'를 새롭게 설립하고 있다(IRC, 2003a: 209).

대를 도모하여 상위기업을 추격할 필요가 있었다. 대만기업과의 제휴는 이를 위한 수단이었다고 생각할 수 있다.

한편 선두그룹이던 샤프나 NEC는 주요 경쟁사들의 연이은 대만으로의 기술이전을 일단 관망하였으나 1999년에 들어서자 샤프는 대만 최대의 노트북 메이커, Quanta Computer(廣達電腦) 산하의 Quanta Display(廣輝電子)에 대한 기술 제공을 발표하였다(샤프주식회사史).[16] 이는 대기업인 샤프조차도 대만기업과의 생산 분담을 고려할 정도로 LCD 패널사업의 투자부담이 매우 컸다는 것을 엿볼 수 있는 대목이다. 한편 NEC는 2001년 4월에 컴퓨터용 LCD 패널 생산에서 완전히 철수함과 동시에 CMO로부터 OEM방식으로 LCD 패널을 조달할 것을 결정하였다.[17]

LCD산업에 있어서 일본에서의 초기 기술이전은 생산량을 확대하여 상위진출을 목표로 하는 일본의 하위기업인 첨단디스플레이와 브라운관으로의 사업 전환을 목표로 하는 대만 최대의 모니터 기업인 CTP(中華映管)의 이해가 서로 일치되어 실현되었다. 이러한 의미에서는 일본기업들의 기술이전은 개별 기업의 사정에 의해 발생한 우연의 산물이었다고 말할 수 있다. 그러나 대만기업과의 협력이 취약한 일본기업에게 있어서 투자부담을 회피하면서 생산량의 실질적인 확대를 도모할 수 있는 차세대 비즈니스 모델로 인식되면서 일본에서 대만으로의 기술이전은 눈덩이처럼 불어나게 되었다.

---

16) http://www.sharp.co.jp/corporate/info/history/h_company/1999/index.html(2009년 2월 9일 접속)
17) 닛케이산업신문, 2001년 7월 18일.

3. 생산공정에서 발생한 혁신과 경쟁요인의 변화

일본기업은 한국기업의 급속한 추격에 일본·대만 연합체제로 대항하려고 했지만 그 결과는 제1절에서 서술한 바와 같이 한국 뿐만 아니라 대만기업에도 본격적으로 추격을 허용하는 계기가 되고 말았다. 본 절에서는 이러한 현상이 발생한 본질적인 배경으로서 LCD 패널의 생산공정에서 생겨난 혁신이 어떻게 경쟁요인을 변화시켰는지 살펴보도록 한다.

1) 혁신프로세스

일반적으로 LCD 패널의 생산라인을 구축하기 위해서는 공장의 건설이나 설비의 반입 등에 짧게는 반년, 통상적으로는 약 1년의 시간을 필요로 한다. 하지만 생산라인을 가동시켜도 바로 목표했던 수율(Yield)로 생산이 가능한 것은 아니다. 신세대 생산라인의 경우에는 양산 초기의 수율은 대체로 낮기 때문에 LCD 패널 기업은 수율을 개선할 방법을 세우고 철저한 현장혁신을 추진하게 된다.

이러한 개선프로세스는 평균적으로 반년 정도가 걸리는데 LCD 패널 기업이 독자적으로 추진하기보다는 제조장치기업과 공동으로 추진하는 경우가 많다.[18] 여기에서 눈여겨봐야 할 것은 이 과정에서 알게 된 노하우가 LCD 패널기업과 제조장치기업에 의해서 공유된다는 점이다. 제조장치기업들은 당연히 이러한 노하우나 개선활동의 경험을 살려서

---

18) LCD 패널 기업이 독자적으로 추진하면서 그때마다 문제점을 제조장치기업으로 피드백하기보다는 제조장 치기업의 엔지니어가 함께 생산라인에서 공동으로 문제해결에 나서는 편이 시간적으로나 비용적으로도 효율적이기 때문이다.

계속하여 제조장치를 개발하게 된다. 한편 신규 제조장치 개발은 장치기업과 부품/소재 기업 간의 협력이 중요하다. 새로운 기술을 적용할 경우 부품/재료의 사용조건이 변화하는 일이 많으며 장치개발 초기단계부터 부품/재료기업과 조정(검토)을 할 필요가 생기기 때문이다.

이처럼 제조장비의 개발 및 혁신에는 장치·부품/재료·LCD 패널기업 간의 상호작용이 필수인데 이 과정에서 LCD 패널의 제조노하우나 부품/재료의 최적화에 관한 종합적인 지식이 제조장치기업에 축적/반복되는 경향이 있다. 축적과 반복이 임계점(臨界点)을 지나면 비약적인 기술 발전이 이루어지고 제조장치는 단숨에 진화하게 된다. LCD 패널의 생산공정에서는 어레이(Array)공정의 '슬릿코트방식'과 셀(Cell)공정의 'LCD 적하방식'이 이러한 혁신의 대표적인 사례라고 말할 수 있다.

2) 슬릿코트방식과 LCD 적하방식

슬릿코트방식(Slit Coater)이란 어레이공정[19]에 있어서 리지스트 도포의 일종이다. 슬릿코트방식에서는 유리기판을 도포스테이지에 정확히 고정하고 유리기판과 동일한 폭의 슬릿 모양의 노즐을 이용하여 유리기판 일면에 한 번에 레지스트를 도포해 가기 때문에, 종전의 스핀코트 방식(Spin Coater)[20]에 비하여 레지스트의 절약이 가능해졌다. 또한 프로세스 그 자체가 간략화된 결과 전력 소비량과 풋 프린트[21]

---

19) TFT 소자나 화소전극 등을 유리기판에 제작하는 패턴 형성 공정이다. 성막, 포토레지스트 도포, 노광, 에칭을 반복하여 회로를 만들어 간다는 점은, 반도체 생산공정과 상당히 비슷하다.

20) 유리기판을 회전시켜서 그 위에서 레지스트 등의 약제를 흘려서 도포하는 방법을 말한다. 회전으로 레지스트를 기판 전체로 확대하기 위해서, 필연적으로 많은 레지스트를 흘릴 필요가 있지만, 이 경우 회전에 따른 원심력이 발생하기 때문에, 흘린 레지스트의 대부분이 비산을 하게 되어 사용효율이 매우 낮다는 문제가 있었다.

21) 공장 등에서 기기설비 등이 차지하는 점유면적.

의 삭감도 실현되었다.

한편, LCD 적하방식(One Drop fill)은 셀공정[22]에 있어서의 LCD 주입방식이다. 미리 LCD을 배치 또는 컬러필터기판의 한쪽에 적하해 두고 그 후 2장의 기판을 진공 중에서 서로 붙이기 때문에 수십 시간이 필요로 했던 LCD 주입이 단 몇 분 만에 끝나게 되었다. 또한 LCD 적하방식에서는 필요량의 LCD만을 기판 위에 적하하기 때문에 고가의 LCD을 효율적으로 소비할 수 있게 되었다(전자저널, 2006: 255). LCD의 이용효율은 진공방식에서는 50%였지만, LCD 적하방식은 90~95%에 도달했다고 한다. <표 4>는 슬릿코트방식과 LCD 적하방식의 개량효과를 정리한 것이다. 둘 다 2000년대 초 LCD 패널기업의 생산현장이 직면하고 있던 문제를 극복하는 데 큰 기여를 하였다. 특히 슬릿코트방식은 경비 절감, LCD 적하방식은 생산성의 향상에서 각각 큰 공헌을 했다고 할 수 있다.

〈표 4〉슬릿코트방식·LCD 적하방식의 개선효과

구분	비용 절감	생산성 향상	품질 향상	대형화 대응
슬릿코트방식	−레지스트·세정액·전력의 소비량 절감 −풋프린트의 절감	−공정 수 삭감	−노즐개량에 따른 막 두께 균일성 향상	−스핀노즐의 코팅 −풋프린트의 삭감
액성 석하방식 (One Drop fill)	−액정의 소비량 절감 −풋프린트의 절감	−주입시간의 대폭 단축 매입치리에 따른 생산성 향상 −공정단축	−UV경화수지의 Seal제 도입에 따른 기판위치 어긋남 방지	−고점도 액점, 대형 협소갭으로의 대응 −풋프린트 삭감

자료: 각종 자료를 참고하여 저자가 작성.

---

22) 어레이 공정에서 완성한 TFT 기판과 컬러필터기판을 서로 붙여 LCD을 주입하는 공정.

한편 새로운 공정기술이 생산현장의 과제를 해결함과 동시에 사람과 제조장치의 역할분담을 크게 변화시켰다는 점을 주목할 필요가 있다. 예를 들어 레지스트 도포에 있어서는 종래의 슬릿&스핀코트방식에서는 균일한 막 두께 형성을 위해서 스핀처리의 속도나 회전수라는 파라미터를 현장의 엔지니어가 미리 미세하게 조절할 필요가 있지만 슬릿코트방식에서는 기본적으로 그러한 파라미터 조절을 할 필요가 없어졌다.[23]

LCD 주입공정에서는 기판접착의 정밀도가 품질에 영향을 미치지만 LCD 적하장치에서는 스테지의 표면도나 평행도가 유리기판의 접착상태에 영향을 미치지 않도록 되어 있다. 또한 유리기판의 두께 편차에 영향을 주는 일이 없이 사전에 설정된 접착하중이 접착기판에 가해지도록 되어 있기 때문에 현장기술자가 원하는 조건을 미리 제조장치로 입력해두면[24] 로봇 팔 등이 자동적으로 움직여 만들어지게끔 되어 있다(전자저널, 2006: 259).

이상과 같이 슬릿코트방식과 LCD 적하방식은 각각 기술적 원리가 다르지만, 사람의 능력이나 경험에 의지하여 조절하였던 부분, 즉 암묵적인 지적이 형식적인 지적 기술로 전환되어 제조장치에 활용된다는 점에서는 공통점이 발견된다. 원래 LCD 패널의 생산공정은 사람에게 축적된 암묵적 지식이 중요했기 때문에 현장의 엔지니어의 능

---

23) 슬릿코트방식에서는 슬릿노즐을 갖춘 기중기가 유리기판 표면과 슬릿노즐 선단과의 미소한 갭을 매우 정확하게 유지하면서 무진동에 가까운 상태로 고가속·고속수평 이동하여 레지스터를 도포하여 간다. 또한 레지스트의 토출량은 정밀하게 정량 제어된 양만 자동적으로 노즐에서 나오게 되고, 항상 안정되게 일정한 막 두께 형성이 가능하게 되었다(정보기구, 2007: 30-31, 74).

24) 이러한 입력에 대해서도, LCD 적하장치에서는 휴먼인터페이스를 중시한 터치패널 조작으로 누구라도 가능하도록 되어 있다. 또한 LCD 적하조건에 대해서는 많은 장치로 자동셋업 기능이 탑재되어 있어서, 이 점에서도 현장의 기술자가 스스로 생각하고 조절할 부담이 적어지고 있다.

력이나 경험의 차이가 제품품질에 직접 영향을 주었다. 이는 후발기업의 입장에서 보자면 인력의 육성과 기술의 축적이 사업의 성공에 있어 핵심적인 과제가 됨과 동시에 선발기업의 입장에서 보면 후발기업들이 시장 진입을 효과적으로 차단할 수 있는 진입장벽을 구축할 수 있음을 의미한다. 그러나 일련의 기술 혁신으로 인하여 제조장치에 이와 같은 노하우가 탑재되자 사람의 역할은 단순히 장치가 순조롭게 작동하고 있는지 아닌지를 감시하는 것에 국한되고 말았다. 그 결과 최신 제조장치를 적절한 시점에 원활하게 도입·활용하는 것이 중요한 문제로 대두된 반면 사람의 육성에는 과거에 비해 시간이나 비용이 크게 들지 않게 되었다.

다음으로는 이러한 혁신으로 LCD 패널기업에 대한 제조장치기업의 납품스타일이 변화된 점을 주목할 필요가 있다. 예를 들어 코터&디벨로퍼를 생산하는 도쿄오우카공업(応化工業)에서는 슬릿코터[25] 단위가 아니라 코터&디벨로퍼(세정·도포·현상·소결)에 노광기를 추가한 토털 시스템을 납입하도록 되어 있다(전자저널, 2006: 141). 또한 울박(ULVAC)에서는 LCD 적하/진공접착/UV경화/패턴 검사를 인라인(in-line)화한 상태로 LCD 패널기업에 제조장비를 공급하고 있다(전자저널, 2006: 255). 시바우라메카트로닉스에서도 세정, 배향막 인쇄, Seal제 도포, LCD 주입과 접착 공정을 모아서 LCD/셀 일괄라인으로 수주를 노리고 있다[26]. LCD 패널 생산공장 내의 구체적인 레이아웃(Layout)에 대한 주도권에 있어서도 일부 변화가 있는데 전체적인

---

25) 제조장치의 슬릿코터는, 기업에 있어서 호칭(상호등록)이 다르다. 예를 들어 대일본스크린에서는 '리니아코타', 동경응화공업에서는 'Spinless'이라고 부르고 있다.

26) 시바우라메카트로닉스, 아마노 요시오 씨의 인터뷰 기사. 다나카, 2003: 80

레이아웃은 LCD 패널기업이 여전히 주도권을 쥐고 있으나 장치의 조합과 패턴 자체는 장치기업과 부품/재료기업에서 적극적으로 제안하는 경우가 많다고 한다.[27]

지금까지 살펴본 사례의 요점을 정리하면 다음과 같다. LCD 패널의 제조기술이 진화하자 효과적인 제조장치의 개발을 위해서는 개발 단계부터 전/후 공정의 제조장치・부품/재료기업과의 협력이 중요시되었다. 이러한 과정을 거치면서 기존 단품 위주의 제조장치는 패키지화된 제조장치로 진화하게 되었고 LCD 패널기업들은 효율적인 LCD 제조를 위해 제조라인에 투자해야 했던 많은 시간과 비용을 대폭적으로 줄일 수 있게 되었다.

3) 경쟁요인의 변화와 선행성 이익의 상실, 후발기업의 추격

앞선 분석에서 LCD 패널의 생산공정상에서 발생한 혁신이 생산현장의 문제를 해결하는 것을 넘어 사람과 제조장치의 역할을 재조정하고 제조장치기업의 납품방식을 패키지화 형태로 변화시켰다는 것을 언급한 바 있다. 지금부터는 이러한 변화가 LCD 패널 산업의 게임 룰(Game rule)을 어떻게 변화시키고 기존 선발자의 경쟁 포지션을 어떻게 훼손시켰는지 살펴보도록 하겠다.

일반적으로 추격을 추진하는 후발기업들은 사람에게 축적된 체험이나 노하우가 부족하기 때문에 이를 확보하기 위한 인재 육성과 기술 축적이 반드시 필요하다. 동시에 선진적인 설계방식이나 노하우를

---

27) 예를 들어, 일본스크린에서는 장치를 LCD 패널기업에 납입하기 전에 사내에서 장치를 인라인 상태에서 레이아웃 하고 유리기판의 반송 안정성 확인, 성능시험, 장치제어 시스템의 동작검증 등을 꼼꼼히 살피는 것으로 LCD 패널기업의 가동 시동시간의 단축 및 품질유지를 도모해 왔다고 한다(마츠다, 2006).

습득하기 위해서는 자체 개발 이외에 선발기업과의 기술이전계약이
나 자본제휴 등의 협력관계의 체결 역시 중요하다고 할 수 있다. 그
러나 어느 것이든 많은 시간이나 비용이 수반되기 마련이며 선발기
업은 기술이나 노하우의 방출을 꺼려하기 때문에 후발기업이 습득할
수 있는 기술이나 노하우는 기본적인 한계가 존재할 수밖에 없다.

LCD 산업에서도 원래는 어레이공정, 셀공정을 중심으로 현장 엔지
니어의 경험에 기초한 미묘한 차이가 중요한 기술적 요소라고 여겨
졌다. 또한 이러한 설계의 룰이나 제조의 노하우는 표준화되지 않았
고, 원칙적으로 비공개였다(나카다, 2007: 36-39). 따라서 선발기업은
기술적 노하우를 차별화 요인으로 삼아 후발기업의 추격에 대항할
수 있다고 생각하였다. 그러나 앞서 살펴본 것과 마찬가지로 사람의
능력이나 경험에 의지하고 조절하고 있었던 부분, 즉 암묵적 지식이
형식적 지식으로 점차 전환되어 제조장치 속에 배태(embedded)되자
기술이전의 양상이 변하게 되었다. 기술이나 노하우가 매입된 제조장
치가 일반적인 상업거래를 통해서 유통되고 이러한 제조장치의 구입
으로 후발기업의 기술 취득이 시간적으로나 비용적으로도 쉬워졌다
고 생각할 수 있다.

<그림 2>는 LCD 산업에서 구조적으로 발생하고 있는 제조장치
기술이전의 모습을 개념적으로 나타내고 있다. 여기에서는 선발 LCD
패널기업, 장치기업, 후발 LCD 패널기업 3자를 상정하고 있다. 우선
선발 LCD 패널기업이 신세대 제조장치를 장치기업에 발주하여 납품
한다고 가정하자. 이 거래 A를 통해서 현장의 생산라인 개선활동에
장치기업의 엔지니어도 참여함에 따라 제조 노하우나 수율 개선을
위한 노하우가 조금씩 장치기업에도 축적된다. 그 후 해당 장치기업

은 이 시기에 취득한 노하우나 요령을 소프트웨어나 하드웨어 기술로 승화시켜서 제조장치의 생산에 활용하게 된다.

한편 후발 LCD 패널기업이 같은 장치기업에 장치를 발주했다고 하자. 이 후발 LCD 패널기업이 구입하는 제조장치에는 그때까지의 노하우가 응축되어 있다. 따라서 인간에게 체화되어 있던 노하우는 이전만큼은 필요 없어진다. 결국 거래 A에 따라서 암묵적인 지적 노하우는 형식적인 지적 기술로 전환되어 거래 B를 통해서 후발 LCD 패널기업으로 자연스럽게 유출되는 것이다.

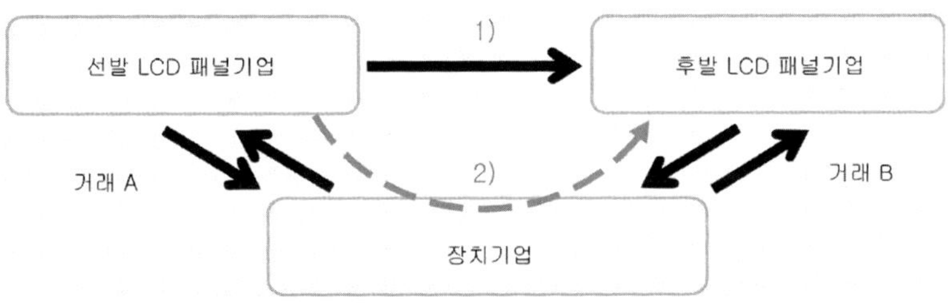

주 1)은 기술 제공이나 자본제휴 등 선발기업이 제어 가능한 기술 이전.
  2)는 제조장치를 사이에 둔 기술이진으로 선발기업이 제어 불가능.
자료: 저자 작성.

〈그림 2〉 제조장치를 사이에 둔 기술이전

선발 LCD 패널기업의 관점에서는 내부적인 시행착오를 거쳐서 만들어 낸 제조 노하우가 제조장치에 포함되어 후발기업에게 이전되는 결과를 낳게 되어 점차 경쟁우위를 유지하기 어렵게 되는 것이다. 기술이전을 차단하기 위해서는 LCD 패널기업이 장치기업을 수직 통합하는 것을 고려할 수도 있다. 그러나 이러한 경우 LCD 패널기업은 장치제조기업이 사업을 지탱할 수 있을 정도로 장치를 대규모로 구입하지 않으면 안 된다. 이러한 리스크 부담은 특정 LCD 패널기업이 단독으로 짊어지기에는 현실적으로 어렵다고 볼 수 있다.

한편, 이러한 제조장치를 사이에 둔 기술이전이 발생하는 다른 요인으로 제조장치분야는 일본계 기업에 따른 과점화가 상당히 진행되고 있다는 점을 지적할 수 있다. <표 5> 및 <표 6>에서 보이는 것과 마찬가지로 2000년대 후반 시점에서 LCD 패널의 생산공정 중에서 자본집약적인 어레이공정과 셀공정에서 사용되는 주요 제조장치의 경우 일본계 기업들이 선두를 형성하고 있다. 이러한 상황에서는 필연적으로 하나의 장치기업과 복수의 LCD 패널기업 간 거래는 물론 <그림 2>에 표시된 선발기업과 후발기업 간 거래도 발생하기 쉬워지는 것이다.

<표 5> 어레이공정 주요 제조장치

구분	2006년 추정판매액(만 달러)	상위기업점유율
Sputtering(박막제조장치)	97,700	–
ULVAC(日)	69,367	71.0%
AKT(米)	11,724	12.0%
Cannon Anelva(日)	9,770	10.0%
플라즈마CVD장치(박막제조장치)	118,500	–
AKT(米)	74,655	63.0%
ULVAC(日)	30,810	26.0%
Unaxis(스위스)	9,480	8.0%
커터&디벨로퍼(포토레지스터 도포현상장치)	108,700	–
동성일렉트론(日)	42,393	39.0%
大일본스크린제조(日)	39,132	36.0%
동경응화공업(日)	15,218	14.0%
노광장치	203,300	–
캐논(日)	99,617	49.0%
니콘(日)	75,221	37.0%
히타치하이테크놀러지(日)	16,264	8.0%

	64,300	−
세정·Wet처리장치		
시바우라메카트로닉스(日)	14,789	23.0%
大일본스크린제조(日)	13,503	21.0%
히타치하이테크놀러지(日)	12,860	20.0%
드라이 에칭·앗싱(灰化)장치	47,500	−
동경일렉트론(日)	37,050	78.0%
YAC(日)	9,500	20.0%

<표 6> 셀공정 주요 제조장치

구분	2006년도 추정판매액(만 달러)	상위기업점유율
배향막 도포장치	9,700	−
NAKKAN(日)	5,529	57.0%
일본사진인쇄(日)	2,425	25.0%
Rubbing·UV배향장치	7,600	−
IinumaGauge제작소(日)	4,180	55.0%
常陽工学(日)	3,040	40.0%
Spacer 산포장치	4,100	−
日淸엔지니어링(日)	2,460	60.0%
Xevios(日)	738	18.0%
SE-C(日)	574	14.0%
합동전착장치	3,000	−
Lantechnical(日)	1,800	60.0%
常陽工学(日)	780	26.0%
IinumaGauge제작소(日)	90	3.0%
LCD 주입장치	54,000	−
히다치플랜트테크놀러지(日)	17,820	33.0%
Shin-Etsu엔지니어링(日)	15,660	29.0%
ULVAC(日)	7,020	13.0%

이상과 같은 메커니즘을 전제로 한다면, 기술적인 노하우는 필연적으로 조만간 업계에 공유된다. 그리고 그 결과 선발기업이 선행하

여 얻은 기술적 노하우를 차별화의 요인으로 삼아 후발기업의 추격에 저항할 수 있는 시간은 점차 단축될 것이다.

한편 앞서 소개한 슬릿코트방식과 LCD 적하방식에 대해서는 이것이 실용화된 타이밍과 당시 일본·한국·대만 각각의 투자 마인드 차이가 기업의 경쟁구도에 커다란 영향을 주었다는 점도 지적하고 싶다. 이 두 가지 신(新)기법은 모두 제5세대부터 본격적으로 도입되었지만 제1절에서 본 것처럼 제5세대에 투자를 실시한 것은 한국과 대만기업 뿐이었다. 일본기업은 IT 버블 붕괴에 이어 1990년대 말부터 계속된 구조불황으로 모두 실적이 악화되어 제5세대 투자에 나설 수 없었다.[28] 제5세대 투자에 대한 이와 같은 차이는 당시 기업의 실적이나 투자위험에 대한 사고의 차이를 나타내고 있다고 말할 수 있다.[29] 그러나 결과적으로 제5세대에서는 슬릿코트방식이나 LCD 적하방식과 같은 혁신이 일어났기 때문에, 제5세대에 대한 투자를 적극적으로 실시한 한국기업과 이를 추종한 대만기업은 혁신의 과실(비용절감, 생산성 향상, 품질 향상, 대형화로의 대응의 이점)을 남김없이 향유하게 되었다. 한편 제4세대까지는 항상 선두에 서서 투자를 해왔던 일본기업이었지만 제5세대 투자를 자제하면서(샤프를 제외하고) 결과적으로 한국·대만과의 추월과 추격을 허용하게 되었다.

이 같은 관점에서 볼 때, LCD 산업의 주요 게임 룰은 기술적인 노하우에서 대규모 투자를 실행할 자본력이나 결정능력 혹은 투자리스

<段 type 생략>

28) 사토·후지무라(2010)에서는, 제5세대가 아니라 제4세대에 대한 일본의 메이커가 적극적인 투자를 실시하지 않는 것이, 시장점유율 저하의 계기가 되었다고 말하고 있다.

29) 예를 들어 2001년도는, 일본의 대기업 전기메이커 중 히다치제작소, 마츠시다 전기, 미쓰비시전기, 후지쯔, 도시바가 적자를 기록하였다.

크 감수능력으로 변화하였다고 해도 좋을 것이다. 제5세대 이후 대부분의 일본기업이 투자경쟁에서 탈락한 배경에는 변화된 게임룰에 있어 일본기업의 능력이 한국, 대만기업에 비하여 전반적으로 결여되고 있었기 때문이라고 생각할 수 있다.

Ⅲ. 결론

기술적인 노하우에서 후발기업에 비하여 경쟁우위를 유지하는 것은 장인의 기술이 뛰어난 일본기업의 전형적인 성공방정식이라고 해도 좋을 것이다. 일본이 기술대국, 우수한 제조 대국이라고 언급되는 것은 지금까지 일본기업이 높은 기술력을 가지고 있었기 때문이다. 전후 고도경제 성장의 원동력이 이러한 일본기업의 기술력이었다고 해도 과언은 아닐 것이다.

그러나 본 연구에서 분석한 LCD 신업은 이러한 성공방정식이 단시간에 붕괴된 사례이다. 그 배경에는 한국, 대만기업이 스스로 노력에 노력을 거듭해서 기술력을 고양하여, 일본기업의 고급기술을 추격했다는 의견은 뚜렷한 근거를 찾아보기 힘들며 오히려 설득력이 떨어진다. 이보다는 현장의 기술적 노하우가 제조장치기업에 축적되어 산업 내에 공유되면서 산업 내의 게임 룰이 기술적 노하우보다는 자금력, 투자의 사고결정력, 투자리스크 감수능력으로 변화했는데 이러한 상황을 한국, 대만기업이 적극적으로 활용해 간 것이 한국기업들이 일본기업보다 앞서 간 커다란 요인이라고 생각할 수 있다.

산업의 기술적 특성이 변화하고 이에 따라 게임 룰이 변화하면서 일본기업들이 후발기업들에게 추격을 허용한 사례는 다른 산업에서도 많이 찾아볼 수 있다. LCD 패널과 기술적 특성이 비슷한 반도체 산업[30]이나 가치사슬상에서 밀접하게 관련된 디지털 가전산업 등은 상당히 유사하다고 볼 수 있다. 한때 일본이 대부분의 산업에서 압도적인 시장점유율을 자랑하고 있었지만 현재는 한국, 대만 그리고 중국의 점유율이 높아지고 있다.

한편 일본의 샤프는 LCD 패널 생산에서 경쟁력을 유지하면서 한국, 대만기업과 어깨를 나란히 하고 있다. 또한 가치사슬의 상류에서 발견되는 LCD의 부품 및 소재, 특히 화학계 재료 영역에서는 아직 일본기업들이 압도적인 시장점유율을 유지하고 있다. 즉 일본의 LCD 패널 생산점유율이 떨어진 것만으로 일본의 LCD산업 그 자체가 쇠퇴하였다고는 아직 간단하게 결론을 지을 수 없다. 본 연구의 타이틀을 '쇠퇴'가 아니라 '변용(變容)'이라고 한 것도, 일본의 LCD산업의 재평가가 지금 새롭게 필요하다고 저자가 생각하고 있기 때문이다. 일본 LCD산업의 새로운 평가에 대해서는 지면상의 관계로 본격적으로 논의하지 못했는데 후속 연구에서 검토하도록 하겠다.

---

30) 반도체 산업에 대해서는 요시오카(2004, 2006, 2008, 2010)가 삼성전자의 비약적 발전 요인을 장치기업과 제조장치기업 간에서 생겨난 관계의 변화에서 찾고 있다.

참고문헌

〈 일본어문헌 〉

IRC(2001a). "마츠시다전기그룹 실태".

___(2001b). "미쓰비시전기그룹 실태".

___(2003a). "도시바그룹 실태".

___(2003b). "마츠시다전기그룹 실태".

이와이 요시히로(2000). "LCD산업최전선". 공업조사회.

산업타임즈사(2000). "아시아반도체/LCD핸드북2000". 산업타임즈사.

___________(2001). "아시아반도체/LCD핸드북2001". 산업타임즈사.

___________(2002). "아시아반도체/LCD핸드북2002". 산업타임즈사.

___________(2003). "아시아반도체/평면디스플레이 핸드북2003". 산업타임즈사.

___________(2006). "아시아반도체/평면디스플레이 핸드북2006". 산업타임즈사.

___________(2007). "아시아반도체/평면디스플레이 핸드북2007". 산업타임즈사.

___________(2009). "중국 일렉트로닉스 특수를 겨냥". 산업타임즈사.

다나카 나오키(2003). "차세대 TFT라인에서 혁신을 서두르는 제조기술". 닛케이마이크로장치, 2003년 3월호, 닛케이BP사.

전자저널(2006). "LCD공장·장치·설비". 2006. 전자저널.

나카다 유키히코(2007). "LCD산업에 있어서 일본의 경쟁력 – 저하요인의 분석과 '코어내셔널경영' 제안". RIETI Discussion Paper Series, 07 – J – 017.

누마가미 츠요시(1999). "LCD디스플레이 기술 혁신사". 白桃書房.

프레스저널사(2006). "2007플랫패널디스플레이 LCD/PDP/OLED 제조장치 재료산업". 프레스저널사.

마츠다 유키오(2006). "大일본 스크린제조 코터&디벨로퍼 리니어코터로, 우수한 막두께 균일성을 실현 LCD패널 제조코스트 삭감에도 기여". Semiconductor FPD World 2006.4. 프레스널사.

요시오카 에이미(2004). "한국반도체산업의 국제경쟁력 형성요인". 아시아경제, 2004년 2월, 아시아경제연구소.

요시오카 에이미(2006). "한국반도체산업의 기술발전-삼성전자의 요소 기술
    개발의 사례를 통하여-". 아시아경제. 아시아경제연구소.
요시오카 에이미(2008). "한국반도체산업의 경쟁력-캐치 업 후 우위의 원천-".
    한국주요산업의 경쟁력. 아시아경제연구소.
요시오카 에이미(2010). "한국의 공업화와 반도체산업-세계 시장에 있어서 삼
    성전자의 발전". 유히가쿠.

〈 중국어문헌 〉
공업기술연구원(1999). "차세대TFT-LCD 아국발전기회". 공업기술연구원.
창화은행(CHB)(2000). "顯示器産業-TFT-LCD". 彰銀資料, 제49권, 제9기, 彰化
    은행연구발전처.

4장

자동차 산업

한일 자동차 산업의 경쟁력 비교

이중우(인제대학교)

Ⅰ. 서론

세계 자동차 산업은 1886년 독일에서 자동차가 발명되면서부터 시작되어 20세기 근대산업을 선도하며 세계 최대 규모의 산업으로 성장하였다. 지난 120여 년간 자동차의 기본 개념은 크게 변화가 없었으나 산업은 변화가 많았다. 생산방식, 규모, 조직 등의 변화는 물론 기술의 발달로 얻어진 경제성, 편리성, 거주성, 생산성 등은 초기에는 상상조차 할 수 없었던 대변혁을 이루었다.

초기 자동차 산업의 생성은 결코 우연하게 이루어진 것이 아니었다. 19세기 산업화 초기단계에서 각종 기계공업제품의 생산이 수공업 방식에서 직공을 중심으로 기술이 축적되어 갔으며, 특히 19세기 말 미국에서 'Singer'와 'Colt' 브랜드로 유명한 재봉기나 총기류의 대량 생산에서 얻어진 생산시스템은 20세기 초 미국 자동차 산업의 도입 기반이 되는 하부구조를 이루었다. 이 하부구조를 바탕으로 1910년대 미국의 포드사가 주도하는 컨베이어방식의 대량생산이라는 첫 번째 대전환에 의해 세계 자동차 산업의 획기적인 발전이 처음으로 이루어졌으며, 1950년대에는 유럽의 자동차기업들이 미국의 대량생산에 대응하기 위한 제품의 다양화가 제2의 발전과 대전환이 되었다. 그리고 1960년대 말 일본의 자동차기업들이 생산조직과 방식의 획기적인 변화로 값싸고 품질 좋은 차로 미국을 비롯한 전 세계 시장을 지배하게 된 것이 제3의 발전과 대전환이 되었다. 이러한 자동차 산업의 발전에는 끊임없이 변화하는 환경 속에서 살아나기 위해 생성되는 생존원리인 혁신이 밑바탕이 되었다. 앞으로도 자동차 산업에서는 새로운 기술이 혁신을 주도하고 기업 간의 협력과 경쟁이 변화를 이끌어 갈 것이다. 이처럼 자동차 산업 100년의 전반부는 유럽·미국 중심이었다. 1970년대 일본이 소형차를 내세워 시장 진입에 성공하면서 3국 체제가 형성되었고 우리나라 기업은 세계 자동차시장에 불과 20여 년 전부터 활동을 시작해 현재 글로벌 자동차기업과 대등한 경쟁관계에 위치해 있다.

최근 세계 자동차기업들은 7,774만 대를 판매하였으나, 그 기업들은 연간 2,000만 대 이상의 과잉 생산능력 보유와 함께 유가 및 재료비 상승 등으로 경영환경이 갈수록 악화되면서 미국 자동차의 Big 3로 불렸던 GM과 포드, 크라이슬러로 대표되던 자동차기업 순위는 뒤바뀐 지 오래다. 세계 최대 자동차기업이었던 GM은 일본의 도요타자동차에 세계 1위의 자리를 빼앗겼고, 크라이슬러는 일본 마쓰다나 미쓰비시와 비슷한 판매량을 가진 작은 회사로, 포드는 폭스바겐과 현대기아자동차그룹의 맹렬한 추격으로 그 자리가 위태한 수준으로 전락했다.

한편 인구 10억 이상인 중국, 인도 등 신흥시장에서는 자동차 산업의 성장속도가 매우 빨라 자동차시장이 급격히 팽창하고 있으며, 이미 포화상태인 북미나 유럽 자동차시장은 오히려 축소되는 형태를 나타내고 있다. 그 결과 유명 글로벌 자동차기업들이 힘을 잃는 반면 중국이나 인도의 자동차회사 혹은 이곳에 미리 진출한 글로벌 자동차기업들이 역동적 발전을 하는 추세에 있다.

이에 본 연구에서는 1990년 초부터 지난 20여 년 동안 글로벌 시장에서 비약적인 성장을 해 온 한국과 일본 자동차 산업을 중심으로 생산성과 부가가치 창출 및 국가경제 기여도 등 두 나라 간 격차가 어느 정도인지, 그리고 경쟁력의 원천은 무엇인지를 살펴보고자 한다. 이를 위해 한국과 일본의 자동차 산업을 대표하는 현대자동차와 도요타자동차를 중심으로 이들 기업의 전략과 성장과정 및 성과의 변화, 그리고 이를 뒷받침하고 있는 경쟁력의 원천 및 그 변화요인을 비교분석하고자 한다.

1. 자동차 산업의 정의 및 특징

자동차 산업은 조립 및 종합공업으로 2만여 개의 부품으로 만들어지는 대표적인 조립산업으로 자동차 제조에 관련된 모든 기업들의 체계적인 협업에 의해 생산되는 자동차는 원료단계에서 완제품 생산에 이르기까지 단일 공정을 통해서 생산되는 제품이 아니고 상이한 생산공정을 가진 많은 부품의 결합체이다. 이러한 자동차 산업의 경쟁력은 부품의 원가, 품질, 납기, 업체관리 등 부품산업의 튼튼한 하부구조와 조달체계의 견실성에 있다.

자동차 산업과 직접적인 관계를 맺고 있는 산업은 자동차부품제조업으로 적용·사용되는 부품의 재질에 따라 각기 다른 형태를 취한다. 기계부품, 철판부품, 내/외장재부품, 전기·전자부품, 고무부품 등으로 크게 세분할 수 있는데 기계부품의 경우는 주물, 가공, 도금, 단조, 소결, 열처리업종, 철판부품의 경우는 프레스, 도장업종, 내외장재부품의 경우는 사출, 섬유계열 업종, 전기·전자부품의 경우 전기·전자업종, 고무부품의 경우 고무업종 등이 관련되어 있다.

자동차 관련 사업이란 자동차 산업과 밀접한 관련을 맺는 산업부문으로 생산, 자재부문의 철강, 금속, 유리, 고무, 플라스틱, 섬유, 도료 등 소재부품산업과 제조설비산업, 이용부문의 여객운송, 화물운송, 자동차임대, 주차장 등 운수서비스산업, 판매·정비부문의 자동차 판매, 부품 및 용품의 판매, 자동차 정비 등 유통서비스업, 기타 관련 부문으로 정유, 주유소, 보험, 금융, 의료 등으로 크게 나눌 수 있다.

자동차 산업의 특징을 살펴보면, 첫째, 대표적인 조립 및 종합공업이다. 철강, 비철금속, 고무, 합성수지, 유리, 섬유 등 여러 가지 재료를 사용하여 각 부분품마다 각기 다른 생산공정을 거치는 과정에서 2만여 개의 부품을 조립하여 자동차로 완성하는 복합적 성격을 띠는 대표적인 조립산업으로서 시장수요적인 제조업이다.

둘째, 산업파급효과가 큰 최종 수요적 제조업이다. 타 산업으로부터 중간재를 구매하는 정도를 나타내는 후방연쇄효과(Background Linkage Effects)가 매우 높은 반면 타 산업에 중간재를 판매하는 정도를 나타내는 전방연쇄효과로 자동차 산업은 우리나라 GDP의 10%를 차지하고 있으며, 이러한 전·후방 연관 산업은 무역수지 흑자의 75%를 차지하고 있다.

셋째, 규모의 경제효과가 큰 산업이다. 자동차 생산에는 막대한 설비투자와 개발비가 소요되며, 적정수준의 생산규모를 유지하고 생산

비용을 절감시켜야 가격경쟁력을 확보할 수 있다. 이와 같이 생산량
의 증가에 따라 나타나는 생산비용의 감소효과인 규모의 경제(Economies
of Scale) 효과가 매우 큰 산업이다.

넷째, 국민경제적 산업이다. 생산액, 고용, 수출 등 국민경제에 큰
비중을 차지하고 있어 국가경제 발전이나 경기순환에 지대한 영향력
을 미치며, 공업 발전과 경제 성장 및 고용확대를 위해 자동차 산업
을 전략산업, 기간산업, 선도산업으로 중점 육성하고 있다. 또한 자동
차 산업은 초기에는 수입대체효과를 가지며 부품의 국산화와 규모의
경제 확보를 통해 국제경쟁력 향상에 이바지할 수 있다.

다섯째, 산업기술과 조업기술이 중요한 산업이다. 자동차 산업의
중요한 기술요소 중에는 제품기술(Product Engineering)과 제조기술(Production
Engineering) 이외에 관리운영기술(Management Engineering) 또는 생산
조업기술(Operation Technology)이라는 공장운영의 기술과 노하우가 사
업성패의 관건이 된다. 이에 따라 자동차 산업은 생산의 전문화·표
준화·기계화·자동화·평준화 정도에 있어 타 산업보다 높아 'Automation'
또는 'JIT생산방식'이라는 것이 나타났으며, 최근에는 자동차 산업에
서 NC공작기계나 로봇도 가장 활발하게 도입되고 있다.

여섯째, 국제화 산업 및 범세계적 산업(Global Industry)이다. 자동차
산업은 다국적 기업들의 주요한 시장 지배와 국제시장에서 경쟁기업
들이 차지하는 전략적 위치가 근본적으로 이들 기업의 세계적 위치
에 영향을 크게 받는 산업이다. 전세계적인 협력체계는 지리적 위치
에 따른 수송비용의 감소와 임금경쟁력에 의한 현지 생산 및 부품 조
달, OEM 생산, 막대한 자본과 판매력에 의한 시장지배력, 교통과 통
신 발달 등에 따른 국가 간의 소비패턴 동질화 등을 바탕으로 한 다

국적 기업화와 함께 국제분업화가 활발해지는 범세계적 산업의 특징
을 가지고 있다.

2. 세계 자동차시장의 현황

자동차시장은 전세계적으로 40개 국에서 완성차를 생산하는 자동
차기업들이 경영활동을 하고 있다. 이들 기업들은 2010년 7,774만 대
의 자동차를 생산·판매하였다. 그중 도요타자동차는 853만 대의 자
동차를 생산·판매하여 3년 연속 세계 1위의 자리를 차지하였다. 그
리고 1931년부터 2007년까지 무려 77년간 세계 자동차 판매 1위인
GM자동차는 2위로 하락하였으며, 우리나라 기업인 현대자동차는
576만 대를 판매하며, 4위의 자리에 위치하였다.

<표 1> 세계 자동차 제조업체생산량(2010년 기준)

Rank	GROUP	Total	CARS	LCV*	HCV**	HEAVY BUS
	Total	77,743,862	60,343,756	13,370,432	3,510,681	518,993
1	TOYOTA	8,557,351	7,267,535	1,080,357	204,282	5,177
2	GM.	8,476,192	6,266,959	2,197,629	1,175	10,429
3	VOLKSWAGEN	7,341,065	7,120,532	220,533		
4	HYUNDAI	5,764,918	5,247,339	393,701	123,878	
5	FORD	4,988,031	2,958,507	1,962,734	66,790	
6	NISSAN	3,982,162	3,142,126	768,833	71,203	
7	HONDA	3,643,057	3,592,113	50,944		
8	PSA	3,605,524	3,214,810	390,714		
9	SUZUKI	2,892,945	2,503,436	389,509		
10	RENAULT	2,716,286	2,395,876	320,410		
11	FIAT	2,410,021	1,781,385	499,358	91,037	38,241
12	DAIMLER AG	1,940,465	1,351,372	221,239	306,903	60,951

13	CHRYSLER	1,578,488	340,205	1,231,383	6,900	
14	B.M.W.	1,481,253	1,481,253			
15	MAZDA	1,307,540	1,233,862	73,077	601	
16	MITSUBISHI	1,174,383	1,056,666	114,268	3,449	
17	CHANA AUTOMOBILE	1,102,683	929,195	173,488		
18	TATA	1,011,343	579,052	236,967	171,454	23,870
19	FAW	896,060	780,507	93,232	21,288	1,033
20	GEELY	802,319	802,319			

출처 : International Organization of Motor Vehicle Manufacturers(OICA), 2010.
* LCV: 상업용 경차(Light Commercial Vehicles)
** HCV: 상업용 대형차(Heavy Commercial Vehicles)

세계 자동차시장은 매우 급변하고 있다. 자동차 산업의 중요한 전략적 변곡점은 1885년 가솔린엔진 발명, 1914년 컨베이어벨트 활용을 통한 대량생산체제 도입, 1970년대 1·2차 석유파동 그리고 2008년 글로벌 금융위기에 따른 자동차 산업의 지각변동으로 구분하고 있다(현영석, 2009).

지난 한 세기 동안 세계 자동차 산업의 최대 기업체들인 미국의 Big 3는 막대한 내수시장을 기반으로 전 세계 자동차 산업을 주도해 왔다. 그러나 방만한 경영과 강성노조 및 고연비 대형차 출시, 친환경차 기술 개발 외면 등 시대의 흐름과 고객의 욕구를 따라가지 못한 미국 자동차기업들은 2008년 글로벌 금융위기로 최악의 위기에 직면하면서 급기야는 파산보호를 신청하는 처지에 놓였다. 먼저 2008년 4월 30일 크라이슬러가 심각한 자금난으로 경영위기에 봉착하면서 파산보호를 신청했다. 크라이슬러는 정부 주도로 경영 정상화를 위한 본격적인 회생절차에 돌입하며 강도 높은 구조조정을 추진하고 피아트에 전격 인수되면서 6월 10일 우량자산만을 인수한 작지만 강한

‘뉴크라이슬러’로 재탄생했다. 그리고 세계 최대 자동차업체로 군림했던 GM도 극심한 경영난을 이기지 못하고 2008년 6월 1일 파산보호를 신청하여 101년 설립 역사에 종지부를 찍었다. 이후 신속한 구조조정을 진행해 7월 10일 핵심 자산만으로 구성된 ‘뉴GM’으로 새롭게 출범했다. 이 과정에서 미국정부로부터 500억 달러의 공적 자금을 지원받아 국유화 논란이 일었지만 조직 슬림화를 통해 부채와 운영비용을 줄이면서 재무적으로 안정된 기업으로 거듭나게 되었다. 반면에 독자 생존에 성공한 포드는 반사이익으로 시장점유율을 빠르게 확대하고 있다(정준화, 2009).

최근 세계 자동차시장의 큰 변화의 특징을 살펴보면 첫째, 고유가로 인한 친환경자동차 요구의 환경 변화에 따라 친환경자동차, 지능형 자동차로 지칭되는 미래자동차기술의 개발경쟁이 본격화되고 있다. 현재 세계 전기자동차시장은 2009년 80만 대에서 2020년에는 1,660만 대에 이를 것이며, 전체 자동차시장의 19%를 차지할 것으로 예측하고 있다. 세계 주요 자동차기업들의 전기차 출시 현황을 살펴보면, 중국의 BYD와 일본 자동차기업들이 전기자동차 개발에 선도적 위치에 있음을 알 수 있다.

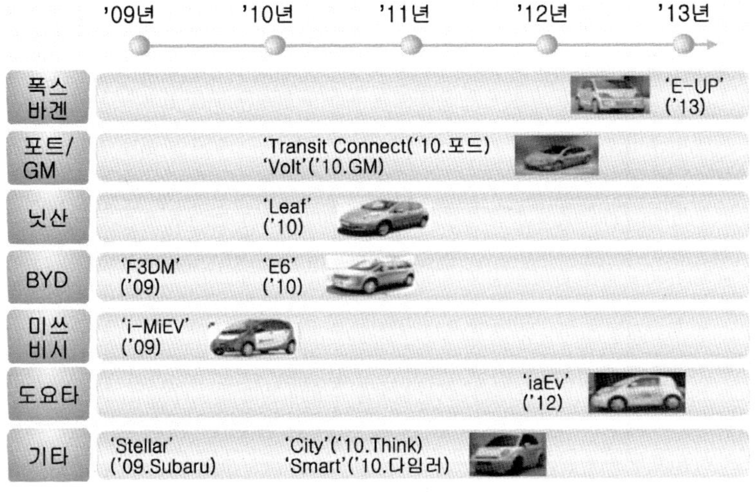

출처 : 현대, 기아차의 성과와 과제, 2011.06.

〈그림 1〉 주요 업체들의 전기차 출시 현황 및 계획

그리고 하이브리드카의 글로벌 판매규모는 신차시장기준으로 2010년 80만 대, 점유율은 1% 수준에 불과하다. 하지만 2015년에는 300만 대 이상의 시장규모를 형성할 것으로 예측하고 있다. 아직 하이브리드 자동차시장은 초기단계로 지역별·메이커별 편중도가 높은 편이다. 지역별로는 미국이 62.9%로 대부분을 차지하고 있으며, 그 다음이 일본 21.9%, 유럽 14.5%를 차지하고 있다. 또한 하이브리드카를 선점하고 있는 일본업체들의 점유율이 90% 이상을 차지하고 있다. 일본의 경우 하이브리드카 상용화 10년에 따른 기술 축적 노하우, 압도적인 시장점유율 등을 고려해 볼 때 가장 선도적인 지위를 보유하고 있는 것으로 평가받고 있다.

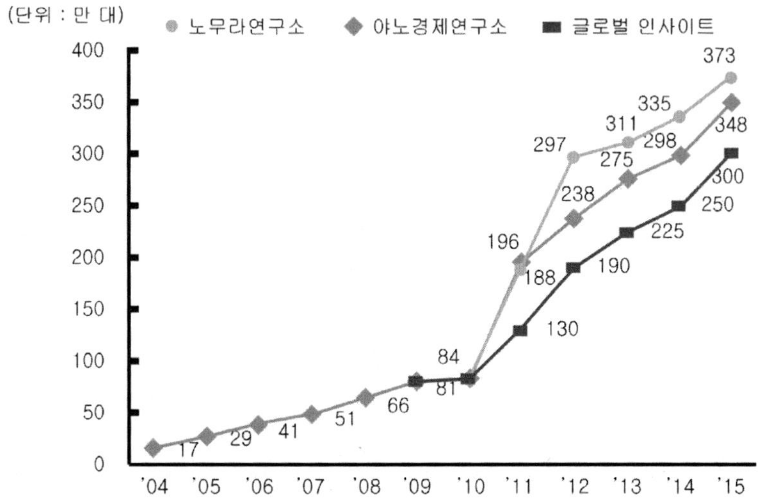

자료: 글로벌 인사이트, 노무라, 야노경제연구소.

〈그림 2〉 하이브리드카 판매추이 및 전망

둘째, 또 다른 변화로 인구 10억 이상을 기반으로 대규모 내수수요를 창출한 중국, 인도 자동차 산업을 주도하는 국가가 세계 자동차 산업을 주도하는 국가로 될 수 있을 것이라는 산업서진현상(West Bound Move)이 거론되고 있다. 실제 세계 자동차시장의 중심은 글로벌 금융위기를 거치면서 선진시장에서 신흥시장으로 이동이 가속화되고 있다. 지난 해 세계 자동차시장에서 판매된 자동차들 중 신흥시장의 비중은 50%를 넘어섰으며, 2015년에는 59%에 이를 것으로 전망되고 있다. 이렇게 신흥시장으로의 시장이동을 주도하고 있는 것은 바로 중국이다. 중국은 2002년 WTO 가입으로 자동차 관련 규제가 대폭 완화되어 지난 해까지 연평균 24%에 달하는 고성장세를 이어 오고 있다. 자동차시장이 본격 확대된 이후 1,000만 대 돌파까지는 미국의

1/6 수준인 7년밖에 소요되지 않았다.

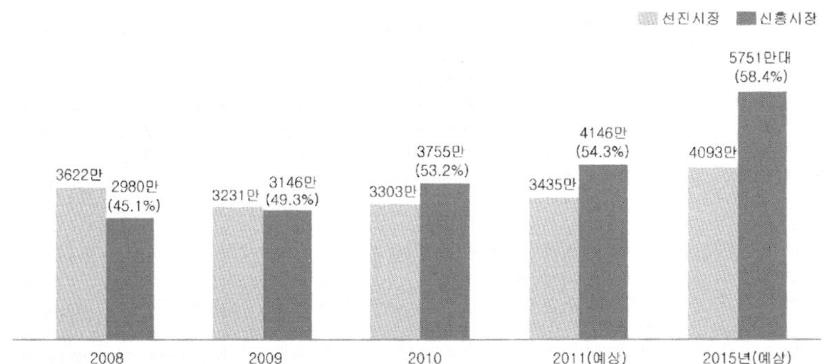

출처 : 한국자동차 산업연구소, 2009.

〈그림 3〉 신흥시장과 선진시장 자동차 판매대수

Ⅱ. 본론

1. 한국과 일본 자동차기업의 발전과 경쟁력

1) 일본 자동차기업의 발전과 경쟁력

일본의 자동차 산업은 1920년대 GM과 FORD의 진출로 대량생산의 기반을 구축하였지만 1936년 외국기업을 배제하는 법규가 제정되어 독자적으로 자동차 산업을 형성하였다. 그러나 일본은 군사목적과 트럭 중심의 자동차 산업구조를 가져 매우 취약한 구조를 형성하였다. 1950년대에 들어 한국전쟁에 따른 특수경기, 군수산업기술자의 민수사업 대거 참여, 정부와 업계의 외국차 진출 제한, 승용차 중심으로의 산업 전환 등에 따라 비약적인 성장의 기반을 다졌다.

1960년대 들어 세계 무역장벽 완화로 자동차 무역시장의 규모가 커지면서 일본 자동차기업들도 해외시장으로 수출에 주력하였다. 특히 일본은 새로운 산업조지과 특유의 생산방식으로 새로운 노사관계를 만들었고, 끊임없는 품질 개선과 부품의 적시공급을 핵심으로 하는 '도요타생산방식(TPS)' 속에서 'JIT(Just In Time) 방식'에 'TQC(Total Quality Control)'가 확산되면서 업무 개선과 비용 저감효과를 통해 일본자동차기업의 경쟁우위로 나타났다. 이러한 제조기술의 발전과 1968년부터 시작된 자동차 대중화로 내수기반이 확장되면서 대량생산과 낮은 생산원가의 생산자로서 세계 시장에서 경쟁력을 가지게 되었다.

1970년대 2차에 걸친 오일쇼크 때 연료소모가 적은 소형차시장에서 경쟁우위를 확보함으로써 연간 530만 대의 자동차를 생산하였을 뿐만 아니라 1974년에는 268만 대 수출로 세계 최대 자동차 수출국으로 부상하며, 미국, 유럽과 함께 세계 시장을 지배하는 3극화 체제를 형성하게 되었다. 그러나 2009년 말부터 도요타자동차의 대규모 리콜사태는 그동안의 품질경영을 통한 브랜드이미지와 경쟁력에 큰 충격을 주었다. 이러한 리콜사태의 원인으로 과도한 원가절감과 해외 생산거점 확대과정에서 문제점이 지적되면서 글로벌 생산 시스템의 리스크에 대한 경각심이 고조되었다.

도요타자동차는 자체적으로 글로벌 품질위원회를 설립하여 세계 6개 지역에 최고 품질경영자라는 직책을 신설했고, 1,000명의 엔지니어에 대해 안전 관련 임무를 재부여하는 등 내부적인 개선조치를 취하였다. 그리고 외부적으로는 부품업체와의 커뮤니케이션을 강화하였고, 특히 해외 생산기지에서 납품받는 해외 부품기업에 대한 관리를 강화하였다.

2) 한국 자동차기업의 발전과 경쟁력

세계 자동차 산업의 중심이 유럽에서 미국으로 이동해 대형 승용차의 생산이 증가하고 있던 1955년에 한국 자동차 산업은 미군용 지프를 개조해 자동차 생산을 시작하였다. 그리고 1962년 새나라자동차는 부평에 공장을 건설하여 근대적인 조립생산을 시작, 부품 국산화를 추진하였다.

국내 자동차 산업은 1970년대 초까지만 해도 외국차 모델의 부품을 수입하거나 국내에서 생산해 조립하는 녹다운(Knock Down) 생산에 치중했다. 잦은 모델 변경으로 인해 국내 부품업체들은 영세성에서 벗어나지 못했으며 부품 국산화율도 매우 낮은 수준이었다. 1973년 기아산업은 국내 최초로 컨베이어시스템을 갖춘 일관조립공장을 경기도 시흥군 소하리에 건설하고, 1차 석유파동 직후인 1974년에는 GM코리아가 엔진공장을 건설하였다. 1975년에는 현대자동차가 종합자동차공장을 울산에 건설하면서 한국자동차 산업은 근대적 기반을 갖추게 되는데, 1976년 현대자동차는 최초의 국산 고유모델인 포니(Pony)를 본격 생산하며 최초로 베네수엘라에 수출하였다. 이후 국내 자동차기업들은 독자적인 엔진 개발에 착수하였지만, 외국 자동차기업들의 기술이전 기피와 1979년 2차 석유파동으로 인한 자동차 수요 억제조치로 급속하게 위축되었다.

1980년대에 들어서면서 국내 자동차 산업은 양산체제의 확보와 수출기반을 확립하였다. 이 기간 현대자동차는 수출 증가로 연산 30만 대 규모의 단일 모델 전용공장을 완공하였으며, 대우와 기아자동차도 국제경쟁이 가능한 대량생산체제를 확립하였다. 1986년에 현대자동차는 세계 최대의 자동차시장인 미국에 고유모델인 '엑셀'을 수출하며, 진출 첫해 16만 8,000대를 판매히는 성과를 이루었다. 국내 자동차 산업은 1980년대 말의 자동차 대중화로 급속한 발전을 이루었다. 1988년 국내 생산이 100만 대를 돌파하면서 우리나라는 세계 10대 자동차 생산국으로 부상하였다. 그리고 1990년대 한국자동차 산업은 대량수출 및 독자기술 개발을 적극적으로 모색하며, 국제경쟁력 확보를 위한 글로벌 생산체제의 구축과 연구개발 투자를 확대하였다. 그 결과 1995년 국내 완성차 기업들은 수출 100만 대라는 성과를 달성하였다.

그러나 1997년 국내 자동차업계는 수출 둔화 속에 외환위기를 맞으며, 대대적인 구조조정에 돌입하였다. 이 과정에서 현대자동차가 기아자동차를 인수하였으며, 대우자동차는 GM에게, 삼성자동차는 르노에게, 그리고 쌍용자동차는 상하이자동차에게 매각되었다. 국내 자동차기업들은 뼈를 깎는 구조조정을 거치면서 단기간 내에 경쟁력을 회복하였다. 해외 수요의 증가 속에 원화가치의 하락은 국내 자동차업계의 수출을 뒷받침해주었으며, 구조조정 이후 국내 자동차업계는 세계화와 기술 선진화를 위한 노력을 강화하였다. 현대와 기아자동차는 막대한 성장 잠재력을 보유하고 있는 중국에 공장을 건설하였으며, 품질경영에 박차를 가하였다. 그 결과 한국자동차의 초기품질은 일본 자동차기업을 추월하였다.

21세기에 진입하면서 한국 자동차 산업은 제2의 도약기를 맞이하였다. 품질, 성능, 가격 면에서 우위를 확보하게 된 국산차 모델이 세계 각국 소비자들로부터 좋은 평가를 받으면서 판매가 급증하였기 때문이다. 국내 자동차기업은 각국 소비자들의 취향에 맞는 자동차를 신속히 개발하여 판매하기 위해 글로벌 네트워크를 구축하고 있다. 현대·기아자동차는 인도, 중국, 터키 등 신흥개도국에 이어 미국과 동유럽에 각각 60만 대의 생산공장을 건설하였다. 나아가 성장 잠재력이 큰 러시아와 브라질에도 공장을 건설하고 있다. 완성차업체의 양적 성장 및 세계화에 따라 부품업체들의 대형화와 국제화도 이루어졌다. 세계 100대 부품업체에 속하는 업체 수가 5개로 증가하였으며, 해외 동반 진출로 국제화 경험을 쌓아 나갔다. 국산차의 품질에 대한 우수성이 인정을 받으면서 국산부품의 수출도 증가하기 시작하였다. 해외 완성차 기업들의 글로벌 소싱 증가와 함께 상대적으로 가격이 저렴하면서도 품질과 성능이 우수한 국산부품이 세계 시장에서 인정을 받았기 때문이다. 그동안의 기본 역량 강화와 재무구조 개선으로 한국 자동차 산업은 2008년부터 시작된 세계적인 경기침체에도 불구하고 상대적으로 높은 실적을 거두면서 세계 시장점유율을 증대해 나가고 있다.

3) 최근 세계 자동차시장의 변화와 한국 자동차기업의 경쟁력

지금까지 세계 자동차시장의 변화를 요약해 보면, 1900년대 초부터 미국 자동차기업들은 대량생산체계를 위해 포드시스템을 도입하여 자동차 산업의 경쟁우위를 확보하였다. 그 이후 1950년대에는 유럽 자동차기업들이 다양한 자동차 모델을 생산하며, 미국 자동차기업과 대등한 위치를 확보할 수 있었다.

그러나 1970년대에는 1, 2차 석유파동으로 인해 전체적으로 시장의 성장세가 둔화되었지만 소형차 및 고효율의 자동차에 대한 수요가 증가되면서 일본 자동차기업들은 도요타 생산방식으로 대표되는 'JIT 시스템' 정착과 생산혁신 및 경영 안정성이 경쟁우위의 바탕이 되었다. 그 결과 일본 도요타자동차는 세계 1위의 자리를 차지하게 되었다.

이러한 자동차 산업은 2000년대 접어들면서 경쟁이 더욱 더 치열해지고 있다. 그 대표적인 예가 바로 한국의 현대자동차이다. 현대자동차는 글로벌 금융위기와 도요타자동차의 대규모 리콜사태 속에서 품질경영과 디자인을 바탕으로 글로벌 자동차기업들과 대등한 위치에서 시장점유율을 높여 가고 있다. 이러한 성장세를 통해 2010년에는 세계 4위의 자리에 위치하게 되었다.

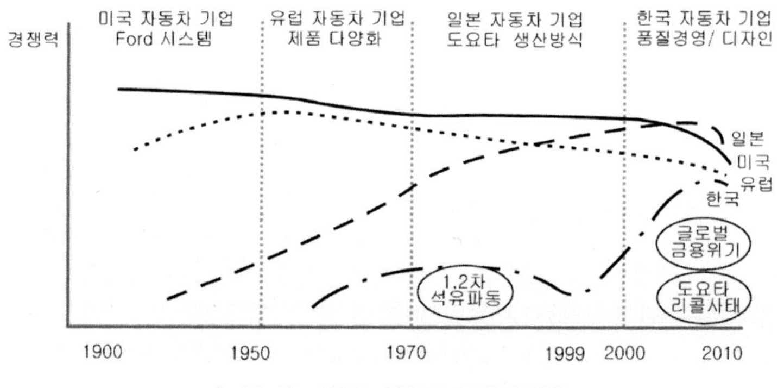

〈그림 4〉 자동차 산업의 경쟁력 변화

현재 고도의 압축성장을 경험한 한국 자동차 산업을 둘러싼 국내외적인 환경이 급격하게 변화하고 있다. 자동차 산업의 세계적 재편 과정에서, 인수·합병, 제휴와 협력이 가속화되는 경쟁심화 상황에서 한국 자동차기업이 글로벌 자동차기업과 대등한 경쟁력을 확보할 수 있었던 요인은 무엇일까.

첫째, 품질경영을 들수 있다. 현대자동차의 품질경영 경우에 정몽구 회장 취임 초인 2000년 '품질경영'을 선언하며, 품질강화에 주력한 결과 현재 세계 최고수준으로 인정받고 있다. 이를 위해 현대자동차는 1999년 품질본부를 발족하고, 6시그마를 생산현장에 도입하였으며, 2002년 품질총괄본부를 설립하여 협력사의 품질관리를 위해 품질인증 5스타제를 도입하였다. 이에 따라 최근 현대자동차는 품질조기경보시스템을 가동하고 있으며, 글로벌 품질대학을 운영하고 있다.

현대자동차는 품질관리시스템을 확립하여 구매-제조-판매-A/S까지 종합적으로 품질을 관리하고 있다. 현대자동차의 품질관리시스템의 구성은 24시간 전세계 사업장 품질 상황을 실시간 확인하는 글로벌 품질상황실, 양산 전 시작차로 품질 검증하는 파일럿 공장, 개발에서 판매까지 각 단계별 품질목표를 달성하는 품질 패스제, 협력사 품질을 평가하는 품질 인증제, 전세계 품질문제 조기등록 및 해결하는 GQMS, 그리고 구매의 투명성/효율성 제고로 부품품질을 확보하는 VAATZ 시스템으로 구성되어 있다.

이를 바탕으로 현대자동차는 미국시장에서 최초로 10년 무상보증 수리제도를 도입함으로써 소비자들의 가장 큰 불만요인 중 하나였던 정비만족도를 1997년 대비 12~13% 상승시켜 거의 선진업체 평균치에 도달하였다. 이로써 브랜드와 제품에 대한 기존의 불안감을 해소하고 품질에 대한 자신감을 표현해 줌으로써 현대자동차의 브랜드이미지를 획기적으로 개선하는 데 기여하였다. 이러한 품질경영을 통해 현대자동차는 초기품질과 내구품질이 2000년대 중반 이후 신차품질 세계 최고수준을 지속적으로 유지하였으며, 내구품질도 일본의 도요타자동차와 대등한 최고수준에 도달하였다.

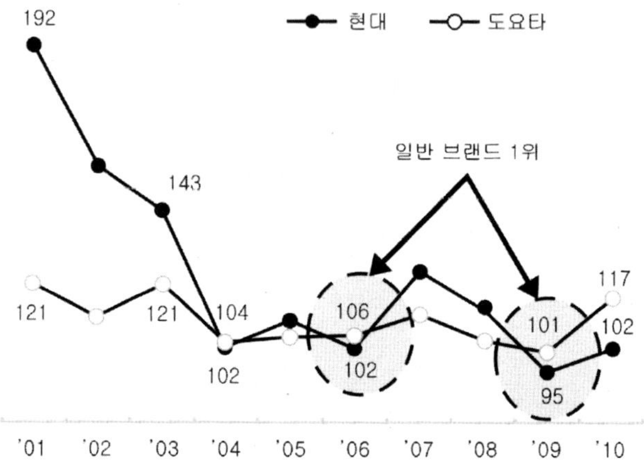

자료: J. D. Power
주: IQS(Initial Quality Study): 출시 100일 후 내 신차대상 100대당 품질결함 건수 조사

〈그림 5〉 초기품질: IQS

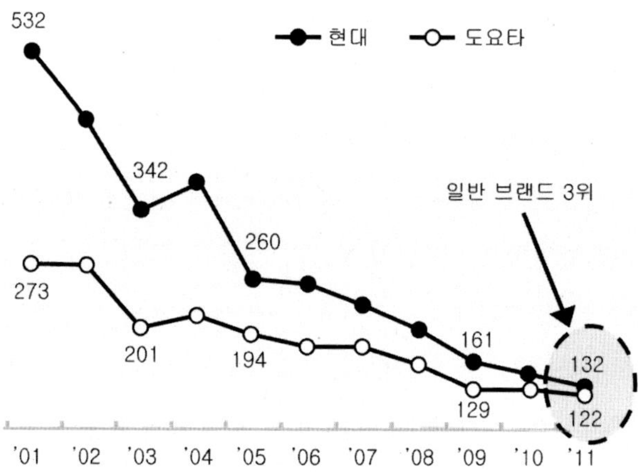

자료: J. D. Power
주: VDS(Vehicle Dependability Study): 구입 후 3년 이내 차량 100대 무작위 선정 후 총 201항목의 내구성능조사)

〈그림-6〉 내구품질: VDS

둘째, 디자인 경영이다. 현대자동차와 기아자동차는 고유의 패밀리 룩을 완성하며, 각각의 디자인 아이덴티티를 확립하였다. 특히 기아자동차의 경우 2006년 9월 세계적 디자이너인 피터슈라이어 부사장을 영입한 이후 2009년 3월 쏘울로레드닷 디자인상을 받았고, 2010년과 2011년 '스포티지'와 'K5'가 iF 디자인상을 수상하였다. 이는 현지 시장의 욕구에 부응하는 차종의 다양화를 추구하여 경쟁우위의 위치를 확보하였다.

이제 자동차가 단순한 운송수단에서 '움직이는 생활공간'으로서 복합제품으로 자동차 산업의 패러다임이 변하고 있다. 그리고 세계 자동차시장은 환경, 안전, 연비 등의 규제 강화와 IT기술을 활용한 텔레매틱스 서비스와 기기의 보급과 단축되는 제품 라이프 사이클에 대응하기 위하여 연구개발과 기술 혁신능력의 강화가 필요하다. 그리고 중국은 자동차의 생산기지 및 외주기지로서 뿐만 아니라 판매시장으로서 중요성이 급속도로 증대하고 있다. 세계 자동차 산업에서 중국의 부상은 한국 자동차 산업의 시장을 제공하는 한편 경쟁자로서 위협요인이 되고 있다.

이러한 상황에서 한국 자동차 산업이 국제경쟁력을 강화하여 한국 경제발전의 견인차 역할을 담당하기 위해서는 '미래형' 자동차를 포함한 신제품 개발을 위한 연구개발능력의 강화, 글로벌 생산네트워크의 구축과 참여, 효율적 생산시스템의 구축과 혁신, 생산성 향상과 품질개선을 위한 생산기술의 지속적인 개선, 브랜드·마케팅 능력의 강화, 자동차부품업체의 전문화와 효율화, 기술력 강화 등 한국 자동차 산업이 글로벌 자동차기업과 경쟁에서 우위를 확보하기 위해서는 다방면에서 혁신과 노력을 해야 할 것이다.

2. 한·일 자동차 산업의 경쟁력 비교

1) 한·일 자동차 산업의 경쟁력 변화

일본 자동차기업들은 1930년대부터 세계 자동차시장에 진입하였으며, 한국 자동차기업들은 1960년대 이후 자동차시장에 진입하였다. 이후 1970년대 2차례의 오일쇼크와 일본 내 자동차 대중화로 인해 일본 자동차기업들은 성장을 거듭하며, 1980년대 도요타시스템으로 대표되는 생산조직과 기술지향적 우위에 기초해 세계 시장에서 경쟁우위를 확보하여 미국, 유럽, 일본 3극화체제를 형성하게 되었다.

이에 반해 당시 한국 자동차기업들은 일본 자동차기업의 1960년대 수준으로 자체 대량생산체제를 갖추며, 해외시장으로 첫걸음을 내딛는 수준이었다. 1990년대에는 한국 자동차 산업의 성장기로 자동차 대중화를 통한 급속한 발전과 대량수출 및 독자기술 개발을 추진하여 국제경쟁력 확보를 위한 기반을 마련하였다. 그러나 1997년 한국 자동차기업들은 IMF체제에 들어가며, 대대적인 구조조정을 겪으며, 성장세가 둔화되었다. 그러나 일본 자동차기업들은 품질경쟁력을 바탕으로 선진 자동차시장을 집중적으로 공략하여 세계 자동차시장에서 입지를 더욱 강화하였다. 그 결과 2007년에 도요타자동차는 지난 77년간 GM자동차가 차지하고 있던 세계 1위 자동차기업의 자리를 차지하게 되었다.

2000년대 들어서는 한국 자동차기업들은 IMF의 어려움을 딛고 신흥시장을 중심으로 현지 공장을 건설하고, 내부적으로 품질경영에 박차를 가하며, 글로벌 시장에 적합한 품질과 디자인의 자동차를 출시하여 고객들이 선호하는 만족평가를 받음으로써 세계 5위의 자동차

강국으로 부상하게 되었다. 이에 반해 2008년 글로벌 금융위기와 2009년 도요타자동차의 대규모 리콜사태로 인해 일본 자동차기업들은 큰 위험에 처하게 되었다.

2010년대 접어들면서 현재까지 한국 자동차기업들은 글로벌 금융위기하에서도 경쟁 자동차기업보다 상대적으로 높은 실적을 거두었다. 이는 가격, 품질, 성능 면에서 세계 자동차기업과 대등한 수준을 유지하며, 디자인에서 혁신성과 10년 10만 마일 보장제도와 현대캐피탈, 보험회사들과 전략적 제휴로 고객에게 부담 없는 구매, 반품을 할 수 있도록 공격적 마케팅을 추구하였을 뿐만 아니라 신흥시장인 중국, 인도 자동차시장에서 경쟁우위를 달성하였기 때문이다. 그리고 일본 자동차기업은 대규모 리콜사태 이후 품질강화를 위한 내부적 개선조치를 취하였고, 전기자동차, 하이브리드자동차 등 신기술을 접목한 자동차기술 개발을 본격화하여 미래자동차시장의 변화를 선도하고 있다. 지금까지 살펴본 한·일 자동차기업의 경쟁력 변화를 개념적인 수준에서 도식화해 보면 <그림 7>과 같다.

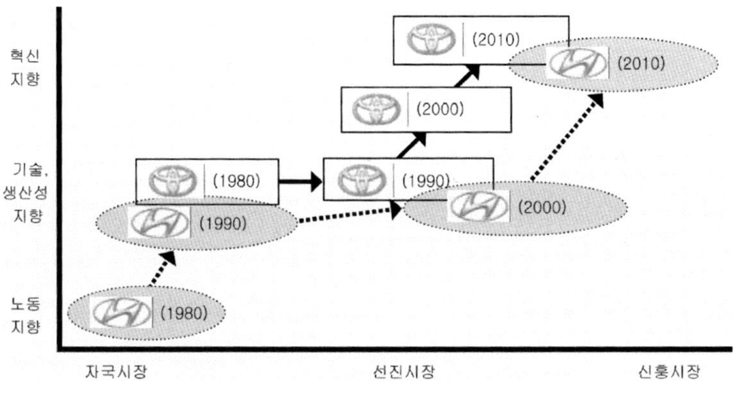

〈그림 7〉 한·일 자동차기업의 경쟁력 변화

2) 자동차 산업의 국가경제기여도 비교

일본 자동차 산업의 경우, 2009년을 기준으로 일본은 4,356억 유로 (65조 원)의 매출액을 기록하며, 미국의 자동차 산업의 매출액보다 더 높은 성과를 창출하였다. 그리고 자동차 산업에 대한 투자는 64억 유로(9,600억 원), 일자리 72만 개를 창출하며, 이를 통해 국가 세수입은 664억 유로(9조 9,600억 원)로 나타났다.

한국의 경우 자동차 산업을 통해 629억 유로(9조 4,350억 원)의 매출액을 기록하였다. 매출액을 본다면 일본의 14.5% 수준에 불과하다. 그리고 자동차 산업에 대한 투자는 22억 유로(3,300억 원)로 일본에 1/3 수준에 이르고 있으며, 일자리 24만 개를 창출하고 있다. 이를 통해 국가 세수입은 166억 유로(2조 4,900억 원) 수준이다.

〈표 2〉 국가별 자동차 산업의 매출액, 투자, 세입(단위: in Euro million) 및 일자리 창출

국가	Turnover	Investments	Public Revenue	Jobs
Japan	435,610	6,450	66,444	725,000
Korea	62,993	2,239	16,615	246,900
USA	425,106	30,416	64,289	954,210
Total	1,889,840	84,801	433,160	

자료: International Organization of Motor Vehicle Manufacturers(OICA) 자료 재정리.

3) 자동차 생산량 및 수출량 비교

한국과 일본 자동차기업의 생산량을 비교하여 보면, 일본 자동차 기업의 경우 1999년 이후 글로벌 차원에서 연간 1,000만 대 이상의 자동차를 생산하였지만, 2009년 1,000만 대 이하로 급감하고 있다. 한국 자동차기업의 경우 1999년 연간 300만 대 생산수준에서 2007년 400만 대 수준을 돌파하였지만 2009년 350만 대 수준으로 다소 하락

하는 것으로 나타났다.

한국과 일본 자동차기업 간의 생산량 격차를 살펴보면, 1999년에
는 약 3배 이상의 생산량 차이가 나타났지만, 2009년에는 그 격차가
2.7배 수준으로 급감하는 추세가 나타났다. 이는 글로벌 경제위기 속
에서 자동차 산업이 전체적으로 생산량이 감소하였지만, 한국 자동차
기업의 경우 일본 자동차기업보다 위기 속에서도 어려움을 잘 견디
어 내었다고 볼 수 있다.

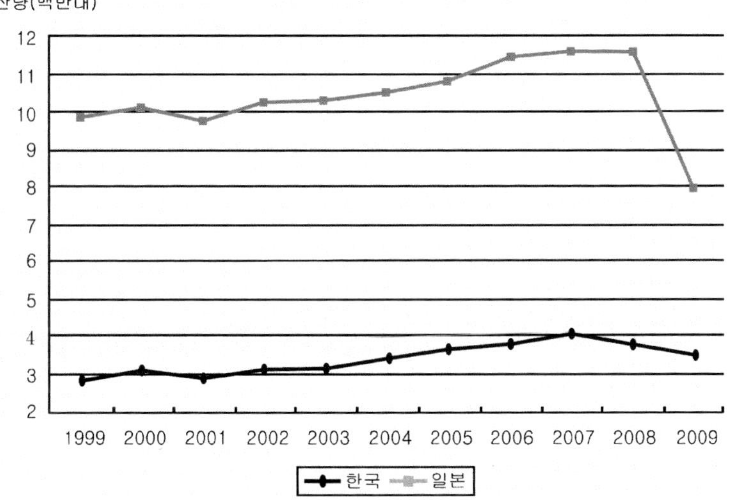

자료: International Organization of Motor Vehicle Manufacturers(OICA) 자료 재정리.

〈그림 8〉 한국과 일본 자동차기업의 생산량 비교(1999~2009년)

자동차 세계 수출 시장의 점유율 변화를 살펴보면, 한국 자동차 산
업의 세계 수출시장 점유율은 2000년 2.6%에서 2009년 4.4%로 상승
하였다. 반면 일본은 같은 기간 15.2%에서 12.2%로 3.0% 하락하였다.

그리고 2000년 이후 하락세를 나타내는 일본과의 격차가 2000년 12.6%에서 2009년에는 7.9%로 감소하였다.

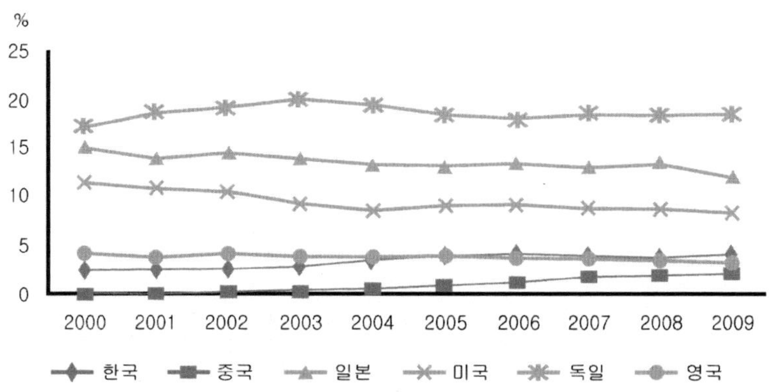

자료: ISTANS
주: (해당국가의 자동차 산업 수출액/전 세계 자동차 산업의 수출총액)×100

〈그림 9〉 자동차 산업의 세계 수출 시장점유율 변화

4) 자동차 생산성 비교

2008년 국내에서 발표된 연구(김상국, 2008)에 의하면, 한국과 일본 자동차기업 간의 생산성에서 큰 차이를 나타냈다. 도요타자동차의 경우 종업원 1인당 생산대수가 연간 68.9대에 이르렀지만, 한국의 현대자동차는 29.6대, 기아자동차는 34.9대로 도요타자동차를 기준으로 각각 43%와 50.7% 수준밖에 되지 않는 것으로 조사되고 있다. 그리고 1인당 매출액도 도요타자동차보다 낮게 나타났다. 특히 종업원 1인당 영업이익은 도요타자동차가 12,887천 엔(11,598만 원), 현대자동차가 2,856천 엔(2,570만 원)으로 도요타자동차의 22.2% 수준 밖에 되지 않는 것으로 조사되었다.

<표 3> 한·일 자동차업체 생산성 비교(2006년 기준)

구분	도요타	현대차	기아차
1인당 생산대수(대)	68.9 (100%)	29.6 (43%)	34.9 (50.7%)
1인당 매출액(천 엔)	154,895 (100%)	63,244 (40.8%)	66,886 (43.2%)
1인당 영업이익(천 엔)	12,887 (100%)	2,856 (22.2%)	−480

자료: 김상국, 2008, "국내 자동차 산업 성장력 제고를 바란다", 한국경영자총협회, 경영계, p.67.
주: ( )은 도요타자동차기준으로 달성도.

그리고 또 다른 연구(이근, 2008)에서는 총요소생산성을 비교하였다. 총요소생산성이란 노동생산성뿐 아니라 근로자의 업무능력, 자본투자금액, 기술도 등을 복합적으로 반영한 생산효율성을 나타내는 수치이다. 그 결과 일본 자동차기업의 총요소생산성이 한국의 총요소생산성보다 더 높게 나타났다. 그러나 시간이 지나감에 따라 그 격차가 줄어들고 있음을 알 수 있다.

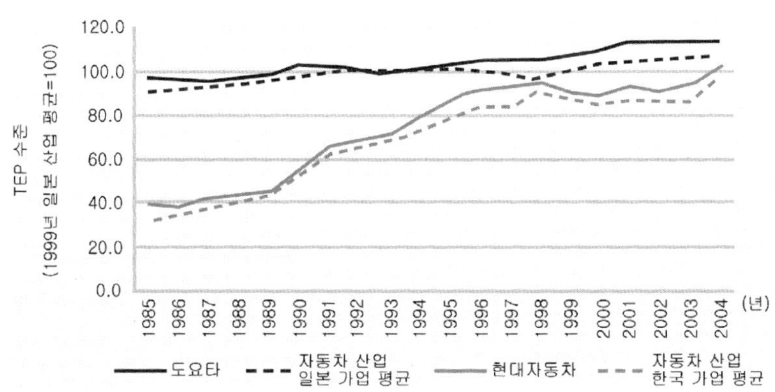

자료: 이근 외, 2008.

<그림 10> 한국과 일본의 자동차 산업 총요소생산성 비교

한국산업연구원의 자동차 산업과 관련된 통계자료에 기초해 한국
과 일본 자동차기업의 경쟁력을 분석해 보자. 자동차 산업의 노동생
산성을 비교하여 보면, 한국은 2004년 216.58에서 2006년 316.29로
50% 정도 생산성이 향상되었음을 알 수 있다. 그러나 일본은 동일 기
간에 노동생산성이 430으로 유지되고 있는 수준으로 미국과 노동생
산성이 대등한 수준에 있다. 한국 자동차기업 노동생산성과의 격차가
현저하게 줄어들고 있음을 알 수 있다.

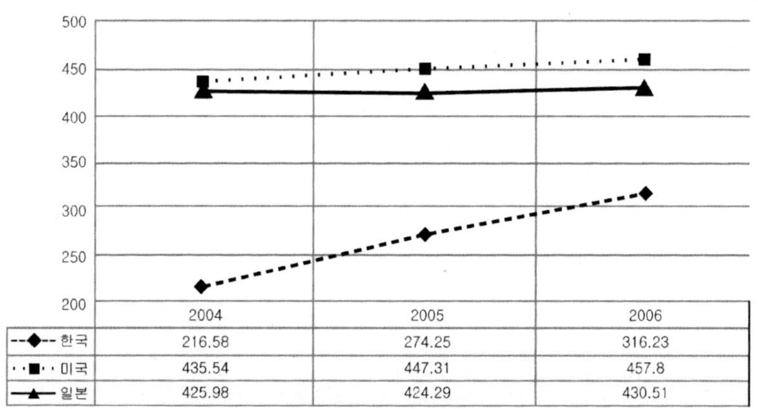

	2004	2005	2006
한국	216.58	274.25	316.23
미국	435.54	447.31	457.8
일본	425.98	424.29	430.51

자료: ISTANS 자료 재정리.

〈그림 11〉 국가별 자동차 산업의 노동생산성(단위: 천 달러/천 명)

부가가치 노동생산성을 비교하여 보면, 일본 자동차기업들은 부가
가치 노동생산성이 미국보다 높게 나타났다. 그리고 부가가치 노동생
산성을 110 수준에서 유지하고 있다. 한국의 자동차기업의 경우 일본
의 절반 정도 수준에 그치고 있지만 2004년 대비 2006년에는 부가가
치 노동생산성이 2배 향상되는 증가추세를 나타냈다.

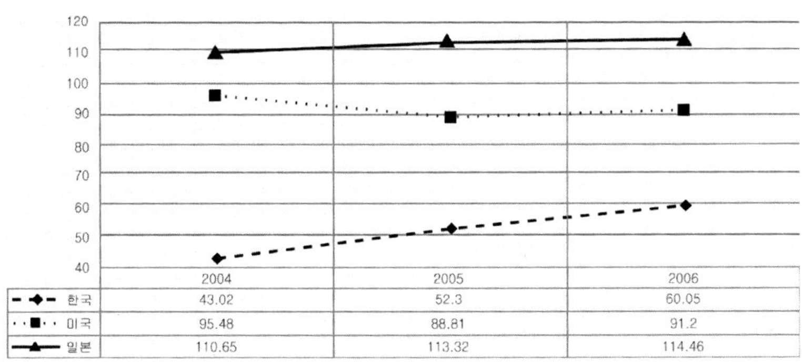

자료: ISTANS 자료 재정리

〈그림 12〉 국가별 자동차 산업의 부가가치 노동생산성(천 달러/천 명)

자동차 산업의 부가가치를 살펴보면, 일본 자동차기업의 경우 1,072억 달러에서 매년 조금씩 증가하여 1,184억 달러의 부가가치를 창출하고 있다. 이는 미국 자동차기업의 부가가치를 초과 달성하고 있다. 한국 자동차기업의 경우 일본기업보다 현저하게 낮은 수준으로 226억 달러의 부가가치를 창출하고 있다.

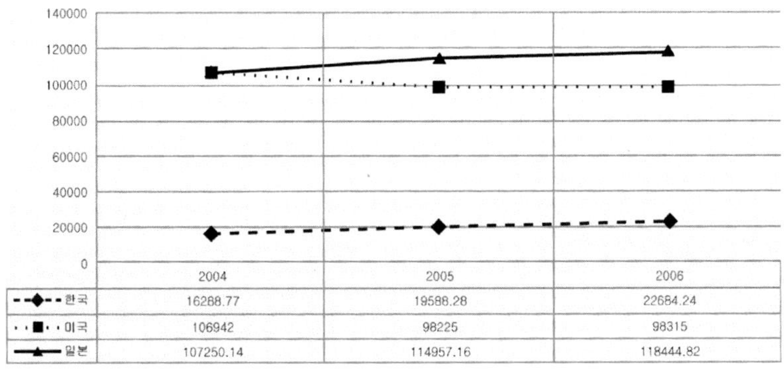

자료: ISTANS 자료 재정리

〈그림 13〉 국가별 자동차 산업의 부가가치(단위: 백만 달러)

부가가치 비중을 살펴보면, 부가가치와 달리 한국이 부가가치 비중이 제일 높게 나타났다. 한국기업의 경우, 2.5% 이상으로 일본 자동차기업보다 높게 나타났다. 그리고 미국 자동차기업보다는 한국과 일본 기입 모두 다 2배 이상으로 나타났다.

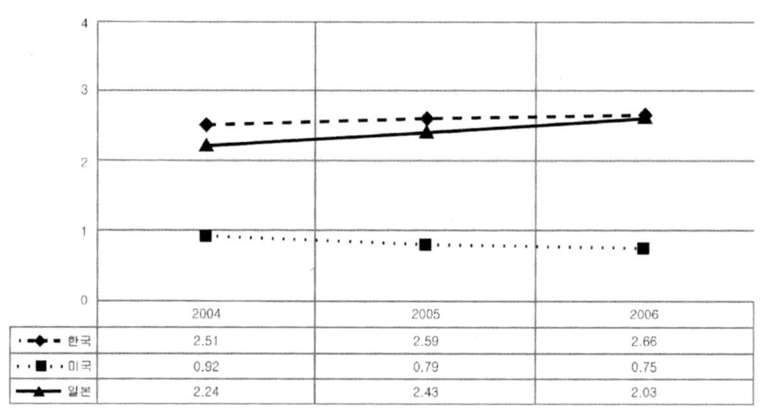

	2004	2005	2006
한국	2.51	2.59	2.66
미국	0.92	0.79	0.75
일본	2.24	2.43	2.03

자료: ISTANS 자료 재정리.

〈그림 14〉 국가별 자동차 산업의 부가가치 비중(단위: %)

자동차 산업의 부가가치율을 살펴보면, 일본 자동차기업의 부가가치율이 25% 이상으로 미국 자동차기업보다 월등히 높게 나타났다. 그러나 한국 자동차기업의 경우 20%에 미치지 못하는 추세를 나타냈지만, 더욱 문제는 2004년 대비 2006년에 1% 정도 감소하는 추세를 나타내었다.

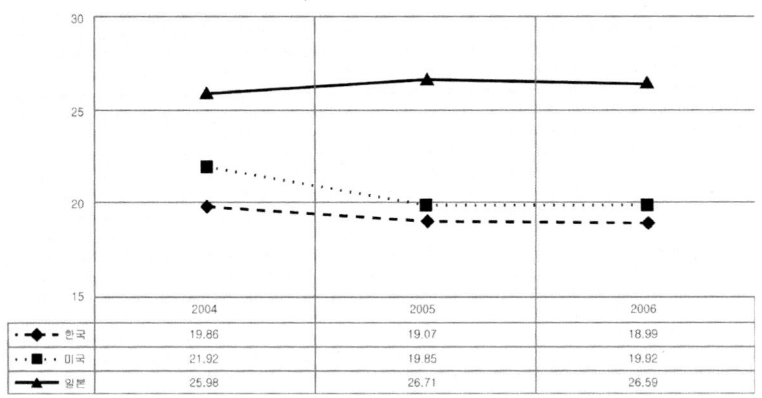

자료: ISTANS 자료 재정리.

〈그림 15〉 국가별 자동차 산업의 부가가치율(단위: %)

　　자동차 산업의 시간당 임금 비교에서는 우리나라가 시간당 20달러, 일본이 약 40달러를 지불하고 있으며, 임금 상승률은 일본은 현 수준을 유지하는 정도이지만, 우리나라는 일본의 절반수준인 20달러에 불과하지만, 임금 상승률은 120%로 매우 높은 편으로 나타났다. 이를 통해 앞으로 우리나라 자동차기업의 임금이 일본 수준까지 상승할 것이 예측되며, 기업의 경쟁력에 임금 상승이 큰 악영향을 미칠 것으로 예상된다.

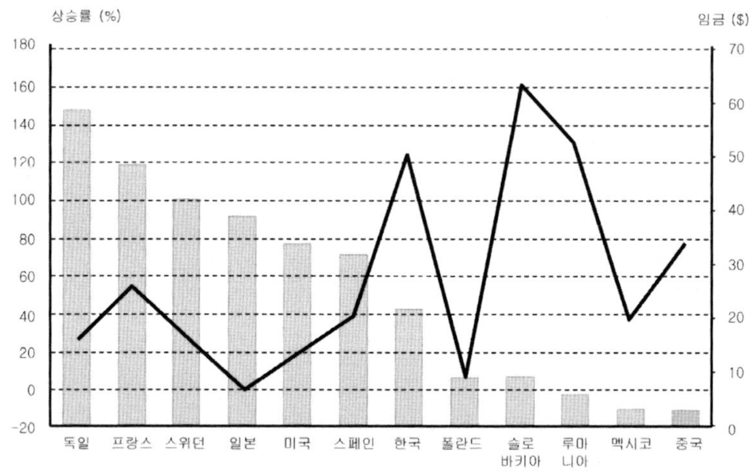

자료: 산업연구원, 2010.
주 : 임금은 2009년 기준, 상승률은 1999~2009년 중 상승률.

〈그림 16〉 자동차 산업 시간당 임금 비교(2009년 기준)

3. 세계 주요 시장에서의 한국과 일본 자동차기업 비교

1) 미국시장

글로벌 금융위기로 인하여 지난 2년에 걸친 극심한 경기침체의 영향으로 미국 내 일본자동차 판매는 2009년에도 19.6% 줄어든 421만 대에 그치며 감소 추세를 나타냈다. 그러나 전체 평균보다는 다소 호조를 나타내 일본자동차의 미국 시장점유율이 처음으로 40%를 돌파했다.

도요타는 2009년에 미국시장에서 전년 대비 20.2% 감소한 177만 대를 판매하여 점유율이 조금 상승하였다. 이는 GM의 부진이 극심한 것에 기인하여 이 두 기업 간의 시장점유율 격차는 5.6%에서 2.9%로 줄어들었다. 도요타자동차 판매는 승용차가 소형 상용차보다 다소 부진했는데 이는 주력 RAV4와 새로 투입한 중형 CUV 벤자가 미국 정부의 CARS 인센티브에 힘입어 호조를 나타내고, 고급 CUV RX350도 모델 변경을 배경으로 10%가 넘는 증가율을 기록한 것에 원인이 있다.

혼다는 2009년 동안 115만 1,000대의 자동차를 미국시장에서 판매하여 전년 대비 19.5%의 감소율을 기록했으나 오히려 시장점유율은 0.2% 높아졌다. 이는 새로 투입한 하이브리드형 인사이트 판매가 목표치인 2만 대에 미치지 못하였고, CUV인 어코드 크로스투어와 아큐라 ZDX가 연말이 다 되어서 출시된 것에 원인이 있다.

GM과 크라이슬러의 경영위기에 따른 반사이익과 고연비차에 대한 선호도 상승, 미국 정부의 지원정책에 따른 수혜 등이 복합적으로 작용되어 현대·기아자동차의 2009년 미국 내 자동차 판매가 73만 5,000대에 이르렀다. 이는 전년보다 8.9% 증가한 것으로 주요 업체 가운데 두 번째로 높은 성장률을 나타냈다.

2009년 미국시장에서 거둔 현대·기아의 호조는 지속적인 품질 향상과 고급형 제네시스의 투입을 계기로 한 브랜드이미지 제고, 어슈어런스 프로그램 등 적극적인 마케팅 활동의 전개, 미국 정부의 인센티브 정책 등에 힘입은 것이다. 현대와 기아는 전년보다 판매가 8.9% 증가하여 시장점유율도 7.1%로 2.0%가 높아졌다.

2) 서유럽시장

2009년 서유럽의 자동차(18국 기준, 3.5톤 이하 소형 상용차 포함) 판매는 1,494만 1,000대로 전년 대비 감소율이 2.8%, 승용차의 경우는 1,363만 3,000대로 전년보다 0.5% 증가했다. 2009년 서유럽의 승용차 판매를 업체그룹별로 보면 선두 폭스바겐그룹을 비롯하여 PSA, 포드

그룹, 르노그룹, 피아트그룹 등 소형차를 주력으로 하는 곳이 증가한 반면, 대형 고급차가 주력인 BMW그룹과 다임러가 13% 안팎의 감소율을 보였다. 미국자동차 판매는 경영위기의 영향으로 GM그룹이 5.6%의 감소율을 각각 기록했다. 또한 역외업체의 경우 일본업체들이 현상 유지에 가까운 소폭의 감소율을 보인 반면 현대·기아는 큰 폭의 증가율을 나타냈다. 이는 경기위축과 CO_2 배출량을 기준으로 한 자동차세제, 폐차인센티브지원 등이 복합적으로 작용한 결과로 보인다.

2009년 한국과 일본업체들의 승용차 판매는 일본업체의 닛산과 스즈끼가 호조를 보인 대신 마쓰다는 부진하여 일본 전체로는 소폭의 감소율을 나타냈고, 현대·기아는 현대가 특히 호조를 나타냄으로써 전년보다 21.3% 증가하여 점유율이 3.8%로 크게 상승했다. 도요타는 현상 유지에 가까운 소폭의 감소율을 보였고 혼다도 소폭 감소했다. 도요타의 경우 전년보다 0.3% 감소한 65만 8,000대의 승용차를 판매했는데 신모델인 iQ가 저탄소효과로 4만 4,000대 판매되고 주력모델 중 아이고가 소폭 증가한 대신 야리스는 소폭 감소했다. 그러나 중형 이상에서는 고연비 하이브리드차인 프리우스 판매가 약간 상승했으며, 아벤시스도 다소 증가했으나 아우리스와 코롤라, 렉서스모델의 판매가 크게 감소하였다. 현대·기아는 현대자동차의 승용차 판매가 전년보다 32.3% 증가하여, 51만 4,000대를 판매함으로써 전년 대비 증가율이 21.3%에 이르렀고, 기아자동차도 현대자동치보다는 낮지만 8.7%의 증가율을 나타냈다. 2008년 출시한 현대 i10이 109.4% 증가한 10만 6,000대, 새로 투입한 i20도 5만 4,000대가 판매된 데다 i30이 66.4% 증가했다. 기아 피칸토와 리오 등도 큰 폭의 호조를 나타내는 등 소형차에서 주요 업체 중 최고의 판매를 기록했다.

3) 중국시장

중국은 세계 최대 자동차시장으로 급부상한 시장으로 2009년 연간 1,350만 대 자동차를 생산·판매하며, 세계 1위의 자동차 생산국인 동시에 판매국으로 자리매김했다. 특히 자동차 판매량을 살펴보면, WTO 가입 직후인 2002년 324만 대에 불과하던 자동차 판매량이 연평균 22.6%씩 성장을 하며, 7년 만인 2009년 연간 판매량이 1,350만 대 수준에 이르며, 괄목할 만한 성장을 거듭하고 있다.

중국 자동차시장은 미국이나 유럽 등 선진시장과 달리 28개의 합작업체와 지방정부가 소유한 21개의 업체 그리고 민영업체 9개가 경쟁하고 있으며, 각 지역별 군소업체까지 포함한다면 100개가 넘는 자동차기업이 경쟁하고 있는 실정으로 시장 안에서 서로의 경쟁상대를 파악할 수조차 없는 하이퍼 경쟁(Hyper Competition) 상태에 놓여 있다.

베이징현대의 자동차 판매는 전년보다 93.6%나 늘어난 57만 대에 달하여 전년의 9위에서 5위로 급상승했다. 베이징현대의 경우 고연비와 정부의 구매세 인하 효과로 소형 엘란트라의 판매가 전년 대비 101.8% 증가한 41만 1,000대로 판매대수 1위의 자동차 모델로 선정된 것이 주요했다.

반면에 도요타는 주요 업체 중 가장 낮은 10%대의 증가율에 그치며, 2008년 7위에서 10위로 시장점유율이 다소 하락하였다. 텐진이치도요타가 전년 대비 16.1% 증가한 40만 3,000대를, 광저우도요타가 21.9% 늘어난 21만 대를 판매하는데 그침으로써 전체 도요타의 자동차 판매는 17.1% 상승하였다. 도요타는 2009년에 투입한 RAV4와 하이랜더가 판매상승을 주도하였지만, 주력차종인 코롤라가 소폭 감소하였을 뿐만 아니라 캠리의 판매도 2.2% 증가수준에 그쳤다. 그러나 도요타의 경우 쓰촨공장의 생산능력을 1만 대에서 3만 대로 확충하고 판매점수도 중서부 지역을 중심으로 850개로 40% 정도 확대할 계획을 추진하고 있다. 또한 신흥시장을 겨냥하여 추진해 온 저가자동차개발을 서두르며, 중국 중서부지역을 목표로 100만 엔 이하의 1.3 L급 소형차개발에 박차를 가할 계획이다.

4. 현대자동차와 도요타자동차 경쟁력 비교

1) 주요 경영지표 비교

현대자동차는 1967년 12월 설립된 한국을 대표하는 자동차 제조기업으로 연간 360만 대(2009년 기준, 국내 170만 대, 해외 190만 대)를 생산·판매하고 있다. 현대차는 2009년 매출액이 31조 8,590억 원으로 2008년에 비해 1% 감소했지만 그 수준은 글로벌 경제위기 속에서 일구어 낸 눈부신 성과이다. 그리고 영업이익은 전년 대비 19.1% 증가한 2조 2,350억 원, 당기 순이익은 2조 9,620억 원으로 전년 대비 2배 이상 증가했다.

현대자동차의 글로벌 네트워크는 5개의 생산법인(터키, 인도, 중국, 미국, 체코)을 기반으로 8개 판매법인, 13개 현지조립공장, 6개 지역본부, 5개 판매사무소, 그리고 5개 R&D연구소를 자동차 생산을 위한 네트워크로 구축하고 있다. 더욱이 기아자동차의 조직과 매출액을 포함하면, 종합적으로 현대·기아차자동차그룹은 2009년 총 매출액 50조억 원, 당기 순이익 4조 4,122억 원을 달성하는 성과를 나타냈다.

〈표 4〉 현대·기아자동차의 주요 경영지표 추이(단위: 억 원)

구분	2005	2006	2007	2008	2009
매출액	479,484	447,752	465,682	485,720	502,747
영업이익	19,825	11,092	18,901	21,857	33,794
당기순이익	29,266	15,299	16,837	14,592	44,122

자료: 현대자동차, 기아자동차 연차보고서.

일본 자동차를 대표하는 도요타자동차는 2009년 매출액 20조 529억 엔(266조 8,700억 원)을 기록하였다. 한국의 현대자동차와 비교한다면, 8배 이상의 매출액을 달성하였다. 이러한 도요타자동차는 2001년 1조 엔을 돌파한 이후 가파른 상승세를 거듭하며 2006년 이후 2조 엔대의 영업이익을 유지하며, 2008년 GM을 제치고 1위에 오른 도요타는 유연성과 신속성, 효율성, 지속적인 개선활동을 통하여 경쟁력 향상을 이룩한 도요타 생산방식을 기반으로 세계 최고수준의 경쟁력을 가진 기업으로 평가되고 있다.

그러나 도요타는 2009년에 창사 71년 만에 처음으로 대규모 영업 적자를 기록했다. 2008년 9월 글로벌 금융위기 이후 세계 자동차시장이 극도로 침체됨으로써 어느 정도 예상된 적자는 무려 4,610억 엔(5조 9,930억 원)으로 집계되면서 큰 충격을 주었다.

〈표 5〉 도요타자동차의 주요 경영지표 추이(단위: 백만 엔)

구분	2005	2006	2007	2008	2009
매출액	18,551,526	21,036,909	23,948,091	26,289,240	20,529,570
영업이익	1,672,187	1,878,342	2,238,683	2,270,375	−461,011
당기순이익	1,171,260	1,372,180	1,644,032	1,717,879	−436,937

자료: 도요타자동차 연차보고서 정리.

이렇게 도요타가 2009년도에 영업적자를 기록한 것은 판매대수의 감소에 따른 매출액 감소에 가장 큰 원인이 있었으나 예상치 못한 엔고와 경비 증가도 원인이 되었다. 매출액의 경우 2008년도보다 21.9% 감소한 20조 529억 엔을 나타냈는데 그중에서도 그동안 높은 수익성으로 경영실적에 큰 영향을 미쳤던 해외 매출이 25.0%나 감소한 것이 주요 요인으로 작용되었다. 특히 북미지역 매출액은 전년 대비 34.0%나 감소한 6,223억 엔으로 가장 높게 나타났다.

도요타자동차의 글로벌 네트워크는 북미, 유럽, 아시아, 중동, 중남미, 대양주, 아프리카 7지역 26개 국 51개소에 완성차 및 부품생산거점을 구축하고 있으며, 미국, 영국, 프랑스, 대만, 오스트레일리아에 R&D 연구소를 글로벌 네트워크에 포함하고 있다.

2) 자동차 생산량 비교

현대자동차와 도요타자동차의 생산량을 비교하면, 2005년을 기준으로 격차가 점점 확대되었지만, 2009년 도요타의 경영 악화로 인해 생산량 격차가 크게 줄어듦을 볼 수 있다. 그리고 한국과 일본 자동차 산업 전체를 비교하였을 때, 한국과 일본의 생산량 격차가 2009년 줄어들었지만 한국과 일본 자동차기업 모두 생산량이 감소하였다. 그러나 현대자동차와 도요타자동차의 생산량을 비교, 분석해 보면, 현대사동차의 경우 2009년 생산량이 오히려 급증하여 도요타자동차와 격차를 줄이고 있는 차이점을 나타냈다.

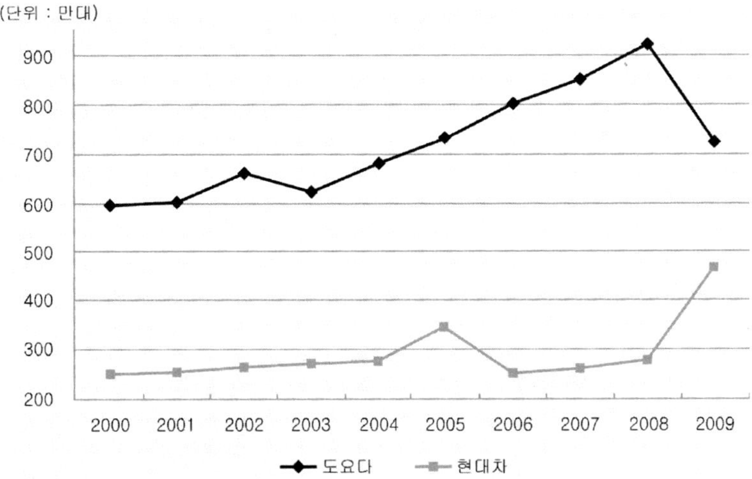

출처 : International Organization of Motor Vehicle Manufacturers(OICA) 자료 재정리.

〈그림 17〉 현대자동차와 도요타자동차의 생산량 비교(2000~2009년)

두 기업의 지역별 생산량을 살펴보면, 현대자동차의 경우, 한국을 포함해 7개 국에서 자동차를 생산하고 있으며, 전체 자동차 생산량의 59%를 국내에서 생산하고 그 외 해외에서는 중국 18%, 인도 12%, 미국에서 4%를 생산하고 있다.

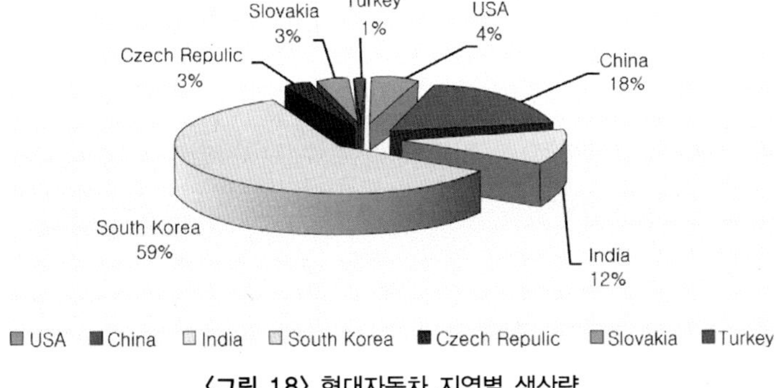

〈그림 18〉 현대자동차 지역별 생산량

반면 도요타자동차는 일본을 포함해 22개국에서 자동차를 생산하고 있으며, 전체 생산량의 12%를 미국에서 생산하고 있으며, 중국 8%, 대만 6%, 인도네시아, 캐나다 각각 4% 등 현대자동차보다 글로벌 생산네트워크가 디욱 강히고 폭넓게 구축되어 있다.

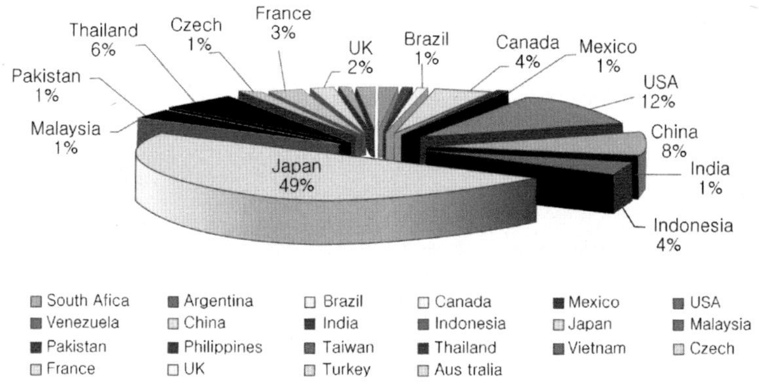

〈그림 19〉 도요다자동차 지역별 생산량

현대자동차와 도요타자동차의 해외 생산량 변화를 살펴보면, 2002년에는 도요타자동차가 연간 200만 대를 해외 공장에서 생산한 반면, 현대자동차는 10만 대 수준에 불과하였다. 그러나 현대자동차는 글로벌 생산체제를 구축하며, 꾸준히 해외 생산량을 증가시켜 10년 사이에 해외 생산량이 14배 정도로 높아졌다. 도요타자동차의 경우 현대자동차보다 해외 생산량이 월등히 높은 수준이시만, 2007년을 기짐으로 조금씩 감소하고 있는 추세를 나타내고 있다.

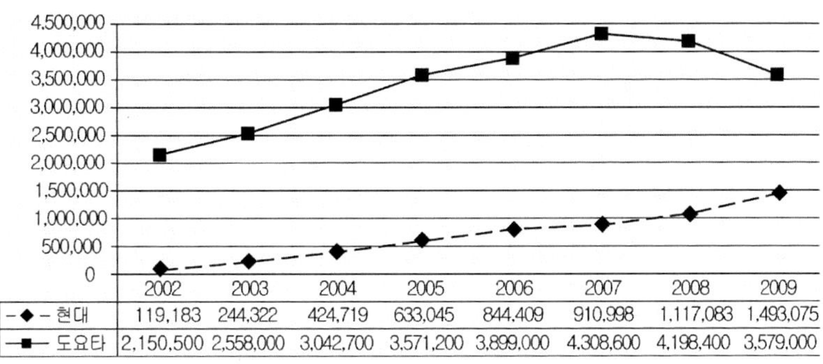

	2002	2003	2004	2005	2006	2007	2008	2009
─◆─ 현대	119,183	244,322	424,719	633,045	844,409	910,998	1,117,083	1,493,075
─■─ 도요타	2,150,500	2,558,000	3,042,700	3,571,200	3,899,000	4,308,600	4,198,400	3,579,000

출처 : 현대자동차, 도요타자동차 연차보고서 재정리.

〈그림 20〉 현대자동차와 도요타자동차의 해외 생산량 변화

Ⅲ. 결론

지금까지 한국의 현대자동차와 일본의 도요타자동차를 중심으로 두 나라 간의 자동차 산업을 비교, 분석해 보았다. 그 결과 자동차 산업의 매출액은 일본에 비해 14.5%, 투자는 33.3%, 국가 세수입은 25%, 일자리 창출은 34% 수준에 머무르고 있으며, 생산량은 일본자동차 산업이 3배 정도 많지만 격차는 매년 조금씩 감소하고 있다. 그리고 자동차 세계 수출 시장의 점유율 변화에서는 일본과의 격차가 2000년 12.6%에서 2009년에는 7.9%로 감소하고 있다.

양국 자동차 산업은 생산성에서 큰 차이를 나타냈다. 도요타자동차의 경우 종업원 1인당 생산대수가 연간 68.9대에 이르렀지만, 한국의 현대자동차는 29.6대, 기아자동차는 34.9대로 도요타자동차를 기준으로 각각 43%와 50.7% 수준밖에 되지 않았다. 그리고 1인당 매출액도 도요타자동차보다 낮게 나타났다. 특히 종업원 1인당 영업이익

은 도요타자동차가 12,887천 엔(1억 1,598만 원), 현대자동차가 2,856천 엔(2,570만 원)으로 도요타자동차의 22.2% 수준밖에 되지 않는 것으로 조사되었다. 이 외에도 총요소생산성, 노동생산성, 부가가치 노동생산성, 부가가치, 부가가치 비중, 부가가치율 등 모든 요소에서 일본이 경쟁우위에 있지만, 그 격차가 매년 조금씩 감소하고 있는 특징을 나타냈다.

그리고 현대차와 도요타의 지역별 생산량을 살펴보면, 현대가 59%, 도요타가 49%를 본국에서 생산하고 있으며, 현대차는 자동차기술의 발전과 함께 인구 10억 이상의 세계 최대 시장 규모를 갖고 있는 중국을 비롯하여 인도가 미래세계 자동차 산업을 주도하는 산업 선진화현상의 도래를 판단하여 공격적인 현지 생산공장 설립 및 대규모 설비 확대를 실시하였다. 또한 현지 시장환경에 도요타보다 빨리 적응하기 위해 연구 및 생산체제를 신흥시장 맞춤형으로 변환하여 경쟁력을 강화하였다. 이러한 현대자동차의 해외 생산량을 살펴보면, 중국이 18%, 인도가 12%, 미국이 4%의 비중을 차지하고 있다. 한편 도요타는 미국이 12%, 중국 8%, 대만 6%, 인도네시아, 캐나다 각각 4% 등 생산량 비중에서 현대는 중국시장을 중심으로, 도요타는 미국시장을 중심으로 생산체계가 구축되어 있는 차이를 나타냈다. 그리고 해외 생산량 변화를 살펴보면, 2002년에는 도요타자동차가 연간 200만 대를 해외 공장에서 생산한 반면, 현대자동차는 11만 대 수준에 불과하였다. 그러나 그 후 현대자동차는 해외 생산량이 10년 사이에 18배 정도로 높아진 190만 대를 생산하여 도요타의 1/3 수준을 넘어서는 비약적인 발전을 하고 있다.

이처럼 한국과 일본 자동차기업들이 글로벌 경쟁력을 확보하기 위해 다양한 방법으로 노력하고 있다. 하지만 현대자동차가 도요타자동차와 비교하여 글로벌 경쟁력을 강화하고, 향후 지속적인 경쟁우위를 창출하기 위해서는 현지 완결형 경영체제, 친환경자동차, 신흥시장에 대한 공략 및 품질관리에 보다 많은 노력을 경주해야 할 것이다.

첫째, 현지 완결형 경영체제 구축이다. 현대자동차가 글로벌 Top 4에서 상위기업으로 발전하기 위해서는 상품경쟁력 강화를 위한 과감한 R&D투자를 바탕으로 더욱 공격적인 현지화 전략을 추진해야 기업경쟁력과 브랜드 강화를 할 수 있다. 특히 해외 현지에서 이해관계자들에 대한 사회적 책임을 자발적으로 준수하며, 다양한 프로젝트를 수행함으로써 기업의 현지정부, 사회, 국민들과 밀착하여 기업가치 공유를 공존하고, 지속 성장 가능한 경영체제를 구축해야 할 것이다. 그리고 고객 중심의 글로벌 프로세스 확립과 변화와 혁신하는 기업으로 쇄신하도록 노력해야 한다. 예를 들어 도요타와 일본자동차기업들은 현지시장에서 개발한 히트모델을 내수시장으로 도입하여 출시시킴으로써 내수시장에서 새로운 고객을 창출시켜 경영의 안정을 추구한 바 있다.

둘째, 친환경자동차 개발이다. 친환경자동차 개발과 생산 및 출시 측면에서 현재 아반떼LPG하이브리드와 소나타하이브리드를 출시하고 있지만 도요타는 렉서스와 캠리하이브리드를 시장에 출시하여 판매비중을 증가시키고 있다. 향후 하이브리드는 전기자동차 개발 중간단계로서 시장을 점유할 것으로 분석된다. 즉 신속한 전기자동차 개발과 함께 압축소형 전기배터리 제조가 획기적인 현대자동차의 생산과 대량분배의 역할을 할 것으로 예측된다.

셋째, 신흥시장의 공략이다. BRICs의 출현으로 신흥시장의 자동차 수요와 보급이 확산됨으로써 자동차 제조업체들의 생산설비 증가를 위한 대규모 투자가 과감하게 이루어지고 있다. 특히 세계 최대의 중국시장에서의 도요타와 현대의 생산량과 판매량을 비교하면 현대의 공격적 경영이 시장에서 강한 경쟁력을 발휘하고 있다. 그러나 도요타는 신흥시장에서의 판매량이 완만한 성장현상을 나타냈다.

넷째, 품질관리이다. 세계 자동차시장에서 가장 중요한 경쟁요소는 바로 품질이다. 최근 현대자동차 모델의 품질과 디자인이 급격히 향상되었으며, 글로벌 제품으로 품질보증을 10년간 실시함으로써 고객들이 인정하는 수준으로 발전되었다. 이러한 품질과 디자인의 혁신은 선진시장의 고객들로부터 초기제품 만족도 1위의 성과를 창출하였다. 이에 반해 일본의 도요타는 2009~2010년 대규모 리콜사태로 그동안 도요타가 가진 품질에 대한 고객들의 신뢰가 무너졌다. 그러나 그동안 도요타에서 실시한 원가절감 활동은 주로 계열부품업체와의 협력에 의해 부품의 개발단계에서부터 차별화된 글로벌경쟁력을 갖춘 부품업체들을 육성하여 도요타의 생산방식과 원가절감방식을 부품업체에 학습시킴으로써 재고비용 감소와 생산성 향상의 효과가 강한 경쟁력으로 나타났다. 이러한 점은 현대자동차가 벤치마킹할 필요가 있으며, 품질관리를 위한 협력사와의 상생경영과 경영혁신이 향후 현대자동차의 경쟁력 확보에 핵심요인이라는 것을 확고히 인식해야 한다.

참고문헌

기아자동차. "연차보고서 및 IR자료", 2005~2009년.
도요타자동차. "연차보고서 및 IR자료", 2005~2009년.
산업연구원(2010). "주요산업별 대중소기업성과 및 거래구조분석과 정책적 시사점", 2010. 12.
이근·정무섭·김윤지(2008). "'선도추격'에서 '동반추격'으로의 전환을 위한 서비스산업의 역할과 전략". 한국경제학회주최, 2008년경제학공동학술대회발표논문.
일본자동차공업회. 『자동차통계월보』 각 호.
정준화(2009). "미국빅, 파산보호신청 및 구조조정, 자동차경제". 한국자동차산업연구소, 제422호, p.25.
한국자동차 산업연구소(2009). "중국시장 세계 1위의 의미". KARI CEO Report, 2009.12.
한국자동차 산업연구소(2010). "2010 자동차 산업".
한국자동차 산업연구소(2010). "2010년 4/4분기, 세계자동차시장동향".
현대자동차. "연차보고서 및 IR자료", 2005~2009년.
International Organization of Motor Vehicle Manufacturers(OICA)(2009)(http://oica.net/wp-content/uploads/all-vehicles-2008-2009_2.pdf).
Ward's Communications. *Ward's Automotive Report*, 각 호.

기아자동차 홈페이지　http://www.kmcir.com
도요타자동차 홈페이지　http://www.toyota-global.com
산업연구원, 산업통계포털(ISTANS) 홈페이지　http://www.istans.or.kr/website/index.jsp
한국자동차공업협회. 조사통계자료　http://www.kama.or.kr
현대자동차 홈페이지　http://pr.hyundai.com
International Organization of Motor Vehicle Manufacturers(OICA) 홈페이지　http://www.oica.net

일본, 한국, 중국 자동차 산업의 국제경쟁력

시오지 히로미(교토대학교)

I. 서론

동아시아의 자동차 산업이 눈부시게 발전하고 있다. 2010년 국내 생산대수에서는 중국이 세계 1위로 1,826만 대, 2위 일본이 963만 대, 3위 미국이 773만 대, 4위 독일이 591만 대, 5위 한국이 427만 대로 상위 5개 국 중 3개 국이 동아시아 국가이다. 9년 전인 2001년에는 일본 2위, 한국 5위, 중국 7위였으나, 최근 10년간 중국이 빠르게 성장하고 있다. 중국의 성장세는 앞으로 계속되어 2010년에는 중국의 생산대수가 2,000만 대 중반에 육박, 다른 나라를 압도할 것으로 전망된다.

본 연구에서는 자동차 산업에 있어 동아시아 3개 국(한국·일본·중국)의 국제 경쟁력을 다른 선진국이나 신흥국과의 비교를 통해 객관적으로 평가해 보고자 한다. 경쟁력의 결과로 나타난 정량적 지표(생산대수, 판매대수, 수출입 대수 등)를 분석해 동아시아 3개국의 자동차 산업 경쟁력의 유형 다른 선진국과의 차이점, 한·일·중 3국 간의 차이를 살펴 보고자 한다.[1]

---

1) 한국이나 일본의 자동차 메이커들의 경쟁력의 역사적 형성과정이나 주요 원인에 대해서는 기존의 많은 연

1. 국제경쟁력의 정의

본격적인 분석에 앞서 우선 주요 용어에 대해 정의를 내려 보도록 한다. '국제경쟁력'이라는 용어를 사용한 것은 본 연구가 한국, 일본, 중국 3국의 국내 경쟁력 뿐만 아니라 글로벌 시장에 있어서의 경쟁력(시장점유율 등)을 분석대상으로 하고 있기 때문이다. 예를 들면 현대·기아자동차(이하, 현대자동차라고 표기함)의 경우 한국 내의 국내 생산대수, 316만 대(2010년)뿐만 아니라 현대자동차의 글로벌 생산대수, 660만 대가 분석대상이 된다. 이렇게 분석할 경우 수출경쟁력이나 해외현지생산의 거점구축 능력과 같은 글로벌 경쟁력을 보다 체계적으로 분석할 수 있다.

2. 자동차 메이커의 국적 판단기준

자동차 메이커의 국적, 다시 말해 해당국의 국산 메이커란 무엇인가에 관한 판단기준도 필요하다. 첫째, 국산 메이커란 우선 해당국에 세계 본사를 두고, 개발 및 생산 등의 주요 오퍼레이션을 해당국에서 전개하여 독자적인 브랜드 차를 판매하고 있는 자동차 메이커를 말한다. 둘째, 주주 구성에 있어서 타국의 자동차 메이커가 반수 이상을 소유(혹은 경영 근간에 영향을 행사할 수 있는 비율의 소유)하고 있지 않은 자동차 메이커를 말한다. 이러한 기준에서 볼 때 한국자동차 메이커란 세계 본사가 한국에 있으며, 개발·생산 등의 주요 오퍼레이

구가 있으므로 본 연구에서는 별도의 검토는 하지 않으며 지면의 제약상 경쟁력의 내용(개발·생산·유통 시스템 등) 역시 연구의 범위에서 제외하였다.

션을 한국에서 전개하고 주주 구성에 있어 한국 이외 나라의 자동차 메이커에 의한 실질적 지배가 없는 기업으로 볼 수 있다. 이러한 기준에서 르노삼성자동차는 프랑스 메이커, 한국 GM자동차는 미국 메이커, 쌍용자동차와 타타대우는 인도 메이커로 본다. 중국의 상하이 VW기차는 독일기업으로 분류하고 일본의 미쓰비시후소는 독일 메이커로 본다.[2]

3. 생산국 기준과 메이커 기준

본 연구에서는 각국의 생산대수를 계산함에 있어 '생산국 기준'과 '메이커 기준'이라는 2가지 기준을 구분하여 사용하고 있다. 첫 번째 기준은 생산국 기준이다. 예를 들어 자동차의 각국 '생산대수'를 산정하는 경우 해당국에 있는 생산거점(자동차공장)에서 1년간에 몇 대의 자동차가 생산(조립)되었는지를 기준으로 하여 산정하는 방법이다. 해당국의 국산 메이커(예를 들면 현대자동차)가 생산했는지 혹은 외국 자동차 메이커의 자회사 메이커(예를 들면 르노삼성)가 생산했는지는 상관없이[3] '해당국의 생산대수'에 포함시킨다.[4]

---

2) 한국의 르노삼성자동차의 대주주는 르노(소유 주식률 70.1%)이며, 경영자의 일부는 르노에서 파견되었다. 자동차의 개발·생산에 대해서도 르노와 닛산 자동차가 주도하는 경향이 강하며, 생산차량의 원천모델도 모든 것이 르노와 닛산 브랜드이기 때문에 르노삼성은 한국자동차 메이커에는 포함되지 않는다. 그러므로 본 연구에서는 이 회사를 프랑스 메이커로 간주하며 한국 GM자동차는 미국 메이커로 보고, 쌍용자동차와 타타대우는 인도 메이커로 본다. 한편, 중국의 상하이 VW기차(중국 측과 VW 측이 50%씩 보유)는 개발이 주로 독일의 VW에 의하고, 차종 브랜드도 VW브랜드를 거의 그대로 사용하고 있으므로 독일 기업으로 분류한다. 일본의 미쓰비시후소는 독일의 다임러가 100% 소유하고 있기 때문에 독일 메이커로 본다. 이와 같이 (1) 개발이나 생산에 있어 실질적인 리더십이나 브랜드, (2) 외국 메이커에 의한 소유 주식 비율 등으로 종합적으로 판단하기로 한다.

3) 해당국(예를 들면 한국)의 국산 메이커가 해외(예를 들면 미국)에서 생산한 대수는 '한국 생산대수'에 포함시키지 않고 '해외(미국) 생산대수'에 포함시킨다.

4) 이러한 생산국 기준은 각국의 자동차공업회가 국내 통계를 작성할 때에 이용하고 있는 기준이며, 쉽게 입

두 번째 기준은 메이커 기준으로 해당국의 국산 메이커가 전 세계적으로 생산한 물량의 합계이다. 일본의 경우 일본 국산 메이커[5]의 글로벌 생산대수를 합한 것이 메이커 기준에서 보는 '일본의 생산대수'인데 일본의 2010년 생산대수는 2,267만 대[6]이다. 이것은 일본 국산 메이커의 국내 생산기지와 해외 생산기지(예를 들면 영국 도요타)의 생산량을 합한 값과 같다. 이때 일본에 있는 외국기업의 일본 현지 생산기지(예를 들면 미쓰비시후소와 UD트럭)의 생산량은 메이커 기준으로 '일본의 생산대수'를 계산할 때 제외시키고 '한국의 생산대수'를 계산할 때는 앞서 언급한 한국 GM자동차 및 쌍용자동차, 르노·삼성, 타타대우 등의 생산대수를 제외하였다.[7]

4. 경쟁력의 지표

본 연구에서는 각국 자동차 산업의 경쟁력을 측정하기 위해 앞서 말한 바와 같이 생산대수, 판매대수, 수출입대수, 점유율 등 다양한 지표를 활용하고 있으나 여러 지표 중 글로벌 시장점유율(메이커 기준)을 가장 중요하게 보고 있다. 시장점유율은 이른바 '심층의 경쟁력'이나 '표층의 경쟁력'에 의한 결과로 경쟁력 그 자체와 동일시하기 어려운 측면도 있으나 본 연구에서는 어떤 조건에서 경쟁력이 생기고 있는지 그리고 그 수준을 평가하는 정량지표의 하나로서 시장

수할 수 있는 데이터이다. 이 기준에서 보면 2010년의 한국의 생산대수는 427만 대이다.

5) 2010년 도요타자동차 그룹(도요타, 렉서스, 다이하쯔, 히노, 프로도어를 포함한다)은 전 세계에서 869만 대, 닛산 자동차가 372만 대, 혼다기켄 공업이 361만 대를 생산하고 있다.

6) 국내 생산 963만 대, 해외 생산 1,304만 대로 과거 최고는 2007년의 약 2,327만 대(국내 생산 1,160만 대, 해외 생산 1,167만 대)이다.

7) 이들 한국 현지 자회사의 생산대수는 각각 미국, 프랑스, 인도의 메이커 기준 생산대수에 포함된다.

점유율을 이용하고 있다.

그러나 한국, 일본, 중국 3국 간 경쟁력 비교에 있어 글로벌 시장점유율을 기준으로 활용할 경우 어떤 편의(bias)에 빠질 수 있는지 면밀히 주의할 필요도 있다. 예컨대 내수 시장이 거대한 중국 기업들의 경우 글로벌 경쟁력이나 해외시장 개척을 위한 노력이 부족하더라도 내수 시장의 성장만으로도 글로벌 시장점유율이 올라가기 때문이다.[8] 이러한 편의(bias)를 조정하기 위해서는 수출이나 해외 생산 등 국제경쟁력을 나타내는 다른 지표들을 보완적으로 파악할 필요가 있다. 한편 내수 시장이 크다는 것 자체가 전혀 의미가 없다고는 할 수 없다. 중국의 거대한 내수 시장에서 국산 메이커가 일정한 지위를 차지하고 있다는 것은 중국기업이 글로벌 경쟁력의 기초를 일부 형성하고 있다고 볼 수 있기 때문이다.

Ⅱ. 본론

1. 국내 생산대수 및 수출대수

먼저 국내 생산대수 및 수출대수 통계를 통한 통계 수치로 동아시아 자동차 메이커의 경쟁력을 분석해 보도록 한다.

---

8) 중국 자동차 산업의 경우 수출이나 해외 현지 생산과 같은 부분에서 글로벌 경쟁력이 아직 취약함에도 불구하고 내수 시장에서의 판매대수가 워낙 커 글로벌 시장점유율이 점차 커지는 경향이 있다.

1) 생산국 기준에 따른 나라별 생산대수

〈표 1〉 나라별 생산대수9)(2010년)

국명	생산국 기준		메이커 기준	
	생산대수(만 대)	순위	생산대수(만 대)	순위
중국	1,826	1	990	4
일본	963	2	2,267	1
미국	774	3	1,540	2
독일	591	4	1,162	3
한국	427	5	660	5
브라질	365	6	–	–
인도	354	7	160	8
스페인	239	8	–	–
멕시코	235	9	–	–
프랑스	194	10	617	6
한·일·중 소계	3,216		3,917	
세계 총계	7,815		7,815	

자료: FOURIN '세계 자동차 통계 월보' 및 '중국 자동차 조사 월보' 각 호에서 작성.

<표 1>에서 생산국 기준에 따른 2010년의 나라별 생산대수를 살펴볼 경우 앞서 언급한 것과 마찬가지로 중국이 1위, 일본이 2위, 한국이 5위로 나타나고 있다. 동아시아 3개 국이 선두를 형성하고 있으며 세계 자동차 생산에서 매우 중요한 지위를 차지하고 있다는 것을 쉽게 파악할 수 있다.

2) 메이커 기준에 따른 나라별 생산대수

다음으로 <표 1>에서 메이커 기준에 따른 나라별 생산대수를 살

---

9) '–'은 통계가 존재하지 않거나 번잡하기 때문에 집계와 순서에서 생략하였음을 의미한다. 이하 동일.

펴보자. <표 1>에서 생산국 기준과 메이커 기준에 따른 생산대수를 나라별로 비교 시 생산국 기준보다 메이커 기준의 생산대수가 큰 폭으로 감소하고 있는 나라가 많은데 <표 1>의 10개 국의 절반인 5개 국(중국, 브라질, 인도, 스페인, 멕시코)에 이르고 있다.

집계기준을 생산국에서 메이커로 변경 시 생산대수가 감소하는 원인은 무엇인가? 그것은 해당 국가에서 선진국(미국, 일본, 독일, 프랑스, 이탈리아) 자동차 메이커들이 현지 생산 자회사를 설립, 해당국의 전체 생산대수에서 많은 비중을 차지한 결과 해당국 국산 메이커의 국내 생산대수가 해당국의 전체 생산대수(생산국 기준)에서 차지하는 비율이 작아지기 때문이다. 또는 해당국의 국산 메이커가 해외 생산 거점을 가지고 있지 않거나 소규모의 해외거점을 가지고 있는 경우 본국에서 외국 메이커에게 빼앗긴 생산대수를 해외 생산을 통해 보충하기 어렵기 때문이다.

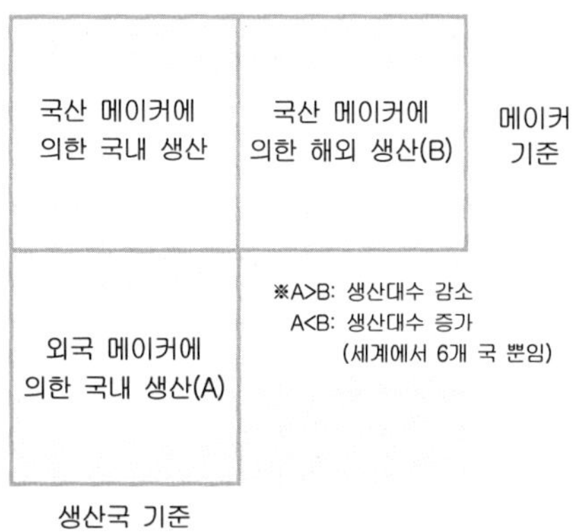

〈그림 1〉 생산국에서 메이커로 기준변경에 따른 대수증감의 요인

<그림 1>에 제시한 바와 같이 '국산 메이커에 의한 해외 생산대수'가 '외국 메이커에 의한 국내 생산대수'보다 적은 경우 메이커 기준에 의한 생산대수는 생산국 기준에 의한 생산대수보다 적어지게 된다. 단적인 사례로 영국을 살펴보도록 하자. <표 2>는 2005년 영국 국내에서 자동차 생산을 하고 있는 메이커를 생산대수가 큰 순서대로 나열한 것이다. 흥미로운 것은 생산대수에서 1위에서 12위, 14위에서 16위, 20위, 21위를 포함한 총 17개 기업의 모회사가 영국기업이 아니라는 점이다. 상위 양산메이커는 모두 非영국 자동차 메이커가 영국에서 설립하거나 혹은 소유하고 있는 메이커들이다. 영국기업들은 연간 생산 약 1만 대의 LDV[10]를 포함한 7사(상위 24개 기업 중)에 불과하며 이마저도 비양산 트럭 메이커, 택시 메이커가 포함된 숫자이다.

<표 2> 영국의 생산대수[11](2005년)

순위	기업 브랜드	국적(모회사명)	생산대수
1	닛산	일본(닛산)	315,297
2	도요타	일본(도요타)	264,279
3	BMW	독일(BMW)	200,163
4	보그졸	미국(GM)	189,398
5	랜드로버	미국(포드)	187,626
6	혼다	일본(혼다)	186,984
7	푸조	프랑스(푸조)	129,618
8	IBC	미국(GM), 일본(이스즈)	90,456
9	재규어	미국(포드)	84,040
10	포드	미국(포드)	71,885
11	MG 로버	중국(난징기차)	29,141
12	레이란드 트럭	미국(파커)	16,277

10) 영국 자동차기업 중 가장 선두기업인 LDV는 2006년에 러시아의 GAZ에 매수되었는데 이는 전형적인 윔블던 현상의 사례이다.

13	**LDV**	영국	**10,175**
14	벤트레이	독일(VW)	9,560
15	로터스	말레이지아(플로튼)	5,053
16	아스톤마틴	미국(포드)	4,461
17	**런던 택시 인터내셔널[12)]**	영국	**2,490**
18	**알렉산더 데니스**	영국	**985**
19	**데니스 이글**	영국	**900**
20	롤스 로이스	독일(BMW)	692
21	메르세데스 맥라렌	독일(DCM)	652
22	**옵테어**	영국	**462**
23	**커터 햄**	영국	**423**
24	**메트로 캡**	영국	**0**
	기타	영국	**2,092**
생산국 기준			1,803,109
메이커 기준			17,527 + α

자료: 일본자동차공업회 '세계 자동차 통계 연보' 제6집, 2007년 및 각 사의 웹사이트에서 작성.

메이커를 기준으로 생산대수를 보면 영국 닛산이나 영국 도요타, 영국 혼다의 생산대수 77만 대는 일본의 생산대수가 되고, 보그졸이나 IBC, 랜드로버, 재규어,[13)] 포드, 레이란드 트럭, 아스톤마틴의 생산대수 65만 대는 미국의 생산대수에 포함된다. 그 결과 영국의 생산대수는 생산국 기준에서는 180만 대이나 메이커 기준으로 보면 불과

---

11) 1) 굵은 글자는 영국 메이커를 나타내고 있다. 양산 승용차 메이커는 존재하지 않고 트럭, 택시, 스포츠카, 소방차 등을 생산하고 있다.

2) 13위인 LDV는 2006년에 러시아의 GAZ에, 5위인 랜드로버와 13위인 재규어는 2008년에 인도의 타타에, 17위인 런던 택시 인터내셔널은 2009년에 중국의 지리 기차에, 각각 매수되고 있다. 반대로 16위인 아스톤 마틴은 2007년에 포드로부터 영국의 투자가 그룹에 매각되었다.

3) '메이커 기준'의 합계에서 '+α'라고 적혀 있는 것은, 17위인 런던 택시 인터내셔널이 태국에 공장을 갖고, 조립을 하고 있음을 나타내고 있다. 대수는 불명. 다만 전항에 기재한 바와 같이 2010년 시점에서 이 회사는 중국 메이커이다.

12) 해외 생산은 17위인 런던 택시 인터내셔널이 태국에 공장을 세워서 소규모의 조립 생산하였는데 이후 중국의 지리기차에 매수되었다.

13) 2008년에 랜드로버, 재규어는 타타 모터스에 매수되었기 때문에 그 이후에는 인도의 생산대수가 된다.

1만 8,000대 정도(1%)로 줄어들게 된다. 생산국 기준에서 메이커 기준으로의 변경에 따른 생산대수의 극단적인 감소는 영국과 마찬가지로 브라질과 스페인, 멕시코에서 볼 수 있다(<표 1> 참조). 인도는 극단적이지는 않지만 1/3 감소하고 있다.

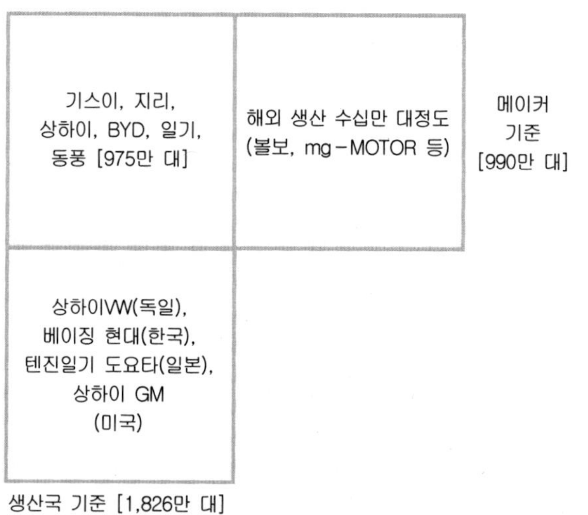

<그림 2> 중국에 있어서의 양 기준의 비교

중국은 이와 같은 극단적인 감소를 서서히 극복하고 있는 나라이다. <그림 2>에 나타난 것처럼 2010년의 중국의 생산국 기준에 의한 생산대수는 1,826만 대이나, 이 중 850만 대 정도는 외국계 자동차 메이커의 면허생산이며, 중국 국산 메이커의 자체 브랜드 자동차의 생산대수는 975만 대 정도로 추정된다.

한편 중국기업과 중국기업의 해외 생산기지에서 현지 생산된 물량은 아직은 규모가 미미하다. 상하이기차는 (매수했던) 한국의 쌍용자동차에서 최근 철수한 바 있고 마찬가지로 (매수한) 영국의 MG로버 (MG모터로 개칭)에서는 2010년 시점에서 아직 생산이 본격적으로 재개되지 않고 있다. 지리기차가 2010년 3월에 매수한 볼보의 생산대수 (14만 대)를 중국의 메이커 기준의 생산대수에 포함하더라도 전 세계에서 수십만 대 정도이다. 따라서 메이커 기준에 의한 중국의 2010년의 생산대수는 990만 대 정도가 된다.

지금까지 생산국 기준에서 메이커 기준으로 변경함에 따라 생산대수가 감소하는 현상에 대해 국가별로 살펴보았다. 지금부터는 기준 변경에 의해 생산대수가 증대하는 국가를 살펴보도록 한다. 이러한 국가들은 본국의 기업들이 국내 생산물량의 과반을 차지하는 한편 국내에서 외국 메이커에 빼앗긴 생산물량 이상을 해외 생산을 통해 만회하고 있는 국가들이다. <표 1>에서 이러한 국가로는 일본, 미국, 독일, 한국, 프랑스가 있는 것으로 나타나는데 분석 대상을 세계 200개 국(지역)으로 확장하더라도 앞서 언급한 5개 국에 이탈리아만 추가될 뿐이다. 6개 국 중 2개 국은 동아시아 국가들이다. 여기서 한국<그림 3>과 일본<그림 4>을 두 가지 기준에서 비교해 볼 수 있는데, 동아시아의 기업들의 글로벌 경쟁력이 높다는 것을 알 수 있다.

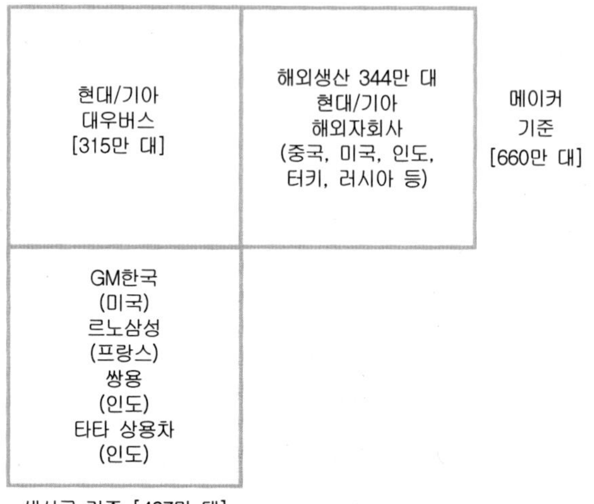

〈그림 3〉 한국에 있어서의 양 기준의 비교

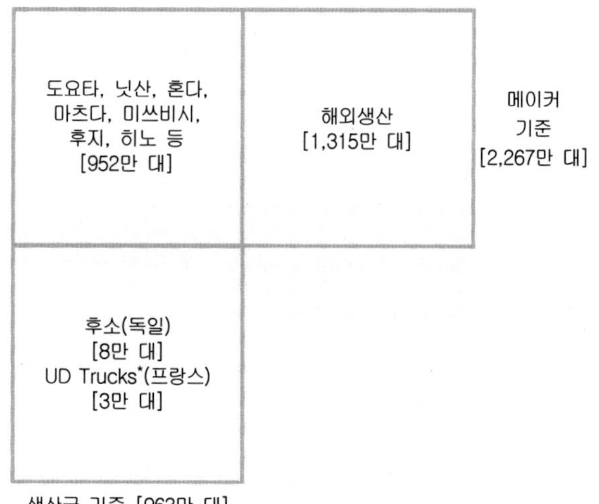

〈그림 4〉 일본에 있어서의 두 가지 기준의 비교

3) 수출대수 – 역외수출비율이 높은 한일

<표 3>에서 수출대수를 살펴보도록 하자. 최대의 수출국은 일본(484만 대)이며, 2위 프랑스(480만 대), 3위 독일(448만 대), 4위 한국(277만 대), 5위 스페인(208만 대)으로 이어지고 있다. 상위 5개 국 중에 동아시아가 2개 국이 들어 있어, 수출대수 면에서도 한국과 일본의 자동차 메이커 경쟁력이 높다는 것을 확인할 수 있다.

<표 3> 국가별 자동차 수출대수[14](2010년)

국명	수출대수 (만 대)	수출대수 순위	수출비율 (%)	수출비율 순위
일본	484	1	50.3	6
프랑스	480	2	234.1	1
독일	448	3	75.8	4
한국	277	4	74.9	5
스페인	208	5	87.0	2
멕시코	192	6	81.7	3
캐나다	–	8	–	–
중국	55	9	3.0	–
미국	111*	8	14.3	–
브라질	77	9	21.1	–
중국	55	10	3.0	–
상위 10개국 계	2,390		32.7	

자료: 일본자동차공업회 '세계 자동차 통계 연보' 제10집(2011년)(원자료는 일본자동차공업회 통계, WARD'S, World Motor Vehicle Data, VDA, Tatsachen und Zahlen, SMMT, Motor Industry of Great Britain, ANFIA, Auto in Cifire, KAICA, Statistical Data on Korean Industry, Organisation Internationale des Constructeurs d'Automobiles[OICA]), 및 일본자동차공업회 '일본의 자동차공업' 2011년, FOURIN '세계 자동차 메이커 연감' 2011년, FOURIN '중국 자동차 조사 월보' 2011년 2월호에서 작성.

---

14) 1. '수출'의 '수출비율'은 생산대수에서 차지하는 수출대수의 비율.
   2. * 표는 2010년의 수치가 확정되지 않았기 때문에 2009년의 수치를 이용함.

4) 순수출(출초)대수 및 무역특화계수 – 월등히 높은 한국과 일본

일본과 한국의 수출경쟁력에 대하여 순수출(출초)대수와 무역특화
계수로 살펴보기로 하자. <표 4>를 보면 2009년의 순수출대수에서
는 일본이 346만 대로 가장 크고, 프랑스 267만 대, 한국이 208만 대
로 그 뒤를 잇는다. 수출대수 순위(<표 3>)와 비교 시, 한국이 독일
을 제치고 3위를 차지하고 있다. 그 원인은 한국이 수출대수(277만
대)에 비해 수입대수는 불과 7만 대(<표 7>)로 매우 작기 때문이다.

<표 4> 주요국의 순수출대수 · 무역특화계수(2009년)

국명	순수출대수 (만 대)	순수출대수 순위	무역특화계수	무역 특화 계수 순위
일본	346	1	0.915	2
프랑스	267	2	0.525	3
한국	208	3	0.937	1
스페인	118	4	0.371	4
독일	112	5	0.185	–

자료: <표 3>과 동일.

한국은 수입대수가 매우 적은 반면 순수출대수는 커 무역특화계수
가 세계 최고수준이다.[15] 한국은 수출이 277만 대임에 비해서 수입이
7만 대에 지나지 않으므로, 무역특화계수가 0.937로 월등히 높게 나
타나고 있다. 동일하게 일본도 수출 362만 대, 수입 16만 대로 무역특
화계수는 0.915로 높다(2위). 이것은 한국과 일본이 자동차 무역에 있
어서의 국제 경쟁력이 높다는 것을 단적으로 나타내고 있다. 한일 양
국에 비하여 수입대수가 상대적으로 큰 독일(246만 대)은 수출대수가

---

15) 무역특화계수는 (수출대수 – 수입대수)÷(수출 + 수입)으로 계산되며, 1에 가까울수록 수출 특화, – 1에 가
까울수록 수입이 특화되어 있음을 나타내고 있다.

크다고 하더라도 무역특화계수는 0.185로 낮다.

<표 5> 주요국의 순수입대수·무역특화계수(2009년)

국명	순수입대수(만 대)	순수입대수순위	무역특화계수
미국	458	1	−0.674
이탈리아	116	2	−0.604
영국	87	3	−0.258
러시아	49	4	−0.803
중국	26	−	−0.191

자료: <표 3>과 동일.

한편, <표 5>에서 볼 수 있듯이, 순수입대수는 미국이 458만 대, 이탈리아 116만 대, 영국 87만 대며, 국가별 무역특화계수는 각각 −0.674, −0.604, −0.258로 대체적으로 자동차 무역에 있어 국제 경쟁력이 약하다는 것을 시사하고 있다.

5) 한일과 중국의 차이점

일본과 한국은 수출대수와 순수출대수가 모두 크고 무역특화계수도 높아, 자동차 무역에 있어서의 국제 경쟁력이 강하다는 것이 판명되었지만, 중국은 완전히 다른 양상을 나타내고 있다. 중국은 2010년에 국내 생산대수가 1,826만 대로 세계 1위이지만, 대부분은 국내 판매용이어서 수출대수는 55만 대에 지나지 않는다. 국내 생산대수 확대가 과도하게 내수에 의존하고 있다. 한편, 수입은 81만 대로 순수입대수가 26만 대 규모이다. 게다가 수출 자동차의 단가는 낮은 반면(약 1만 달러), 수입차의 단가는 높아(약 3.3만 달러) 금액기준에서 볼 때 수입이 수출의 4.9배 많은 수입 초과국이다. 무역특화계수는 물량기준에서 볼 때 −0.191로 낮은 수준이며, 금액기준으로 볼 때는 −0.659로 더욱 낮아진다.

전체적으로 볼 때, 내수에 과도하게 의존하고 있는 중국 메이커와 수출과 해외 생산으로 글로벌 생산대수를 확대하고 있는 한일 메이커는 크게 차이가 있다고 볼 수 있다.

2. 보유대수 · 보급률 및 국내 판매대수 · 수입대수

글로벌 경쟁력의 구축이라는 관점에서 자동차 보유대수, 자동차 보급률, 국내 판매대수, 자동차 수입대수의 통계수치가 갖는 의미를 검토하여 동아시아 3개국이 각각 어떠한 수준에 있는지 살펴보도록 한다.

1) 보유대수 - 경쟁력의 기초조건

글로벌 경쟁력 확보의 관점에서 볼 때 내수시장의 규모(연간 자동차 판매대수)는 매우 중요한 부분이다. 연간 자동차 판매대수는 자동차 보유대수를 대체연수[16]로 나눠서 추정할 수 있는데 자동차 보유규모가 큰 국가는 연간 국내 판매대수 역시 커 글로벌 경쟁력을 비교적 쉽게 확보할 수 있다. 그러므로 내수 시장을 분석함에 있어 연간 판매량과 더불어 자동차 보급수준을 종합적으로 고려할 필요가 있다.

---

16) 국가별로 약 10년에서 15년 정도로 상이하나 본 연구에서는 13년으로 가정한다.

〈표 6〉 국가별 보유대수·보급률[17](2009년)

국명	보유			보급률		
	보유대수 (만 대)	보유대수 순위	점유율 (%)	1000인당 보유(대)	인구 (100만 명)	1인당 GDP(달러)
미국	24,856	1	26.9	790	314.7	47,284
일본	7,381	2	8.4	580	127.2	42,820
독일	4,463	4	5.5	543	82.2	40,631
이탈리아	4,132	5	4.3	690	59.9	34,059
프랑스	3,749	7	4.0	602	62.3	41,019
영국	3,522	8	3.9	572	61.6	36,120
러시아	3,951	6	3.5	280	140.9	10,437
중국	6,118	3	3.4	45	1,345.8	4,382
스페인	2,763	10	2.8	615	44.9	30,639
브라질	2,964	9	2.6	153	193.7	10,816
상위 10개국 계	63,899		65.4	263	2,433.2	
한국	1,733	14	1.7	359	48.3	20,591
세계 총계	96,526		100.0	141	6,829.0	

자료: 보유대수는 <표 3>의 자료와 동일. 인구는 국제연합 경제 사회국인구부 '세계의 인구 추계 2011년 판'에 의한 2009년의 추계 인구, GDP는 국제통화기금 자료에 의해 작성.

　자동차의 보유대수는 어떤 요인에 의해 결정되는 것일까? 이는 주로 인구와 소득, 교통체계에서 차지하는 자동차의 구성비율 등에 의해 정해진다. 예를 들면 미국은 인구가 많고(3억 1,470만 명), 소득수준이 높으며(1인당 GDP 17,284달러), 교통체계에서 차지하는 자동차의 구성비율이 높기 때문에 자동차 보유대수가 2억 4,856만 대로 매우 높다[18](<표 6> 참조). 미국의 연간 자동차 판매대수를 추정해 보면 약 1,912만 대[19]에 이르는데 이것은 다른 나라와 비교 시 몇 배의 규모로 미국이 자동차 산업의 경쟁력을 구축하는 데 있어 중요한 기

---

17) '보유대수의 점유율'이란, '세계 총계'에서 차지하는 각 국의 비율.

18) 세계의 총 보유대수 9억 6,526만 대 중 25.8%를 미국이 보유하고 있다.

19) 연간판매대수(1,912만 대)＝자동차 보유대수(2억 4,856만 대)/대체연수(13년)

반이 되고 있음은 말할 필요도 없다.

보유대수 순위 세계 2위는 그다지 알려지지는 않았지만 일본이다. 일본도 선진국(OECD) 중에서는 인구가 미국에 이어 2번째로 많고, 소득도 4만 2,820달러로 높기 때문에 자동차 보유대수(7,381만 대)는 미국에 이어 2위 수준이다. 그러나 최근 대체기간의 장기화로 판매대수가 정체되고 보유대수는 2008년부터 감소하기 시작하고 있다.

한편 중국은 소득(4,382달러)이 일본과 미국의 거의 1/10 수준에 불과하나 인구(13억 4,580만 명)가 압도적으로 많아 보유대수가 6,118만 대 수준이며 일본과 거의 대등한 수준까지 빠르게 성장하고 있다. 향후에도 인구와 경제의 성장이 지속되면서 자동차 보유대수는 계속 증가할 것으로 보인다. 중국의 1인당 GNP가 1만 달러 수준에 이를 경우 1,000명당 자동차 보유대수는 200대,[20] 연간 판매대수는 2,300만 대[21]에 이르러 내수시장만으로도 규모의 경제를 확보할 수 있을 것으로 보인다.

한편, 한국의 경우 인구(4,830만 명)가 스페인(4,490만 명)보다는 많고, 이탈리아(5,990만 명), 영국(6,160만 명), 프랑스(6,230만 명)보다 약간 적기는 하나 서구 선진국의 일반적인 규모와 유사하다고 할 수 있다. 이러한 인구를 기반으로 보유대수를 서구 선진국 수준까지 확대하는 것도 가능하나 아직은 소득수준이 낮아(1/2 정도) 자동차 보유대수는 1,733만 대에 머물고 있다.[22] 하지만 1,733만 대라는 자동차 보

---

20) 〈표 6〉에서 나타난 국가별 1인당 GNP, 자동차 보유수준 - 러시아 = 1인당 GNP 1만 437달러, 자동차 보유대수 280대, 브라질 = 1인당 GNP 1만 816 달러, 자동차 보유대수 153대-을 참조하여 추정함.

21) 중국이 1,000명당 200대 정도의 보유 수준에 이르면, 인구가 15억 명이므로 보유대수는 3억 대가 된다. 대체기간을 13년으로 가정할 경우 연간 판매대수는 2,300만 대 수준에 이르게 된다.

22) 유럽 선진국들(이탈리아, 프랑스, 영국)의 40~50% 수준에 해당하는 것이다.

유대수는 본국 기업이 높은 점유율을 유지할 경우 글로벌 경쟁력의 발판으로 내수 시장을 활용하는 것이 충분히 가능한 규모라고 볼 수 있다. 또한 한국의 1인당 소득수준이 유럽 선진국과 같이 3만 달러를 넘을 경우 1,000명당 자동차 보급률은 600대 이상으로 상승할 것으로 예상되는데 이럴 경우 한국의 자동차 보유대수는 3,000만 대(연간 판매대수 230만 대) 이상이 될 것으로 전망된다. 이러한 전망이 실현될 경우 글로벌 경쟁력의 발판으로서 한국의 내수시장은 더욱 견고한 기반이 될 것이다.

2) 국내 판매대수 - 글로벌경쟁력의 발판

앞서 언급한 바와 같이, 본국의 시장(판매대수)이 기본적인 규모를 가지고 있다는 것은 해당국 자동차기업이 글로벌 차원에서 생산을 확대하고 나아가 글로벌 경쟁력을 구축하기 위한 전제조건이 될 수 있다. 본국 내수 시장이 일정 규모 이상이 되고 내수시장을 장악할 경우 글로벌 생산대수의 확대는 보다 쉽게 추진될 수 있을 것이다. 반대의 경우, 예컨대 본국의 내수시장조차 장악할 수 없는 기업들은 기본 경쟁력이 취약하기 마련이며, 수출이나 해외 생산거점을 통한 생산대수의 확대는 더욱 어려울 것이다.

<표 7>에서 동아시아 3개 국의 2010년의 국내 판매대수를 살펴보면, 중국의 경우 소득이 낮기는 하나 13억을 넘는 인구를 기반으로 국내 판매대수가 1,780만 대에 이르러 세계 1위이며 내수만으로도 생산 측면에서 규모의 경제를 추구할 수 있다. 일본도 국내 판매대수가 496만 대로 세계 3위 수준이다. 일본은 보급률에서는 서구와 거의 같은 수준(1,000명당 600대 정도 - <표 6>)인데 판매대수가 많은 것은

전적으로 인구가 많기 때문이다.[23] 일본이 1950년대 및 1960년대에 빠르게 자동차 생산대수를 확대할 수 있었던 것은 수출이 아니라, 국내수요였다는 것은 주목해야 할 필요가 있다. 또한 이미 언급한 바와 같이 중국이 자동차 생산 대국이 될 수 있었던 것은 내수시장의 영향이 컸다고 볼 수 있다.

한국의 2010년의 국내 판매대수는 156만 대로 그리 큰 규모는 아니다. 그러나 현대자동차는 73.5%의 점유율을 확보하여 연간 114만 대를 판매하고 있으며 높은 시장 지배력을 통해 안정적인 이익률을 확보하고 있다.[24] 한국의 국내 판매대수는 크지는 않지만, 국산 메이커가 높은 점유율을 유지함으로써 글로벌 경쟁력의 기반이 되고 있는 것이다.

3) 수입대수, 수입비율 – 한국과 일본은 매우 낮다

<표 7>에서 수입대수와 수입비율을 보면, 한·일·중 3개 국의 특징을 명확하게 파악할 수 있다. 그것은 수입비율이 극단적으로 낮다는 것이다. 서구에서는 수입비율이 대체로 45%에서 85%의 사이인데 비하여, 중국은 4.5%, 일본 3.5%, 한국 4.8%로 대단히 낮은 수준이다. 국내 판매대수의 95% 이상을 국내에 있는 메이커(국산 메이커가 아닌 경우도 있지만)가 확보하고 있는 것이다.

---

23) 교통체계에서 차지하는 자동차의 구성비율은 일본이 낮다.

24) 한국의 한 신문사는 "일본 메이커는 수출로 벌어들이며 국내에서는 과당경쟁으로 이익이 나지 않는데, 한국은 반대로 국내에서 비싸게 팔아서 수입을 올리지만 수출에서는 저가격으로 수출하여 이익이 거의 나지 않는다"라고 보도한 바 있다(조선일보 2006년 11월 28일, '국내외 가격차에 네티즌의 분노 폭발').

〈표 7〉 국가별 판매대수(2010년)·수입대수[25](2009년)

국명	국내 판매대수			수입대수		
	판매대수 (만 대)	판매대수 순위	2010년 점유율(%)	수입대수 (만 대)	수입대수 순위	수입 비율 (%)
중국	1,780	1	25.6	81	−	4.6
미국	1,177	2	17.0	569	1	53.7
일본	496	3	7.1	16	−	3.5
브라질	356	4	5.1	49	−	13.8
독일	320	5	4.6	246	2	60.7
인도	304	6	4.4	−	−	−
영국	229	8	3.3	212*	3	85.1
프랑스	271	7	3.9	121	5	44.5
이탈리아	215	9	3.1	154	4	65.3
러시아	209	10	3.0	55	−	26.3
상위 10개국	5,357		77.2	1,503		
한국	147	12	2.1	7	−	4.8
세계 총계	6,940		100.0	−		−

자료: <표 3>과 동일

수입비율이 낮은 이유는 무엇 때문인가. 중국에서는 2001년의 WTO 가입 이전인 1990년대에 높은 관세와 완성차 수입규제 때문에 자동차 수입이 연간 3~8만 대 정도에 머무르고 있었다. WTO 가입 후 완성차 수입에 대한 관세인하가 이루어지긴 하였으나 여전히 25% 라는 높은 관세로 인해 자동차 수입은 60~90만 대 수준에 머무르고 있다. 이러한 이유로 인하여 중국의 수입비율이 낮다.

반면 한국과 일본에 있어 수입차 비율이 낮은 이유는 중국의 경우 와는 매우 상이하다. 양국의 경우 기본적으로 양국 자동차 기업들의

---

25) 1) '국내 판매대수의 점유율'이란 세계 총계에서 차지하는 각국의 비율, 수입비율은 각국의 판매대수에서 차지하는 수입대수의 비율. 판매대수는 표에 제시하지 않았지만, 2009년의 수치를 채택하고 있다.
   2) * 표는 2008년의 수치.
   3) ( )는 그 당시에 상위 10개국에 포함되지 않았음을 나타낸다.

제품 및 마케팅 능력이 뛰어나 외국기업들이 수익성이 높은 영역(주로 일부 고급차)에 제한적으로 진입하고 시장규모가 큰 대중차 영역은 소형차 공급능력 및 가격 경쟁력의 한계로 인해 본격적으로 진입하지 않기 때문이다. 그 결과 완성차 수입관세가 한국 8%, 일본 0%와 같이 낮음에도 불구하고 양국 자동차 시장의 수입비율은 매우 낮은 수준에 머무르고 있다. 이와 같이 낮은 수입비율은 한일 양국 본국기업들의 내수시장 장악을 촉진시키고 있으며 나아가 글로벌 경쟁력을 제고시키고 있다.

지금부터는 각국의 국내 통계자료의 분석을 마치고, 미국을 비롯한 글로벌 시장자료를 살펴보도록 한다.

3. 미국의 판매대수·현지 생산대수

미국은 자동차시장이라는 측면에서 세계 최고의 시장이다. '자동차 보유' 측면에서 살펴볼 때 미국의 자동차 보유대수는 2억 4,856만 대며 전 세계 자동차 보유대수의 26.9%를 차지하고 있다. '판매대수' 측면에서 볼 때, 연간 1,177만 대, 전 세계 자동차 시장의 17.0%를 차지하는 세계 2위의 시장이다. 그러므로 글로벌 경쟁력을 확보에 있어 미국시장 진출은 핵심적인 과제이다. 한편 미국시장 진출은 현지 생산체제의 구축과 불가분의 관계에 있는데 미국으로의 수출 증대는 현지 자동차 산업에 타격을 주어 정치적 마찰을 일으키므로 현지 생산을 통해 수입대수를 상쇄시킬 필요가 있었기 때문이다. 또한 현지 소비자들의 기호에 적합한 제품의 공급이나 개발 스피드를 제고하기 위해서는 개발을 포함한 현지 생산체제의 확대는 불가피하다. 미국의 판매대수, 시장점유율, 현지 생산에 대하여 살펴보기로 한다.

<표 8> 미국에서의 주요 외국 메이커의 판매대수·현지
생산대수·수입대수[26](2010년)

메이커	판매 (현지 생산차＋수입차)		현지생산차			수입차	
	판매대수 (만 대)	판매대수 순위	판매 대수 (만 대)	판매 대수 순위	현지 생산차 비율(%)	판매대수 (만 대)	판매대 수순위
도요타 자동차	176	1	119	1	67.2	58	1
혼다기켄 공업	123	2	107	2	87.0	16	8
닛산 자동차	91	3	62	3	68.1	29	3
현대/기아자동차	89	4	38	4	42.7	51	2
VW	36	5	16	5	44.4	20	5
BMW	27	6	4	9	15.8	22	4
후지 중공업	26	7	13	6	50.9	13	9
다임러	23	8	6	7	26.1	17	7
마쯔다	23	9	4	8	17.4	19	6
미쓰비시 자동차공업	6	10	2	10	36.1	4	11
【재규어로버】	5	11	—	—	0.0	5	10
포르쉐	3	12	—	—	0.0	3	12
스즈키	2	13	0.176	11	6.3	2	13
【볼보】	2	14	—	—	0.0	2	14

자료: Automotive News(January 10, 2011)에서 작성.

---

26) 도요타자동차에 렉서스와 사이온을 포함. 또한 혼다기켄 공업에 아큐라, 닛산 자동차에 인피니티, BMW에
미니와 롤스로이스, VW에 아우디와 벤트레이를 포함시키고, 포르쉐를 포함하지 않았다. 재규어로버는 타
타의 자회사, 볼보는 지리 기차의 자회사이다. 자회사는 【 】으로 표시하고 있다. '현지생산차'의 '판매대
수'는 북미(미국 및 캐나다)에서 생산된 차가 미국 내에서 해당 브랜드로 해서 판매된 대수이다. 따라서
북미에서 생산되어도, (1) 캐나다에서 판매된 대수, (2) 북미 이외로 수출된 대수, (3) 타 브랜드로 판매된
대수, (4) 파이프라인/딜러 재고 대수 등은 포함하지 않는다. '수입차의 판매대수'란, 미국에 수입되어 미
국 내에서 판매된 대수이다. 파이프라인/딜러 재고를 포함하지 않는다. 표에 게재되어 있지 않은 외국 메
이커는 서브(판매대수 4,837대) 마세라티(1,897대), 페라리(1,440대), 아스톤마틴(1,104대), 로터스(660대),
람보르기니(324대), 이스즈자동차이며, 이를 합산하면 10,263대이다. 미국 기준의 Light Vehicle만으로,
Heavy Truck 등은 포함하지 않는다.

1) 미국시장에서의 기업별 판매대수

일본 메이커와 한국 메이커는 미국시장에 있어 높은 시장점유율을 나타내고 있다. <표 8>는 미국시장에 있어 주요 외국 메이커의 판매대수, 현지 생산 차의 판매대수, 수입차 판매대수를 나타낸 것이다. 판매대수 상위 10개 사 중 7개 사가 일본과 한국기업들이다. 특히 상위 3사는 모두 일본기업으로 90만 대가 넘는 판매규모를 보이고 있는데 이는 각 기업들의 일본 내수시장에서의 판매규모[27]보다 훨씬 큰 것이다. 상위 3사에 있어 미국(혹은 중국)은 세계 최대의 시장이며 이익규모 측면에서 미국시장의 공헌도는 더욱 높다.

한국기업들도 1990년대 말부터 미국시장에 본격적으로 재진입하여 꾸준히 판매대수를 확대하고 있다. 2000년대 전반에 현대자동차의 정몽구 회장은 '2010년 글로벌 탑 5, 세계 500만 대 생산·판매'를 목표로 내걸고 '2010년경까지 미국에서 30만 대 생산, 100만 대 판매'라는 계획을 세웠다. 전자인 '30만 대 생산'은 2007년 중에 달성되었고, 후자인 '100만 대 판매'도 2011년에 달성할 가능성이 크다.

한편, 서구기업들의 경우 1위 기업인 VW의 판매대수가 36만 대로 현대자동차의 1/2 미만, 도요타의 1/5 수준에 불과하다. 서구 메이커를 모두 합해도 89만 대로 현대자동차 하나와 같다. 원래 서구 메이커는 VW를 제외하면 모두 고급차 메이커 혹은 스페셜리스트 메이커이며, 르노나 푸조시트로엔, 피아트와 같은 판매볼륨이 있는 대중차 메이커는 미국에 진출하지 못하였다. 이러한 메이커는 과거에 미국시장에 진출한 바 있으나 판매 부진으로 철수 혹은 전선을 축소하고 있다.

---

27) 도요타 135만 대, 혼다 63만 대, 닛산 60만 대.

2) 미국시장에서의 기업별 시장점유율

미국 자동차시장의 기업별 시장점유율은 <표 9>에 제시되어 있다. 한국과 일본 기업들의 자동차 판매대수를 합할 경우 미국 디트로이트 3사의 시장점유율 45.4%를 넘어 46.2%에 육박하는데 한·일 자동차 기업들의 글로벌 경쟁력은 여기에서 단적으로 나타나고 있다.[28]

〈표 9〉 미국의 시장점유율(2010년)[29]

메이커	판매대수 (만 대)	점유율 (%)
제네럴모터스	221	19.1
포드	196	16.9
크라이슬러	109	9.4
디트로이트 3사 합계	526	45.4
한국·일본 메이커 합계	536	46.2
(일본 메이커 합계)	(447)	(38.7)
(한국 메이커 합계)	(89)	(7.7)
유럽 메이커 합계	89	7.7
총계	1159	100.0

자료: Automotive News(January 10, 2011).

한편 미국기업들은 미국이 자신들의 내수 시장임에도 불구하고 전체 시장의 45.4%밖에 차지하지 못하고 있다. 유럽기업들의 시장점유율 역시 불과 7.7%로 글로벌 판매대수를 증대시켜 가는 데 있어서 미국시장을 제대로 활용하지 못하고 있음을 알 수 있다.

---

28) 한국, 일본 각각의 글로벌 판매대수에서 차지하는 미국 판매대수의 비율은 일본이 23.5%, 한국이 16.3%이다.

29) Light Vehicle만으로, Heavy Truck 등은 포함되지 않는다.

3) 미국에서의 현지생산차 판매대수

<표 8>로 돌아가서 현지 생산대수, 비율에 대해 살펴보기로 하자. 유럽 메이커에 비해 일본 메이커의 현지 생산차의 판매대수는 매우 많아서, 상위 3사인 일본 메이커의 현지 생산차 판매대수는 외국기업의 전체 현지 생산차 판매대수(371만 대)의 77.6%인 288만 대에 이르고 있다. 또한 현지 생산차 비율도 모두 높아 일본 메이커 상위 3사의 경우 65% 이상이 되고 있다.

한편 한국기업(현대자동차)은 현지 생산을 2005년부터 개시했으나 현지 생산차 비율이 40%를 상회하고 있다. 또한 현대자동차의 앨라배마 공장과 기아자동차의 조지아 공장이 전면 가동될 경우 60만 대의 현지 생산능력이 구축되어, 총 판매대수가 100만 대에 육박하더라도 현지 생산차 비율 60%를 확보할 수 있게 된다. 반면 서구기업들은 현지 생산차 판매대수가 가장 많은 VW조차 16만 대여서, 규모의 경제를 실현할 수 있는 수준(약 20만 대)에 이르지 못하고 있다.

지금까지 세계 최대의 시장인 미국에 있어서의 한·일 메이커의 판매대수와 현지 생산대수를 살펴보았다. 중국기업들의 경우 2005년경부터 여러 번 미국시장에의 진출을 시도하였으나 본격적인 수출은 아직 이루어지지 못하고 있으며 미국에서 개최되는 오토 쇼에의 출품 역시 감소하고 있다. 이는 중국기업들이 선진시장을 접근함에 있어 보다 신중한 태도를 취하고 있기 때문으로 여겨진다. 1980년대 후반 미국시장에 본격 진출한 현대자동차는 품질문제로 인해 제품 라인 업(Line-up)의 축소, 현지 공장 폐쇄, 사실상의 철수를 피할 수 없게 된 바 있는데, 그 결과 약 10년 동안 미국 판매가 정체된 바 있다. 중국기업들은 이를 반면교사(反面敎師)로 삼고 있는 듯하다. 중국

기업들은 아직 내구품질, 환경기준, 안전기준 등 극복해야 할 여러 가지 문제를 안고 있으며, 그러한 문제의 해결방향을 찾을 때까지는 미국시장에 참여하는 것을 주저할 것으로 생각된다. 이러한 측면에서 볼 때 중국기업들의 국제 경쟁력은 아직 낮다고 평가할 수 있을 것이다.

4. 신흥국에 있어서의 경쟁력

1) BRICs에 강한 한국자동차 메이커

<그림 1>에 나타난 바와 같이, 선진국의 자동차 시장이 정체하고 있는 데 비하여, 신흥국의 자동차 시장은 계속 성장하고 있으며 2020년경에는 신흥국 시장이 선진국 시장의 3배에 이를 것으로 보인다. 앞으로 신흥국에서 어느 정도 경쟁우위를 확보할 것인지가 한·일·중의 자동차 메이커의 중심과제이다. BRICs에 있어서의 메이커별 및 국가별 점유율은 <표 10>과 같다. 동아시아의 자동차 메이커 중에서는 현대자동차의 점유율이 가장 높은 7%, 도요타는 4%이다.

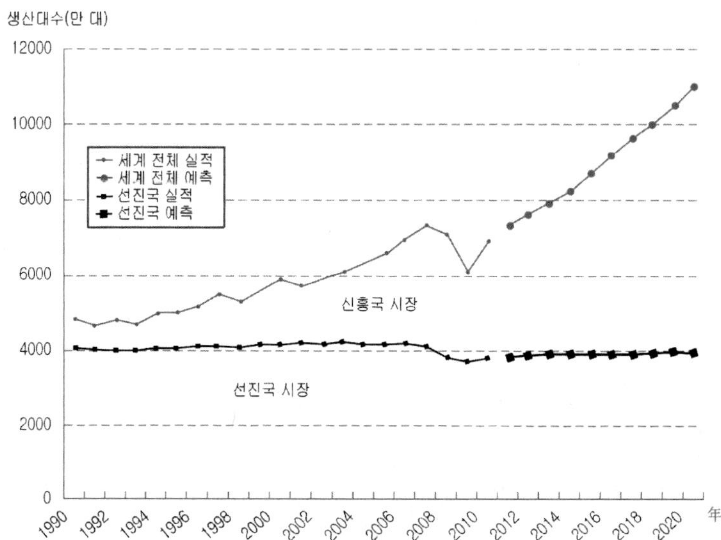

자료: FOURIN, 세계 자동차 메이커 연감 2011(2010년 10월).

〈그림 5〉 선진국과 신흥국의 시장 비교

〈표 10〉 BRICs 시장의 메이커별·나라별 점유율(2010년)[30]

순위	메이커	브라질 판매대수 (만 대)	점유율 (%)	러시아 판매대수 (만 대)	점유율 (%)	인도 판매대수 (만 대)	점유율 (%)	중국 판매대수 (만 대)	점유율 (%)	BRICs 계 판매대수 (만 대)	점유율 (%)
1	GM	66	19	16	8	11	4	225	12	318	12
2	VW	74	21	13	6	6	2	187	10	280	10
3	현대/기아	17	5	19	9	36	12	104	6	175	7
4	스즈키	0.4	0.1	3	1	107	35	28	2	137	7
5	르노/닛산	20	6	18	9	1	0.2	68	4	107	5
6	도요타	10	3	9	4	7	3	78	4	105	4
7	포드	36	10	9	4	8	3	4	2	89	3
8	혼다	13	4	2	1	6	2	67	4	88	3
9	피아트	80	22	3	1	2	1	4	0.2	88	3
10	PSA	18	5	5	3	–	–	37	2	60	2
	외자 메이커	357	100	143	68	188	62	886	49	1533	57

---

30) 일부 데이터는 국명을 특정할 수 없기 때문에 추측치이다.

	판매대수(만 대)	점유율(%)	판매대수(만 대)	점유율(%)	판매대수(만 대)	점유율(%)	판매대수(만 대)	점유율(%)	판매대수(만 대)	점유율(%)
국산 메이커	–	–	69	32	116	38	920	52	1146	43
계	357	100	212	100	304	100	1806	100	2679	100

순위	국명	판매대수(만 대)	점유율(%)	판매대수(만 대)	점유율(%)	판매대수(만 대)	점유율(%)	판매대수(만 대)	점유율(%)	판매대수(만 대)	점유율(%)
1	일본	37	10	31	15	124	41	275	15	467	17
2	미국	102	29	25	12	19	6	260	14	407	15
3	독일	88	25	18	8	7	2	198	11	310	12
4	한국	17	5	19	9	36	12	104	6	175	7
5	프랑스	34	9	15	7	–	–	37	2	86	3
6	이탈리아	79	22	3	1	2	1	4	0.2	88	3

자료: FOURIN, 『세계 자동차 조사 월보』 제306호, 2011년 2월.

그러나 BRICs 시장에 있어서의 국가별 점유율을 보면, 일본이 17%, 한국 7%, 중국 4%[31]로 나타나는데 이것은 일본계 메이커의 기업 수가 한국보다 많기 때문에 나타나는 현상이다.

2) 한·일·중 생산대수(메이커 기준)의 글로벌 점유율

메이커별 세계 판매대수 점유율을 살펴보도록 하자(<표 11>). 현대자동차는 5위이지만, 도요타 1위, 혼다 9위, 닛산(단독으로 304만 대) 10위, 스즈키 11위 등으로 일본기업들이 이어져서, 일본기업들의 생산대수를 더하면, <표 1>에 제시된 메이커 기준의 세계 생산대수 2,267만 대가 된다. 한국은 660만 대, 중국이 990만 대(추정)가 된다.

---

31) 혼다기차의 수출대수를 뺀 925만 대를 중국 국내에 있어서의 국산 메이커의 판매대수로 간주하고, 거기에 러시아나 브라질, 인도에서의 중국 국산 메이커의 추정 판매대수 5만 대를 더한 930만 대를 BRICs 시장의 총 판매대수 2,679만 대로 나눈 값.

〈표 11〉 메이커별 세계 판매대수[32]

메이커(그룹)	세계생산(만 대)	순위	점유율(%)
제네럴모터스	880	1	11.3
도요타	869	2	11.1
폭스바겐	821	3	10.5
현대/기아 자동차	660	4	8.4
르노/닛산	634	5	8.1
포드 모터	503	6	6.4
피아트/크라이슬러	406	8	5.2
혼다기겐공업	361	9	4.6
PSA	355	10	4.5
상위 10사 소계	5,489		70.2
스즈키	292	11	
다임러	191	12	
BMW	150	13	
장안기차	142	14	
마쯔다	141	15	
미쓰비시 자동차공업	115	16	
제일기차	104	17	
타타모터스	101	18	
동풍기차	99	19	
기리기차(Volvo)	81	20	
북기(北汽)	76	21	
기서(奇瑞)기차	72	22	
후지중공	65	23	
Auto Vaz	57	24	
이스즈	52	25	
BYD(比亜迪)	52	26	
화진(華震)기차	47	27	
강준(江准)기차	40	28	
장성(長城)기차	40	29	
상하이기차	39	30	
마힌드라 & 마힌드라	39	31	
볼보 트럭	30	32	
중국중기(重汽)	21	33	

강령(江鈴)	20	34	
프로톤로터스	17	35	
후쿠다(福田)기차	17	36	
역범(力帆)기차	14	37	
중태(衆泰)기차	14	38	
호도로(이란)	13	39	
섬서(陝西)기차	13	40	
광주기차	12	41	
GAZ/LDV중흥기차	10	42	
맨	11	43	
아쇼카/금룡기차	9	44	
PACCR	8	45	
나비스타 인터내셔널	7	46	
기타	186		
세계 총계	**7,815**		**100.0**

자료: FOURIN, "세계 자동차 연감 2011"(2010년 12월).

5. 동아시아 지역 내의 경쟁·분업 구조

마지막으로 동아시아 지역 내의 경쟁·분업 구조에 내하여 검토해 보기로 하자.

1) 한·일·중 3개국에 있어서의 완성차의 수출입

<표 12>는 동아시아 3개국 간의 자동차 수출입을 나타내고 있다.

---

32) GM에는 오펠, 보그졸, 서브, 해머, 홀덴, GM한국, 상하이 GM, 상하이 GM 오릉기차 등을 포함한다. 도요 타자동차에는 다이하츠와 히노, 프로도어를 포함한다. 포드에는 볼보카즈를 포함한다. VW에는 아우디, 세 아트, 스코다, 벤트레이, 람보르기니, 포르쉐, 스카니아 등을 포함한다. 르노에는 닷지, 르노삼성, 라더 등 을 포함한다. 피아트에는 알파 로메오, 란시아, 아웃 비안키, 페라리, 세라티, 이베코 등을 포함한다. BMW 에는 미니와 롤스로이스를 포함한다. 플로톤에는 로터스를 포함한다. 파커에는 DAF, 켄워스, 레이랜드, 피 터빌트, 포덴을 포함한다. 볼보 트럭에는 르노트럭, 볼보바스즈, 맥트럭, UD트럭(닛산디젤)을 포함한다. 상 하이 기차에는, MG모터, 난징(南京) 기차를 포함한다. 세계 총계는 일본 자동차공업회의 통계수치에서는 6,076만 대다.

먼저 일본에서 한국으로의 수출을 살펴본다. 2009년의 일본에서 한국으로의 수출은 13,991대로 같은 해의 일본 수출대수 362만 대의 0.4%에 지나지 않는다. 또한 한국의 국내 판매대수 147만 대의 1.0%에 불과하다. 이는 한국이 1999년까지 일본차의 수입을 제한하였기 때문이며, 2000년 이후 서서히 일본차의 수입을 늘려 왔지만, 일본기업들이 고급차 세그먼트(segment)를 목표시장으로 설정했기 때문에 볼륨 존으로의 진출은 늦어졌다. 도요타의 경우 렉서스 브랜드의 수출에서 시작하여 닛산 자동차도 인피니티 브랜드로부터 시작하였기 때문에 판매대수의 볼륨은 그다지 풍성하지 않다.

<표 12> 동아시아 3개국 간의 자동차 수출입(2009년)[33](단위: 대)

구분		수입국		
		일본	한국	중국
수출국	일본		13,991	150,817
	한국	955		51,370
	중국	0	0	

자료: <표 1>과 동일.

혼다기켄 공업이 2005년부터 아큐라 브랜드가 아니라 혼다 브랜드차의 판매를 개시하여, 성공하고 있는 것을 보고 2009년부터 닛산 브랜드, 2010년부터 도요타 브랜드가 연달아 도입되었다. 그러나 미국 도요타의 리콜 문제나 원 약세, 엔고의 영향으로 소형차 세그먼트에 있어서의 일본차의 점유율은 확대되지 않았다.

둘째, 한국에서 일본으로의 수출대수도 955대로 일본에서 한국으

---

33) 중국용 수출대수에는 몽고에 대한 수출대수가 일부 포함되어 있다.

로 수출하는 대수의 10분의 1 이하여서 한국에서 수입초과 현상이 나타난다. 2001년부터 현대자동차는 일본으로의 수출을 본격적으로 개시하였지만 연간 판매가 최대 2,500대 정도에 머무르고 있다. 이것은 일본 내에서 제품 브랜드로서 한국 브랜드가 아직 수용되지 못하고 있는 것이 가장 큰 원인이다. 브랜드가 수용되려면 오랜 기간이 필요하기 때문에 앞으로도 당분간은 성장하지 못할 것으로 추측된다. 대체로 한일 양국의 메이커는 해외로의 수출대수는 매우 많고, 북미나 유럽, 신흥국을 불문하고 한일 메이커 간의 대결이 전면적으로 행해지고 있음에도 불구하고, 서로 이웃나라에 대한 수출은 극히 적다. 양국 모두 국내 판매대수에서 차지하는 수입차의 비율이 낮은 것에서 볼 수 있듯 내수 시장 방어에 뛰어나다.

셋째, 일본 및 한국에서 중국으로의 수출은 각각 15만 817대, 5만 1,370대이며, 한·일 간의 자동차 수출입대수와 비교하면, 수십 배의 크기이다. 그러나 중국 국내시장의 크기로 보면, 그다지 큰 규모는 아니다. 이깃은 중국이 2001년 WTO에 가입하고, 그 이후 단계적으로 자동차 수입관세를 인하해 왔지만, 아직도 25%(2011년 기준)의 높은 관세를 부과하는 것이 하나의 원인이다. 또 다른 이유로는 일본이나 한국기업들이 중국정부의 완성차 수입에 대한 높은 관세나 일정한 규제가 잔존할 것으로 예측하고 중국에서의 현지생산/판매를 기본전략으로 채택했기 때문이다. 향후에도 현지생산차의 가격 경쟁력이 높아져서 수입차의 가격 경쟁력이 더욱 저하할 것으로 예상되는 것을 감안할 때 앞으로 한일 양국의 중국에 대한 수출대수는 10~20만 대 정도로 큰 변화는 없으리라고 생각된다.

넷째, 중국에서 일본과 한국으로의 수출은 별도의 통계가 없을 정도로 대단히 적으므로 무시하는 것이 가능하다.

지금까지 동아시아 내의 완성차 수출입에 대하여 살펴보았는데, 대체로 유럽의 주요국 간이나 북미(미국과 캐나다 간)에서 볼 수 있는 완성차 공급의 높은 상호 의존 관계는 존재하지 않는 것으로 나타났다. 이러한 의미에서 완성차의 수출입이라는 방식의 3국간 경쟁은 그다지 치열하지는 않을 것으로 생각된다.

2) 동아시아 3개국 간의 자동차부품의 수출입

다음으로 3국 간의 부품 수출입에 대하여 살펴보자(<표 13>). 자료상의 제약으로 2005년의 자료이긴 하나 현재의 분업구조를 이해하는 데는 큰 무리가 없다.

〈표 13〉 동아시아 3국 간의 자동차부품 수출입(2005년)[34](단위: 억 달러)

구분		수입국		
		일본	한국	중국
수출국	일본		13	59
	한국	4		28
	중국	23	7	

자료: 일본자동차부품 공업회 감수·자동차부품 출판 편집, "일본의 자동차부품 공업 2007년판"(2007),
포인 "격년간행 중국 자동차 산업 2006"(2006),
고바야시 히데오, 오타 시노 편저 'BRICs 자동차 산업'.
일간공업신문사(2007), 규슈 경제 조사 협회(내부 자료)에서 작성.

우선, 일본에서 중국으로의 부품 수출액은 59억 달러에 이르고 있다. 여기서 이 59억 달러 중, 약 80%(약 47억 달러 정도)는 중국에서 현지 생산되고 있는 신차 조립 부품으로 공급되고, 나머지 20%는 일

---

34) 부·용품을 포함한 완성차(이륜차도 포함)의 일부를 전부 배제하지 않았다.

본차 딜러에 보수용 부품으로 공급되고 있는 것으로 추정된다. 자동차 한 대분의 부품 구입비용을 대체로 1만 달러로 가정할 때, 2005년 중국에서 현지 생산된 약 90만 대의 일본차의 부품 조달 규모는 약 90억 달러로 추정된다. 그렇다면 이 90억 달러의 부품은 일본으로부터 수입된 부품 47억 달러(52%)와 더불어 중국 국내에서 현지 조달된 부품 43억 달러(48%)를 합한 것이라고 볼 수 있다(제3국으로부터의 조달은 제로라고 가정). 이와 같이 일본으로부터의 부품 공급이 있음으로써 비로소 중국 현지에서의 일본차 생산은 가능하다. 일본이 부품공급기지이고, 중국이 완성차 생산(및 약 반 정도의 부품 생산)이라는 분업구조가 존재하고 있는 것이다. 한국에서 중국으로의 부품 공급도, 일본에서 중국으로의 부품 공급과 유사한 구조를 갖고 있다고 추정된다. 또한 그 규모나 비율은 매우 낮지만, 일본에서 한국으로의 부품 공급도 이와 같은 성격을 가지고 있다.

다음으로 중국의 경우를 살펴보기로 하자. 중국에서 일본으로의 부품 수출이 23억 달러인데, 여기에는 신차 조립용 부품의 비율은 낮아서 10% 이하라고 생각된다. 나머지 90% 이상은 애프터 서비스용 부품이다. 즉 일본의 자동차 생산에 있어, 중국으로부터 공급되는 부품의 역할은 현시점에서는 그다지 크지 않다고 추측할 수 있다. 중국에서 한국으로의 부품 수출도, 중국에서 일본으로의 부품 수출과 같은 구조라고 생각된다. 또한 한국에서 일본으로의 부품 수출은 1990년대부터 단서적으로 시작되었지만, 현시점에서 그다지 큰 것은 아니다. 특히 애프터 서비스용품은 중국제에 일본시장을 빼앗기고 있다고 추측된다.

대체로 일본과 한국으로부터 중국에 신차 조립용 부품이 공급되고,

중국에서는 이러한 해외 조달 부품과 현지 조달 부품을 사용하여 완성차를 조립하고 있다. 여기에서 부품 공급-완성차 조립의 전형적인 국제적 수직분업을 볼 수 있다.

3) 동아시아 지역 이외에 있어서의 한·일·중 자동차 메이커 간의 경쟁관계

먼저, 무역을 통한 완성차의 상호 공급이라는 점에서는 동아시아 3개국 간의 자동차 수출입은 적으며, 경쟁도 치열하지 않다고 언급한 바 있다. 그렇다면 동아시아 이외의 지역에서 이 3개국의 메이커는 어떠한 경쟁관계 혹은 분업관계에 있는 것일까.

첫째, 한국·일본·중국 3국 간, 특히 한국과 일본 양국의 자동차 기업들이 한국, 중국, 일본을 제외한 다른 지역에서 치열한 경쟁을 펼치고 있는 것은 명백한 사실이다. 특히 유럽 주요국에서 최근 한국의 현대자동차가 약진하는 가운데, 일본기업들의 점유율이 잠식당하는 국가가 나타나고 있다.

둘째, 어떤 의미에서 '각각의 영역에서 공존'하는 면이 존재하는 것도 사실이다. 즉 중국기업들은 중동·아프리카·러시아·남미 등 지역의 개발도상국 시장을 주요 타깃으로 하고, 가장 저가격대의 시장을 중심적으로 공략하고 있다. 한국기업들은 그러한 개발도상국 시장 뿐만 아니라 선진국 시장에도 진출하여 중국기업보다 높은 가격대의 차종으로 공략하고 있다. 한국기업들은 저가격대를 중심으로 하고 있지만 중급차까지 제품 라인을 확충하고 있다. 한편, 일본기업들은 기업별로 전략의 차이가 있긴 하나 저가격차는 물론, 중급차를 중심으로 고급차까지 풀 라인의 제품을 투입하고 있다. 예를 들어 미국

시장에 있어 2007년 도요타는 1만 1,300달러(야리스, 도요타 브랜드의 최저가격)부터 6만 3,200달러(랜드 크루저, 도요타 브랜드의 최고가격), 10만 400달러(LS600hL, 렉서스 브랜드의 최고가격) 가격대의 차를 투입하고 있다. 반면 현대자동차는 야리스보다 조금 낮은 1만 775달러(액센트)에서 3만 4,050달러(베라크루즈)라는 가격대의 차종을 투입하고 있다. 향후 중국 자동차기업들이 미국에 진출하는 경우에는, 아마 8,000달러 이하의 가장 낮은 가격대를 노릴 것으로 생각된다. 이처럼 한·일·중 3개 국 메이커는 주요 제품 세그먼트에 대하여 일시적 또한 부분적이긴 하나 '각각의 영역에서 공존'을 형성하고 있는 것처럼 보인다.

Ⅲ. 맺음말

본 연구의 분석을 통해 밝혀진 결론을 정리해 보도록 한다.

첫째, 일본 및 한국 기업들은 높은 글로벌 경쟁력이 존재하는 반면 중국기업들의 글로벌 경쟁력은 아직 일본 및 한국 기업들과 많은 격차가 존재한다. 중국기업들은 국내시장에 과도하게 의존하고 있는 반면 수출경쟁력이나 현지생산체제 구축에 있어 한계를 노출하고 있다. 일본 및 한국의 자동차 메이커의 글로벌 경쟁력은 어떠한가. 한마디로 표현하면 '방어가 튼튼하고, 공격에 강하다'라고 표현할 수 있을 것이다.

양국의 특징을 정리해 보면 다음과 같다. 첫째, 일본과 한국에서는

내수 시장에 있어 본국기업들이 시장을 장악하고 있는 반면 외국 자
동차기업들의 침투는 제한적이다. 둘째, 내수 시장 규모는 보유대수
나 판매대수 측면에서 볼 때 서구의 선진국 이상이거나 가까운 미래
에 그와 비슷한 수준이 될 것으로 예상되며 내수 시장을 기반으로 성
장하고 있다. 셋째, 대규모 수출대수를 유지하고 있다는 것이다. 수출
을 통해 양국은 모두 국내 생산규모의 경제성을 더욱 높이고 있다.
넷째, 세계 최대의 시장인 미국에서 높은 점유율을 획득하고 있다는
것이다. 이는 대미 수출과 더불어 미국 내에서의 현지생산능력이 높
기 때문에 실현되었다. 또한 급격하게 성장하고 있는 BRICs 시장에
있어서도 한국, 일본 기업은 모두 적극적으로 진출하고 있다. 특히 현
대자동차는 이 점에서 경쟁우위를 갖고 있다. 다섯째, 외국기업이 한·
일 양국에 있는 현지 자동차기업을 흡수/합병하여, 자회사화한 경우가
있으나 그러한 기업의 시장 지배력은 낮은 편이다.

전체적으로 볼 때, '방어(규모가 큰 내수 시장에 있어 시장점유율
이 크고, 수입이 억제됨)'가 굳건하고, '공격(수출과 해외 현지 생산)'
에 강하다고 평가할 수 있다. 그 결과 생산국 기준으로부터 메이커
기준으로 변경시 한·일의 글로벌 점유율이 크게 증가한다. 중국은
거대한 인구를 기반으로 향후 성장이 예상된다. 비록 수출경쟁력이
아직은 취약하나 거대한 내수 시장을 기반으로 일본이나 미국을 웃
도는 규모의 자동차 생산대국이 될 수 있을 것이다. 그렇지만 자국기
업에 의한 승용차의 독자 개발능력과 수출경쟁력 확보는 향후 과제
로 남아 있다.

둘째, 동아시아 3개국 간의 경쟁·분업 구조라는 점에서는 다음과

같은 사실이 분명해진다. 첫째, 수출입을 통한 지역 내 완성차의 상호 공급은 적고, 경쟁은 그리 치열하지 않다. 다만 중국에 있어 현지 생산/판매에 대해서는 한일 양국 기업이 중국기업과 섞여 치열하게 경쟁하고 있다. 둘째, 일본과 한국에서 중국으로의 부품 수출과 중국에서의 완성차 조립이라는 분업구조가 명확하게 존재한다. 셋째, 동아시아 지역 이외에서는 한일 양국의 메이커에 의한 치열한 경쟁과 더불어, 중국 메이커도 포함하여 '각각의 영역에서 공존'을 어느 정도 볼 수 있는 것도 사실이다.

5장

철강 산업

한국 및 일본 철강기업의 경쟁력 비교[1]

김경찬 · 이진우(포스코경영연구소)

I. 서론 - 세계 철강 산업의 변천

세계 철강 산업은 성장궤도에 진입한 1870년 이후 3차례 장기 사이클을 기록하고 있다. <그림 1>에서와 같이 세 번에 걸친 장기간의 호황기와 두 번의 정체기를 거치면서 조강 생산량은 1870년 180만 톤에서 2007년 13억 5,100만 톤으로 137년에 걸쳐 751배 증가하였다. 이러한 변화를 거치면서 생산량 기준 세계 철강 산업의 주도국이 변화하였고, 그 바탕에는 철강 생산 관련 핵심기술의 변화를 수반하였다.

---

1) 본 연구에서 제시된 의견은 포스코경영연구소의 공식의견이 아니고 연구원 개인의 의견임.

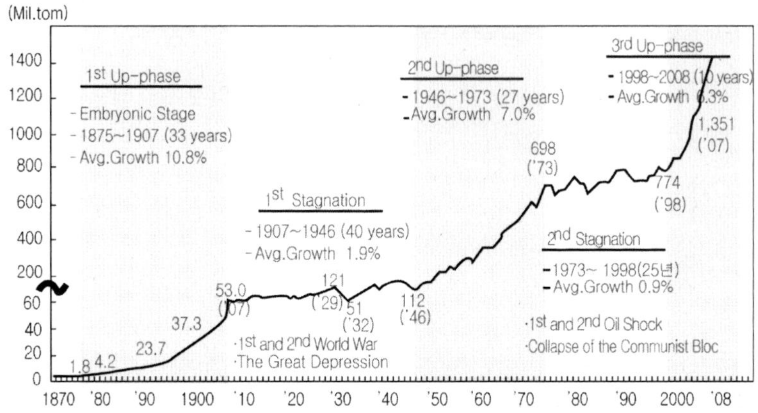

출처 : World Steel Association.

<그림 1> 세계 철강 산업 성장 추이

먼저 1차 호황기는 산업혁명에 기초한 유럽과 미국의 산업화를 배경으로 발생하였다. 급속한 도시화와 철도 건설이 중심이 되었는데, 이 기간 중 영국, 독일, 미국이 세계 철강 산업의 주도국 역할을 수행하였다. 1875년부터 1907년까지 독일과 미국의 철강 생산 연평균 증가율은 각각 13.6%, 11.5%를 나타냈다. 1709년 영국에서 에이브러햄 다비 1세(Abraham Daiby Ⅰ)의 코크스 선철 제련법 발명에 따른 선철의 대량생산을 거쳐 1784년 영국의 헨리 코트(Henry Cort)가 발명한 퍼들법(Puddling)에 따른 연철의 대량생산으로 이어졌고, 수요처도 기존의 건축물에서 1825년 철도의 발명에 따라 철도로 급속 확산되었다. 선철과 연철의 생산으로 잉태된 제1차 산업혁명에 이어 베세머 제강법에 의한 강철의 대량생산은 제2차 산업혁명의 촉매제가 되었다. 1856년 영국의 헨리 베세머(Henry Bessemer)가 쇳물에 공기를 불어넣는 베세머 제강법을 개발함으로써 세계 철강 산업은 본격적인 강

(Steel)의 시대에 접어들었고, 영국은 세계 최대의 철강 생산국가로 발돋움하였다. 즉, 강철로 만든 대포와 총으로 전 세계에 걸쳐 식민지를 건설하였으며 식민지에는 강철로 만든 철로를 놓았다.

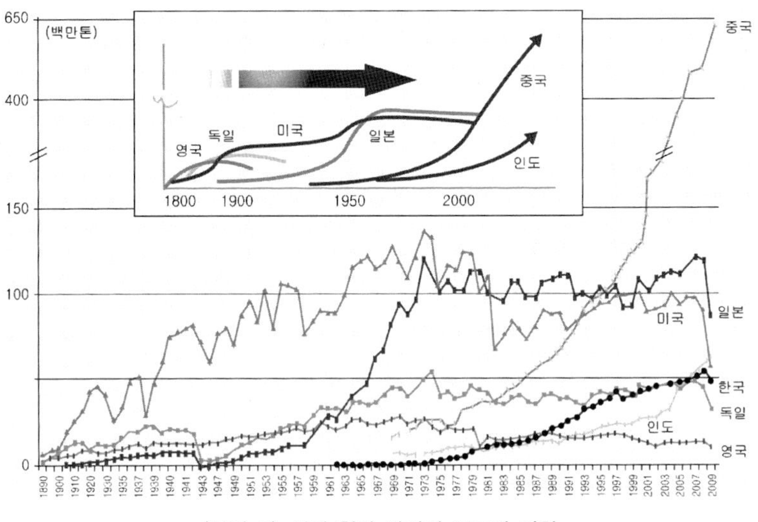

〈그림 2〉 세계 철강 산업의 주도권 변화

19세기 중반 이후 세계 철강 산업은 베세머 제강법, 지멘스-마르탱(Siemens Martin) 평로법(Open-hearth Process) 등 새로운 철강기술의 발전에 힘입어 비약적으로 성장하였다. 영국은 철강 분야에서 기술혁신을 가장 먼저 이루어 19세기 중반 이후 세계 철강업에서 선두로 나설 수 있었다. 1875년 영국은 세계 철강의 40%를 생산했으며, 독일은 20%, 프랑스는 13%를 생산했다. 1879년 영국의 시드니 길크라이스트 토머스(Sidney Gilchrist Thomas)는 인(P)이 1.5% 이상 함유된 철광석을 베세머 제강법에 이용할 수 있는 새로운 염기성 제강법을 개발하였고, 이에 따라 유럽대륙의 국가들도 스웨덴, 독일 등에 매장되어 있었던 값싼 철광석을 이용할 수 있게 되었다. 영국이 산성 제강법에 오래 머물렀던 반면에 독일은 기술 혁신을 통해 염기성 베세머 제강법을 빠르게 발전시켰다. 독일에서는 제련공정과 압연공정이 결합된 일관제철소를 건설할 수 있었고, 이를 통해 선철, 강철을 비롯한 여러 철강제품을 생산할 수 있게 되었다. 19세기 말 독일은 영국을 제치고 세계 최고의 철강 생산국으로 등극하였다.

산업혁명에 기초한 철강 산업 1차 호황기에 이어 1차 세계대전(1914~1917년), 세계적 대공황(1929~1939년), 2차 세계대전(1939~1945년)으로 인해 40년에 걸친 장기간의 정체기가 이어졌다. 이 기간 중 철강 산업의 육성을 추진했던 서유럽 국가들과 일본은 전쟁터로 변했고, 미국이 1864년에 등장한 평로제강법을 적극 도입하여 철강 대량생산 시대를 열면서 세계 철강 산업의 주도권을 확보하였다. 제2차 세계대전이 종료된 다음 해인 1946년부터 시작된 2차 호황기는 전후 복구, 일본의 산업화, 냉전시대 군비 경쟁 등으로 27년간 연평균 7.0%씩 성장하여 1946년 1억 1,200만 톤에서 1973년 6억 9,800만 톤까지 증가하였다. 2차 호황기는 미국, 일본, 유럽, 소련 등 선진국이 주도했는데, 1946년부터 1973년까지 일본과 소련의 철강 생산 연평균 증가율은 각각 22.0%와 8.8%이다. 이 기간 중에 LD전로법과 연속주조법 등 신기술이 1950년대와 1960년대에 출현하면서 철강의 품질이 개선되었고, 철강 생산성도 대폭 향상되었다.

1973년 철강 생산 7억 톤을 돌파한 이후 1, 2차 오일쇼크와 소련의 붕괴 등으로 세계 철강 산업은 1998년까지 25년간에 걸쳐 연평균 0.9%씩 성장을 기록하는 제2차 정체기를 맞이한다. 오일쇼크 초기에 경기 회복을 낙관하여 일본, 유럽, 소련과 개발도상국의 대대적인 설비 증설이 이루어졌으나 철강 수요는 7억 톤 수준에 머무르면서 약 3억 톤의 과잉능력이 발생하였다. 전 세계는 만성적인 공급 과잉에 따른 철강가격 약세와 미국을 중심으로 한 보호무역주의 확산으로 장기간의 정체기에 빠져들었다. 불가능할 것 같아 보였던 철강 생산 8억 톤의 벽은 3차 호황기의 초기인 2000년에 깨졌다. 이후 세계 철강 생산은 연평균 6.9%씩 증가하여 2007년에는 무려 13억 5,000만 톤에 이르렀으며, 경기 호조와 중국의 급성장으로 세계 경제는 연평균 3.0%라는 높은 성장률을 기록하였다. 특히 중국은 1997년부터 2008년까지 연평균 9.6%라는 놀라운 경제 성장을 보여 주었다. 이 기간 중 중국의 철강 생산은 연평균 17.5%씩 급속히 성장하여 세계 철강 생산 증가의 66%를 견인하였다. 이 기간 중에는 세계적인 경제 활황으로 인해 기술보다는 규모의 경제효과가 매우 크게 작용하여, 3차 호황기에 나타난 가장 큰 변화가 통합화와 대형화이다. 1990년대 중반까지의 통합화는 1국 1사 체제를 추구하였던 유럽을 중심으로 이루어졌으나 2000년대에는 미국, 일본, 중국 등지로 확산되었고, 최근에는 글로벌 통합화 양상을 보이고 있다. <표 1>에서와 같이 1990년 세계 조강 생산 10위권의 업체들 중에서 2009년에 남아 있는 업체는 일본의 신일본제철과 한국의 포스코 정도이다. 통합화에 따라 상위 5개 업체의 평균 조강 생산규모도 1,880만 톤에서 2009년 4,240만 톤으로 두 배 이상 증가하였다.

<표 1> 철강사별 조강 생산 순위 추이

순위	1972			1980			1990			2000			2009		
	철강사	국가	생산량	철강사	국가	생산량	철강사	국가	생산량	철강사	국가	생산량	철강사	국가	생산량
1	Nippon Steel	일본	33.0	Nippon Steel	일본	32.9	Nippon Steel	일본	28.3	Nippon Steel	일본	28.4	Arcelor Mittal	룩셈부	73.2
2	US Steel	미국	27.9	US Steel	미국	21.1	Usinor-Sacilor	프랑스	23.3	POSCO	한국	27.7	Hebei	중국	40.2
3	British Steel	영국	22.9	Nippon Kokan	일본	14.0	POSCO	한국	16.2	Arbed	룩셈부	24.1	Baoshan Steel	중국	38.9
4	Bethlehem	미국	16.6	FINSIDER	이탈리	13.7	British Steel	영국	13.8	LNM Group	네덜란	22.4	Wuhan	중국	30.3
5	Nippon KoKan	일본	13.4	Bethlehem	미국	13.6	USX	미국	12.4	Usinor	프랑스	21.0	POSCO	한국	29.5
6	Thyssen	독일	12.5	Sumitomo	일본	12.7	NKK	일본	12.1	Corus	영국	20.0	Nippon Steel	일본	27.6
7	Kawasaki	일본	11.3	Kawasaki	일본	12.7	ILVA	이탈리	11.5	Thyssen Krupp	독일	17.7	Shagang	중국	26.4
8	Sumitomo	일본	11.3	Thyssen	독일	12.4	Thyssen	독일	11.1	Baoshan	중국	17.7	Shandong	중국	26.4
9	Estel	스페인	11.1	USINOR	프랑스	9.2	Sumitomo Metal	일본	11.1	NKK	일본	16.0	JFE	일본	26.3
10	Arbed	룩셈부	11.1	Jones&Laughlin	미국	8.8	Kawasaki	일본	11.1	Riva	이탈리	15.6	Tata	인도	21.9
11	FINSIDER	이탈리	11.0	British Steel	영국	8.4	Bethlehem Steel	미국	9.9	Kawasaki	일본	13.0	Anshan Steel	중국	20.1
12	Republic Steel	미국	9.4	Inland	미국	7.8	SAIL	인도	8.8	Sumitomo Metal	일본	11.6	Shougang	중국	17.3
13	National	미국	8.9	Republic Steel	미국	7.7	LTV	미국	7.4	SAIL	인도	10.9	Severstal	러시아	16.7
14	USINOR	프랑스	8.1	Broken Hill	호주	7.6	Kobe Steel	일본	6.6	USX	미국	10.7	Evraz	러시아	15.3
15	Armco	미국	7.6	Kobe Steel	일본	7.4	ISCOR	남아공	6.3	Magnitogorsk	러시아	10.0	US Steel	미국	15.2
16	Inland	미국	7.0	ISCOR	남아공	7.0	BHP	호주	6.1	Nucor	미국	10.0	Maanshan	중국	14.8
17	Cockerill	벨기에	6.8	National	미국	6.9	China Steel	대만	5.6	China Steel	대만	10.0	Gerdau	브라질	13.5
18	Broken Hill	호주	6.8	Armco	미국	6.6	National Steel	미국	5.2	Severstal	러시아	9.6	SAIL	인도	12.7
19	Jones&Laughlin	미국	6.7	Pohang	한국	5.9	Hoogovens	네덜란	5.2	Bethlehem Steel	미국	9.1	Nucor	미국	12.7
20	Wendel Sidelor	프랑스	6.1	Stelco	캐나다	5.7	Inland Steel	미국	4.8	Anshan	중국	8.8	Valin	중국	11.8

출처:World Steel Association.

18세기 이후 세계 철강 산업의 주도권은 유럽에서 미국으로, 다시 미국에서 아시아로 이동하였다. 영국은 18세기에서 19세기까지 세계 철강 생산의 50%를 담당하며 산업혁명을 주도하였고, 주도권은 독일을 거쳐 미국으로 이어져 20세기부터 1960년대까지 세계 철강 산업을 주도하였다. 1960년대 이후에는 일본의 자동차 산업과 조선 산업이 기술력을 바탕으로 세계 철강 산업의 고성장을 주도하였으며, 1990년대 이후에는 중국이 양적 성장을 바탕으로 세계 철강 생산을 주도하였다. 세계 철강 산업의 주도권은 원재료 기반의 고성장에서 대량생산을 통한 규모의 경제로 생산요소가 이동하였고, 철강 수요 확대는 도시화에 따른 건설, 자동차 및 조선 등의 중공업이 견인하였다. 세계 철강 주도국별 주도기간 중 생산비중은 대부분 30% 이상을 점하였으나 자국 수요의 비중이 상대적으로 작은 일본은 14% 수준이었다.

<표 2> 세계 철강 주도국별 생산비중 추이

(억톤.%)		영국	미국	일본	중국	독일	한국	세계
2000~2009	생산량	1.3	9.2	10.9	33.0	4.5	4.8	109.1
	비중	1.2	8.4	10.0	30.2	4.1	4.4	-
1973~1999	생산량	5.1	30.3	29.0	16.2	11.6	5.1	202.1
	비중	2.5	15.0	14.3	8.0	5.7	2.5	-
1911~1972	생산량	8.7	41.9	9.3	2.9	12.5	-	127.5
	비중	6.8	32.9	7.3	2.3	9.8	-	-
1910 이전	생산량	4.8	2.1	-	-	2.1	-	13.8
	비중	31.2	15.2	-	-	15.2	-	-
합계	생산량	19.4	83.5	49.2	52.1	30.7	9.9	452.5

자료: 곽강수 외, "세계 철강 산업 성장 속에서 포스코의 위상 변화", POSRI 보고서, 2010.

Ⅱ. 본론

1. 이론적 배경과 가설 설정

철강 산업은 1차 산업혁명 이후에 주도권이 영국으로부터 독일과 미국으로, 그리고 미국의 전성기를 거쳐 일본으로 경쟁력이 이동한 대표적인 산업이다. 다시 말하면, 철강 산업은 산업의 경쟁력이 국가별 순환현상을 보인다는 산업순환가설로 설명 가능한 전형적인 산업이라고 할 수 있다. 산업순환가설은 산업기술 사이클과도 연결되는데, 어떤 기술이 성숙기에 들어서면 기술이 표준화되고, 그 이후의 경쟁은 원가 중심으로 변화하면서 후발국이 경쟁에 가세하게 된다. 만약 선발국이 고기술로 이동하지 못하면 선발국의 산업경쟁력은 약화된다(Utterback and Abernathy, 1975).

1970년대 이후 일본 철강 산업은 정체기를 거치면서 일본기업의 경쟁력이 한국기업으로 이전되는 산업순환 사이클을 경험하고 있다. 본 연구에서는 기업 차원의 경쟁력이 일본기업에서 한국기업으로 이전되었다는 가설을 규명하는 것을 목적으로 양국 철강기업들의 경쟁력 실태를 분석하였다. 이를 위하여 한국과 일본 철강기업들의 성장성, 수익성, 시장지배력, 생산성, 기술력, 미래 대응력 등 경쟁력 요인들로 세분화하여 비교하였다. 또한 철강기업의 경영성과를 포함한 주요 경쟁력 지표, 외부기관의 경쟁력 평가자료 등 다양한 지표를 분석에 활용하였다. 본 연구는 산업순환가설의 관점에서 한국과 일본의 철강기업 경쟁력을 분석한 최초의 연구라는 점에서 의의가 있다.[2]

2. 한국과 일본의 철강 산업 성장

1896년 일본정부는 제철부서를 설치했고, 1901년에 기타큐슈(北九州)의 야하타(八幡)에서 국영제철소인 야하타제철소를 가동했다. 이후 30년간 민영제철소도 여러 개 설립되었지만 모두 야하타제철소의 기술지도를 받았다. 1934년 제국의회에서 야하타제철소와 6개의 민영제철소[3]를 합병하는 법안이 통과되어 1938년 비로소 국영기업인 일본제철이 출범하였다. 제2차 세계대전을 준비하면서 조강 생산 700만 톤을 돌파하였으나 패전국이 되면서 1946년 56만 톤으로 생산량은 급감하였다. 일본 철강 산업의 불필요성을 주장하던 연합군에 의해 일본제철은 야하타제철소와 후지(富士)제철소로 분리되었으나 전후 일본경제의 고속성장에 힘입어 지속 성장하였다. 미국 철강 산업의 발전을 견인한 앤드류 카네기(Andrew Carnegie)와 같이 일본에는 니시야마 야타로(西山彌太郎)라는 철강 선지자가 있었다. 그는 1945년 가와사키 중공업을 제철업과 중공업으로 분리하여야 한다고 주장하여 1950년 양사 분리 후 가와사키제철 사장으로 취임하였다. 그는 야하타, 후지, 지바(千葉) 3사의 과점적 경쟁이 일본의 국제경쟁력을 제고시키는 지름길이라고 판단하고, 과감하게 일본 최초의 최신예 임해 일관제철소인 지바제철소를 건설하였다.

---

2) 한국과 일본의 철강 산업을 비교한 선행연구는 川端(2008), 佐藤編(2008), 田中(2008) 등이 대표적이다. 川端(2008)는 철강 산업의 생산시스템 및 투자환경에 주목하여 동아시아 철강 산업의 유형을 비교분석하고 있다. 佐藤編(2008)은 아시아의 국가별 철강 산업의 특징을 기술과 수요공급 측면에 주목하여 분석하고 있으며, 田中(2008)는 일본의 철강 산업 발전모델이 한국 철강 산업의 성장에 미친 파급력에 주목하여 분석하고 있다.

3) 와니시(輪西), 가마이시(釜石), 후지(富士), 큐슈(九州), 도요(東洋)・미쓰비시(三菱).

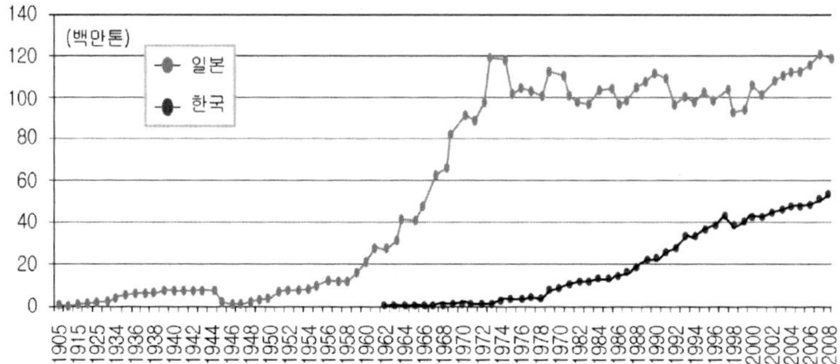

출처 : World Steel Association

〈그림 3〉 한국과 일본의 조강 생산 실적 추이

일본 철강사들은 1950년대에 당시 최신기술이었던 LD 전로[4]와 연속주조(連續鑄造, Continuous Casting)[5] 기술을 대대적으로 채용함으로써 고품질 및 고생산성에 기초한 규모의 경제를 달성하였다. 자동차, 조선, 전자, 건설 등 주요 수요산업의 급성장에 힘입어 일본의 철강산업은 급속히 성장하였다. 일본시장의 개방에 따른 선진기업과의 경쟁을 위하여 1970년 야하타제철소와 후지제철소는 재합병되어 신일본제철로 탄생하였으며, 당시 조강 생산량은 3,360만 톤으로 세계 1위 철강사로 부상하였다. 일본 철강사들은 과점체제하에서 수급 및 가격을 조절하면서 수익성을 확보하였으며, 과감한 기술 개발 투자를

---

4) 선철로부터 강을 생산하는 기계설비로서 LD는 노를 개발한 오스트리아의 린츠(Linz)와 도나비츠(Donawitz) 두 제철소의 머리글자이며 LD전로는 1953년 오스트리아에서 공업화되었다. LD전로는 종래의 전로가 노의 하부로부터 공기를 송풍한 것과는 달리 노의 상부로부터 순산소(純酸素)의 제트(jet)를 초음속으로 송풍하는 방식으로 순산소제강법이라고도 한다.

5) 소성가공(塑性加工)의 소재인 잉곳(ingot)을 비교적 길게 만드는 방법으로 용해금속을 주형(鑄型)에 연속적으로 주입하고 응고시켜서 만드는데 보통 판(板)·봉·선·관용(管用)의 잉곳은 어떤 길이(최장 2~3 m)의 것을 몇 개 만들어 소성 가공하는데, 연속주조에서는 수랭(水冷)한 주형 위쪽에서 연속적으로 주탕(注湯)하고 주형의 밑을 빼놓은 다음 굳어진 주괴를 아래쪽으로 계속 끌어내는 방식으로 수 미터 내지 수십 미터에 이르는 긴 잉곳을 만들 수 있다.

통하여 세계 최고수준의 기술경쟁력을 확보하였다. 또한 1970년대 미국 중심의 수출에서 1980년대 아시아로의 수출 전환을 시도하면서 글로벌 수준의 경쟁력을 확보한 일본계 고객사와 글로벌 차원의 동반성장을 가속화시켰다. 일본의 조강 생산은 패전 직후인 1946년 이후 1973년까지 연평균 22%라는 놀라운 속도로 급성장하여 1973년 1억 톤을 돌파하였다. 이후 상승과 하락을 반복하며 점차 축소되다가 최저점이었던 1998년 이후 다시금 상승세를 보이고 있다.

일본 철강업계는 1970년 신일본제철 탄생을 계기로 가와사키(川鐵), NKK(Nippon Kokan), 스미토모금속(Sumitomo Metal, 住友), 고베제강(Kobe Steel, 神戸)과 더불어 고로 5사 체제를 유지하면서, 이후 30년간 거의 일정한 시장점유율을 유지해 왔다. 선두기업인 신일본제철이 결정하면, 다른 고로 4사는 여기에 따르는 것이 관행이었다. 그러나 2000년대 들어 닛산(Nissan) 자동차의 CEO가 된 카를로스 곤(Carlos Ghosn)이 리바이벌 플랜을 추진하면서 기존의 고로 5사에 대해 일정한 수준을 유지했던 구매비율을 깨고, 신일본제철로 구매선을 집약하였고, 이에 생존위협을 느낀 2위와 3위 철강사인 NKK와 가와사키제철은 시너지 극대화를 위한 경영통합을 시도하여 2002년 JFE를 출범시켰다. 이후 일본 철강 산업은 신일본제철과 JFE의 양대 구도로 경쟁 발전하면서 스미토모금속과 고베제강은 신일본제철과 지분 공동보유를 통한 제휴관계를 형성하였다. 2011년 2월에는 신일본제철과 스미토모금속의 합병을 발표하여 2012년 10월에 합병회사가 출범할 예정이다.

오랜 역사를 가진 일본에 비해 한국 철강 산업의 역사는 1968년 포항제철의 창립과 더불어 본격화된다. 6·25전쟁 이후 1953년 인천제철이 설립되었고, 1968년에 포항제철이 설립되었다. 인천제철은 1970년 인천중공업을 인수하며 성장하였고, 1978년에 현대그룹에 인수되었다. 인천제철은 2000년 강원산업, 2001년 삼미특수강, 2004년 한보철강을 연이어 인수하였으며, 2010년에는 1, 2고로를 가동하면서 기존의 전기로업체에서 종합제철회사인 현대제철로 등장하였다. 포항제철은 1981년에 포항제철소 종합 준공, 1992년에 광양제철소 종합 준공을 거치면서 세계적인 기업으로 도약하였다. 포항제철은 조강 생산 기준 1977년에 38위로 40위권에 진입하여 1998년에 세계 1위를 달성하였다. 현대제철은 2000년에 30위로 진입하여 향후 고로 3기 가동 기준 2,400만 톤의 세계 10위권 일관제철업체로 성장이 예상된다.

한국의 조강 생산은 1973년 124만 톤에서 2008년 5,362만 톤으로 연평균 11.4%씩 급성장하였다. 포항제철소와 광양제철소 준공을 거치면서 1992년 3,000만 톤을 돌파하였고, 2007년에 5,000만 톤을 돌파하였다. 세계 조강 생산이 1973년부터 1997년까지 24년간 연평균 0.6%의 저성장이 이어졌고, 미국은 연평균 $\triangle$2.3%, 일본은 $\triangle$0.9%의 마이너스 성장을 기록하였으나 한국은 연평균 15.9%의 고성장을 달성하였다. 자동차, 조선 등 주요 산업의 소재를 안정적으로 공급하여 수요산업 성장을 지원하였는데, 1975년부터 2008년까지 철강 생산은 21배 증가한 5,362만 톤이며, 같은 기간 중 자동차는 18만 대에서 351만 대로 20배 증가하였고, 조선 건조는 43만CGT에서 2,930만CGT로 68배 증가하였다(곽강수 외, 2009).

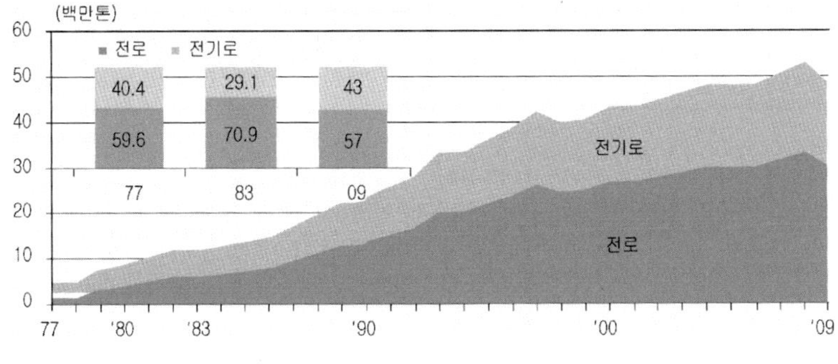

〈그림 4〉 한국 철강제법별 생산량 비중 추이

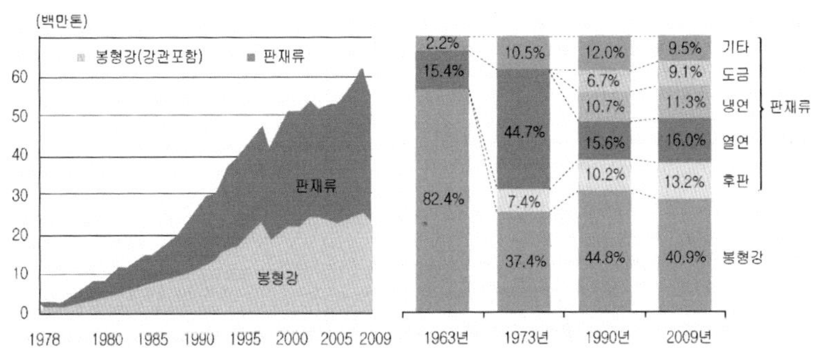

〈그림 5〉 한국 철강제품별 생산량 비중 추이

제법별로 보면, 2009년 기준 전로 57%, 전기로 43%를 차지하고 있다. 기존의 전기로 중심 생산체제에서 포항제철소 완공 이후 전로 중심으로 전환하였다. 1990년대에는 인프라 투자 및 주택 건설이 활발해지면서 전기로 업체들의 능력이 증대되었는데, 전기로 비중은 1983년 29%에서 2009년 43%까지 증가하였다. 또한 기술 성숙도가 높아짐에 따라 봉형강 위주의 생산체제에서 판재류 생산체제로 전환되었다.

판재류 중 냉연, 도금 등 고부가가치 제품의 비중은 확대된 반면 열연의 비중은 축소되는 성숙기 형태의 생산구조를 보이고 있다. 업체별로는 포스코 단일체제에서 2010년 현대제철의 고로 가동으로 양사 경쟁체제로 전환되었다. 내수 시장점유율은 2010년 기준 포스코 61%, 현대제철 18%로 두 업체의 과점체제 형성이 진행 중이다.

한국과 일본의 철강사들은 지리적 인접성과 안정적 소재 공급을 위하여 복잡한 제휴관계를 형성하였다. 대표적으로 일본의 신일본제철과 포스코가 전략적 제휴관계를 구축하였으며, JFE는 현대제철과 전략적 제휴관계를 구축하였다. 또한 JFE는 동부제철, 유니온스틸, 동국제강과 소재 공급을 위한 지분 참여 관계를 형성하고 있다. 포스코도 소재 공급을 위해 유니온스틸의 지분을 보유 중에 있다.

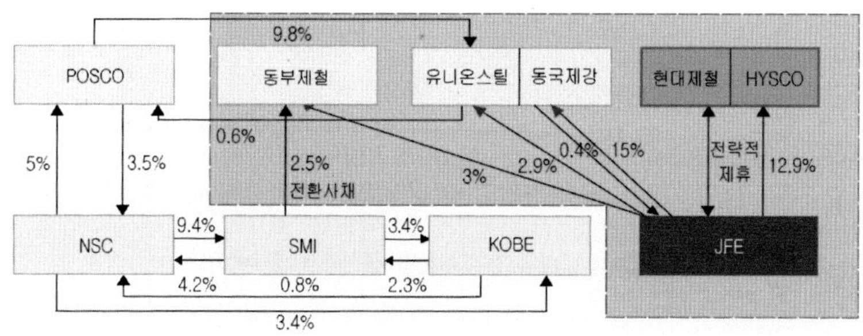

출처 : 업체별 연차보고서 종합

〈그림 6〉 한일 철강사 간 제휴현황(2010년 기준)

3. 한일 철강기업 경쟁력 비교

　한국과 일본의 경쟁력 비교를 위해 한국과 일본의 철강 산업을 구성하는 철강기업을 선정하였으며, <표 3>에서와 같이 일본은 신일본제철, JFE, 스미토모금속을 대상으로 선정하였고, 한국은 포스코를 대상으로 선정하였으며, 이들 업체의 경영성과 비교를 통해 양국의 철강경쟁력을 비교하였다. 조사 대상기간은 1973년부터 2008년까지로 설정하였으며, 세계 철강 산업의 시기 구분에 따라 1998년까지의 정체기와 그 이후인 호황기로 나누어 지표를 비교하였다. <그림 7>에서와 같이 세계적인 철강 산업 정체기에 일본 철강기업들의 조강 생산량은 다소 하락하거나 정체되었으나 이 기간 중 포스코는 지속 성장하여 조강 생산 세계 최고 지위를 확보하였으며, 이후에도 세계 철강 산업의 호황기와 더불어 지속적으로 생산량을 지속 확대하고 있다. 한국과 일본 철강기업의 경영성과 비교를 위하여 <표 4>와 같이 경쟁력 측정지표를 성장성, 수익성, 시장지배력, 생산성, 기술력, 미래 대응력으로 구분하여 구체적 측정지표를 비교하였다.

〈표 3〉 분석대상 한일 철강기업 (2008년 기준)

구분	일본		한국	
조강 생산	118.7백만 톤		53.6백만 톤	
주요 철강사	Nippon Steel	36.9(31%)	포스코	34.7(65%)
	JFE	33.8(28%)		
	Sumitomo Metal	13.9(12%)		

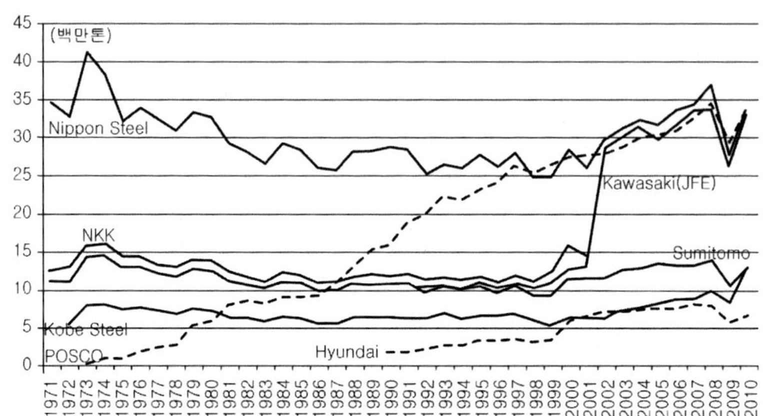

자료: World Steel Association.

〈그림 7〉 한일 철강기업의 조강산량 추이

〈표 4〉 경쟁력 측정지표

구분	측정 지표	계산식
성장성	조강 생산 증가율	(당기조강생산량/전기조강생산량)*100
	실질매출액 증가율	(당기매출액증가액/전기매출액)*100/GDP Deflator
수익성	총 마진율	(매출액－고용비용－원료비용)/매출액
시장지배력	국가별 점유율	(국가조강생산량/세계조강생산량)/100
	철강기업별 점유율	(기업별 조강생산량/세계 조강생산량)/100
생산성	인당 조강 생산량	조강생산량/종업원 수
	가동률	(조강생산량/설비능력)*100
기술력	인당 부가가치액	부가가치액/종업원 수
미래 대응력	Captive Mine 비중	(철광석 및 원료탄 개발물량/사용량)*100

성장성 지표로는 조강 생산 증가율과 실질매출액 증가율을 사용하
였다. 우선 조강 생산 증가율은 전 기간 동안 일본 철강기업들이 마
이너스 혹은 1.4%의 낮은 성장률을 기록한 반면 포스코는 15%라는
높은 성장률을 보이고 있다. 특히 정체기에 일본 철강기업들은 모두

마이너스 성장률이었으나 포스코는 20%라는 엄청난 성장률을 나타 냈고, 호황기에도 일본기업들은 마이너스 혹은 정체였으나 JFE는 NKK와 가와사키의 합병으로 높게 나타났다. 이 기간 중 포스코는 연 평균 2.1%씩 지속 성장하였다. 2012년에 신일본제철과 스미토모금속 이 공식적으로 통합하면 또다시 신일본제철의 조강 규모는 급속히 확대될 것으로 예상된다.

<표 5> 한·일 철강기업별 조강 생산 증가율 추이

기업	'74~'98년	'98~'08년	'74~'08년
NSC	-1.6%	0.9%	-0.8%
JFE	-1.4%	9.5%	1.4%
SUMITOMO	-1.8%	-0.1%	-1.0%
POSCO	20.1%	2.1%	15.1%

출처 : World Steel Association.

<표 6> 한·일 철강기업의 실질매출액 증가율 추이

기업	'74~'98년	'98~'08년	'74~'08년
NSC	2.5%	6.7%	4.4%
JFE	3.4%	9.9%	5.6%
SUMITOMO	3.6%	5.0%	4.5%
POSCO	19.9%	9.9%	18.0%

출처 : World Steel Dynamics.

또 다른 성장성 지표인 실질매출액 증가율에 있어서도 포스코는 일본 철강기업들 대비 정체기에는 여섯 배, 호황기에는 두 배 수준의 높은 증가율을 나타내었다. 지속적인 양적 성장과 고부가가치화를 통 해 매우 높은 증가율을 기록하였다. 일본 철강기업들은 침체기에는 2~3%의 낮은 성장률을 기록하였으나 포스코는 20%의 높은 성장률을 보였다. 호황기에는 포스코가 일본 철강기업 대비 두 배 수준인 10% 성장률을 기록하였다.

수익성 지표로는 총 마진율을 비교하였다. 일본 철강기업들은 12~15% 수준의 총 마진율을 보인 반면 포스코는 정체기에 31%라는 놀라운 총 마진율을 기록하였으며, 호황기에도 27%로 일본 철강기업 대비 두 배 수준의 총 마진율을 기록하였다. 특히 포스코는 지속적인 설비 확장에 따른 자금 부담에도 불구하고 이러한 높은 총 마진율을 달성 하였다.

<표 7> 한일 철강기업별 총 마진율 추이

기업	'73~'98년	'98~'08년	'73~'08년
NSC	12.0%	13.9%	12.7%
JFE	15.5%	14.0%	15.3%
SUMITOMO	12.7%	14.1%	13.5%
POSCO	30.8%	27.2%	29.9%

출처 : World Steel Association.

시장지배력 비교를 위해 국가별 세계 시장점유율과 업체별 세계 시장점유율을 비교하였다. 우선 국가별 세계 시장점유율은 <그림 8>에 서와 같이 일본과 한국의 점유율 차이가 지속적으로 축소되는 추세를 보이고 있다. 일본은 17.1%에서 지속 하락하여 2009년 7.2%를 보였으나 한국은 지속 상승하여 1996년 5%를 돌파하였으나 다소 하락하여 2009년 현재 4.0%를 기록하고 있다. 향후 신일본제철과 스미토모금속의 통합으로 일본은 축소가 예상되나 한국은 포스코의 설비 합리화 및 현대제철의 3고로 가동 등으로 한국과 일본의 점유율 차이는 지속 축소될 것으로 예상된다. 업체별 세계 시장점유율은 신일본제철의 지속 하락과 포스코의 지속 상승으로 1998년 포스코가 세계 최대 조강 생산업체로 등극하면서 신일본제철과 박빙의 승부가 연출되었고, 2002년 JFE가 출범하면서 3사 간의 2위권 경쟁이 시작되었다. 2012년 신일본제철과 스미트모금속의 통합 시에는 4,500만 톤 수준의 세계 2위 철강기업으로 부상할 것으로 예상된다.

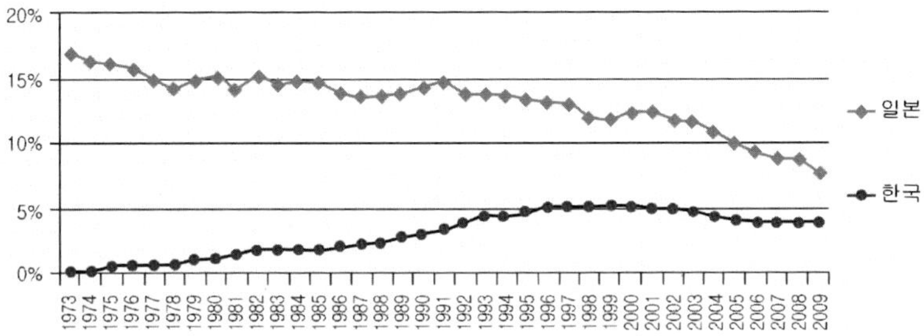

출처 : World Steel Association.

〈그림 8〉 한국·일본 국가별 세계 시장점유율 추이

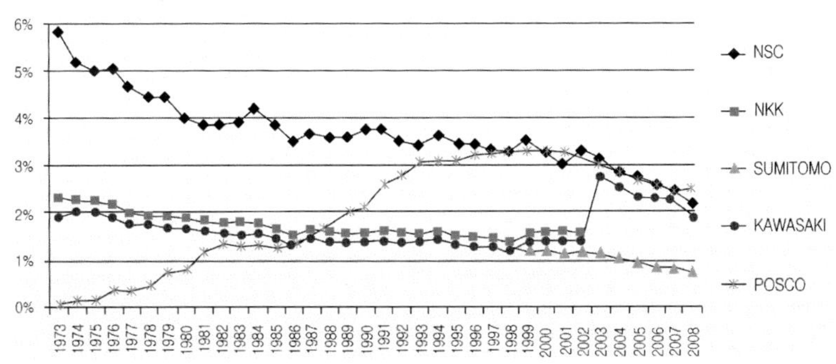

출처 : World Steel Association.

〈그림 9〉 한일 철강기업별 세계 시장점유율 추이

생산성 비교를 위해 인당 조강 생산량과 가동률을 비교하였다. 일본 철강기업들은 지속적인 구조조정으로 높은 생산성을 기록하고 있다. 신일본제철의 경우 종업원 수는 1973년에 78,614명에서 1992년 36,316명, 2008년 15,293명으로 축소되었다. 포스코도 자동화 및 인원 최적화를 통해 1990년대 이후 생산성이 급증하였다. 설비 증강 대비 소수 정예화를 강화하였으며, 동시에 인원 합리화와 생산량 증대로 생산성을 대폭 개선하였다. 신일본제철의 경우 생산성이 높은 이유는 외주인력을 제외한 직영인력 기준으로 인당 조강 생산량을 산출하나 신일본제철은 포스코 대비 외주인력 비중이 매우 높은 편이다. 즉 2001년 기준 외주인력 비중은 포스코 39.6%, 신일본제철 70.0%이므로 이를 반영하면 포스코와 신일본제철의 생산성은 대등한 수준으로 평가된다.

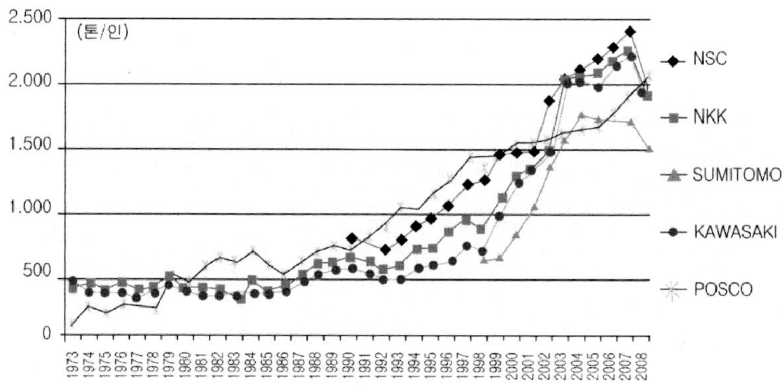

출처 : World Steel Dynamics.

〈그림 10〉 한·일 철강기업의 인당 조강 생산량 추이

세계 철강 산업의 침체기에 철강 선진국인 일본 철강기업들의 가

동률은 50% 수준으로 하락하였고 1980년대 후반부터 회복되었으나 60~80% 수준을 유지하였다. 포스코는 외부환경 악화에도 불구하고 우수한 원가경쟁력을 바탕으로 100%라는 세계 최고의 가동률을 유지하였다. 물론 일본 철강기업들이 활황기에 가동률을 증대하였으나 포스코 대비 대부분 낮은 수준의 가동률을 유지하였다.

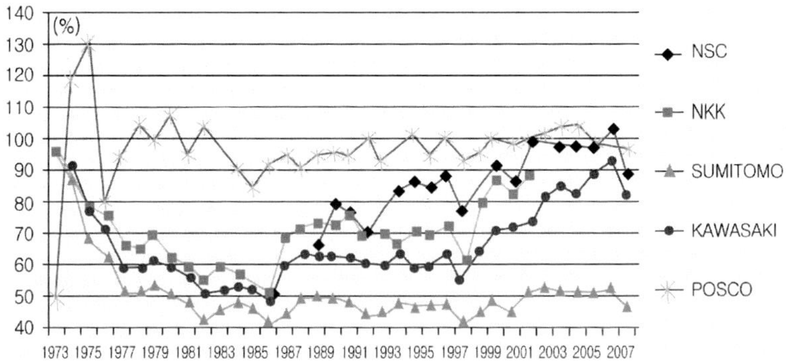

출처 : World Steel Dynamics.

〈그림 11〉 한·일 철강기업의 가동률 추이

기술력 비교를 위하여 인당 부가가치액을 비교하였다. 일본 철강기업들은 기술 비교우위 등을 바탕으로 상대적으로 높은 부가가치를 창출하였다. 포스코는 가동 초기부터 경영혁신 및 고부가가치화 노력으로 부가가치 창출기반을 구축하였다. 2000년대 이후 수익성 향상이 가세하면서 부가가치가 급상승하였다. 세계적 철강 산업 침체기에는 포스코가 일본 철강기업 중 스미토모금속과 유사한 수준의 인당 부가가치액을 기록하였으나 호황기에는 신일본제철보다 다소 높은 수준으로 도약하였다.

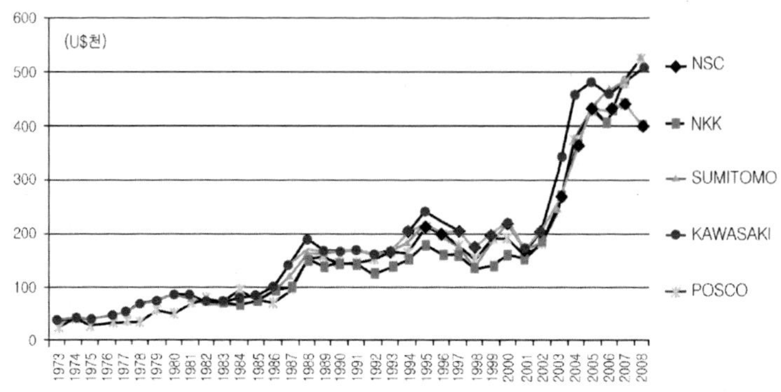

출처 : World Steel Dynamics.

〈그림 12〉 한·일 철강기업의 인당 부가가치액 추이

〈표 8〉 한국·일본 철강기업의 원료 개발투자 비중

구분		2005	2008
철광석	신일본제철	32.5%	31%
	JFE	16.3%	22%
	포스코	14.1%	15%
원료탄	신일본제철	11.9%	25%
	JFE	1.7%	12%
	포스코	14.9%	25%

자료: 포스코경영연구소.

미래 대응력 비교를 위해 Captive Mine 비중을 비교하였다. <표 5>에서와 같이 철광석은 일본 철강기업들이 상대적으로 높은 철광석 광산 개발 비중을 보이고 있으며, 원료탄은 포스코가 상대적 우위를 점하고 있다. 일본 종합상사의 개발 비중을 반영할 경우 철광석은 58%, 원료탄은 69%까지 상승한다. 포스코도 2012년까지 철광석 및 원료탄의 50% 이상을 개발 투자한 광산에서 조달한다는 목표를 수립하고 적극적으로 개발 투자를 진행하고 있다.

한국과 일본 철강기업 경쟁력 평가결과, <표 6>에서와 같이 전세계적인 2차 침체기 기간 중에는 포스코의 급성장으로 인해 성장성, 수익성, 생산성에 있어서 포스코가 일본 철강기업을 앞서고 있으며, 기술력, 미래 대응력, 시장지배력에 있어서는 일본 철강기업 대비 낮은 수준의 추격 양상을 보였다. 전세계적인 3번째 호황기 기간 중에는 대부분의 지표에서 포스코가 일본 철강기업 대비 우위를 보유한 것으로 평가되었다. 호황기 기간 중에 일본 철강기업은 NKK와 가와사키제철의 합병이 발생하였으며, 신일본제철과 스미토모금속의 합병도 추진 중에 있으므로 일본 철강기업들은 경쟁력 제고를 위해 극단적인 구조조정에까지 내몰리고 있는 실정이다. 이미 철강 주도권을 경험하였던 유럽과 미국에서도 철강기업 간의 구조조정이 대대적으로 진행되었고, 이를 통해 이들 지역의 주요 철강기업들은 아직도 글로벌경쟁력을 유지하고 있다(Kyeognchan Kim, 2009).

<표 9> 한국·일본 철강기업 경쟁력 평가결과 종합

구분	측정 지표	침체기(1973~1998)	호황기(1998~2008)
성장성	조강 생산 증가율	P>>J=N=S	P>J>N>S
	실질매출액 증가율	P>>N=J=S	P>J>N>S
수익성	총 마진율	P>>J>N=S	P>J=N=S
시장지배력	철강사별 점유율	N>J=S=P	N=P>J>S
생산성	인당 조강 생산량	P>N>J>S	N>P>J>S
	가동률	P>N>J>S	P>N>J>S
기술력	인당 부가가치액	J=N>S=P	P=N>S>J
미래 대응력	Captive Mine 비중	N>J>P	N>P>J

주) P=POSCO, J=JFE, N=NSC, S=SUMITOMO

세계적 철강 조사기관인 WSD(World Steel Dynamics)는 2002년부터

세계 주요 철강기업들의 경쟁력을 평가하여 매년 발표하고 있다. <표 10>에서와 같이 20여 개의 평가기준에 기초하여 10점 만점으로 평가해 순위를 발표한다. 2002년에 적용되었던 노조관리와 내수 시장 점유율은 다음 해부터 탈락하였으며, 나머지 평가기준도 2007년부터 변화되어 적용되었다. 8개 기준이 새롭게 생겨났고, 5개 기준의 가중치가 높아졌으며, 4개 기준은 그대로 유지되었고, 5개 기준은 가중치가 낮아졌고, 4개 기준은 탈락하였다. 규모의 경제성에 따른 원가경쟁력이 중요해짐에 따라 기업규모가 중요해졌고, 신흥시장 진출, 성숙시장 주도력, 실수율이 주요 평가기준으로 등장하였다. 기업규모와 유사하게 생산능력 확대가 강화되었고, 원가 관련 항목들도 강화되었다. 기술 혁신, 인적 자원 등은 주요 철강기업들 간에 차별화가 약화되어 가중치가 축소되었으며, 제품 품질과 주가 등은 경쟁력지표에서 탈락하였다. 평가결과는 <그림 12>과 <표 12>에서와 같이 포스코가 일본 철강기업 대비 높은 점수로 세계 최고의 경쟁력을 유지하고 있다. 평가기준별로 보면, 일본 철강기업은 다운스트림 사업에 있어서만 포스코 대비 월등하게 앞서고 있다. 기업규모, 생산성, 철광석 광산, 원료탄 광산, 원가 절감, 제품품질에 있어서는 대등한 수준으로 평가되고 있다. 기술 혁신, 생산능력 확대, 신흥시장 진출, 가격 주도권, 경쟁사 위협, 성숙시장 주도력에 있어서는 포스코가 일본 철강기업 대비 높은 평가를 받고 있다. 2010년 기준 경쟁력 평가결과는 <그림 18>에서와 같이 22개 평가기준 중에서 11개에 있어서 포스코가 우위, 3개에 있어서는 일본 철강기업이 우위, 나머지 8개에 있어서는 동일한 수준으로 평가되었다.

<표 10> WSD의 철강기업 경쟁력 평가 기준

항목	'02	'03	'04	'05	'06	항목	'07	'08	'09	'10
현금 창출비용	10%	11%	11%	10%	10%	기업규모	6%	6%	6%	6%
수익	9%	8%	8%	6%	6%	생산능력 확대	6%	6%	6%	6%
주력시장	7%	7%	7%	6%	6%	신흥시장 진출	6%	6%	6%	6%
재무지표	7%	7%	7%	6%	6%	성숙시장 주도력	4%	4%	4%	4%
기술 혁신	7%	5%	5%	10%	10%	다운스트림 사업	4%	4%	4%	4%
제품 품질	6%	4%	4%	4%	4%	제휴/M&A/합작	6%	6%	6%	6%
가격 주도권	6%	4%	4%	4%	4%	기술 혁신	6%	6%	6%	6%
경쟁사 위협	5%	4%	4%	4%	4%	환경/안전	4%	4%	4%	4%
철광석/원료탄	5%	4%	4%	4%	4%	국가위험도	6%	6%	6%	6%
인적 자원	4%	4%	4%	4%	4%	가격 주도권	6%	6%	6%	5%
노조 관리	4%					경쟁사 위협	4%	4%	4%	4%
원가절감	4%	4%	4%	4%	4%	실수율	5%	5%	5%	5%
내수 시장점유율	4%					원가절감	4%	4%	4%	5%
생산능력 확대	4%	4%	4%	5%	5%	원재료비	3%	3%	3%	
M&A 능력	3%	4%	4%	4%	4%	철광석 광산	3%	3%	3%	5%
원료 근접성	3%	4%	4%	4%	4%	원료탄 광산	3%	3%	3%	3%
다운스트림 사업	3%	4%	4%	4%	4%	원료 접근성	3%	3%	3%	4%
주가	3%	4%	4%	4%	4%	노무비	4%	4%	4%	4%
퇴직인력 비용	2%	4%	4%	4%	4%	인적 자원	3%	3%	3%	3%
외부자금 조달력	2%	4%	4%	4%	4%	퇴직인력 비용	3%	3%	3%	2%
내수 시장 성장률	2%	6%	6%	5%	5%	에너지 비용	4%	4%	4%	4%
환경/안전		4%	4%	4%	4%	수익	4%	4%	4%	4%
						재무제표	3%	3%	3%	4%

자료: World Steel Dynamics.

<표 11> 철강기업 경쟁력 평가 기준

구분	평가 기준
신규	기업규모, 신흥시장 진출, 성숙시장 주도력, 제휴/M&A/합작, 국가위험도, 실수율, 노무비, 에너지 비용
강화	생산능력 확대, 가격 주도권, 원가 절감, 철광석 광산, 원료탄 광산
유지	다운스트림 사업, 환경/안전, 경쟁사 위협, 원료 근접성
약화	기술 혁신, 퇴직인력 비용, 인적 자원, 수익, 재무제표
소멸	제품 품질, 내수 시장 성장률, 주가, 외부자금 조달력

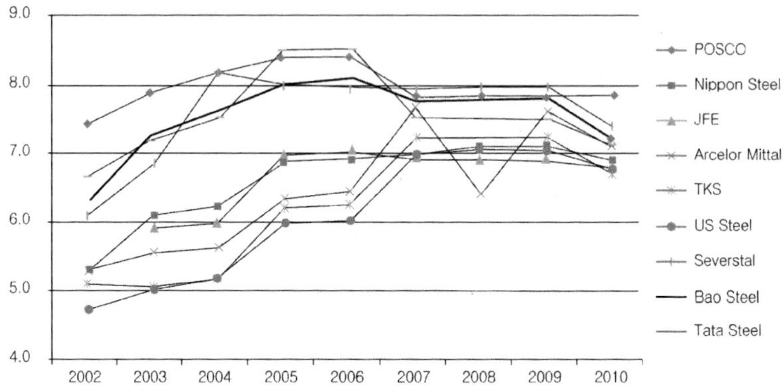

출처 : World Steel Dynamics.

〈그림 13〉 주요 철강기업 경쟁력 점수 추이

〈표 12〉 한일 철강기업 경쟁력 평가결과

구분		'02	'03	'04	'05	'06	'07	'08	'09	'10
다운스트림 사업	신일본제철	10	10	10	10	10	10	10	10	10
	JFE		9	10	10	10	10	10	10	10
	포스코	6	6	6	7	7	6	6	6	6
기업규모	신일본제철						8	8	8	8
	JFE						8	8	8	8
	포스코						8	8	8	8
실수율	신일본제철						10	10	10	10
	JFE						10	10	10	10
	포스코						10	10	10	10
철광석/ 원료탄	신일본제철	1	2	2	3	3	3	3	3	3
	JFE		2	3	3	3	3	3	3	3
	포스코	3	3	3	4	4	3	3	3	3
원가절감	신일본제철	7	9	9	10	10	6	6	6	6
	JFE		10	10	9	9	6	6	6	6
	포스코	6	6	6	6	6	6	6	6	6
제품 품질	신일본제철	10	10	10	10	10				
	JFE		10	10	10	10				
	포스코	8	9	10	10	10				

기술 혁신	신일본제철	7	7	7	7	7	8	9	8	7
	JFE		7	7	7	7	8	8	8	8
	포스코	9	8	9	9	9	10	10	10	9
생산능력 확대	신일본제철	1	1	1	3	3	3	3	3	4
	JFE		2	1	3	3	3	3	3	4
	포스코	3	3	4	4	4	6	6	6	6
신흥시장 진출	신일본제철						4	4	4	3
	JFE						4	4	4	3
	포스코						6	6	6	5
가격 주도권	신일본제철	5	7	8	8	8	9	9	9	9
	JFE		7	8	8	8	9	9	9	9
	포스코	8	9	10	10	10	10	10	10	10
경쟁사 위협	신일본제철	4	7	7	7	7	5	5	5	7
	JFE		7	7	7	7	5	5	5	7
	포스코	6	8	8	10	10	5	5	5	5
성숙시장 주도력	신일본제철						8	8	8	8
	JFE						8	8	8	8
	포스코						10	10	10	9

출처 : World Steel Dynamics.

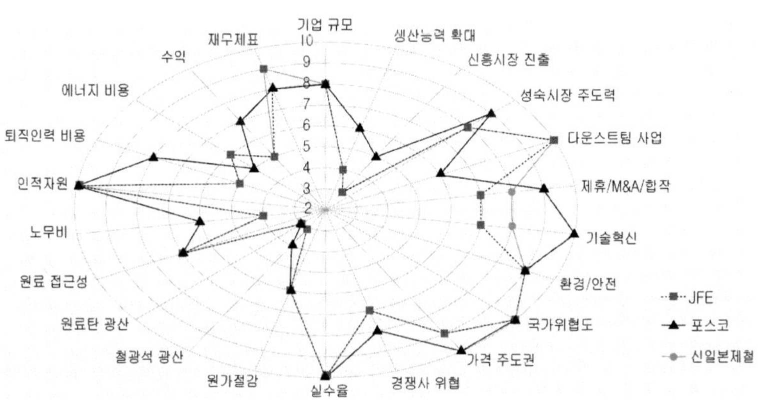

출처 : World Steel Dynamics.

〈그림 14〉 한일 철강기업 경쟁력 비교(2010년 기준)

Ⅲ. 결론

1970년대 이후 40여 년간의 기간 동안 한국과 일본 철강기업의 경영성과 및 외부기관의 평가를 비교분석한 결과 성장성, 수익성, 시장지배력, 생산성 등 주요 지표에서 일본 철강기업이 포스코에게 경쟁력을 추월당하는 양상을 보이고 있다. 포스코의 경쟁력은 지난 30년간 지속적으로 상승해 온 반면 일본 철강기업의 경쟁력이 정체해 온 이유는 내수 시장의 저성장, 다수 업체 간의 과당경쟁 등 경영환경도 주요한 변수로 작용해 왔다. 인구의 감소, 제조업의 해외 이전 등을 고려하면 향후에도 일본 철강시장의 저성장은 불가피하다. 일본 철강기업들은 이에 대응하기 위해 제휴 및 합병을 통한 규모 확대, 해외투자를 추진하고 있으며, 포스코를 비롯한 주요 글로벌 철강기업들도 이와 유사한 패턴의 경쟁을 전개하고 있다. 철강기업의 글로벌 성장을 위해서는 성숙시장 뿐만 아니라 신흥시장에서도 생산 및 공급 체제를 구축하여 글로벌 차원의 규모의 경제성을 확보하는 능력이 경쟁의 핵심으로 부상하고 있다.

일본과 미국 등 철강 선진국에서의 철강 신기술 개발 노력도 지속적으로 이어지고 있다. 용융환원제철법(鎔融還元製鐵法), 니어네트 세이프 캐스팅(Near－net Shape Casting)법, 반응고 가공기술(半凝固加工技術) 등이 최근 개발되고 있는 대표적인 혁신 제강기술이다. 혁신 제강기술의 특징은 공정 단축 등을 통해 인건비와 에너지 비용을 대폭 절감시킬 뿐만 아니라 탄력적인 조업을 통해 다품종 소량 생산체제의 구축을 가능하게 한다. 현재 사용 중인 고로방식이 대규모 설비투자를 필요로 하는 반면 이들 기술은 비교적 설비투자 규모가 작다는 장점도 가지고 있다. 미국, 일본, 유럽 등 철강 선진국들은 후발 철강 개발도상국의 추격으로 급속히 약화된 국제경쟁력을 회복하기 위해 혁신 철강기술의 개발에 박차를 가하고 있는 실정이다. 포스코도 파이넥스공법과 같은 제철기술을 개발하고 사업화하는 노력을 경주하고 있다. 신기술을 개발하고 사업화하는 능력도 향후에는 철강기업의 경쟁력을 결정하는 주요 요인으로 작용할 것이다.

최근까지는 국가 차원의 철강 산업 발전과 개별 철강기업의 발전이 병행되었으나 2000년대 본격화된 철강 산업의 글로벌화로 인해서 경쟁은 국가 차원에서 기업 차원으로 이동하였고, 국가와 산업경쟁력과 관련된 산업순환가설은 미래의 글로벌 철강 산업의 경쟁력에 대해서는 설명력을 상실할 것으로 예상된다. 기존의 대규모 내수 시장이 철강기업 발전에 필수요소였으나 향후에는 기업 차원에서 기존시장에서 점유율과 기술우위를 확보하면서 중국, 인도, 브라질 등 신흥시장에 직간접으로 진출하여 성장을 추구하는 철강기업이 글로벌 경쟁력을 지속 유지할 것으로 예상된다. 한국과 일본의 주요 철강기업들은 공통적으로 해외 진출 노력을 경주하고 있으며, 특히 한국은 파이넥스 등의 신기술을 활용하는 동시에 다운스트림 투자를 확대하고 있고, 일본은 내부적인 구조조정을 통해 원가경쟁력을 제고하고 있다. 따라서 한국과 일본의 주요 철강기업들은 향후에도 글로벌 성장을 위해 지속적인 노력을 경주할 것이며, 이 과정에서 경쟁과 협력은 더욱 확대될 것으로 예상된다.

참고문헌

<국내 문헌>
곽강수 외(2009). "세계 철강 산업의 성장 속에서의 포스코의 위상 변화". POSRI연구보고서.

<해외 문헌>
Kim, Kyeongchan(2010). "Global Steel Industry Reorganization and POSCO's Globalization Journey". Global Steel Industry Research Workshop, Center for Industry Studies.

WSD, "Financial Dynamics of International Steelmakers", World Steel Dynamics, 각 연호.

WSA, "Annual Report", World Steel Association, 각 연호.

Utterback, James M. and William J. Abernathy(1975). "A dynamic model of process and product innovation". Omega, 3(6), 639 – 656.

<일본어 문헌>
佐藤創編(2008). アジア諸国の鉄鋼業—発展と変容, IDE – JETROアジア経済研究所, 10月.

川端望(2008). 東アジア鉄鋼企業の比較分析 アジア. 経営研究, 14.

田中彰(2008). 鉄鋼: 日本モデルの波及と拡散. 東アジア優位産業の競争力: その要因と競争.

두 가지 이노베이션으로 본
일본 철강 산업의 발전과 한국의 추격

아베 마코토(아시아경제연구소)

I. 서론

일본 근대 철강 산업의 역사는 19세기 말까지 거슬러 올라갈 수 있다. 당시 일본은 독일이나 미국 등 철강 선진국과 큰 기술격차가 있었으나 2차 세계대전 이후 일본 철강 산업은 빠르게 성장하여 외형은 물론, 기술적인 측면에서도 세계를 주도하는 존재가 되었다. 1970년대에 외형적인 측면에서 정체되기 시작하였는데 1990년대에 이르러서는 한국의 포스코가 조강 생산량 측면에서 일본 최대의 철강기업인 신일본제철을 추월하게 되었다. 그리고 2000년대에 일본은 국가별 조강 생산량에서 중국과 큰 차이가 남과 동시에 기술 측면에서는 한국기업의 급속한 추격을 받게 되었다.

본 연구에서는 일본의 철강 산업이 어떻게 세계를 주도하게 되었는지, 두 가지 이노베이션을 통해 분석하고자 한다. 두 가지 이노베이션이라는 분석 틀을 선택한 것은 이를 통해 일본 철강 산업의 침체와 한국 철강 산업의 빠른 추격을 보다 체계적으로 설명할 수 있으며 한국 철강 산업의 발전을 보다 객관적으로 검토해 볼 수 있기 때문이다.

제1절에서는 본 연구의 전체적인 구조를 설명하고 제2절에서는 20세기 후반 이후의 철강 산업에 있어 첫 번째 이노베이션으로서 임해 일관제철소에서의 대량생산시스템을, 제 3절에서는 두 번째 이노베이션으로서 고기능 강판의 개발에 대하여 각각 다루고자 한다. 제 4절에서는 두 가지 이노베이션이 각각의 기술로 특정화[1])되어 수렴될 때 한국의 철강기업이 이것을 흡수하여 추격한 것에 대해 분석한다. 마지막으로는 새로운 환경대응기술에 대한 일본과 한국 간 접근방식의 차이, 그리고 새로운 이노베이션이 생겨날 가능성을 점검하며 끝맺으려고 한다. 본 연구는 공정기술과 관련된 내용이 많아 철강 제조의 간단한 공정도를 먼저 살펴볼 필요가 있는데, 그 내용은 <그림 1>과 같다.

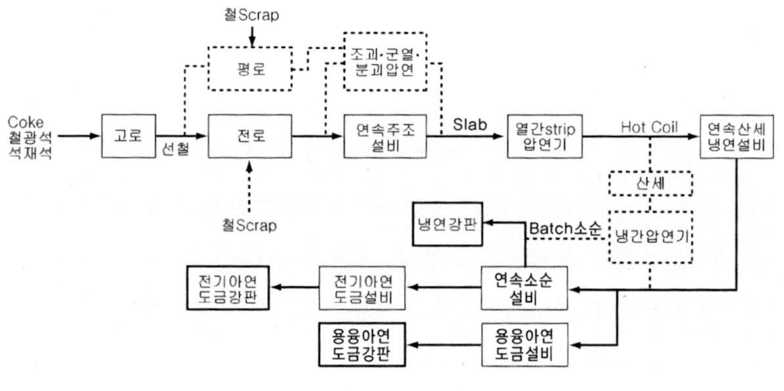

〈그림 1〉 철강산업의 생산공정

---

1) '특정화'란 다수의 기술 중에서 가장 뛰어난 특정한 기술이 선택되는 것을 의미(역자 주).

Ⅱ. 본론

1. 분석의 구조

이노베이션의 패턴에 대한 선구적인 연구자로는 애버내시와 어터백 (Abernathy and Utterback, 1978)을 들 수 있다. 애버내시와 어터백은 이노베이션이란 유동적인 제품의 기능이 경쟁하는 단계로부터 제품의 다양성을 경쟁하는 이행단계를 거쳐, 비용 절감을 두고 경쟁하는 특정화의 단계에 이르는 형태로 수렴해 나간다고 주장한 바 있다. 이 과정에서 이노베이션은 제품 중심의 프로덕트 이노베이션(Product Innovation)으로부터 제조공정 중심의 프로세스 이노베이션(Process Innovation)으로 변화해 가며 기업은 기술력이 강한 벤처에서 대량생산을 추진하는 대기업으로, 이노베이션의 본질은 효과가 큰 급진적인 것부터 점진적인 것으로 점차 변화해 간다고 하였다. 이노베이션이 특정화 단계까지 온 제품의 산업은 산업으로서 성숙했다고 볼 수 있는데 애버내시와 어터백은 철강과 같이 대량생산이 일반화된 산업은 이미 특정화의 단계에 있는 것으로 보고 있다.

그러나 애버내시의 이노베이션에 대한 연구에 있어 다음의 몇 가지 논란이 존재한다. 첫째, 프로세스 이노베이션으로부터 새로운 프로덕트 이노베이션이 생겨날 가능성이 있다는 점이다. 철강업과 같은 장치 산업의 경우, 기존의 제조 프로세스로부터 완전히 새로운 제조공법이 도입될 경우 획기적인 비용 절감이 가능해진다. 이 경우 프로세스 이노베이션은 경쟁의 본질을 근본적으로 바꾸는 급진적 이노베이션이 될 수도 있다. 또한 프로세스의 개선, 특히 제어기술의 향상으로 제품

품질이 크게 향상될 경우 새로운 제품이 개발되는 경우도 종종 있다.

둘째, 이노베이션과 후발기업의 추격의 관계에 대한 것이다. 선발기업이 유동단계에 있는 이노베이션을 주도하고 있는 경우 선발기업과 같은 기술능력이 없는 후발기업은 추격에 큰 어려움이 겪게 된다. 그러나 이노베이션이 정식화 단계에 이르면 후발기업에 의한 추격은 비교적 쉬워지는데 이는 이노베이션이 특정화 단계에 들어갈 경우 불확실했던 기술의 방향성이 정해짐으로써 후발기업은 추격의 목표가 명확해지고 자원의 효율적 투입이 가능해지기 때문이다. 동시에 이노베이션이 특정화 단계에 도달할 경우 기술이 매뉴얼이나 생산설비 등에 체화(embedded)되기 때문에 후발기업으로의 이전과 흡수는 더욱 순조롭게 진행된다.

이하에서는 전후 철강 산업을 돌아보며 '임해일관제철소(臨海一貫製鉄所) 건설'이라는 '제1의 이노베이션'을 통해 일본이 철강업의 세계적 리더로 성장해 나간 과정과 프로세스 이노베이션이 '고기능 강판의 개발'이라는 '제2의 이노베이션'을 창출하게 된 것에 대해 분석하도록 한다. 그리고 후발국인 한국의 철강기업들이 각각의 이노베이션이 수렴해 기술이 정형화된 시점에 적극적인 진입과 투자를 통해 신속한 추격에 성공한 것에 대해 살펴보도록 한다.

2. 제1의 이노베이션: 임해일관제철소(臨海一貫製鐵所)에서의 대량 생산시스템의 구축

일본 철강 산업이 주도한 최초의 이노베이션은, 1950년대부터 1970년대에 걸친 임해일관제철소에서의 대량생산시스템의 구축이다. 이 이노베이션은 다시 임해일관제철소의 건설과 두 가지 프로세스 기술의 도입으로 나누어 파악할 수가 있다.

1) 임해일관제철소의 건설

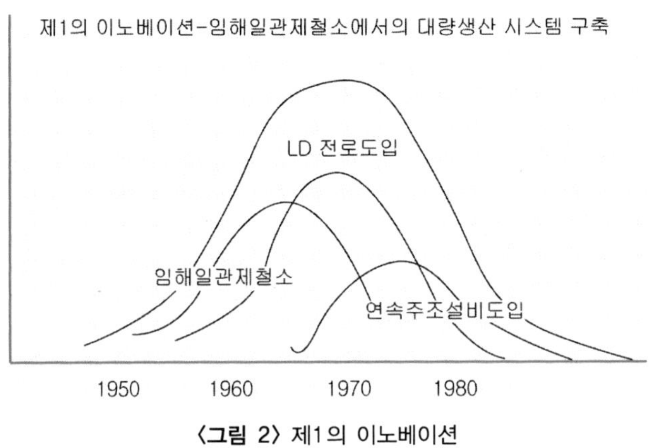

〈그림 2〉 제1의 이노베이션

미국에서는 이미 1920년대까지 제철(製銑) 부문에서의 대형고로(大型高炉)와 제강부문(製鋼部門)의 평로(平炉)와 더불어 압연(圧延) 부문에 스트립밀을 도입한 일관제철소가 많이 건설되었다. 그 결과 미국 철강 산업은 세계 조강 생산의 60%를 차지하는 등 압도적인 경쟁력을 확립한 바 있다. 반면 일본에서는 1945년 종전시점에서도 선강일관제철소(銑鋼一貫製鉄所)로는 일본 제철의 야하타제철소와 히로하타제철소, 일본강관의 츠루미제철소가 있을 뿐이었다. 야하타제철소와 히로하타제철소는 선강일관생산보다 선철(무쇠)의 외부 판매용 생산이 중심이었으며 스트립밀 설비의 도입은 히로하타제철소의 후판설비(厚板設備)에만 머물고 있었다(가미오카, 2005).

일본에서 본격적인 일관제철소 건설의 시초가 된 것은 가와사키제철의 치바제철소다. 본 제철소는 1952년에 착공하여 1958년의 제2기 공사의 준공으로 고로(高爐)-평로(平爐)-스트립밀(열연밀-냉연밀)을 갖춘 일관제철소가 되었다. 치바제철소의 경우 이후 설립되는 제철소의 모델이 되는 중요한 제철소였는데 다음의 두 가지 측면에서 기존 제철소와는 확연히 차별화되었기 때문이다.

첫째, 콤팩트하고 합리적인 레이아웃(layout)을 가진 일관제철소라는 것이다. 가와사키제철은 건설에 즈음하여 토지 취득비용 및 공장 내 운송비의 절감을 위해 콤팩트한 형태로 제철소를 설계하고자 했다. 이를 위해 가와사키는 서구 선진국에서 보급되고 있던 '경사배치'(용선의 반입 방향을 제강·압연 라인에서 기울기의 방향으로 넣는 레이아웃)를 채용함과 동시에 철도·도로, 가스관·증기관·고압관·수도 배수·전선 등을 모두 그물처럼 배치하였다. 이러한 합리적인 레이아웃에 의해 야하타제철소의 경우 철도의 총 연장이 500km가 넘었던 것에 비하여 치바제철소는 60km로 수송거리가 대폭 단축되었다. 그 결과 야하타제철소의 경우 370만 평 규모에 생산량이 100만 톤이었던 것에 비해 치바제철소는 75만 평의 소규모에도 생산량이 200만 톤에 육박, 높은 생산성을 실현할 수 있었다(하시모토, 2001).

둘째, 바닷가 부근에 제철소를 지음으로써 원료 수입과 제품 수출에 보다 최적화되었다는 점을 들 수 있다. 당시 일본은 주요 원료인 철광석, 석탄의 국내 공급이 한계에 직면하자 풍부한 해외자원을 저렴한 해상운송을 통해 안정적으로 확보하는 것이 매우 중요한 과제로 대두되었다. '철강 산업은 수송업'이라는 말이 공공연히 돌자 가와사키제철은 치바의 임해매립지(臨海埋立地)를 공장 예정지로 선정함과 동시에 치바현 및 치바시에 대형선이 직접 해안에 정박할 수 있도록 수심 9.5미터 이상의 넓은 수로를 만들었다.

이러한 합리적이고 콤팩트한 레이아웃, 임해입지라는 2가지 특징을 겸비한 가와사키제철의 치바제철소는 다른 제철소들의 벤치마킹 대상이 되었으며 1960년대에 일본에서 건설되는 제철소들은 대부분 임해일관제철소 형태로 건설되었다(하시모토, 2001; 이타미·이타미 연구실, 1997).

2) 2대 프로세스 기술의 도입

a. LD전로(転炉)와 연속주조설비(連続鋳造設備)의 도입

1950년대부터 1970년대 중반에 걸쳐서 새롭게 건설된 임해일관제철소는 앞서 살펴본 치바제철소를 포함하여 11개에 이르렀다. 새롭게 건설된 임해일관제철소와 기존제철소가 설비 증강을 계속했는데, 그 결과 일본 철강 산업의 설비투자는 방대한 규모에 이르게 되었다. 이 시기의 설비 증가는 설비의 확장보다는 주로 생산공정에 첨단기술을 도입하는 방식으로 진행되었는데 특히 중요한 것은 2대 기술 혁신이라고도 불리는 'LD전로(転炉)'와 '연속주조설비(連続鋳造設備)'의 도입이다. 이 시기에 도입된 첨단기술들을 간략히 살펴보도록 하자.

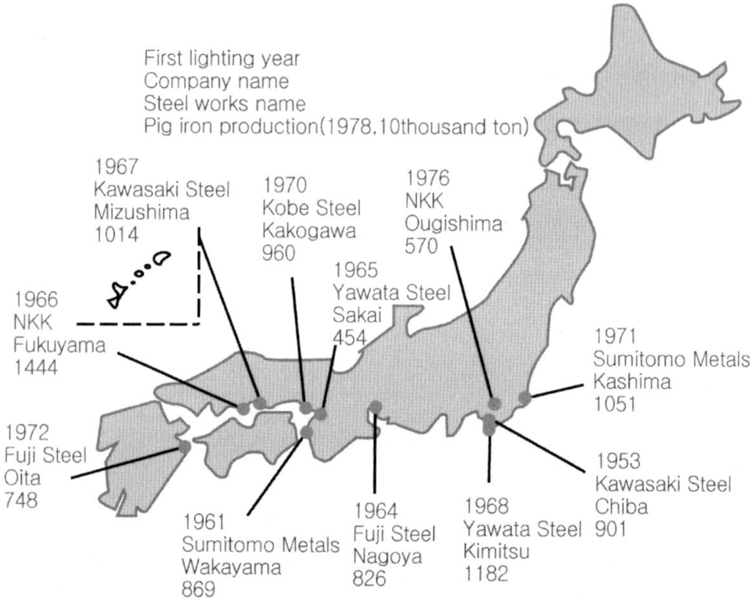

〈그림 3〉 2차 대전 후에 건설된 임해일관제철소

LD전로(純酸素上吹き転炉, BOF)는 1949년에 오스트리아에서 개발된 제강법(製鋼法)으로 노(炉) 내에서의 급속한 야금반응(冶金反応)이 가능하기 때문에 정련(精錬)시간이 짧고, 공기 대신에 산소를 사용하기 때문에 질소 분이 적은 양질의 강철을 생산하는 것이 가능했다. 또한 쇠 부스러기의 사용이 적으며 건설비용이 역시 낮아 그때까지 주류였던 평로(平炉)와 비교 시 뛰어난 기술이었다. 특히 일본에서는 쇠 부스러기 발생량이 적을 뿐만 아니라 처리 능력이 탁월, 용광로의 대형화에 대응하기 쉬워 1960년부터 건설된 대형 임해일관제철소들은 대부분 LD전로를 도입하였다. 그 결과 1974년의 LD전로에 의한 조강 생산비율(粗鋼生産比率)이 미국은 56% 수준인 반면 일본은 81%에 달하게 되었다(Lynn, 1982).

다음으로 연속주조-연주-설비(連続鋳造-連鋳-設備)를 살펴보도록 하자. 이전에 정련한 용강(溶鋼)은 일단 포트에 넣어 냉각하여 조괴(造塊)하고, 그 후 다시 균열 후 분괴, 압연하여 슬랩으로 하는 공정을 거칠 필요가 있었다. 이에 비하여 연주설비는 용강을 직접 흘려넣어 슬랩을 제조하는 것이 가능하여, 이전보다 시간과 에너지를 큰 폭으로 절약할 수 있을 뿐만 아니라, 제품의 생산량을 큰 폭으로 향상시킬 수 있었다. 세계에서 연주기술이 실용화된 것은 1950년경이었으나, 일본에서는 스미토모금속이 스위스의 컨캐스트사로부터 기술을 도입하여 1955년에 1호 실험기를 설치했다. 그 후, 1960년대 중반부터 국내 여러 회사에서 도입하여, 1970년대에는 급속히 보급되게 되었다. 이로 인해 1980년경에는 미국의 연주설비 보급률은 20.3%인 것에 비하여, 일본은 59.5%에 이르렀다(요네쿠라, 1986). 일본에서 연주설비가 빠르게 보급된 또 다른 배경으로는 1960년대에 확립된 제철·제강 공정에서의 대량생산체제가 연주설비와 궁합이 잘 맞았기 때문이다. 앞에서 살펴본 것처럼 1960년대에는 기존의 평로에 비해 생산성이 10배나 되는 LD전로가 잇따라 도입되었고, 용광로의 대형화가 동시에 진행되었다. 이를 바탕으로 용강이 대량생산되었으나, 기존의 조괴·분괴 공정으로는 이를 효율적으로 처리할 수가 없었다. 한편, 압연 부문에서는 스트립 밀이 널리 보급되고, 생산성 역시 비약적으로 향상되었다. 판재류(板材類)의 대량생산에 있어서 제철·제강 공정과 압연 공정의 간의 조괴·분괴 공정의 병목(bottleneck)이 되고 있어 이를 해소할 수 있는 새로운 기술이 절실했던 것이다.

b. 도입 기술과 그 개량

여기에서 반드시 주목해야 할 것은 LD전로나 연속주조설비가 일본에서 독자적으로 개발된 기술이 아니라 해외에서 도입된 것이라는 점이다. 앞에서 살펴본 바와 같이, 전후 얼마 지나지 않은 시점에서 일본과 서구 철강 선진국 간에는 많은 기술격차가 존재하고 있었다. 그 때문에 전후 일본은 미국으로부터 기술지도를 받으면서 철강 산업을 재건할 수밖에 없었다. 결과적으로는 이러한 낙후가 오히려 최신 기술을 빠르게 도입하는 결과를 낳은 측면도 있으나 급성장을 이룬 1960년대에도 일본은 여전히 기술을 받아들이는 편에 있었다는 것은 부인할 수 없는 사실이다.

그러나 일본의 철강 산업은 단지 기술을 수동적으로 받아들이는 것을 넘어 기술을 흡수하고 적극적으로 개량시켜 나갔다. 당시 LD전로와 연속주조설비의 경우 양자 모두 핵심기술은 개발되었으나 실용화 기술이 충분히 개발되지 못한 상태였다. 예컨대 LD전로의 경우 분진회수설비(粉塵回收設備)에 결함이 있는 채로 도입되었으나, 야하타(八幡)제철, 후지제철, 요코야마공업 3사가 공동으로 OG법이라는 배기가스 회수집진장치를 개발하였고, 그 후 OG법은 거꾸로 여러 선진국에 널리 수출되게 되었다. 또한 산소를 효율적이고 대량으로 투입하는 방법에 있어서는 산소를 불어넣는 랜스를 단공노즐에서 다공노즐로 만드는 기술을 개발, 제강능률을 향상시키고 전로의 대형화의 길을 연 바 있다.

연속주조설비도 도입 당시에는 제품 품질의 문제, 높은 유지·관리비, 슬랩의 형상 변경이 어려워 다품종 생산이 어렵다는 등 여러 가지 문제를 안고 있었다. 나아가 주조시간이 길어 생산성 또한 높다고 할 수 없는 상태였다. 하지만 일본기업은 개량을 거듭, 마침내 여러 가지 기술적 난제를 극복하였다. 신일본제철의 경우 오이타(大分) 제철소에서 1972년에 세계 최초의 전연주방식(全連鑄方式)에 성공함과 동시에 불가능하다고 여겨 온 광폭강판의 연속주조생산에도 성공하였다. 나아가 제어기술의 발전으로 전로에서 끊임없이 용강이 공급되어 연주의 가동률이 100%가 되는 '연연주(連連鑄)'도 가능해졌다(이타미·이타미(伊丹) 연구실, 1997; 나카오카, 2002).[2]

3) 경쟁과 협조

제1의 이노베이션을 가능하게 한 요인으로는 먼저 전후 일본의 철강 산업의 산업조직적 측면을 주목할 필요가 있다. 1950년에 국내 최대의 일관 메이커인 일본제철이 분할되면서 야하타제철과 후지제철이 탄생하였다(1970년에 다시 합병해 신일본제철로). 여기에 앞서 언급한 가와사키제철 뿐만이 아니라, 평로 메이커인 스미토모금속과 고베(神戸)제강이 잇따라 용광로를 포함한 일관제칠소 건설에 나섰다. 이로 인해 전후 일본 철강 산업은 2차 대전 이전부터 있던 일본강관(日本鋼管)을 포함, 용광로 6개 사 체제가 성립되었다. 6개 사는 치열한 시장점유율 경쟁을 펼치면서 새로운 제철소를 건설하고 새로운 설비를 도입하였다. 그러나 이 6개 사가 단순히 경쟁에만 집착하고 있었던 것은 아니다. 기술 도입 및 기술 개발에 있어서는 서로 협력한 바 있는데 LD전로의 기술 도입 시에는 2차 대전 이전부터 전로의 경험이 있었던 일본강관이 제너럴·라이선시가 되어, 그 기술의 서브

---

2) 이에 덧붙여서 전공정인 고로, 후공정인 스트립밀을 포함하여, 생산공정 전체를 컴퓨터로 일관 관리하는 시스템을 구축한 것도 일본의 철강 산업의 경쟁력 향상에 크게 기여했다고 생각된다(이노우에, 1994; 나츠메, 2005).

라이선스를 다른 기업에게 주었다.[3] 또한 특허 사무를 처리하는 LD 위원회가 창구가 되어 기업 간의 제조경험과 연구활동을 중심으로 기업 간 교류가 활발하게 이루어졌다. 이 밖에도 2차 대전 이전부터의 운영되던 일본철강협회가 학회 및 기업에 의한 공동연구와 기술교류의 장이 되어 기술의 흡수와 개량에 큰 역할을 하기도 하였다.

3. 제2의 이노베이션 – 고기능 강판의 개발

일본의 철강 산업이 주도한 또 하나의 이노베이션은, 1970년대 중반부터 본격화한 고기능 강판의 개발이다. 첫 번째 이노베이션이 대형 설비투자를 중심으로 한 급진적인 프로세스·이노베이션이었던 것에 비하여, 두 번째의 이노베이션은 개량의 축적이 낳은 점진적인 프로덕트·이노베이션이었다. 개발의 초점이 된 것은 하나의 제품에 양립하기 어려운 특성(예컨대 부드러우면서 튼튼한 것)을 동시에 실현시키는 것이었다. 특히 시장이 크고 산업 전체에 대한 임팩트가 컸던 것은 자동차용의 고기능 강판으로 그중에서도 표면처리 강판과 고장력 강판(高張力鋼板, 이른바 하이텐재)이었다.

---

3) 이 LD전로의 기술 도입에서의 기업 간 협력으로는 「외자법」을 기본으로 기술 도입의 인허가권을 가지고 있던 당시 통상산업성이 커다란 역할을 하였다.

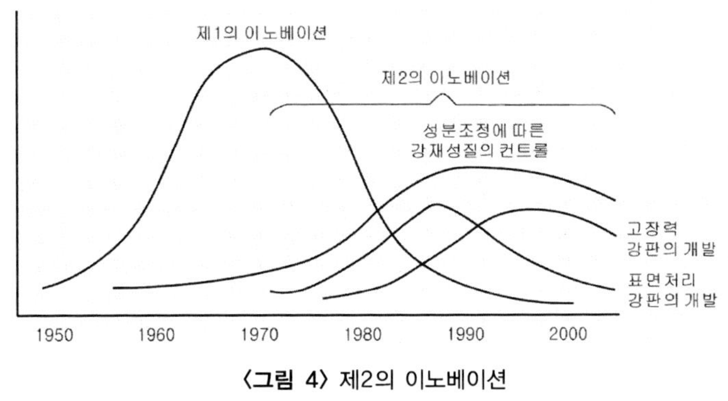

〈그림 4〉 제2의 이노베이션

1) 냉연강판(冷延鋼板) 제조기술의 추격

전후, 서구 선진국과 비교 시 기술적 열세에 놓여 있던 일본의 철
강 산업이 갑자기 고기능 강판을 개발할 수 있게 된 것은 아니다. 고
기능 강판 개발 이전에 일본 철강 산업에서는 고도 성장기를 거치며
냉연강판(冷延鋼板) 제조기술을 빠르게 흡수, 추격한 바 있다. 이 당시
의 추격은 경험에 의존하고 있던 프레스 가공 및 제강 기술에 대해
금속 공학적인 해석과 지식의 결합되고 앞에서 언급한 프로세스·이
노베이션에 의한 제강 기술이 향상되면서 이루어졌다.

일본에서 콜드스트립밀(冷間圧延機)이 본격적으로 가동을 개시한
것은, 미국으로부터 기술지도를 받은 2차 대전 이후이다. 1950년대에
철강 메이커 각 사는 잇달아 자동차용 박판을 생산하는 데 적합한 광
폭 냉간압연기를 도입하였다. 한편, 일본의 자동차 메이커 측에서는
1955년에 도요타가 처음으로 프레스 라인을 설치함과 동시에 1957년
에 국산 냉연박판(冷延薄板)을 사용하기 시작하였다. 그러나 당초에는
프레스 라인으로부터 나온 차체 부품의 상당수는 판금공(板金工)이 수
정하지 않으면 사용할 수 없는 상황이었다. 특히 주름과 균열은 심각

한 상황이었다.

여기에서 큰 역할을 담당한 것이 철강 메이커와 자동차 메이커, 그리고 공공 연구기관의 연구실이 참가한 공동 연구 체제였다. 1960년에 이화학 연구소의 소성가공연구실(塑性加工硏究室)이 중심이 되어, 모든 자동차 메이커와 박판 메이커가 참가한 '박강판 성형기술연구회(薄鋼板成形技術硏究)'가 조직되었다. 이 연구회에서는 현장경험에 크게 의존하고 있던 프레스 성형에 대해 공학적 설명을 시도하였다. 이 연구회를 통해 박강판의 성형성을 높이기 위해서는 제강(製鋼), 압연(圧延), 소둔(燒鈍) 각 공정에서 무엇을 어떻게 컨트롤하면 좋은지에 대해 과학적인 이해가 널리 공유되었다. 선진국에서도 경험에 대한 의존성이 컸던 철강 산업을 보다 객관적인 방법으로, 그리고 공학의 수준까지 높이는 것에 성공했다고 할 수 있다(나카오카·우스다, 2002).

이러한 지식의 축적을 기반으로 강재의 성질을 조정하여 높은 품질의 강재를 개발, 제조하는 것이 가능하게 한 것이 앞에서 언급한 첫 번째 이노베이션이다. LD전로에서 제조한 강철은 평로보다 강중탄소량(鋼中炭素量)이 낮고 용존하는 질소나 개재물도 적어 성형성이 뛰어나 자동차용 냉연강판에 적합하다. 이 밖에도 용선(溶銑)의 예비처리에 의한 유황이나 인의 제거, 진공탈가스 기술을 사용한 노외정련(炉外精錬)으로 용강(溶鋼)의 청정화 등, LD전로를 포함하여 원하는 성분을 지닌 강철을 만들어 내는 기술이 1970년대에 들어서서 확립되었다.

또한 연속주조설비를 도입하기 이전에는 용강을 잉곳(Ingot)하기 위한 주형 내에서의 자연방냉 응고과정으로 인해 강판에는 자주 성분편절(成分偏折)이 생기고 있었다. 그러나 연주설비의 도입으로 성분편절에 의한 강재 강도의 격차나 내부 결함이 대부분 사라지게 되었

다. 또한 연주설비의 기초기술을 기반으로 개발된 연속소둔설비(連続
焼鈍設備－CAPL)에 의해 소둔에 관련된 온도와 시간을 자유롭게 제어
할 수 있게 되자 균일한 품질의 냉연강판의 제조가 가능하게 되었다.
이상에서 살펴본 바와 같이 고기능 강판의 개발은 일본 철강 산업 내
에서 과학적 지식의 축적과 프로세스·이노베이션을 기반으로 이루
어진 것이다.

2) 고장력 강판의 개발

1970년대에는 자동차용 강판에 새로운 수요가 발생하였다. 그중
하나가 얇고 강도가 높은 강판, 즉 고장력 강판이다. 고장력 강판에
대한 관심은 사실 1960년대부터 시작되어 왔다. 미국의 경우 고속도
로 교통사고 및 사망사고 증가로 인해 차체 강도를 높여야 할 필요성
이 이미 제기된 바 있었다. 1973년의 오일쇼크는 고장력 강판에 대한
결정적 계기가 되었는데, 고유가 시대를 맞아 자동차 시장에 있어 저
연비가 시상과제가 되고, 차체의 경량화를 위해 고장력 강판이 절실
했기 때문이다. 하지만 차체의 '성형성(부드럽다는 것)'과 '고강도'라
는 것은 본질적으로 양립하기 어려운 것이다. 그래서 철강 메이커들
는 2차 정련에서 탄소 및 불순물을 제거하고 제강단계에서 첨가원소
의 성분조정이나 소둔에서의 온도조정으로 새로운 성질을 지닌 강판
을 개발하였다. 예를 들면 DP(Dual Phase) 강은 결정조직을 부드러운
페라이트(ferrite)와 단단한 마르텐사이트(martensite) 등을 혼합 조직함
으로써 높은 강도와 프레스로 변형을 실현한 강재이다. 또한 TRIP
(Transformation Induced Plasticity) 강은 페라이트, 오스테나이트(austensite),
마르텐사이트 등의 혼합 조직인데, 힘을 가했을 때에 오스테나이트의

결정격자가 늘어나서 잠시 변형되는데 그 변형 부분이 마르텐사이트로 바뀌면 바로 단단해지는 성질을 가지고 있다. 1980년대 이후, 다양한 고장력강이 개발되고 승용차에 채용되었는데, 일본 승용차의 경우 340MPa 이상의 고장력 강판의 사용 비율이 1990년대에는 30%대, 2000년대에는 50%대에 이르렀다(신일본제철, 2004).

3) 표면처리 강판의 개발

1970년대 이후, 개발과 보급이 급속히 진행된 또 하나의 자동차용 고기능 강판으로 표면처리 강판을 들 수 있다. 북미 등의 한랭지에서는 겨울철 동결 방지를 위해서 도로에 많은 소금을 뿌리는데, 1970년대 후반에는 동결 방지제로 인한 자동차의 차체 부식이 사회적 문제가 되어 이러한 지역에서 판매되는 자동차에는 '표면의 녹 1년, 구멍이 뚫린 곳 3년'(캐나다 코드) 등의 방청(녹방지)에 대한 가이드라인이 제시되었다. 방청을 위해서는 두터운 도금을 해야 했으나 이럴 경우 기술력의 부족으로 인해 도금이 표면에서 떨어지거나 디자인상의 문제를 일으키곤 하였다. 이와 같은 문제를 해결하기 위해 새로운 도금기술의 개발이 진행되었다. 캐나다 당국의 기준을 충족시키기 위해 가장 먼저 개발된 강판은 외판의 내면측만을 방청 처리한 '편면용해아연도금강판(片面溶融亜鉛めっき鋼板)'이었다. 그 후 1980년대에 들어서서 방청(防錆) 목표가 높게 설정됨에 따라 양면 도금이 필요해졌는데 이때 개발되었던 것이 이중전기아연도금강판 및 전기아연·용해아연의 이중도금강판이다. 이어서 방청성과 가공성을 한층 더 향상시킨 2단의 합금화용해아연도금(GA)강판으로, 철강 메이커는 새로운 방청 강판을 개발해 갔다(신일본제철, 2004; 가와바타, 2006).

4) 자동차 메이커와의 긴밀한 협력

이상과 같은 고기능 강판의 개발은 자동차 메이커와의 긴밀한 협력관계에 의해 이루어졌다. 앞에서 살펴본 바와 같이 1960년대에는 자동차 메이커와 철강 메이커에 의한 다사간(多社間)의 기술 협력 체제가 구축되었다. 1970년대 이후부터 자동차 메이커와 철강 메이커의 기술 협력은 거래에 의한 두 회사 간의 관계로 변화하였다. 여기에서 일본 특유의 거래관계가 강재의 기술 개발을 촉진시키게 되었다.

예를 들어 미국의 경우 구매자인 자동차 메이커가 스스로 가공 조건을 해석한 다음, 사용할 강재의 두께, 화학성분, 기계 특성 등의 규격과 허용 범위를 규정하고 철강 메이커는 지정된 강재를 단순히 제조한다. 일본에서도 자동차 메이커는 미국과 마찬가지로 제조·가공의 조건이나 마무리에 필요한 조건 혹은 문제의 소재를 철강 메이커에 제시하고 정보 교환을 한다. 그러나 기술적 문제 해결은 철강 메이커에 맡기고 있다. 이러한 업계의 관행은 강재에 대한 요구가 자동차 메이커, 나아가 모델별로 다르고 개발되는 강재의 스펙이 외부적으로 공표되는 JIS 규격과는 별도로 세세하게 규정되어 외부에서는 쉽게 관찰하기 어렵다. 한편 일본 철강 산업의 이러한 프랙티스는 자동차 메이커 측에서의 요구가 명확한 규격이 아니라 애매한 조건이기 때문에 철강 메이커가 부단히 기술 개발을 진행할 수밖에 없었던 이유에서도 일부 기인하고 있다(기요시, 1990).

4. 일본 철강 산업의 침체와 한국의 대두

일본의 철강 산업은 버블 경기를 거쳐 1990년대에 이르자 침체기에 접어들었다. 1970년대부터 계속되는 생산량의 침체와 더불어 대기업 철강 메이커의 실적도 크게 떨어졌다. 이것은 앞에서 살펴본 바와 같이 일본의 철강기업이 주도한 커다란 이노베이션이 수렴된 것을 의미했다. 한국기업들의 등장은 이러한 이노베이션의 사이에 생긴 것이라고 할 수 있다<그림 5>.

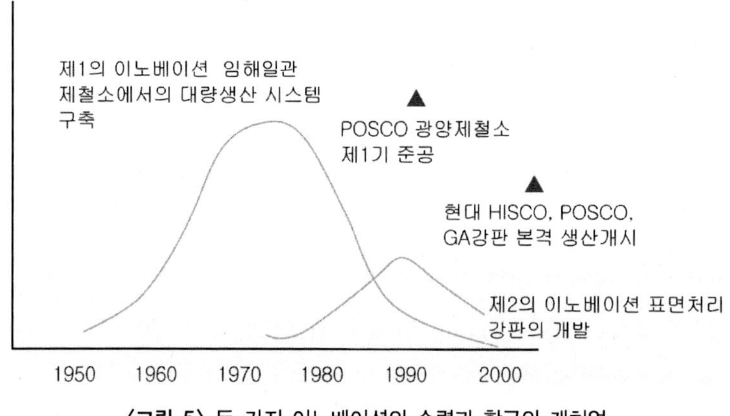

〈그림 5〉 두 가지 이노베이션의 수렴과 한국의 캐치업

1) 제1의 이노베이션의 수렴

일본에 있어 임해입지와 고로－전로－연속 주조 설비－스트립·밀에서 이루어지는 대량생산시스템은 대략 1980년대 초에 확립되었다. 이후 가열로(加熱炉)에 대한 열편장입(熱片裝入－HCR)이나 열연밀으로의 직송압연(直送圧延－HDR) 등 생산 프로세스의 합리화는 계속

진행되었으나 1980년대 초에 이르러 임해일관제철소에서의 대량생산 시스템은 기술적으로 특정화(特定化)되었다고 해도 좋을 것이다.

당시 이미 일본의 고로 메이커는 일부 고로나 전로의 노후화와 더불어 수요의 침체에 의한 가동률의 저하로 많은 고민에 빠져 있었다. 반면 후발국들은 특정화된 기술을 흡수하고, 일본을 모방하여 잇달아 임해 입지형의 일관제철소를 건설하고, 그 후에도 높은 경제성장에 발맞추어 생산능력을 확장해 갔다. 신흥국의 철강기업들은 저렴한 노동비용, 나아가 일본과 동일한 기술이지만 새로운 설비로 비용 경쟁력을 가지게 되었다.

여기의 대표적인 기업으로는 한국의 포스코를 꼽을 수 있다. 물론 포스코도 창업 초기부터 강한 경쟁력을 가지고 있었던 것은 아니다. 1970년에 착공한 한국 최초의 일관제철소인 포스코 포항제철소는 동해안의 영일만에 위치하고 일본의 고로 메이커의 전면적인 기술 협력하에서, 당시 최신예였던 후지제철(후에 야하타제철과 합병하여 신일본제철) 기미츠제철소의 레이아웃을 기초로 설계되었다. 당시 이미 제강의 주류였던 전로는 도입하였으나 제1기 공사에서는 연속주조설비의 도입은 기술력이 미약해 보류되었다(송성수, 2002:91). 제2기 공사에서부터 연속주조설비를 도입하였으나 재래식인 조괴·분괴법과 계속 병용했다. 또한 제선, 제강에 비하여 열연, 냉연의 압연 부문의 생산규모가 작아 본격적인 대량 일관생산시스템을 도입했다고 보기는 어려웠다. 그러나 포스코는 이 과정을 통해 일관제철소의 건설, 본격적인 양산과 관련된 기술 및 노하우를 습득할 수 있었으며 향후 독자적인 설계에 근거하는 광양제철소의 건설의 큰 밑바탕이 되었다.

1985년에 착공, 1992년에 제4기 공사로 준공된 포스코의 광양제철소는 일본에서 완성된 임해형 일관제철소의 대량생산시스템을 한층 업그레이드한 것이었다.[4] 사각형으로 매립지를 조성하여, 그 안에서 원료 사전처리로부터 고로, 제강, 압연의 각 공장, 설비를 직선상에 배열함으로써 고로에서 열연공장까지의 거리를 1.5킬로미터로 하여 공정 간의 거리를 큰 폭으로 단축하였다. 또한 100%의 연속주조나 직송압연의 도입은 물론, 최신 설비의 도입과 더불어 4기 공사에 대해서는 같은 사양의 고로와 전로를 도입함으로써 설비 관리 비용을 큰 폭으로 낮추었다. 전반적으로 볼 때, 포스코는 일본의 철강 메이커가 확립한 임해형 일관제철소를 통한 저비용 대량생산체제를 더욱 고도화함으로써 빠른 성장을 이루었던 것이다. 1990년대에 들어와 포스코의 핫코일과 냉연강판은 동남아시아 시장, 나아가서 일본 내에도 유입되어 일본의 철강 메이커에 큰 위협이 되었다.

2) 제2의 이노베이션의 수렴

두 번째 이노베이션인 고기능 강판의 개발에서도 일부에서는 수렴의 움직임을 보였다. 1990년대에 들어 고기능 강판은 막대한 개발비용에도 불구하고 충분한 수익을 올리지 못한다는 비판에 직면하게 되었다. 개발비를 강재가격에 충분히 전가하지 못하고, 개발이익이 자동차 메이커로 돌아가 버렸을 가능성을 시사하는 것이었다(가와바타, 1995). 자동차 메이커도 버블 붕괴 후 판매가 침체되자 대대적인 원재료비 삭감에 나섰는데 가장 먼저 시행된 것이 메이커별, 차종별로 다르던 강종의 종류를 줄이는 것(엄선)이었다. 강재 종류의 축소는 지금까지 두

---

4) 포스코의 광양제철소를 임해 일관제철소라는 '일본 모델'을 세련화시켰다고 보는 견해에 대해서는 다나카 (2008)도 참조.

회사 간에 공개되지 않았던 규격의 업계 공통화로까지 확산되어 1996년에는 철강 연맹 규격이 발효되는가 하면 600종이 넘었던 자동차용 강판이 100종으로까지 줄게 되었다(나카오카·우스다, 2002).

강종의 축소는 '과잉품질'이라고까지 하는 비용을 도외시한 고기능 강판 개발의 재검토로 진행되었다. 표면처리 강판의 경우, 도요타자동차가 1990년대 중반에는 2층 GA강판을 단층 GA도금 강판으로 전환하였다. 이에 철강 메이커는 단층 GA강판의 가공성을 보충하기 위해서 강판의 표면에 윤활 피막을 코팅하는 기술을 개발한 바 있는데 도요타자동차는 서보 프레스의 도입에 의해 윤활피막이 없는 단층 GA강판의 프레스 가공기술을 개발, 강재의 간소화를 다시 진행시키고 있다. 박막유기피복 아연니켈합금도금(듀러) 강판을 사용하고 있던 닛산 자동차도 2000년경에는 도요타자동차와 같은 GA강판으로 전환함으로써 강판 조달 경비의 삭감을 꾀하였다.

한편, 연비 향상을 위한 차체 경량화의 필요성이 대두되면서 고장력 강판의 분야에서는 개량이 반복되는 형태의 이노베이션은 진행되고 있다. 하지만 비용대비 효과가 중요시되는 가운데 용도에 맞는 강재의 선택, TWB(Tailor Welded Blank) 용접 등 새로운 가공 기술도 발달하였다.

고기능 강판에 있어 이노베이션이 일부 수렴하는 현상은 한국 메이커에게 유리하게 작용했다고 여겨진다. 표면처리 강판의 경우, 기술 진보 속도가 둔화되었는데 2000년대에 들어 일본에서는 단층 GA강판이 자동차외판용 강판의 기술로서 특정화되었다. 마침 이 시기에 한국의 자동차 메이커, 특히 현대자동차는 1997년의 아시아 외환위기를 거치면서 제품의 품질을 근본적으로 개선할 방침을 내세우고, 국내/외를 불문하고 자동차외판에 GA강판을 채용하였다. 현대자동차 그룹 산하의 압연 메이커인 현대 하이스코는 새롭게 가와사키제철(현재의 JFE 스틸)로부터 기술을 도입하여 2003년부터 자동차외판용 GA 강판의 생산을 개시했다. 이와 경쟁하듯 포스코도 동일한 강판의 생산을 본격화함과 동시에 이를 위한 용해아연도금 설비(CGL) 등을 큰 폭으로 증설했다. 또한 일본의 철강 메이커와 마찬가지로 자동차 메이커와의 사이에서 강판의 공동개발 체제를 구축했다.[5] 선두기업을 따라잡으려는 한국기업의 입장에서는 표면처리 강판을 둘러싼 기술이 특정화됨으로써 개발자원의 집중이 가능했고, 그 결과 추격이 용이하게 되었다고 볼 수 있다. 또한 고장력 강판에 있어서도 반드시 최첨단의 강도 강판이 아니라 용도에 적합한 강도의 강판을 요구하는 식으로 시장의 트렌드가 바뀜에 따라 후발자인 한국기업은 추격단계에서 많은 시장에 접근할 수 있었다.

예를 들어 닛산자동차의 소형차, 마치의 경우, 2009년 5월경 국내 공장에서 생산되고 있었지만, 약 30%의 강재를 포스코에서 나머지는 일본 메이커에서 조달하고 있었다. 그중에는 도어 부분 등 외판인 GA강판도 포함되어 있었다. 앞서 언급한 공장에서는 2000년경부터 포스코 제품의 구매는 물론, 테스트와 협상을 반복하면서 채용비율을 점차 올려 왔다고 한다. 또한 2010년의 풀 모델 체인지를 계기로, 마치의 생산은 일본 내 시장용을 포함하여 태국공장에 전면적으로 이관되었는데 닛산자동차는 일본 메이커를 대신하여 포스코를 메인 강재 공급자로 선정하였다고 한다. 신형 마치에서는 새롭게 개발된 차

---

5) 2003년에 자동차 강재 가공센터를 설립하고, 여기에서 자동차의 제품 개발의 초기단계부터 포스코가 참여하여 제품 개발과 동시 병행하여 강재 개발과 선정을 하는 EVI(Early Vendor Involvement)를 추진하였다. 자세한 것은 아베(2008)를 참조.

대를 채용하는 것으로, 하이텐재 중에서도 500MPa 정도의 강도가 낮은 강재로 생산이 가능하도록 설계되었다. 이 밖에도 포스코는 일본의 자동차 메이커 몇 회사에 외판용 GA강판을 납품하는 단계에 이르렀다. 제2의 이노베이션 수렴은 한국기업이 그때까지 일본기업의 독무대였던 시장을 잠식할 기회를 제공했다고 할 수 있다.

Ⅲ. 결론 – 일본 메이커의 대응과 새로운 이노베이션

1. 일본 철강 메이커의 규모 지향

이상에서 살펴본 바와 같이, 일본의 철강 산업은 임해일관제철소에서의 대량생산시스템의 구축, 고기능 강판의 개발이라는 두 이노베이션을 주도함으로써 세계 철강 산업을 이끌어 왔다. 그러나 각각의 이노베이션을 수렴하어 기술이 특정화뇌면서, 한국기업을 중심으로 한 후발자에게 추격을 허용하게 되었다. 1980년대에 들어와 제1의 이노베이션이 수렴하는 가운데 그 기술을 충분히 흡수한 포스코는 1980년대 후반에 광양제철소를 건설·가동시킨 후 동남아시아 시장을 중심으로 범용 강판의 수출에서 강한 경쟁력을 지니게 되었다. 당시 일본의 철강기업들은 제2의 이노베이션인 고기능 강판의 개발과 그 다품종 소량 생산을 통해 대응할 수 있다고 여겼던 것으로 보인다. 그러나 버블 붕괴 후인 1990년대에는 이르러 대부분의 고객들이 비용 절감을 요구하면서 고기능 강판을 통해 이익을 확보하는 것이 어렵게 돼 버렸다. 일본의 철강 메이커는 국내 수요가 침체되고 해외의 범용 강철 시장에서는 포스코 등에 시장을 잠식당하자 가동률의 저하, 수익성 악화로 많은 어려움을 겪게 되었다. 2000년대에 들어서자 포스코, 그리고 새롭게 등장한 현대 하이스코 등 한국 메이커가 적극적인 설비투자를 통해 고기능 강판의 생산을 본격적으로 개시했다. 후발국의 추격에 대응하기 위해 일본기업은 추가적인 비용 절감에 나설 수밖에 없었다. 2001년의 가와사키제철과 일본강관의 합병으로 JFE의 탄생, 또한 그로부터 10년이 지나서 발표된 신일본제철과 스미토모금속의 합병은 모두 규모의 추구를 통하여 비용 삭감을 도모한다고 하는 철강 메이커의 새로운 방향성을 나타낸 것이라고 할 수 있다.[6]

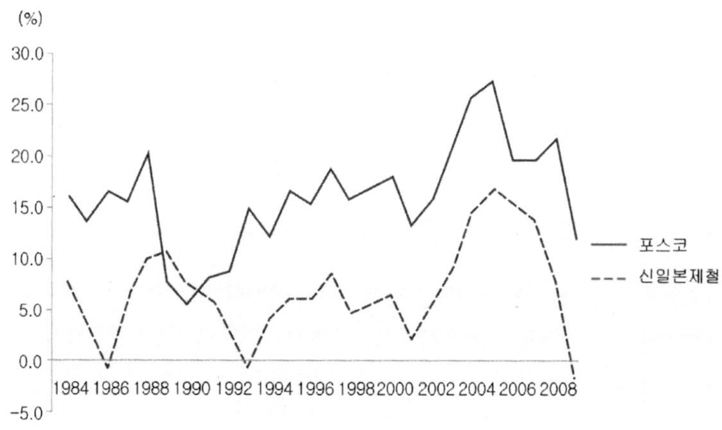

주: 단체 베이스, 포스코는 1-12월기, 신일본제철은 4-3월기
출처: 포스코(2003), 각 사업보고서, 유가증권 보고서

〈그림 6〉 한일 철강 메이커의 영업이익률 추이

---

6) 물론 마찬가지로 규모를 지향한 합병이라고 하여도, 2001년과 2011년은 직접적인 계기는 다르다. 2001년의 JFE의 탄생은 버블 붕괴 후의 장기상황에 의한 수요의 침체와 '곤쇼크'라고 불리는 자동차 메이커가 강재 조달처를 엄선하려는 움직임이 큰 계기가 되었다. 한편, 2011년의 신일본제철과 스미토모금속의 합병은 가와카미의 원료공급 측면에서 가격경쟁력 제고를 위한 것이었다.

앞에서 서술한 것처럼 일본의 철강 메이커는 수요 사이드와 긴밀한 협력관계를 구축함으로써 다양한 품종의 강재를 개발하는 데 성공해 왔다. 현재도 하이텐재나 그 밖의 특수강철재의 개발에서는 세계의 철강 산업을 주도하고 있으며, 이 점에서는 아직 한국 메이커보다 앞서고 있다고 할 수 있다. 그러나 수익의 불안정성, 다품종 소량 생산체제와 규모의 경제를 통한 저원가 실현과의 균형은 여전히 일본 철강기업들의 숙제로 남아 있다.[7]

2. 환경 대응을 위한 새로운 제조 프로세스

2000년대에 들어서 철강 산업에서는 제조 프로세스를 둘러싼 새로운 큰 움직임이 나타나고 있다. 즉 환경문제에 대한 대응, 특히 지구온난화에 대응한 이산화탄소의 배출 억제와 자원 제약의 극복을 위한 저품위(低品位) 철광·석탄의 사용 확대를 향한 기술 혁신 등이 바로 그것이다. 일본 메이커, 한국 메이커 모두 환경 대응을 위한 노력을 거듭해 오고 있지만 한·일 철강 메이커는 한층 더 독자적인 기술 개발을 지향하면서 다른 접근을 보이고 있다.

일본에서는 종래의 고로법을 기반으로 하여 그 원료의 가공 방법을 개선하는 것으로 원료 및 CO_2 문제에 대처하려고 하고 있다. 일본의 철강 메이커는 지금까지 제철소 내에서 발생한 열이나 배기가스, 기타 부산물의 철저한 재이용을 통한 에너지 절약·환경 기술에서는 선두를 달려왔다. 이것을 지속함과 동시에 코크스 제조 등의 기존의

---

7) 이에 비하여 한국 메이커는 고기능 강판에서도 일정한 생산규모가 전망되는 강판의 종류로 압축하여 생산하는 경향이 강하다. 특히 후발인 현대 하이스코는 이러한 경향이 현저하다. 이 점에서는 아베·전(2011)을 참조.

제조 공정의 개선도 실행해 왔다. 이 중 하나인 새로운 코크스 제조 기술 'SCOPE21'는, 저품위탄(低品位炭)의 사용 비율을 올리는 것과 동시에 생산성을 확대시키고, 또한 NOx 삭감 등 환경 개선 효과가 있는 신기술로서 경제산업성의 지원 아래, 철강 각사와 코크스 각사가 공동으로 연구개발을 해 왔다. 2008년에는 신일본제철의 오이타제철소에서 실용 1호기가 가동을 개시했다. 또 다른 산관학 공동 프로젝트 '혁신적 제철 프로세스의 선도적 연구'는 석탄과 철광석을 사전에 분쇄/혼합/성형하여 연속식 건류노(乾留炉)에서 과열(過熱)에 의하여 철광석을 금속철로, 석탄을 코크스로 하는 복합괴성물(複合塊成物) '페로코크스'의 제조 프로세스를 개발했다. 이에 따라 품질이 다소 떨어지는 석탄 및 광석의 활용이 가능해져 이산화탄소 발생량을 큰 폭으로 삭감할 수 있을 것으로 여겨진다. 현재 시험공장의 건설이 진행되고 있다.

이에 비하여 한국의 포스코는 고로법과는 다른 용해 환원에 의한 제철 기술인 FINEX법을 개발하고, 실용화를 진행하여 이미 연간 생산 200만 톤 규모의 FINEX노를 가동 중이다. 용해 환원법도 저품위탄 및 열질광석(劣質鉱石)을 원료로서 사용할 수 있어 코크스로와 소각로를 생략하므로 환경 면에서의 개선도 크다. 일본에서도 SCOPE21에 앞서는 철강 국가 프로젝트하에서 용해 환원법의 DIOS가 개발된 바 있다. 그러나 최소 효율 규모가 작아서 고로를 대체하는 기술이 될 수 없다고 하여 대부분의 용광로 메이커는 그 후에도 실용화하고 있지 않다. 이와는 별도로 고베제강이 용융환원제철법(溶融還元製鉄法)인 IT-MK3를 개발, 실용화에 이르고 있다. 그러나 역시 생산규모는 작아서, 고베제강은 채용하지 않고 미국의 원료 입지 기업에 대한 설비 및 라이선스를 공여하고 있을 뿐이다. 많은 고로설비를 보유하고 있는 일본철강 메이커는 종래의 고로법을 유지하면서 환경문제에 대응하는 길을 선택했다고 할 수 있다. 이에 비하여 포스코는 FINEX에 의한 대량생산을 향해 노(炉)의 대형화를 진행시키고 있다. 제철의 생산성 및 품질이 고로법과 어깨를 나란히 하게 되면, 철강 산업의 생산 프로세스를 크게 바꾸는 이노베이션이 될 것이다. 일본과 한국 어느 쪽의 기술이 우위가 될 것인지, 향후 기술 개발의 행방이 주목된다.

참고 문헌

<국내 문헌>
송성수(2002). "한국 철강 산업의 기술능력 발전과정 - 1960, 1990년대의 포항
　　　제철". 서울대학교 대학원 이학박사 학위논문.

<일본어 문헌>
아베 마코토(2008). "한국 철강 산업의 경쟁력 - 급속한 캐치업과 국제 산업 재
　　　편에 대한 대응". 한국 주요 산업의 경쟁력. 아시아 경제연구소.
아베 마코토, 전제구(2011). "일한 철강 무역의 현상과 한국 메이커의 신전략".
　　　아지연 월드 트랜드, 7월호.
이타미 히로유키, 이타미 연구실(1997). "일본의 철강업 - 왜, 지금도 세계 제일
　　　인가". NTT 출판.
이노우에 요시스케(1994). "일본의 철강업과 CIM". 기술 혁신과 산업 사회. 중
　　　앙 경제사.
가미오카 가즈후미(2005). 『전후 일본 철강업의 다이너미즘』. 일본경제 평론사.
가와바타 노조미(1995). "일본 고로 메이커의 제품 개발 - 경쟁·생산시스템과
　　　의 관계에서". 일본기업의 연구개발 시스템 - 전략과 경쟁. 도쿄 대학
　　　출판회.
가와바타 노조미(2006). "일본 고로 메이커의 고급강 전략 - 그 견실함과 보수
　　　성". 산업 학회 연구연보, 제21호, 35 - 47.
신일본제철(2004). 『칼라 도해, 철과 철강을 알 수 있는 책』. 일본 실업 출판사.
세이 쇼이치로우(1990). "애매한 발주, 무한의 요구에 따른 품질·기술 수준의
　　　향상". 자동차 산업의 국제화와 생산시스템. 츄오대학 출판부.
다나카 아키라(2008). "철강: 일본 모델의 파급과 확산". 동아시아 우위 산업의
　　　경쟁력 - 그 요인과 경쟁·분업 구조. 미네르바 책방.
나카오카 테츠로(2002). "총론: 전후 산업기술의 형성 과정".
나카오카 테츠로(2002). "전후 일본의 기술 형성 - 모방인가 창조인가". 일본경
　　　제 평론사.

나카오카 테츠로, 우스다마츠오(2002). 자동차용 냉연박강판의 발전.

나쓰메다이스케(2005). "철강업에 있어서의 생산관리의 전개". 도분칸.

하시모토 도시아키(2001). "전후 일본경제의 성장 구조 - 기업 시스템과 산업정
　　책의 분석". 유히가쿠.

요네쿠라 세이이치로우(1986). "철강업에 있어서의 이노베이션 도입 프로세스 -
　　연속 주조설비 도입 프로세스의 일·미 비교". 이노베이션과 조직. 동
　　양경제신보사.

<해외 문헌>

Abernathy, William J. and James M. Utterback(1978). Patterns of Industrial Innovation,
　　Technology Review, June/July.

Lynn, Leonard H.(1982). How Japan Innovates: A Comparison with the U.S. in the
　　Case of Oxygen Steelmaking, Boulder, Westview Press.

6장

조선 산업

한일 조선 산업 경쟁력 비교분석

김영배(KAIST 테크노경영대학원)

I. 서론

1970년대 초반 세계 조선 산업에 본격적으로 진입한 한국의 조선 기업들은 1950년대 후반부터 세계 시장을 제패하고 있던 일본기업들을 누르고 2003년부터 수주량과 건조량, 수주잔량 등 3가지 지표 모두에서 세계 최고의 자리에 올라서게 되었다. 본 연구에서는 과연 일본보다 훨씬 나중에 진입한 한국의 조선업체가 어떻게 일본을 따라잡고 세계 최고의 경쟁력을 갖게 되었는지 규명하고자 한다.

II. 본론

1. 조선 산업의 특성과 성장과정

1) 조선 산업의 특성

조선 산업은 국가 간의 경계가 별로 없는 가장 국제화된 시장 특성을 갖고 있으며, 따라서 기술력에 의한 차별화와 원가경쟁력을 가진 조선기업이 전 세계 시장을 주도할 수 있는 전형적인 글로벌 전략 사업이라 할 수 있다. 또한 도크 건설비용 등 막대한 초기투자가 소요되고, 설계 및 제조 과정에서 정보기술이 활발히 활용되고 있지만 공정이 복잡하고 수주 생산의 특징으로 인해 여전히 많은 설계, 생산, 관리인력이 소요되는 자본 및 노동집약적 특성을 갖는다. 게다가 선박의 수주로부터 선주에게 완성된 선박이 인도되는 기간이 보통 2년 이상 소요됨으로써 자본 회전율이 늦고, 환 위험과 원부자재 가격 변동 위험이 큰 산업이라 할 수 있다. 지난 20여 년 동안 조선 산업은 Membrane type LNG선, LNG-RV, Drill ship, FPSO 등 새로운 선종이나 해양구조물의 제품 혁신과 메가블록 공법이나 육상건조, 해상건조 방식의 공정 혁신, 그리고 CAD, CAM, ERP, PLM 등의 정보기술이 융합된 Digital Shipyard 등 지속적인 기술 혁신이 진행되어 왔다. 마지막으로 해양운송, 군수, 수산, 레저 등 전방산업과 엔진 등 기계 부품, 철강 등 소재나, 보험, 금융, IT 등 후방 산업에 미치는 연관 효과가 매우 큰 산업인 동시에 군수산업으로서의 중요성과 높은 고용효과 때문에 정부가 많이 관여할 수밖에 없는 산업의 특성을 갖는다.

2) 세계 조선 산업의 발전과정

1960년대 이후 세계 조선 산업 시황은 <그림 1>에서 보듯이 크게 4단계로 구분할 수 있다. 1960년부터 1974년까지의 확장기로서 제2차 세계대전 이후 교역량이 폭발적으로 증가하면서 선박 수요가 급증하였다. 1960년대 전반 1,000만GT 규모에서 1970년대 중반에는 3,000만GT를 상회하였다. 이후 1975년부터 1988년까지의 구조조정기가 두 번째 단계로서 1970년대 2차례 석유 파동으로 야기된 신조선 수급불균형으로 선가가 하락하고 경쟁이 치열해져 많은 조선소들의 폐쇄와 설비 감축, 조선인력 규모의 감축 등 생산규모의 축소가 일어났다. 세 번째 단계로서 1989년부터 2007년까지 70년대 건조된 선박의 교체 수요와 중국 등 신흥국의 경제 성장으로 인한 해상운송 수요가 급증하는 대체수요기로 접어들게 되었다. 1970년대와 80년대에 걸쳐 구조조정이 마무리되어 생산규모가 줄어든 데다 해운 시황이 살아나면서 90년대 초반 연간 발주량이 2,000만GT를 상회하는 규모로 회복되었고 2007년에는 무려 1억 6,000만GT 규모로 급성장하였다. 이러한 폭발적인 선박 수요에 의해 공급 부족 현상이 지속되었는데 그 혜택의 대부분은 선제적으로 생산시설을 갖춘 한국 조선기업이 누리게 되었다. 그러나 2008년 금융위기로 촉발된 세계 경제 침체는 2009년부터 신조 수요를 급감시키고 공급 과잉을 유발하게 되었다. 2011년 현재 수요가 살아나는 중이긴 하지만 선복과잉, 해운시장 불안정은 아직 해소되지 못하고 있다.

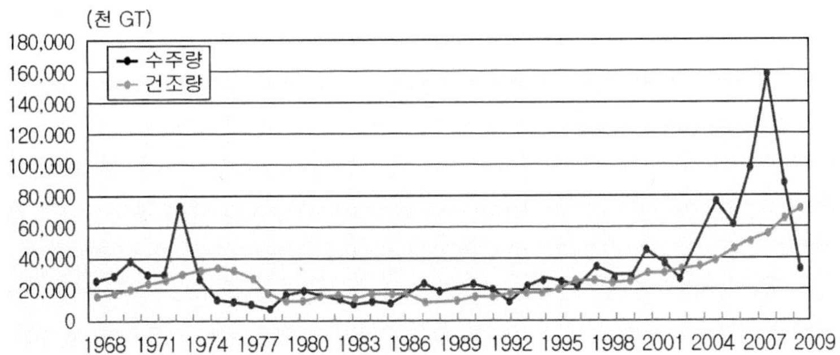

출처: 조선 산업협회 자료를 바탕으로 작성.

〈그림 1〉 세계 조선 산업 시장의 변화(수요와 공급 측면)

3) 한국 조선 산업의 구조와 발전 과정

한국의 근대적인 조선 산업은 조선경기가 한창이던 1970년대 초반 정부의 적극적인 조선 산업 육성 정책과 일부 재벌기업의 기업가 정신이 결합되어, 대규모의 조선 생산설비의 투자와 기술 도입을 바탕으로 원가우위를 내세워 세계 시장에 진출하였다. 정부에서는 1970년 조선공업진흥계획을 발표하였고 1972년부터 시작한 제3차 경제개발 5개년 계획에서 조선 산업을 국가전략산업으로 지정하였다. 이어 1973년에는 장기조선공업계획을, 그리고 1976년에는 한국조선/해운 종합진흥계획을 발표하였다. 그리고 1976년에는 선박연구소(현 해양 시스템안전연구소)가, 이듬해에는 조선공업협회(현 조선협회)가 발족되었다. 이에 따라 1973년 현대중공업 조선소가 건립되어 당시 최대 규모인 100만GT급 도크가 건설되었다. 1977년에는 삼성중공업이 우신조선소를 인수하고 도크를 확장하였으며, 1978년에는 대우가 대한조선공사의 옥포조선소를 인수하여 조선업에 진출하였다. 이로 인해 1979년에는 1970년에 비해 건조능력이 15배 확대되어 280만GT 규모에 이르게 되었고, 수주량 기준으로 일본에 이어 세계 2위로 도약하였다. 또한 국립대학의 조선공학과 설립과 공업고교 육성지원을 통해 전문 기술인력을 중점적으로 육성하기 시작했다.

1975년 선박에 대한 수요가 정점을 이루고 난 후 세계 경제성장이 위축되고 해상 물동량이 줄어들면서 80년대 조선 산업은 장기간 불황을 맞게 되었다. 과당경쟁으로 인해 선가 하락이 일어났으며, 세계적으로 조선소들의 파산이 이어졌다. 1983년 우리나라도 정부의 해운 산업 합리화 조치로 선사의 통폐합과 금융세제지원을 통해 해운산업의 경영을 정상화하는 노력을 기울였다. 그런 와중에도 불구하고 우리나라 조선 산업은 지속적인 투자를 통해 생산규모를 확장하고 신조선 수주 규모도 증가하였으며(<표 1> 참조), 이에 따라 1985년까지 점진적으로 조선인력 규모를 늘려 왔다. 이후 자동화 등으로 축소된 인력규모는 1989년 조선경기의 부활과 함께 다시 증가세로 돌아서게 되었다(<표 4> 참조). 특히 1986년 엔화 강세와 1988년 우리나라의 3저 효과 등 유리한 경제상황에서 세계 조선시황이 회복되자 우리나라의 수주량이 늘어 세계 2위의 시장점유율로 상승하기도 하였다. 동시에 일본으로부터 수입에 의존하던 조선기자재의 연도별 국산화 지원책도 본격화되었고, 1986년 조선공업진흥법의 폐지와 공업 발전법의 제정으로 조선 산업에서의 자율경쟁체제로 전환하게 되었다. 이에 따라 수주량에 있어 한국의 세계 시장점유율도 1980년 9.0%에서 1988년 23.3%로 상승한 반면 일본은 같은 기간 52.7%에서 39.1%로 하락하게 되었다.

그러나 때마침 불어닥친 노사분규로 인해 납기지연과 임금 상승으로 인한 경쟁력 약화, 그리고 원화 절상 등으로 다시 일본과의 경쟁에서 불리하게 되었다. 이에 따라 1989년 정부는 조선사의 대형화를 위한 조선 산업 합리화 조치를 시행하여 기업의 재무구조 개선을 위한 자구 노력과 함께 조세 및 금융지원을 하였으며, 조선소 신증설을 억제하고 과당경쟁을 막기 위해 수출을 할당하는 선박수출 추천제도도 도입하게 되었다. 이 시기 우리 조선 산업은 설계, 용접, 도장, 건조 분야의 기술인력 양성과 선박 기반 기술 개발을 위해 노력하였으며 각 대형조선사들은 설계 및 생산기술의 도입과 함께 자체 연구소를 설립하여 기술자립화에 전념하였다.

1989년부터 조선 산업의 시장 수요가 회복되어 신조선발주량이 지속적으로 증가하였다. 1993년 합리화 조치의 해제로 대대적인 시설 확장 투자에 힘입어 우리 조선 산업은 세계적인 규모의 대형 도크의 신증설이 봇물을 이루었고, 인력규모 특히 하도급 인력의 증가가 급속히 이루어졌으며, 혼합생산방식을 도입하여 1993년 잠시 수주량 기준으로 세계 1위(한국 37.8%, 일본 32.3%)에 오르기도 했다. 이 시기 현대중공업은 조선해양구조물 사업 비중이 53%, 삼성중공업은 60.6%로, DSME는 100%의 조선 전업체가 되었으며, 한진중공업은 오히려 40%로 낮아지게 되었다(이홍기, 2010). 또한 우리나라는 일본의 공정 혁신의 모방과 기술 학습, 그리고 조선 기자재 산업의 발전으로 국산화율을 높였고, CAD/CAM의 적극적인 도입 및 내재화 등으로 생산성과 자체 기술 개발 역량을 구축하였고 설계 및 건조기술에서 세계 수준에 도달할 수 있었다. 이에 따라 한국의 시장점유율은 꾸준한 증가(1990년 23.8%에서 1999년 40.9%)한 반면, 일본은 크게 하락(같은 기간 46.3%에서 30.0%)하였다.

특히 1997년 IMF 위기는 오히려 원화 절하와 일본의 소극적인 수주활동, 그리고 선주와의 신뢰 관계에 더하여 그동안의 기자재의 국산화 성과와 일본과 대등한 수준으로 축적된 기술력 등으로 인해 그동안의 적자를 털어내고 한국 조선기업이 세계 1위의 시장점유율을 올리게 되는 계기가 되었다. 이후 1999년 한라중공업이 삼호중공업으로, 2001년 대우중공업이 대우조선해양으로, 2002년대 동조선이 STX 조선으로 변신하였고, 2000년 이후 급속한 조선 산업의 활황에 대응하여 한국 조선기업들은 기존 생산설비를 확대하기 위한 새로운 건조방식의 공정 혁신에 성공함으로써 2002년 수주량에서 일본을 누르고 오르게 되었으며, 2003년에 이르러 수주량, 건조량, 수주잔량 3부문에서 명실상부하게 세계 시장점유율 1위를 유지하게 되었다.

우리나라 조선기업들은 Membrane Type LNG선, LNG-RV, Drillship 등의 선박과 FPSO, FSRU 등 해양구조물 분야 등 고부가가치영역에서도 주도적인 위치를 차지했다. 이 밖에 육상건조, Floating Dock건조, 메가블록, 텐덤 건조공법 등의 공정 혁신을 이루었다. 나아가 CAD/CAM/ERP/PLM 등 설계 및 제조, 물류 공정 등에 IT를 활용한 Digital Shipyard를 구축함으로써 생산성과 품질, 건조스피드 측면에서 괄목할 만한 성과를 올리게 되었다. 그러나 2008년 금융위기는 조선 산업의 활황을 끝내고 다시 공급초과 상황을 초래하였으며, 중국정부의 파격적인 지원에 힘입어 중국조선업체가 수주량과 건조량에서 한국을 앞서게 된다.

4) 일본 조선 산업의 구조와 발전 과정

일본 조선 산업은 1950년대 미국으로부터 용접 및 블록 방식의 조선건조기술을 도입하고 정부의 계획선조 정책을 기반으로 가격경쟁력을 확보하였고, 1956년부터 한국에게 자리를 내주기까지 40여 년 동안 세계 1위의 시장점유율을 유지해 왔다. 그동안 일본 조선 산업은 몇 차례의 구조조정을 겪게 되었는데, 1차는 오일쇼크가 일어난 1973년 이후 수주량이 급격히 줄면서 1976년 조업단축에 이어 1978년 생산설비를 35% 이상 감축하였다. 이 기간 동안 977만CGT 규모에서 619만CGT 규모로 축소되었고 조선기업도 61개 사에서 44개 사로 줄어들게 되었다.

1980년대 계속된 불황에 엔고 현상이 겹쳐지면서 1986년 일본정부는 과당경쟁을 억제하고 선별수주를 강화하기 위해 다시 한번 설비

규모를 감축하고 조선업계의 재편을 추구하였다. 이 결과 대형조선사는 미쓰비시, 가와사키, 이시카와지마하리마, 스미토모, 미쯔이, 쯔네이시, 구루시마 등 7개 그룹으로 통합되었고, 전체 조선업체 수도 44개 사에서 26개 사로 축소되었다. 생산규모 역시 603만CGT에서 460만CGT로 23.6% 줄어들게 된다. 특히 기업규모가 클수록 시설 감축규모가 커서 결과적으로 1990년대 이후 국제경쟁력 저하를 초래하게 된다. 하지만 당시에는 WP6를 중심으로 세계 조선생산규모 축소에 대한 압력이 높았을 뿐 아니라 일본정부가 정책적으로 조선사별로 특화 선종을 전문화함으로써 개별 조선사 입장에서는 지나친 가격경쟁을 피할 수 있었고, 단기적으로 볼 때 선종의 설계와 생산관리에 있어 표준화가 가능해져 원가 절감과 품질향상을 동시에 달성할 수 있는 합리적인 선택이었다고 할 수 있다.

뿐만 아니라 당시 대형조선기업들은 조선 산업 성장률을 낮게 예측하였을 뿐 아니라 환율, 경기, 재료비 변동 Risk에 비해 예상 수익률이 낮다고 판단하여 조선 산업 비중을 축소하였다. 대신 수익 마진이 높은 도로, 다리, 건축 등 SOC 분야로 다각화하여 주요 의사결정자 중 조선분야 출신 경영자의 비율이 점차 낮아지는 추세를 보이고 있다. 반면에 중소 전업 조선업체들은 벌크선과 탱커 등 소형선박의 표준화와 이의 대량생산을 통한 원가절감 노력을 기울이게 되었다(具承桓, 加藤寬之, 向井悠一朗 2010; 加藤寬之·具承桓, 2010).

그러나 이러한 전략적 선택은 결과적으로 조선인력의 수요를 감소시켰고 1990년대 중반 대학의 조선 관련 학과도 2~3개 학과만 남아 정원을 축소함으로 설계인력의 공급이 줄어들게 된다(배영일, 2009). 조선 설비의 축소와 설계 인력 공급의 축소에 따라 일본 조선기업은 어쩔 수 없이 표준선 개발 전략을 선택할 수밖에 없었다. 이를 통해 설계인력의 필요성도 절감하고, 원가 절감도 도모함으로써 경쟁력을 유지하고자 하였다. 그러나 이러한 전략은 벌크선 등 일부 선종에 있어 대량생산을 통한 경제적 성과를 가져오기는 했으나 점차 증가하는 대형 컨테이너선의 수요와 LNG선이나 FPSO 같은 해양구조물의 시장 성장에 대응하는 데 한계를 보여 결국은 2000년대 이후 한국에 세계 1위의 자리를 넘겨주게 되었다.

현재 일본의 조선기업은 미쓰비시, 가와사키, 미쯔이 등 조선전업률이 10% 내외로 낮고 엔지니어링이나 SOC 분야로 진출한 거대 다각화 기업군과 아울러 이마바리, 쯔네이시, 오시마 등 조선전업률이 높은 중견기업군으로 구성되어 있다. 특히 중견기업군은 현재 거대 다각화 기업군에 비해 조선 매출이 앞서 있으며, 히로시마 근교의 세또나이카이 지역과 나가사키/시모노세키 지역에 집중되어 있다. 또한 쯔네이시조선소는 다른 일본업체와 달리 중국 슈산(상해 인근)과 필리핀의 세부 지역에 조선소를 건설하여 해외로 진출하였다.

1990년대 후반 조선 경기가 살아나고, 한국 조선 산업이 급성장하는 데 비해 일본 조선업계는 원가상승과 노동인력의 노령화, 설계인력의 부족 등으로 수주 상황과 경영성과가 악화되자 일본정부는 설비투자 제한 정책을 완화 혹은 폐지하고 기업들 역시 전략 변화를 꾀하게 된다. 2002년 10월 일본강관과 히타치조선이 통합하여 유니버설조선이 설립되었고, 같은 달 가와사키중공업 조선부문이 독립하여 가와사키조선이 되었으며, IHI는 스미토모중기계와 선박 해양부문을 통합 분할하여 IHI Mariner United를 설립하게 되었다. 이듬해 스미토모중기계는 나머지 상선부문을 분사시켜 스미토모중기계마린엔지니어링을 설립하여, 미쓰비시중공업과 미쯔이조선소를 포함하여 6개 대형 업체로 개편되었다. 그러나 최근 일본의 미쓰비시중공업과 나가와사키중공업은 조선부문을 다시 통합하여 종합력으로 승부하는 시너지를 강조하는 전략으로 변환하고 있다(해양과 조선, 2010).

이들 거대기업은 대형화 수요 추세에 따라 LNG, 대형컨테이너, 해양구조물 등 고부가가치 선종으로 변화하고자 노력했으나 드라이도크 등 대형 설비의 한계로 한국 조선업체와의 경쟁에서 밀리게 되고, 조선 비중도 급격히 줄어들게 된다. 반면에 중견기업들은 급증하는 자원 수송 수요에 맞추어 파나막스(panamax) 혹은 수에즈막스(suezmax) 등 선박크기가 제한되어 있는 벌크선에 집중하고, 표준화된 원가기획선 전략에 집중하였다. 설계의 표준과 대량생산 전략으로 부족한 설계인력의 한계를 극복하고, 설계 및 생산에서의 원가를 절감하며, 스크류, 연비향상, 보수 용이성 등의 기술적 차별화를 통해 경쟁력을 확보하고자 하였다. 현재 일본 조선 산업은 중견기업이 장악하고 있고, 특히 쯔네이시는 벌크선 시장의 1위 업체일 뿐 아니라 2010년 최대 히트선종인 캄사르막스 개발 등 새로운 선형의 개발과 높은 R&D투자가 특징이고, 수익률도 2007년 6.0%, 2008년 7.3%, 2009년 9.7% 등으로 높은 편이다. 특히 이들은 개인 기업으로 소유경영체계를 견지하고 있어 스피드와 과감한 투자, 그리고 장기적인 안목의 경영방식이 특징이라 할 수 있다. 현재 일본의 주력 선종은 경기변동에 민감한 벌크선과 탱커에 집중되어 있으며, 핵심조선기술 및 조선기자재의 수출과 신기술이 융합된 신제품을 개발하여 고부가가치화를 추구하고 있다. 그러나 일본의 조선시장점유율은 지속적으로 하락하고 있고, 2007년 이후 점유율에서 중국에 뒤져 현재 세계 3위의 조선국가로 내려앉게 되었다.

2. 한·일 조선 산업의 경쟁력 비교

1) 한·일 조선 산업의 시장점유율 비교

일반적으로 많이 사용되는 GT 기준의 수주량과 건조량에 대한 지난 1990년부터 2009년까지의 한·일 조선 산업 시장점유율 비교분석 결과는 <표 1>에 제시되어 있다. 수주량 측면에서 일본은 2002년까지 대체로 40% 이상의 점유율을 보이고 있었으나(1993년과 1999, 2000년을 제외하고), 2003년 이후 30%대로 떨어지고 최근에는 20% 내외로 계속해서 하락하고 있다. 반면에 한국은 1990년 이후 지속적으로 점유율이 증가하여 2008년도에는 43%를 차지하고 있다. 건조량 측면에서도 일본은 1990년대 40% 내외에서 2000년대에는 30% 내외로 줄어든 반면 한국은 1990년대 20% 내외에서 2000년대에는 40%에 육박하는 점유율을 보이고 있다.

한일 양국의 선박건조능력 변화는 <표 2>에서 나타나 있듯이 비록 1980년데 일본이 생신규모를 축소했어도 1990년대 초반 한국의 3배가 넘는 건조능력을 보유하고 있었다. 그러나 한국은 지속적으로 생산설비 투자를 함으로써 2000년 초에는 건조능력 규모에서 근소한 차이를 보이다가 2000년대 후반 결국에는 한국의 선박건조능력이 일본을 추월하게 되었다.

한편 한·일 조선기업의 선박 유형별 시장점유율 변화를 보면 한국은 1990년대 중반부터 컨테이너선과 유조선 시장점유율이 일본을 추월하게 되는데 이는 우리나라 조선 설비규모가 대형화되어 있고, 유조선을 설계 제조할 수 있는 기술능력이 갖추어졌기 때문이다.

〈표 1〉 한일 조선 수주량 및 건조량 비교(단위: 천GT(%))

연도	수주량		건조량	
	한국	일본	한국	일본
1990	5,737(23.84%)	11,143(46.30%)	3,460(21.78%)	6,824(42.96%)
1991	5,107(25.65%)	8,073(40.55%)	3,497(21.73%)	7,283(45.25%)
1992	2,213(17.29%)	5,208(40.69%)	4,502(24.74%)	7,569(41.59%)
1993	8,317(36.7%)	7,534(33.3%)	4,467(22.31%)	9,086(45.37%)
1994	5,659(22.3%)	11,719(46.2%)	4,086(21.5%)	8,604(45.4%)
1995	7,763(30.4%)	8,905(34.9%)	5,342(26.2%)	9,034(44.4%)
1996	6,737(28.8%)	9,158(39.1%)	7,380(28.8%)	10,149(39.6%)
1997	13,733(37.65%)	15,362(42.11%)	8,227(32.52%)	9,884(39.07%)
1998	8,819(32.99%)	10,979(41.06%)	7,250(28.69%)	10,244(40.54%
1999	11,843(40.92%)	8,695(30.04%)	9,158(33.23%)	11,079(40.20%)
2000	20,686(45.82%)	12,866(28.50%)	12,218(39.11%)	12,001(38.41%)
2001	11,705(31.92%)	14,733(40.18%)	11,608(37.23%)	12,024(38.56%)
2002	9,719(33.63%)	12,363(42.78%)	13,034(38.74%)	12,167(36.17%)
2003	32,399(43.76%)	23,626(31.91%)	13,600(38.31%)	12,531(35.30%)
2004	24,976(32.46%)	28,860(37.51%)	14,727(37.19%)	14,457(36.51%)
2005	21,609(35.23%)	16,502(26.91%)	17,628(38.04%)	16,483(35.57%)
2006	38,109(38.48%)	22,557(22.78%)	18,867(36.36%)	18,100(34.88%)
2007	67,893(40.53%)	20,413(12.19%)	20,538(36.39%)	17,399(30.83%)
2008	37,576(43.35%)	12,169(14.04%)	26,103(39.42%)	18,631(28.14%)
2009	8,566(26.17%)	7,563(23.10%)	28,937(37.83%)	18,894(24.70%)

자료: 한국조선협회, Lloyd's World Shipbuilding Statistics.

일본의 경우 주로 벌크선의 비중이 높은 이유는 벌크선에 대한 표준선형에 집중하여 대량생산하는 전략에 기인한 것으로 보인다. 박세근(2008) 연구는 2007년 현재 한국이 고부가가치 선종인 대형컨테이너선(35%)과 LNG선을 비롯해 균형 잡힌 포트폴리오를 보이고 있는 반면, 일본은 저부가가치선인 벌크선의 비중이 50% 내외에 이르고 있으며, LNG선이나 드릴십 같은 고부가가치 선박의 경우 2000년대 후반 한국이 거의 80%를 차지하고 있다.

<표 2> 한·중·일 선박건조능력의 변화 추이

(단위: 백만CGT)

구분	1975	1980	1985	1990	1995	1998	2001	2005	2007
일 본	9.0	7.0	6.5	5.5	6.5	7.2	7.2	8.7	8.0
한 국	0.4	0.6	1.7	1.8	2.4	5.1	6.5	7.2	8.2
중 국	0.3	0.5	0.4	0.5	0.6	1.3	1.5	2.2	2.7
유 럽	8.5	5.6	4.4	3.5	4.0	5.2	5.4	6.1	6.1
세 계	22.4	17.8	17.2	15.0	17.7	21.6	23.2	26.5	27.9

자료: OECD WP6.
주 : 로이드통계 기준인 100GT 이상의 상선이 대상임.

2) 경쟁력 원천 비교

경쟁요소별 한·일 비교 시도를 한 홍성인(2003) 연구에서는 2000년대 초반 한국이 가격경쟁력과 설계인력, 설계유연성, 건조설비 측면에서 우월한 반면, 일본은 파이낸싱 능력과 수주건조경험, 신제품 개발능력, 설계자동화, 인력숙련도, 생산효율 및 자동화, 조선기자재, 납기, A/S 측면에서 유리한 것으로 분석되고 있다. 즉 조선기자재의 국산화 비율도 2003년 현재 한국은 85% 수준인 반면 일본은 95%에 이르고 핵심기자재 개발 능력에서도 우리보다 우월한 것으로 나타나고 있다. 2010년 현재 한국 기자재의 국산화율은 약 90%에 이르는 것으로 알려져 있으며, 수출비율도 약 10%에 이르는 것으로 나타났다 (조선 산업, 2010). 또한 전방산업인 해운산업의 규모도 일본이 우리보다 약 4배 정도 규모가 크고 내수선박 건조비중이 압도적으로 많은 우위를 보이고 있다.

조선 산업 기술력을 설계(기본 및 생산설계), 생산(절단용접 및 의

장탑재), 관리(생산 및 인력관리) 측면에서 구분하여 한·일 간의 비교분석을 시도한 홍성인(2003·2006) 연구에 의하면 한국은 2003년 생산기술과 관리기술이 일본에 비해 열위수준이었으나, 2007년 현재 거의 모든 면에서 일본과 거의 동등 수준이거나 혹은 우월한 것으로 분석되고 있다. 일본이 앞선 부분은 생산성과 연관 산업, 파이낸싱 등에서 조금 앞선 것으로 알려져 있다.

한편 조선인력은 <표 3>에서 보듯이 2009년 현재 10만 5,000명 규모로 1990년에 비해 2배 반 정도로 증가하였다. 특히 일본과 비교하면 1990년대 초반 하도급 인력을 포함한 조선 관련 인력 규모가 크게 차이가 나지 않지만 1990년 중반 이후 그 차이가 벌어져 2009년 현재 거의 두 배 수준까지 차이가 나고 있다. 인력 구성 면에서도 사무기술, 기능, 하도급 인력 모두에서 한국이 일본의 두 배 수준으로 증가하였다. 하도급 인력의 경우 일본은 1990년대 초반 우리보다 앞서 그 비중이 높았으나, 우리나라의 경우 1990년대 중반부터 급속히 높아져 다섯 배 이상 늘어난 것을 알 수 있다(일본은 같은 기간 두 배 증가). 한편 조선설계 인력 자료가 별도로 집계되어 있지 않지만, 2006년 현재 우리나라 조선 설계 인력은 약 8,000명으로서 일본의 4배 규모에 달한다(2006, 지경부 webzine). 이는 한국의 경우 16개 대학에서 매년 900여 명이 배출되고 있고 이 중 650명가량이 조선소에 취업하는 반면, 일본은 8개 대학에서 500명 정도 인력이 배출되지만 조선소에 취업하는 규모는 100명 미만인 것으로 알려지고 있다(배영일, 2009).

〈표 3〉 한일 조선인력 규모 비교(단위: 명, %)

연도	한국				일본			
	사무기술	기능	하도급	총(%)	사무기술	기능	하도급	총(100%)
1990	7,022	25,381	6,456	38,859 (109.75%)	7,639	14,712	13,056	35,407
1991	6,832	24,185	5,620	36,637 (96.60%)	8,305	15,211	14,412	37,928
1992	7,202	22,920	6,124	36,246 (89.25%)	8,873	16,073	15,664	40,610
1993	8,740	21,714	7,675	38,129 (90.91%)	9,366	16,311	16,266	41,943
1994	8,405	22,504	10,086	40,995 (101.91%)	8,397	16,317	15,514	40,228
1995	9,585	26,921	13,665	50,171 (130.94%)	7,886	15,678	14,752	38,316
1996	10,477	28,472	14,944	53,893 (145.25%)	7,066	14,557	15,480	37,103
1997	9,792	27,348	12,998	50,138 (130.79%)	6,925	13,196	18,215	38,336
1998	9,027	26,313	13,185	48,525 (126.95%)	6,872	13,055	18,298	38,225
1999	9,744	26,473	12,427	48,644 (129.22%)	6,753	12,269	18,622	37,644
2000	10,379	26,045	18,149	54,573 (153.44%)	6,570	11,518	17,479	35,567
2001	11,442	27,183	25,325	63,950 (172.76%)	6,441	11,710	18,865	37,016
2002	11,234	26,771	26,890	64,895 (168.95%)	6,245	11,411	20,755	38,411
2003	12,007	26,866	27,963	66,836 (159.86%)	6,771	11,991	23,048	41,810
2004	11,869	27,799	32,113	71,781 (177.51%)	6,975	11,692	21,771	40,438
2005	12,738	28,868	38,967	80,573 (185.93%)	7,051	11,676	24,608	43,335
2006	14,679	29,843	48,863	93,385 (199.40%)	7,269	13,377	26,188	46,834
2007	15,541	29,225	55,291	100,057 (199.16%)	7,702	13,961	28,577	50,240
2008	16,224	29,481	55,927	101,632 (194.93%)	8,295	14,453	29,391	52,139
2009	17,501	29,519	58,168	105,188 (195.17%)	8,840	14,795	30,261	53,896

자료: 한국은 조선협회, 일본은 일본해사국.

〈표 4〉 한일 조선 노동생산성 비교(단위: GT/명, %)

	한국	일본(100% 기준)
1990	89.04(46.2%)	192.73
1991	95.45(49.71%)	192.02
1992	124.21(66.64%)	186.38
1993	117.15(54.08%)	216.63
1994	99.7(46.7%)	213.8
1995	147.1(62.4%)	235.8
1996	136.9(50.1%)	273.5
1997	164.09(63.64%)	257.83
1998	149.41(55.75%)	267.99
1999	188.27(63.97%)	294.31
2000	223.88(66.35%)	337.42
2001	181.52(55.88%)	324.83
2002	200.85(63.41%)	316.76
2003	203.48(67.89%)	299.71
2004	205.17(57.39%)	357.51
2005	218.78(57.52%)	380.36
2006	202.03(52.28%)	386.47
2007	205.26(59.27%)	346.32
2008	256.84(71.88%)	357.33
2009	275.1(78.47%)	350.56

자료: <표 1> 건조량을 <표 3> 총인력 규모로 나눈 값.

조선 관련 인력 규모와 건조량을 기준으로 한 노동생산성을 비교하면 다음 <표 4>와 같다. 총인원 합계에 대한 양국의 기준이 달라 직접 비교는 어려움이 있으므로 추세 흐름이 더 의미 있는 해석이라 할 수 있다. 연도별로 진폭이 크긴 하지만 대체로 1990년 초반 일본에 비해 50% 내외의 인당 생산성을 보였지만 2000년대 후반에 들어와서는 70% 내외에 육박하여 아직도 일본에 비해 뒤지긴 하지만 그 차이가 많이 줄어들었음을 알 수 있다.

한편 양국의 R&D 활동에 대한 자료는 일본 측 자료가 가능하지 않아 직접적인 비교가 어려워 한국 경우만을 분석할 수밖에 없다. R&D 투자액을 보면 꾸준히 증가하여 1996년에 비해 2009년의 경우 약 2.5배 정도로 증가하였다. 그러나 매출액 대비 R&D 투자율은 오히려 점진적으로 줄어들어 1990년대에는 1%를 상회했으나, 2000년대에 들어와서는 1% 미만으로 줄어들었다. 이는 R&D 투자규모에 비해 매출액이 급속도로 증가하였기 때문이다. R&D 인력 규모 역시 1996년 1,300명 규모에서 2006년 2,600명 규모로 2배 이상 증가하였으나 금융위기로 인한 수요 급락으로 인해 2007년 이후 급속히 그 수가 줄어들고 있다.

한편 R&D 투자액수는 2006년 기준으로 한국이 매출액 대비 0.8%로서 전 세계 조선 산업 중 가장 높으며, 일본은 0.5% 정도로 알려져 있다. 이미 2005년부터 한국 대기업의 R&D 투자액이 일본 6대 기업을 넘어서고 있고, R&D 인력 규모에서도 이미 한국이 일본을 한참 앞선 것으로 업계에서는 보고 있다(대우조선해양 인터뷰, 2011.3.15).

3) 한일 조선 산업 발전과 경쟁력에 대한 기존 문헌고찰

그동안 한국 혹은 일본의 조선 산업에 대한 발전과 경쟁력에 대한 기존 문헌들(김형균과 손은희, 2009; Sohn*et al.*, 2009; Hassink and Shin, 2005; 김영배, 2009; Bae*et al.*, 2010; 배영일, 2009)을 요약하면 <표 5>와 같다.

<표 5> 한국과 일본 조선 산업의 20년간(1990~2009) 경쟁력 변화 요인

구분	한국	일본
조선 산업의 특성	기술 변화가 빈번하지 않고 기술진보의 불확실성이 높지 않으며 외부 기술원천에 대한 접근성이 높은 편임. 결과적으로 원가경쟁력을 바탕으로 후발자의 진입이 용이하고 기술 학습을 토대로 점진적인 경쟁력 확보가 가능	
조선시장의 변화	1970년대부터 1990년대 초반까지 성장률이 낮았으나 1990년대 중반부터 신흥공업국의 경제성장으로 급속한 수요 증가가 일어나 2005~2008년까지는 수요 초과, 2009년 이후는 공급 초과가 일어남. 기존 선종 외에 특히 대형 선박과 에너지 관련 선박, 해양구조물의 수요가 증가	
경제사회 문화환경	아직까지 일본에 비해 생산가능 인구와 설계기술인력 등에서 우위	급속한 고령화와 생산가능 인구의 축소, 3D업종에 대한 기피
정부정책	-부실기업을 도태시키고 경쟁력 있는 대규모 조선기업 중심으로 재편 -관련 연구소 및 협회 설립과 공동기술 개발 등을 지원하고 산업클러스터 정책 실행.	70~80년대 과당경쟁 지양과 선별 수주 목적으로 각종 건조규제를 통하여 과잉 생산규모 축소와 투자 억제
인력	양질의 기술인력 육성과 생산인력의 확대. 특히 설계인력이 풍부하여 다양한 선종의 개발이 가능 비교적 원만한 노사관계 유지	-설계인력의 축소와 생산인력의 노령화 등으로 기술전승의 어려움 -표준선에 집착 -노사관계 원만.
관련 산업인프라	-철강 엔진 등 후방 산업의 발전(국산화율 85%) -동남부 지역에 집중된 클러스터 -해운산업과 선박금융산업의 불리함과 내수 발주량이 적어 해외 진출에 적극적	-철강 엔진 등 후방 산업의 발전(국산화율 95%) -여러 지역으로 분산되어 있음 -상대적으로 해운산업과 선박금융산업이 발전되었고 정부의 금융지원이 많음
기업전략	-대규모 생산설비 투자와 지속적인 공정 혁신, 고객 지향적 제품 개발 -90년대 원가우위전략에서 2000년대 대형 선박 및 고부가가치 선박으로 차별화 전략, 2009년 이후 신에너지, 해양산업 등으로 다각화	-90년대 SOC 및 엔지니어링 산업 다각화, 표준선형 개발 집중과 에너지 효율형 기술 개발로 차별화 -최근 환경 및 신에너지 선종으로 차별화
지배구조	-대부분 소유경영체제이며, 거대 조선기업의 경우 관련 사업을 보유한 재벌 산하	거대 기업의 경우 소유와 경영이 분리된 전문경영인 체제이며, 중견기업의 경우 소유경영체제
기술혁신	-LNG선 등 제품 혁신과 메가공법의 육상 건조 등 공정 혁신 -건전한 기술 경쟁으로 인해 기술파급 효과도 작용	주로 생산기술의 효율과 자동화, 에너지 효율 개선에 주력

4) 조선 산업 한·일 경쟁력 추월에 대한 여러 가설에 대한 추론

본 연구는 한국이 일본과 대등하게 경쟁하거나 혹은 오히려 추월한 산업에서 그 이유가 무엇인지 분석하는 것이 목적이다. 정구현(2010)은 한국과 일본의 산업경쟁력의 차이를 가져오는 세 가지 대안가설을 제시하였다. 여기에 더해 Sectoral Innovation System 가설을 포함한 분석 결과를 제시하고자 한다.

a. 산업순환론 가설

Stopford and Wells(1972)에 의하면 새로운 산업은 선도 고객을 보유한 선진국으로부터 시작되어 차츰 기술이 표준화되면서 다른 선진국으로 경쟁력이 이전되며, 성숙기에 접어들게 되면 원가경쟁이 치열해지면서 낮은 인건비의 경쟁력을 가진 후발개도국으로 경쟁력이 이전된다. 만일 선진국이 표준화된 산업에서 더욱더 복잡한 기술이 적용된 새로운 제품 혁신이나 공정 혁신을 이루지 못하면 결국 이 산업의 경쟁력은 선진국에서 후발개도국으로 순환될 수밖에 없다. 이러한 논리는 Utterback and Abernathy(1975)에 의해 발전되었고, Kim(1980)에 의해 한국산업에서도 검증되었다. 즉 산업의 진화는 제품 혁신이 활발한 유동기에서 지배제품(dominant design)이 등장하고 난 후 공정 혁신이 활발한 과도기를 거쳐 점진적인 혁신이 주로 일어나고 가격경쟁에 집중된 경화기로 이동하게 된다. 그러나 만일 와해적인 기술 혁신이 일어나 기존 산업을 대체하게 되면 다시 유동기가 시작하는 새로운 산업 진화가 일어날 수 있다(Utterback, 1994).

Kim(1980)과 Lee *etal.*(1988)에 의하면 우리나라 기술과 산업발전은 경화기에 있는 기술과 제품을 도입 이전하여 기술을 획득하는 단계

에서 이를 소화하고 내재화하는 소화기를 거쳐 현지 상황에 맞도록 개선하는 단계를 거치게 된다. 나아가 이렇게 축적된 기술능력은 이제 선진국에서 과도기에 있는 기술을 획득하고 소화하며 개선하는 사이클을 거쳐 궁극적으로는 선진국에서도 유동기에 있는 기술마저 획득하고 소화하며 새로운 기술을 자체적으로 창출하는 단계에 이르게 된다는 것이다.

조선 산업은 앞서 살펴본 것과 같이 영국과 유럽, 일본 그리고 한국을 거쳐 최근 중국으로 산업의 주도권이 넘어가는 양상을 보이고 있다. 영국은 리벳 공법 기술 혁신을 통해, 그리고 일본은 용접 및 블록공법 기술의 도입을 통해 원가경쟁력을 갖추고 세계 시장을 장악하였으며, 이후 표준선형의 개발과 대량생산을 통해 원가우위를 점하는 동시에 기술 혁신을 통해 선박운영의 효율성을 앞세운 차별화된 전략을 구사함으로써 경쟁력을 유지하고자 하였다. 사실 경화기에 진입한 조선 산업에서 일본의 합리적인 전략적 선택은 선종의 표준화와 전문화를 기반으로 점진적인 공정 개선과 생산성 향상, 그리고 품질개선을 통해 경쟁력을 강화하는 것이었다.

반면에 한국은 대규모 생산설비의 우위와 급진적인 공정 혁신을 통한 생산규모의 확대와 원가절감으로 초과 수요를 흡수함으로써 시장점유율을 높였고, 이후 제품 혁신을 통해 차별화 전략에 성공함으로써 주도권을 잡을 수 있었다. 사실 이는 전략적 선택에 의한 것이라기보다 어쩔 수밖에 없는 선택이었다. 각 조선기업은 원가절감과 생산성 향상을 위해 극한적인 혁신 노력을 할 수밖에 없었고, 그 결과 육상건조와 같은 역발상의 공정개발과 지속적으로 점진적인 공정 혁신 성과를 올릴 수 있었다. 그리고 마침 고객의 다양한 요구와 대형화되는 선박 수요에 우리 조선기업의 선택이 맞아떨어지면서 일본을 추월할 수 있었다. 다시 말하면 선진국과 후진국 사이의 정태적인 요소조건 상황에 의한 숙명적인 결과라기보다는 산업의 시장 수요 변화와 기술 혁신의 동태성에 따라 산업의 주도권은 달라질 수 있다는 것이다.

b. 거시경제 침체

거시경제침체가설은 1990년대 이후 일본의 거시경제 침체로 인해 기업들은 자산 버블이 붕괴되어 부채비율이 급증하게 되었고, 이에 따라 신규 설비투자를 축소할 수밖에 없었으며, 또 중국 등 신시장 개척에 소극적으로 대응한 데 반해, 한국은 신흥국의 경제 성장을 예견하고 과감하게 설비투자를 확대함으로써 급증하는 조선 경기에 성공적으로 대응할 수 있었기 때문에 경쟁력을 갖게 되었다는 논리이다.

이러한 가설도 외형적으로는 조선 산업에 대한 한국과 일본의 투자 패턴을 잘 설명하고 있는 것처럼 여겨진다. 그러나 산업 내부적인 원인을 분석해 보면 조선 산업의 경우 일본은 1970년대 중반 이후 장기적인 조선 수요의 침체를 성숙기 산업의 특징에 기인한 것으로 파악했고, 이에 따라 합리적인 전략적 선택으로서 과당경쟁을 지양하고 유리한 가격조건을 위해 선별 수주를 할 수 있도록 정부 주도로 설비 규모를 축소하였으며, 대신 생산효율성을 높이고 에너지 효율이 높은 표준 선형의 개발에 집중하였다. 특히 대형 선사의 경우 수익률이 낮은 조선 부문을 축소하고 마진이 높은 엔지니어링이나 SOC산업 부문으로 다각화하는 전략적 선택을 하였다.

반면에 한국의 경우 장기적인 불황과 구조조정이 진행되는 가운데에서도 정부의 정책결정자와 경영자의 장기적인 비전과 결단에 의해 대규모 건조시설에 대한 투자를 아끼지 않았고, 이러한 투자는 신흥 공업국의 급속한 경제성장으로 인한 세계 물동량의 증가와 이에 따른 대형 선박의 수요 증가, 그리고 석유 및 가스 에너지 개발과 수송에 필요한 새로운 선종과 해양구조물의 개발 전략이 주효했기 때문으로 보인다. 우리나라 조선기업들은 장기적인 적자와 부채에 시달리고 있는 중에도 조선 산업의 장기적인 성장을 예견하고 대형 건조설비 투자에 집중하여 조선 전업도를 높임으로써 2000년대 지속적인 신조수요 기회를 장악하여 세계 1위의 시장점유율을 차지하게 되었다. 다시 말하면, 일본의 투자 축소가 거시경제 침체에 의해 불가피한 선택이었다고 판단하는 데에는 무리가 있으며 그보다는 정부의 정책결정자와 기업경영자의 산업 전망에 대한 예측과 전략적 선택에 의한 결과에 기인했다는 것이 보다 타당한 결론으로 보인다.

c. 기업지배구조와 경영의사결정

이러한 장기적인 관점에서의 비전과 전략적 선택의 차이는 두 나라 조선기업의 지배구조와 경영의사결정 차이에 기인했다는 가설을 뒷받침하는 것으로 해석할 수 있다. 즉 일본 대형 조선기업은 전문경영인 체제로 단기적인 안목을 가질 수밖에 없고, 결과적으로 보다 수익률이 높은 사업부문으로 다각화하는 과정에서 조선 부문의 비중이 줄어들 수밖에 없게 된다. 그러나 중견조선사의 경우 개인 기업으로서 소유와 경영이 분리되지 않아 장기적인 관점에서의 의사결정이 이루어졌다. 하지만 신규 투자 자금 여력이 부족하고 정부에서도 신규 조선 투자를 억제하여 대형 선박을 건조하기 위한 설비규모가 제한된 상황에서 필요한 조선 설계 기술인력의 배양도 이루어지지 않았기 때문에 최적의 전략 선택은 소형 벌크선을 중심으로 에너지 효율이 높은 표준선박의 대량 건조를 통해 경쟁력을 유지하는 것이었다. 결과적으로 일부 선사는 나름대로 아직 경쟁력을 유지할 수 있었으나 일본 전체의 조선 경쟁력을 회복할 수 있을 만큼의 영향력을 발휘하지는 못하였다.

반면 한국 대형 조선사의 경우 정부가 국제경쟁력을 갖춘 대형 조선사를 중심으로 산업구조를 조정하였고, 또 이들 기업들은 현대, 삼성, 대우 등 재벌 기업 소속으로서 비교적 기업주가 장기적인 안목과 관련 계열사의 지원으로 과감한 투자를 할 수 있는 장점을 가졌다. 그러나 대우조선해양은 1990년대 말 모기업이 분해됨으로써 독자적인 생존을 해야 했고 소유와 경영이 분리될 수밖에 없는 상황에서도 전문경영인이 설비투자 확대와 LNG선의 개발 등의 전략적 선택을 통해 경쟁력을 높일 수 있었던 것은 반드시 기업지배구조에 의한 과감하고 신속한 의사결정 때문이라고 해석하는 데 무리가 있다. 이는 한국과 일본의 정책결정자와 경영자들의 시장에 대한 예측과 올바른 전략적 선택의 결과에 기인한다고 해석하는 것이 더 타당하다고 여겨진다.

d. Sectoral 기술체제 가설

이는 조선 산업의 Sectoral Innovation System 관점에서 기술체제적 특성이 기술적 예측 가능성이 높고, 기술 혁신 빈도가 낮으며, 외부 지식기반의 접근 가능성이 높은 동시에 지식재산권의 보호가 상대적으로 어려워 한국이 일본을 앞지를 수 있었다는 것이다. 즉 이러한 기술체제적 특성에서는 후발자가 기술능력을 갖출 시간이 충분하고, 기술추격을 위한 R&D 투자 부담이 적으며, 선발자가 갖는 선점 효과가 낮기 때문에 한국이 적극적인 자본투자와 기술 개발을 통해 일본을 추격할 수 있었다는 것이다(김형균·손은희, 2009).

<표 5>에 정리되어 있듯이, 산업의 주요 제도적 측면에서는 양국 간의 큰 차이가 없는 것으로 보인다. 그러나 조직 간 네트워크와 전략 측면에서 한·일 조선 산업 경쟁력의 차이를 가져온 중요한 요인 중 하나는 양국 정부정책결정자와 조선업체 경영자들 사이에 조선 산업 환경에 대한 장기적인 전망과 불황에 대한 대처방식의 차이에서 기인한다. 지난 1980년대 장기적인 조선 불황에 처한 일본은 성숙기 산업의 특징으로 간주하고 생산규모의 축소와 생산성 향상을 위한 표준선박에 초점을 기울이는 한편, 수익률이 더 좋은 산업으로 다각화하는 전략을 취함으로써 조선 산업 경쟁력의 핵심인 대형 설비 투자와 인력 육성, 그리고 획기적인 기술 혁신에 대한 노력을 소홀히 하게 되었다. 이러한 설비 및 인력의 축소는 1990년대 말부터 증가한 조선시장의 확대에 일본 조선기업이 적극적으로 대응하기 어렵게 만들었음을 부인하기 어렵다.

반면 한국의 경우 불황에 대한 대처에 있어 생산규모의 일률적 축소보다는 경쟁력 있는 기업을 중심으로 구조조정이 이루어졌으며, 90년대 초 대형 설비의 투자와 인력의 육성, 관련 조선기자재 산업의 국산화를 위한 노력 등 경쟁력의 원천이 되는 인프라를 갖추기 시작했다. 비록 한국의 경우 일본에 비해 해운 및 선박금융산업이 낙후되어 있었고, 정부의 국수국조 지원정책에 의해 비교적 경쟁이 적고 마진이 높은 내수 수요가 적은 약점이 있긴 하였지만 대신 해외 수주에

대한 치열한 경쟁에 살아남기 위해 동남부 지역에 집중되어 있는 기자재 공급업체와 조선업체 간의 절박한 원가절감 노력과 공조가 오히려 경쟁력 제고에 도움이 되었다. 즉 이러한 절박한 위기와 경쟁력 토대 위에 90년대 말부터 지속적으로 증가한 신조 수요와 선주들의 다양한 요구에 적극적으로 대응하였고, 그 결과 여러 제품 혁신과 공정 혁신을 개발하게 되었던 것이다.

이러한 정부정책과 기업전략 선택의 원인 중 하나는 오랫동안 일본 조선 산업이 세계 시장을 석권해 왔기 때문에 일본의 전략적 선택에 따라 세계 조선시장의 추세가 따라오리라는 자신감과 아울러 다른 나라 조선기업들과의 경쟁보다는 일본 내부 조선기업들 간의 형평성을 더 중시하는 내부적인 시각이 더 강조되었기 때문으로 해석될 수 있다. 즉 선발자들이 자주 빠지게 되는 성공의 함정에 빠졌다고 할 수도 있고(Levinthal and March, 1993) 혹은 일본의 핵심역량이 핵심경직성으로 작용했다고 볼 수 있다(Leonard-Barton, 1992). 다시 말하면 산업의 주요 조직 간의 네트워크 활동 자체는 양국 간의 차이가 별로 없으나, 이러한 조직 간 네트워크 활동의 전략적 방향과 목표에서 한국이 일본보다 미래 산업환경 변화에 더 적절한 선택을 한 결과라고 할 수 있다.

이 결과 한국은 일본을 추격함에 있어서 일본이 설정한 기술 경로를 추종하는 데 그치지 않고, 시장 수요의 변화와 고객(선주)의 요구에 따라 새로운 기술경로를 개척한 제품 혁신과 개선과 공정 혁신에 성공했기 때문으로 볼 수 있다. 반면에 일본은 기존 표준선의 성능 개선에 집중한 점진적인 혁신에 집중하였지만 새로운 고객의 요구에 대응하는 데 적절하지 못했기 때문에 추격을 허용할 수밖에 없었다.

특기할 만한 것은 새로운 기술경로의 개척에 있어 한국은 새로운 기술을 창출했다기보다 기존에 축적된 선체 및 의장 설계의 내부기술역량에 외국에서 도입한 요소기술을 결합함으로써 새로운 제품 혁신에 성공했다는 점이다(Bae et al., 2010). Ernst(2005)는 이를 기술선도자 전략보다는 기술다각화 전략으로 부르고 한국과 같은 후발국의 추격 및 탈추격 전략에 더 적합하다고 주장하고 있다.

Ⅲ. 결론

앞서 연구결과를 요약하면 오랜 조선 산업의 불황 속에서 앞선 기술력을 가진 일본은 향후 시장 성장세가 둔화될 것으로 판단하였고 이에 대한 전략적 대응은 연료효율성과 선박스피드 등의 강점을 가진 중형 규모의 표준선박의 대량생산을 통해 수요를 통제하고 가격경쟁력과 차별화를 동시에 추구하는 Supply-Push 전략이었다. 그러나 시장 수요는 대형 선박과 고객별로 Customize된 선박의 설계와 제조를 원했고, 한국은 지속적으로 외국기술을 도입하고 기술능력을 축적하는 동시에 후방산업의 육성을 통한 인프라를 토대로 이러한 수요에 맞게 장기적으로 dock의 대형화, 설계인력의 육성, CAD/CAM 등 IT 분야에 대한 투자, 그리고 고객과의 밀접한 관계 유지 등 Demand-Pull 전략을 사용함으로써 일본보다 시장점유율을 높일 수 있었다. 이러한 전략적 대응의 차이를 가져온 근본적인 원인은 이미 시장을 석권하고 있었고 주도권을 계속 유지하고자 하는 일본의 정책결정자와 기업의 경영자에 비해, 경쟁우위가 별로 없는 후발진입자로서 시장에 진입하고 고객의 요구를 만족시켜 수주에 성공함으로써 매출과 시장 점유율을 높이고자 악착같이 도전하고 혁신했던 우리 조선 산업 리더들의 고뇌에 찬 선택의 결과라고 결론을 내릴 수 있을 것이다.

참고문헌

<국내 문헌>

김영배(2009). "조선 산업의 CAD 사용자 혁신 사례". 기술 혁신연구, 특별호, 38 – 68.

김형균·손은희(2009). 『기업 간 추격의 경제학』. 21세기북스.

박세근(2008). "중국의 조선 산업과 우리 기업의 대응방안". 수은해외경제, 9월호.

배영일(2009). "한국 조선 산업의 경쟁력 진단". SERI CEO Information, 제690호.

이홍기(2010). "조선: 현대중공업, 한국공학한림원 정책연구보고서". 한국주력 산업의 기술발전과정과 과제, 44 – 73.

임재묵(2009). "일본 조선업계의 구조조정 사례와 그 시사점". 산은경제연구소 산업이슈, 2월호.

정구현(2010). "한국과 일본기업의 경쟁력 비교 연구". mimeo.

조동성(2006). "조선 산업의 글로벌 경쟁전략: 산업조직론 및 메커니즘 관점을 통한 접근". 한국조선공업협회 연차 학술대회 발표논문.

해양과 조선(2010).

홍성인(2003). "조선 산업의 경쟁요소별 분석 및 대응전략". 산업연구원 이슈페이퍼.

홍성인(2006). "중국조선 산업의 글로벌화와 우리의 대응전략". 산업연구원 이슈페이퍼.

홍성인(2007). "조선 산업 클러스터 조성을 위한 사업 타당성 조사". 산업연구원.

홍성인(2008). "한국조선 산업의 글로벌 경쟁력과 차별화 전략". KIET 산업경제, 9월호, 25 – 36.

<해외 문헌>

Bae, Zong – Tae, Young – Bae Kim & Jong – Hyun Wi(2009). "Identifying trajectories from Catch – up to path creation: Transition process model and case studies in Korea". The 7th Asialycs International Conferencein Taipei, Taiwan, April 2010.

Cho, Dong‐Sungand Michael E. Porter(1986). "Changing global industry leadership: The case of shipbuilding", in Porter, M.(ed.) Competition in global industries, 539‐568.

Ernst, Dieter(2005). "Pathways to innovation in Asia's leading electronics‐exporting countries‐a framework for exploring drivers and policy implications". International Journal of Technology Management, Vol.29, Nos.1/2, 6‐20.

Hassink, Robert and Dong‐Ho Shin(2005). "South Korea's shipbuilding industry: From a couple of cathedrals in the desert to an innovative cluster". Asian Journal of Technology Innovation, 13(2), 133‐155.

Hobday, Michael, Howard Rush, & John Bessant(2004). "Approaching the innovation frontier in Korea: The transition phase of leadership". Research Policy, 33, 1433‐1457.

Kim, Linsu(1980). "Stages of development of industrial technology in a less developed country: a model". Research Policy, 9(3), 254‐277

Kim, Linsu(1997). "From imitation to innovation: The dynamics of Korea's technological learning", Harvard usiness School Press, Boston: MA

Kogut, Bruce and Udo Zander(1992). "Knowledge of the firm, combinative capabilities, and the replication of technology". Organization Science, 3: 383‐398.

Lee, Jinjoo, Zong‐TaeBae, & Dong‐Kyu Choi(1988). "Technological development process: a model for a developing country with a global perspective". R&D Management, 18(3), 235‐250.

Leonard‐Barton, Dorothy(1992). "Core capabilities and core rigidities: A paradox in managing new product development". Strategic Management Journal, Vol.13, pp.111~125.

Levinthal, Daniel A. and James G. March(1993). "The myopia of learning". Strategic Management Journal, Vol.14, No.3, pp.95~112.

Malerba, Franco(2002). "Sectoral systems of innovation and production". Research Policy, 31(2), 247‐264.

Sohn, Eunhee, Sung Yong Chang & Jeayong Song(2009). "Technological catching‐up and latecomer strategy: A case study of the Asian shipbuilding industry". Seoul Journal of Business, 15(2), 25‐57.

Utterback, James M. and William J. Abernathy(1975). "A dynamic model of process and product innovation". Omega, 3(6), 639‐656.

Utterback, James M.(1994). "Mastering the dynamics of innovation", Harvard Business

School Press: Boston, MA.

<일본어 문헌>
具承桓, 加藤寛之, 向井悠一朗(2010). 造船産業のダイナミズムと中手メーカー
　　の製品戦略－国際競争構図の変化と新たな取り組み－. 　　東京大学もの
　　づくり経営研究センターディスカッションペーパー MMRC－J－286.
加藤寛之, 具承桓(2010). 造船産業における競争のダイナミズム－行為のシステム
　　からみ戦略の変化とその意味－. 組織学会研究発表大会, 中央大学, 6月 5
　　日～6日.

일본 조선 산업에 있어 기업경쟁력의 변동과 변동 요인 분석

구승환(교토산업대학교)

카토 히로유키(고쿠시칸대학교)

I. 서론

본 연구에서는 약 45년간 세계를 지배한 일본의 조선 산업이 한국에 역전된 배경을 살펴본 후 일본의 조선 산업이 경쟁력을 정말로 상실했는지에 대해 분석해 보도록 한다. 체계적인 분석을 위해 장기적인 관점에서 기업 간 행동의 상호작용, 전략 프로세스, 제품전략의 변화를 분석한 후 한·일 조선 산업의 경쟁력 변화를 차례로 규명해 보고자 한다.

일본의 조선 산업은, 전후 불과 10년 만에 세계 1위의 자리를 차지하고, 약 45년간 세계의 왕좌로서 군림한 산업이다. 그러나 일본 내에서는 1970년대 두 번의 오일쇼크 이후 1980년대까지 오랜 기간 동안 '구조불황산업'이라고 계속 인식되어 왔다. 일본의 조선기업들은 세계 1위의 지위를 활용, 생산능력을 조정하여 선가(船價)를 유지하려고 하는 한편, 국가 차원에서는 과잉 생산능력의 정리[1]를 추진한 바 있다.

한편 일본에서 조선 산업은 전형적인 구조불황산업으로 인식되었으나 세계 조선시장은 1990년대 중반부터 '세계의 공장'으로 발전한 중국의 경제성장, 무역량 증가, 자원 거래 증가로 10년 동안 다시 빠른 속도로 성장하고 있었다. 선박 수요가 급속히 확대하는 시점에서 한국 및 중국 조선기업들은 신속한 설비투자와 제품전략을 추진하였으나 대부분의 일본 조선 대기업들은 선수를 빼앗겨서 성장성과 수익성에 있어 모두 고전을 면치 못하고 있다. 반면 일본의 중견 조선기업들은 일본의 조선 대기업들이 일반적으로 추진한 고부가가치선(船)전략과 다른 전략을 추진하면서 빠르게 성장하고 있다. 산업수준에서 볼 때, 일본은 한국과 중국에 외형적인 측면에서 추월을 당하고 있으나 기업수준에서 보면 제품전략의 본질에 따라 계속적으로 높은 성장성과 수익성을 향유하면서 착실하게 고용을 확보하고 있는 기업도 있다. 이마바리조선, 츠네이시조선은 여기의 전형적인 기업으로 볼 수 있다.

그러므로 일본의 조선 산업을 볼 때에는 크게 2개의 그룹으로 나누어 볼 필요가 있다. 첫 번째 그룹은 조선업에서 육상 분야로 사업을 다각화하여 '중공업'의 형태를 취하고 있는 기업군(가와사키중공업, 미쓰비시중공업, IHI 등)이다. 이른바 '대기업'이라고 불리는 기업군으로, 1990년대 말까지 일본 내지 세계의 조선업을 선도해 온 기업이며, 한국과 일본 간 경쟁력의 역전을 막을 수 있었던 두 번의 기회에 제대로 대응하지 못한 기업군이기도 하다. 다른 한 그룹은 대기업에 비하여 기업규모와 설비의 면에서 약간 소형인 '중기업'이라고 불

---

1) 생산설비의 확장 제한과 과잉 생산능력의 정리, 선가 지도, 운수성 장관의 권고에 의한 조업시간 제한 등.

리는 기업군이다. 여기에 속한 기업들은 정책에 대한 발언권이 작기 때문에 정책 의사결정 프로세스에서 배제된 기업이며, 조선 전업도가 높은 기업군이다.

한·일 양국의 조선 산업의 경쟁력을 분석함에 있어 중기업을 분석에 포함시켜야 하는 이유로는 크게 다음의 세 가지를 들 수 있다. 첫째, 일본 조선 산업의 현상과 미래를 정확하게 분석하기 위해서는 불가결하기 때문이다. 둘째, 중기업의 대표적인 제품전략인 표준선 (船) 전략에 대한 잘못된 인식이 팽배해 있다고 여겨지기 때문이다. 일반적으로 중기업의 성공요인으로 벌크 캐리어(bulk carrier) 중심의 표준선 전략이 자주 거론된다. 그러나 단지 표준선 전략을 선택했기 때문에 현저한 성장을 이룬 것인지, 아니면 다른 이유가 있는 것인지 살펴볼 필요가 있다. 일반적으로 선발국의 경우 표준선 전략으로 수익을 창출하기 어려운데[2] 어떠한 맥락하에서 중기업들이 전용선을 중심으로 한 표준선 전략을 선택하게 된 것인지 살펴보아야 할 것이다. 셋째, 앞서 제기된 의문에 충분한 답을 주고 있는 기존의 연구는 제한적이라는 점을 들 수 있다. 경영학 관점에서 수행된 조선 산업에 대한 연구는 대부분 1990년대 이전의 역사적인 연구에 집중되어 있다. 그 결과 '어떻게 성공했는지' 혹은 '어떻게 구조불황 업종이 되어 한국에 추월당했는지'가 기존 연구의 공통된 관심사였던 반면 표준선 전략의 성공에 관심은 상대적으로 부족했다고 할 수 있다. 물론

---

[2] 후발국은 기술 진입장벽이 낮은 세그먼트로 진입하여 비용의 우위성을 살리는 전략을 취하는 것이 일반적이다. 조선의 경우, 대부분의 기재(부품)가 카탈로그 제품으로 조달 가능하다. 그렇다면 이른바 볼륨 존의 선박시장의 참가 장벽은 낮아서, 극심한 경쟁에 노출되기 때문에 높은 이익을 얻는 것은 쉽지 않을 것이다. 더욱이 일본의 중기업 조선 메이커가 현저하게 성장하기 시작한 시기는 한국 조선기업과 중국 조선기업이 시장을 확대해 나간 시기와 정확히 일치한다. 또한 전용선은 말 그대로 특정 화물의 수송으로 특화한 선박이기 때문에 제품이 다양하다. 따라서 많은 제품 중에서 어느 선종을 중심으로 한 표준선 전략을 취할 것인지가 중요해진다.

표준선 전략에 대해 산업 애널리스트 등에 의한 분석이 일부 시도된 바 있으나 대부분 체계적이지 못하며 무미건조한 논의로 정리된 경우가 다반사였다. 그러므로 지금까지 표준선 전략에 대해 잘못된 논의가 많다고 하지 않을 수 없다.

따라서 본 연구에서는 조선 산업의 한일 양국 간 경쟁력의 변화를 (1) 일본의 경쟁력의 상대적 정체 요인, (2) 중기업이 약진하게 된 계기를 분석한 후, 전략적인 관점에서 한일 기업의 경쟁력의 변화에 대한 고찰하기로 한다.

Ⅱ. 본론

1. 분석 시각

1) 조선 산업 및 비즈니스 시스템의 특징

조선 산업은 아래와 같은 4가지 측면에서 다른 산업과 대비되는 특징이 있다.

-조립형 노동집약산업과 설비산업의 이면성

조선소의 건조능력(1년간 생산 가능한 배의 척수와 생산 가능한 배의 크기)은 선대·선거의 크기(폭과 길이), 크레인의 능력과 수에 크게 좌우된다. 생산공정에 있어서의 블록의 크기와 공정 편성, 제작중인 물건의 반송 방법 등은 크레인의 능력과 그 수에 의존한다. 또한 부품 및 소재도 5~8만 개가 넘는다. 조선의 생산공정은 복잡한 대형

인공물(Large Scale Artificial)의 창조 프로세스이기 때문에 설비능력에 크게 좌우되는 자본 집약성이 강한 산업이다. 동시에 생산 프로세스에 있어서의 용접, 도장, 의장(艤裝) 등 대부분의 업무가 노동력에 크게 의존하고 있다. 예를 들면 선각의 인건비의 비율은 약 30% 수준이나 대부분의 작업이 협력(청부) 회사와의 분업과 협조를 통해 이루어지고 있기 때문에 인건비의 비중이 약 35~40%에 이르는 조립형 노동집약적 산업의 성질도 가지고 있다.

−3가지 불확실성(수주량, 선가, 환율)에 직면한 사업 환경

조선 산업은 수요와 공급이 매우 심하게 변동하는 산업이다.[3] 실물경기의 변동(실수요), 세계무역량의 변화, 석유를 비롯한 투기성 수요 변화의 변화로 인해 해운수요, 선박수주량 및 선가(변동폭이 200%에 이른다)가 크게 변하는 특성이 있다. 또한 공급 측면의 특징 역시 수급변동을 심화시키는데, 다른 산업에 비해 긴 생산리드타임(납기는 3년 대기가 일반적), 제조실비의 비탄력적인 확장성을 주요한 원인으로 들 수 있다. 그리고 제품(선박)의 수명이 15~25년으로 길어 전매시장이 존재하고 투기를 목적으로 하는 고객(선주)도 존재한다. 나아가 달러기준 거래가 일반적인 관계로 환리스크가 도사리고 있다. 조선 산업은 이처럼 구조적으로 매우 높은 불확실성에 노출된 산업이라고 볼 수 있다.

---

3) 해운업계와 연동하면서 '높은 수요→설비 증강→과잉 선복→시황 악화→과당 경쟁→선가 하락'이라는 배경 순환이 반복되어 온 수주산업이다. 한편으로 건조량과 선박 수는 확실히 성장률이 향상되어 왔다. 이 점에서 장치산업인 반도체 산업과 유사한 측면이 있다.

—다양한 플레이어로 구성되는 비즈니스 시스템

조선소는 배를 설계하고, 강재와 박용 부재를 조달하여 절단·휨 가공·용접을 하여 블록 건조 공법으로 배를 조립한다. 외부적으로 볼 때, 조선소는 해운·조선 비즈니스의 비즈니스 시스템의 한 구성 요소로 볼 수 있다. 해운·조선 비즈니스에서 조선소를 둘러싼 주요 플레이어는 제철소와 공급자(박용 메이커: 카탈로그 제품으로의 판매), 직접 작업자(용접공 등의 사내 청부공), 고객이다. 고객은 오너(선주)와 오퍼레이터(해운업자), 유저(하주)의 3층 구조로 되어 있어, 사용자와 소유자가 분리되어 있다(구·가토·무카이, 2010).

—성숙 산업(공정 이노베이션과 신제품 세그먼트)

조선 산업은 철강선만으로도 백 년이 넘는 역사를 가진 성숙산업이다. 기술이 안정적이며, 생산공정을 중심으로 한 점진적인 혁신이 중요시된다. 조선 산업은 다양한 화물(곡물이나 철광석, 원유, 석유제품, 석탄, 기타)을 수송하는 다양한 요구에 대응하기 위해 화물의 특성에 맞춰 새로운 제품 세그먼트를 창조해 왔다. 1960~1970년대에는 컨테이너선을 비롯한 여러 가지 전용선의 개발이 이루어진 바 있는데 이러한 제품 이노베이션은 제품기능 및 부가가치의 향상으로 연결되었지만, 기존의 선박 시스템 자체를 혁신하는 것 같은 급격한 이노베이션은 아니었다.[4] 요컨대, 조선 산업은 성숙산업이긴 하나 제

---

4) Double Hulls 구조와 같이 국제기구의 규제에 대한 대응에 의하여 선박의 구조가 개선된 적이 있었던 1989년에 발생한 Exxon Valdez호의 관유 유출사고를 계기로, 1996년 7월 이후에 인도된 5,000재화량 이상의 탱커는 모두 이중선각구조(더블 허브)를 채용하는 것이 IMO(International Maritime Organization)의 조약으로 결정되었다. 조선 산업은 국제적인 규제를 반영한 제품을 만들어야 한다. 최근의 대표적인 룰을 들자면, 신도장기준(PSPC: Performance Standard for Protective Coatings)이다. 국제 해사기관(IMO)가 개최하는 해상 안전위원회에서 채택된 밸러스트 탱크 도장기준 500 총톤 이상의 모든 선종에 대하여 2008년 7월 이후의 새로운 조선 계약 또는 2012년 7월 이후의 준공에 적용된다. 또한 국제선급 협회연합(IACS)은

품 이노베이션이 단발적으로 계속 이루어지고 있으며 대체수요와 더불어 산업 전반의 수요는 장기적으로 계속 확대되고 있다고 볼 수 있다.

2) 제품(선조)시스템의 특징

－제품시스템의 기능과 구조

선박이라는 제품시스템(인공물)의 기본적인 기능은 화물과 사람을 A지점으로부터 B지점까지 해상운송을 하는 기능이다.[5] 배는 해상의 물결이나 바람 등 다양한 자연 상황에 따른 조건과 더불어 적재 화물의 종류, 항로의 환경조건을 고려하여 설계되어야 한다. 따라서 다른 수송수단과 마찬가지로 안전성, 연비, 적재 효율 등이 요구되는 제품이다. 선주 혹은 해운회사 등 고객 측은 1회의 운항으로 가능한 한 많은 화물을 안전하고, 빠르게 수송할 수 있는 선박을 요구하는 것이 일반적인 결과, 대형화, 고속화, 안전성이 요구된다.

선박의 수명은 일반적으로 약 25년이라고 한다. 수명이 길기 때문에 안전성에 관한 여러 가지 국제적인 룰이 적용되어, 정기적인 점검과 유지 및 보수가 요구된다. 동시에 비용 면에서 유지 및 보수가 용이하고 소수의 인원으로 운항할 수 있을 것 등이 요구된다. 선박의 설계는 가장 먼저 제품의 시스템 수준에서 진행된다. 선형의 형상이나 크기 등이 정해지면 서브시스템 레벨, 즉 선각이나 기관부, 거주구

IMO의 채택일(2006년 12월 8일) 이후에 선행 적용한다고 한다. 또 하나는 공통구조규제(CSR: Common Structural Rule)가 있다. 구체적으로는 2006년 1월부터 벌크캐리어와 탱커의 선체구조를 강화하는 규제가 적용된다. 게다가 최근에는 선박에 대한 CO_2 배기가스 규제가 유럽을 중심으로 강화될 예정이다.

5) 선박시스템은 일반적으로 화물의 보관·보존기능을 가진 Hull part(통칭 '돈가라'로 불린다)와, Electric part, Machinery part, Accommodation part로 구성된다.

로 나누어, 독립적으로 상세 설계나 생산을 진행한다. 끝으로 이러한 덩어리(Chunk)를 통합함으로써 제품으로서의 선박 시스템이 된다.

제품의 구조와 기능 간 관계를 도식화해 보면 <그림 1>과 같다. 선박 시스템의 여러 기능은 선각, 기관부, 거주구에서 각각 분산되어 처리되고 배 전체의 성능은 기관부의 내부의 여러 가지 부품과 복잡한 대응 관계에 있는데 선각(HS부)의 구조에 크게 영향을 받는다고 할 수 있다.

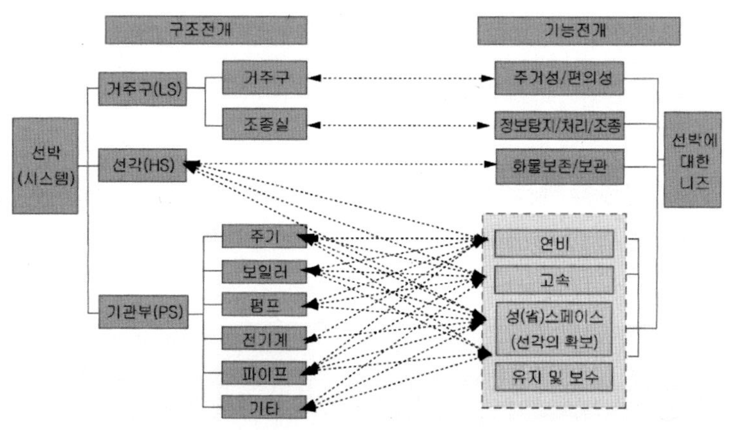

자료 : 구·가토·무카이(2010)

〈그림 1〉 선박 시스템의 제품구조

－제품 개발 프로세스

선박의 개발·생산은 설계에서부터 철판의 절단, 용접, 의장, 도장과 같은 프로세스를 거친다. 3만 톤의 철강과 5~8만 점의 소재와 부품이 외부에서 조달된다. 주목해야 할 것은 거의 모든 부품 발주가 카탈로그 주문을 통해 이루어지고 있다는 점이다. 약간의 수정과 커스터마이즈(Customize)는 이루어지나 전용 부품이 처음부터 개발되는 일은 없으며 대부분 특정 부분의 변경에 그치는 것이 일반적이다. 한국의 경우 선주의 커스터마이즈 요망에 적극적인 대응을 통하여 새로운 제품 이노베이션을 유발시켜, 고객 기반을 다양화·확대화시킨 바 있다. 제품 아키텍처(설계 사상)론의 관점에서 볼 때, 선박은 선박 시스템을 구성하는 서브시스템 레벨에서 설계의 모듈러리티(Modularity in Design)와 생산의 모듈러리티(Modularity in Product: Baldwin and Clark, 1997·2000)가 높은 제품이다. 뒤에 언급될 예정인 A사는 이 관점에서 설계의 표준화와 새로운 아키텍처적 이노베이션(architechtural innovation) 을 시도하고 있다.

2. 선행연구의 검토와 분석 시점

1) 선행연구의 검토

a. 플레이어 간의 상호작용을 고려한 프로세스 전략론관점

일본의 조선 산업에 대한 기존 연구는 많으나 대부분 최근의 경쟁 구조의 변화 또는 중기업의 약진요인에 대해서는 엔고나 단순한 표준선의 선택 등의 부분적인 논의에 그치고 있다. 조선 산업을 둘러싼 경쟁구조를 입체적으로 조망한 연구는 이타미(1992) 이후 거의 없다고 볼 수 있다.[6] 최근 자료에 기반을 둔 연구로서는 구·가토·무카

---

6) 최근 조선 산업에 관하여 행위시스템 기술을 도입한 연구로는 가미코죠(2004)가 있는데, 국제경쟁이라는 관점에서의 분석이 빠져 있으며 한국기업과의 상호작용을 고려하지 못한 한계를 안고 있다. 또한 선발국이 행하는 표준선 전략은 본래 이론적으로는 수익성 확보가 곤란하다는 것을 고려하지 못했다.

이(2010)가 있으나 초기단계로 아직 이론적 정리에는 아직 이르지 못하고 있다.

반면, 한국에서는 조선 산업에 대한 연구는 매우 활발한 편이다. 그 배경에는 조선 산업이 한국의 '주력'산업의 하나이기 때문이다. 한국 조선 산업에 관한 연구는 다양한 주제로 전개되고 있는데 가장 많은 논의는 한국 조선 산업의 경쟁력 원천에 대한 논의이다. 대표적인 연구로서는, Hassin and Shin(2005: 산업 클러스터설), 배(2009), 박(2006: 다이아몬드 모델), 김·손(2008: 경로 창조형 SSI 모델), 배, 김과 위(2010: Post Catch−up Model), 홍(2003·2009) 등이 있다. 이러한 논의에서는 한국 조선 산업의 경쟁력 향상 요인으로서 우수한 인적 자원이나 규모의 우위성, 제품의 포트폴리오, 산업 집적, 기술의 추격능력, 국가 이노베이션 시스템의 중요성, 새로운 세그먼트의 창조와 제품 이노베이션 등이 지적되고 있다.

그러나 이상의 논의는 주로 한국 조선 산업 내에서 모든 원인을 찾고자 하는 한계를 안고 있다. 장기적 관점에서 기업경쟁력의 변화는 다양한 요인 간의 상호작용과 장기간에 걸친 플레이어 간의 상호작용 프로세스의 시행착오에서도 기인할 수 있다. 하나의 산업이나 기업의 경쟁력의 변화는 특정 시점이나 어떠한 결정의 결과라기보다는 외부 시장환경의 변화와 기업들의 전략적인 행동이나 내부요인이 장기에 걸쳐 축적된 결과로 보는 것이 보다 바람직하다.

이러한 시각을 제안한 Emery and Trist(1965)의 상호구조(Causal Texture)라는 개념은 Mintzberg의 프로세스 전략론의 사고와 크게 다르지 않다. 누마가미(2009)의 경우 플레이어 간의 상호 작업을 고려하면서 시간 축과 전략의 전개 프로세스에 주목하는 것이 전략의 본질에 접근하는 데 보다 중요하다고 지적한다. 왜냐하면 원래 의도된 전략과 실현된 전략의 사이에는 괴리가 있으며, 환경 변화에 대응할 수 있는 의사결정이나 자원의 재배치 등의 창조적인 전략이 중요해지기 때문이다(Mintzberg and Waters, 1985). 마찬가지로 시마모토(2002)는 파인 세라믹 산업에 있어서의 기업경쟁력 변화의 중요한 원인으로 '행위의 시스템'이라는 관점의 분석을 통해 대기업의 자원의 집중에 의해 틈이 발생한 점이 중요하다고 지적한 바 있다.

b. 성숙산업에 있어서의 기업전략

한편, 조선 산업과 같은 성숙산업의 기업전략에 주목한 연구에서는 '탈성숙화'를 중요한 개념으로 한 접근이 많다. 예를 들면 가고노(1989)는 시장의 성숙기에 기업이 탈성숙화에 뒤지는 요인과 탈성숙화를 위한 리더의 결단, 전략적인 학습의 중요성을 언급하고 있으며 신타쿠(1993)는 기술 전환에 의한 탈성숙화가 기업들의 행동과 글로벌경쟁의 구도에 미치는 영향을 분석한 바 있다. 마케팅 분야에서 Moon(2005)은 기업들이 제품수명주기에 얽매이기보다는 서비스 방향의 리버스·포지셔닝(RB), 소비재 방향의 브레이크 어웨어·포지셔닝(BP), 신기술용 스텔스·포지셔닝(SP)을 제안하여, 성숙기의 경우 RB와 BP에 의한 새로운 시장전략의 유효성을 주장한 바 있다. 이상의 논의는 모두 성숙산업에 있어서의 제품전략을 취급하고 있으나 대부분 소비재 산업을 중심으로 다루고 있으며 신흥국 시장의 급격한 확대와 같은 최근의 가장 중요한 요인을 고려하지 못하고 있다. 또한 어디까지나 다각화나 제품전략론에 국한된 논의를 연구라는 한계를 지적할 수 있다.

장기적 관점에서 볼 때, 제품이나 서비스가 성숙화·표준화하여 더 이상의 급격한 진화가 없이 성숙기에 접어들었다고 판단된 산업이라도 신흥국의 경제 성장을 배경으로 새로운 성장을 구가하는 산업으로 재탄생할 수 있다.[7] 신흥국은 성장시에 자본재를 대량으로 구입하기 때문에, 선진국의 자본재 기업들에게 신흥국의 성장은 큰 사업기회가 된다. 하지만 이런 사업기회를 포착하는 것은 다음과 같은 이유에서 그리 쉬운 일은 아니라고 할 수 있다.

첫째, 성숙기에는 기존의 선발 기업은 주력 사업 분야에서 후발기업의 진입에 의한 경쟁을 피하기 위해 고부가가치 제품시장으로의 이동을 시도하게 된다. 그러나 제품이 성숙화·표준화하고 있는 상황에서 후발국의 기업은 대형 설비투자에 의해 빠른 페이스로 추격할 수 있기 때문에 성숙시장이 다시 성장시장으로 돌아갔을 경우에, 선발국의 기존 기업은 표준품 세그먼트뿐만 아니라 고부가가치품 세그먼트에 대해서도 고전하게 될 수도 있다.

둘째, 시장 성장이 둔화하는 성숙기에 접어들면 기존의 유력 기업은 다각화를 시도한다. 이것은 합리적인 전략적 행동이라고 할 수 있지만, 딜레마를 안게 된다. 최고경영진의 의사결정 구조에 경로의존성이 작용하기 때문에 신속한 내부자원의 재배치가 어려워지는 경우가 흔하기 때문이다. 예컨대 다각화에 성공할 경우 신규 사업부문이 기업 내 위상이 높아지기 때문에 신흥국의 성장으로 기존 사업을 재성장시켜야 할 경우 충분한 여유자원을 내부에 보유하고 있더라도 기존 사업부문이 신규 사업부문을 설득해 신속한 행동에 나서기는 어렵기 때문이다.

---

7) '시장의 탈성숙화'라고도 한다. 중국은 글로벌 시장체제에 편입하면서 글로벌한 산업분업 구조 안에서 단순한 생산가공으로 특화할 뿐만이 아니라, 경제 성장과 함께 소비시장으로서의 특성이 강해지고 있다.

2) 분석 시점

1990년대 이후에 글로벌 경쟁구도가 급변하면서 대기업들은 매출과 수익성 모두 지속적으로 악화된 현실을 감안할 때, 일본 조선 산업의 경쟁력은 상대적으로 저하되었다고 볼 수 있다. 그러나 중기업들은 약진을 거듭하고 있는데 이러한 현실을 놓고 볼 때, 일본 조선산업의 경쟁력은 한마디로는 요약할 수 없는 상황이 전개되고 있다.

그러므로 장기적 관점에서 성공적인 전략의 본질을 찾기 위해서는 장기에 걸친 관찰과 더불어 기존 기업은 물론 신규 기업의 전략적 의도와 행동을 기반으로 체계적인 분석을 진행할 필요가 있다. 본 연구에서는 자본재 산업이며 전형적인 성숙산업, 동시에 신흥국의 경제성장을 계기로 산업이 다시 성장한 조선 산업을 대상으로 기업 간 전략적 의도나 행동, 상호작용의 역동성, 그리고 이것의 전략적인 의미를 고찰하고자 한다(특히 제품전략의 변화, 그 요인, 그리고 양국 플레이어 간의 상호작용에 주목한다).

3. 조선 산업의 역동성

기존의 안정적이었던 조선 산업의 글로벌 경쟁구도는 1990년대 이후 불과 10년 만에 완전히 재편되었다. 이 10년 동안 수주량, 건조량, 준공량 등 대부분 지표에서 일본은 한국에 역전당했다. 특히 한일 간의 역전은 일본의 대기업을 중심으로 진행되었는데 여기에서는 조선 산업의 역동적인 변화를 살펴보면서 일본 조선 대기업들의 사업전략 실패요인에 대하여 제품전략과 조직으로 나누어 분석한다.

1) 1990년대 이후의 조선 산업을 둘러싼 시장 환경의 변화

1990년대 이후 조선 산업은 시장환경이 크게 변화한 바 있으며 제품 세그먼트의 역시 큰 변화가 진행된 바 있다. 시장의 변화는 구체적으로는 (1) 중국의 경제발전으로 인한 시장 확대, (2) 고객 요구의 다양화를 들어 줄 수 있으며 시장 변화로 인한 제품 세그먼트의 변화란 (1) 선박의 대형화의 진전, (2) 제품 기능의 복합화와 제품 이노베이션의 진전을 들 수 있다.

a. 시장의 확대: 시장의 탈성숙화

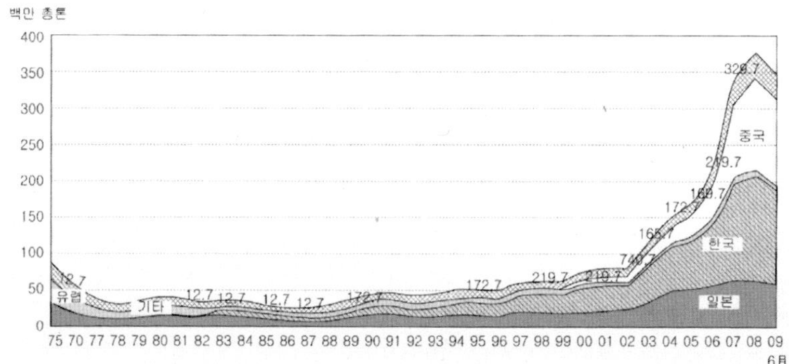

자료 : (사) 일본 조선 공업회(2009) "조선 관련 자료" 2009.9월.

〈그림 2〉 세계 지역별 보유 공사량의 추이(1975~2008), 전세계[8]

<그림 2>와 같이 선박시장은 1970년대의 오일쇼크 이후 시장이 축소하여 선가(船價)도 침체하는 시기가 계속되었다. 그러나 1990년대가 되자 중국이나 신흥국의 경제 발전, 경제의 글로벌화 진전에 따른

---

8) ① Lloyd's Register 자료에서 작성. ② 대상은 100 총 톤수 이상의 선박. ③ 매년 연말.

완성품이나 원료 등의 무역량이 급증하여, 선박의 수요도 급증하였다. 시장 확대의 규모와 기간은 일본 대기업들의 예상을 크게 상회하였는데9) 일본에서 대표적인 성숙산업으로 받아 들여지고 있던 조선 산업은 다시 장기적인 성장시장으로 탈바꿈하였다. 이러한 수요 확대를 배경으로 조선 산업 내에서도 탈성숙화가 진행되었는데 한국기업들은 시장이 다시 급격히 확대하는 시기를 노려서 적극적인 설비투자를 실시한 바 있으며 이것이 수요 확대와 맞물리면서 한국은 순식간에 일본을 추월하였다.10)

b. 니즈의 다양화와 선박의 진화

제품 세그먼트별로 변화를 분석해 보자. 선박의 타입은 크게 컨테이너선, LNG선, 탱커, 자동차 전용선, 벌크캐리어, 여객 페리 등으로 크게 나눌 수 있다. 조선 산업을 둘러싼 환경의 변화를 배경으로 선박에 대한 니즈는 다양한 제품군의 창조와 진화를 촉구하였다. 화물이나 운항 경로, 항해 지역의 다양화가 진행됨과 동시에 선형이나 선체의 구조와 기능 역시 새롭게 변화하였다.11) 전후의 선박개발은 이러한 고객 니즈에 대한 대응과 견인의 역사라고도 할 수 있을 것이다.

---

9) 보유 공사량은 1999년 58.9백만 톤에서 2007년에는 368.1백만 톤까지 급증하였다.

10) 국가기준으로 볼 때, 일본의 시장점유율은 저하되었으나 생산량 자체는 증가하고 있다.

11) 1970년대의 오일쇼크 이후, 화물의 다양화(에너지 자원 등), 또한 각국의 경제성장에 의한 자원 거래의 증가와 다양화에 수반하여, 탱커선, 자동차 운반선, 벌크캐리어(bulk ship: 석탄, 광석, 곡물의 운송), LNG선, LPG선 등, 화물의 종류에 대응하여 선박의 타입도 증가하였다. 이른바 전용선과 특수선의 증가이다. 게다가 1965년경에는 다종 다양한 제품이나 잡화의 적재와 하역의 합리화·효율화를 위해서, 국제규격으로 정해진 컨테이너 용기에 직접 화물을 싣는 컨테이너선에 의한 해상운송이 본격적으로 시작되었다. 화물의 컨테이너화는 미국의 마크 레인이라는 트럭 회사의 경영자에 의해 고안된 것이지만, 시랜드사가 북미-유럽의 컨테이너선에 의한 정기선의 취항에 의해, 해운 업계에서 정기 컨테이너선에 의한 화물 수송이 일반화되었다(Levinson, 2006). 이것은 20세기의 수송 혁명이라고 할 수 있으며, 수송의 오픈 모듈러화(다케이시·다카나시, 2001)를 통하여 물류의 형태와 선박 수요의 큰 변화를 불러일으켰다.

큰 흐름으로서는 특정의 화물 수송으로 특화한 전용선화, 수송 효율의 향상을 위한 대형화와 고속화, 컨테이너화가 선박 개발의 주요한 축을 담당해왔다.

특정 세그먼트 내에서도 선주의 요구는 다양하며, 항로나 화물의 성질·양 등에 따라 선형이나 크기, 설비 등이 상이하다. 동시에 승무원 최소화와 안전성 향상을 위한 운항시스템의 자동화가 진행되었다. 나아가 LNG나 LPG 등과 같이 취급이 곤란한 지하자원이나 화물의 장거리 수송이 요구되자, 선박의 설계와 생산에 높은 기술력이 필요하게 되었다. 이러한 흐름은 종래의 선박의 영역을 넘는 FPSO(Floating Production, Storage and Offloading system: 부체식 해양 석유·가스 생산 저장적출설비)나 FSO(Floating Storage and Offloading system: 부체식 해양 석유·가스 저장적출설비) 등의 오프쇼어(Off Shore) 설비에 있어서는 한층 더 강해지고 있다.[12] 최근에는 액체 가스의 수송기능 뿐만 아니라, 액체 가스를 기체 가스로 바꾸는 생산설비나 기능을 탑재한 LNG선을 바라는 경우도 증가하고 있다. 즉, 보다 기능성이 있는 선박을 바라는 방향으로 시장 요구는 변화하고 있다.

〈표 1〉 세계선종별 준공량 추이(G/T 베이스): 1991~2008년[13]

구분	1991	1992	1993	1994	1995	1996	1997	1998	1999	2000	2001	2002	2003	2004	2005	2006	2007	2008
LNG/LPG	729	648	771	963	727	1,077	845	555	840	1,761	539	1,343	2,055	2,206	2,177	3,360	4,159	7,884
케미컬선	464	499	347	349	565	1,116	967	1,305	1,460	1,354	1,154	1,703	2,662	3,137	3,328	3,666	4,460	6,404
탱거	6,785	8,823	9,922	5,768	6,037	6,085	3,651	6,359	9,995	10,514	7,080	11,194	14,568	12,880	13,932	10,926	13,251	14,889

---

12) 최근의 경향으로는 심해의 해양 석유·가스 채굴과 영역의 확대에 따라 「해상 공장」이라고도 할 수 있는 플랜트 기능을 가진 Drill Ship이나 FPSO, FSO 등의 오프쇼어(offshore) 설비로까지 조선업의 사업 영역은 확대되고 있다. 최근에는 조선 사업은 조선 해양 사업으로 불린다. 수송 수단으로서의 선박뿐만이 아니라, 해상 생산설비로서의 구조물이 포함되기 때문이다.

벌커	3,783	3,596	4,285	6,393	8,243	9,439	10,104	5,780	6,784	6,962	11,304	7,725	6,466	10,264	12,537	13,465	13,375	13,013
컨테이너선	2,015	2,139	2,305	3,170	3,721	4,721	5,936	6,056	2,986	5,270	6,978	7,167	6,194	7,069	10,276	14,753	14,495	16,226
기타 건화물선	2,150	2,454	1,953	2,443	2,550	2,407	2,910	3,793	3,989	3,968	2,589	2,555	2,659	3,103	3,697	4,429	5,512	6,751
여객선	365	299	373	200	469	611	467	716	741	858	1,089	1,061	978	939	399	753	859	1,040
잡선	519	470	582	384	341	381	659	900	1,026	1,009	559	635	549	574	625	766	1,207	1,483
합계	16,810	18,928	20,538	19,669	22,652	25,837	25,537	25,464	27,822	31,696	31,292	33,383	36,131	40,171	46,970	52,118	57,320	67,690

자료 : Lloyd's Register 자료(World Fleet Statistics)에서 저자 작성.

1990년대에 들어 구조불황에 익숙해 있던 일본의 조선사들은 에너지 자원의 무역량 증대, 중국의 경제발전 등으로 인해 예상치 못한 급격한 수요와 시장의 확대에 직면하게 되었다. 선종별 내역의 추이(준공량 기준)를 보면, 전체적으로 신장하는 추이이며 그중에서도 컨테이너 및 벌크캐리어, 탱커선의 성장이 눈에 띈다. 선종별 비율의 추이를 살펴보면, 1990년대 전반에는 탱커선, 후반에는 벌크캐리어, 컨테이너선과 같이 순위가 바뀌면서 연대별로 시장 성장을 견인하는 주력 선종이 변화하였다<표 1>. 1990년대 이후에는 탱커선, 벌크캐리어, 컨테이너선이 시장 성장의 중심이며, 한편으로 케미컬선과 LNG/LPG선이 지속적으로 성장하고 있다. 이러한 움직임의 배경에는 곡물과 철광석, 석유 제품의 화물량의 수요 증가를 들 수 있다. 이러한 것들이 이른바 볼륨 존의 선종이다.

c. 선박 세그먼트별 대형화의 추이와 변동폭

대형화의 움직임에 대하여 살펴보도록 하자. <그림 3>는 1991년

---

13) ① 대상은 100 총 톤수 이상의 선박. / ② 기타 건화물선에는 General cargo, Pax/General, Reefer, RoRo, Pax/RoRo, Other dry cargo가 포함된다. / ③ 잡선에는 어선, Offshore, Research, Towing/Pushing, Dredging, Other Activities가 포함된다.

을 100으로 했을 경우, 선박 1척당 사이즈 변화의 정도를 시계열로 나타낸 것이다. 가장 견실한 움직임을 보이는 유형은 컨테이너로, 크기가 10년 간에 5배나 커졌다. 케미컬선이 약 4.4배, LNG/LPG는 2.5배로 커졌다. 원래 대형이었던 탱커는 1.5배가 되었다. 한편 벌크캐리어의 크기는 20% 정도가 커졌을 뿐이다. 벌크캐리어는 화물의 종류에 따라서 그 운행경로(운하나 해협, 항만 등)가 정해지기 때문에, 크기의 변화에는 한계가 있다. 벌크캐리어는 도크(Dock)나 크레인의 대형화 없이(기존 설비의 유효한 활용) 시장규모 확대에 대응 가능한 선종이라고 추측할 수 있다.

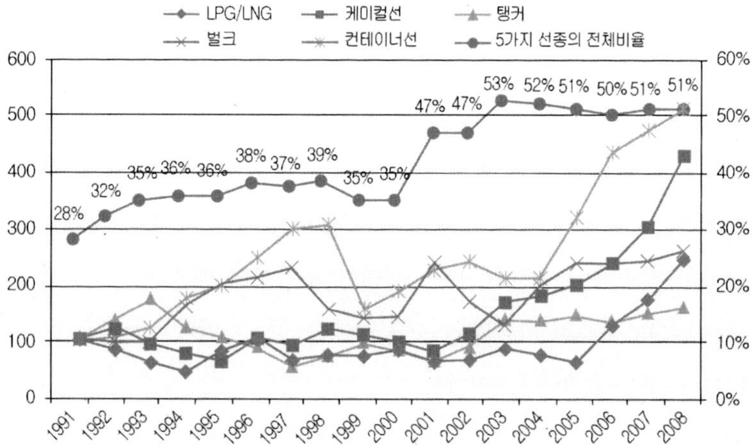

〈그림 3〉 전 세계 선종별 준공척수와 대형화 추이(1991~2008)14)(단위: 총 천톤, %)

14) 주 오른쪽 축은 대형화의 정도이며, 총 천톤(준공 베이스)을 척수로 나눈 평균치로, 1991년을 100으로 했을 경우, 그 변화의 정도를 시계열로 나타낸 것이다. / 2. 오른쪽 축은 준공척수베이스로 잡선, 여객선, 기타를 제외한 5가지 제품 타입(선형)이 전체에서 차지하는 합을 나타낸다. / 3. 제품 세그먼트는 주요 선형인 5가지 타입으로 좁힌다.

2) 경쟁력의 변화와 플레이어 간의 상호작용

조선 산업을 둘러싼 급격한 시장 변화에 대하여, 각 주요 플레이어의 행동과 상호작용에 대해 살펴보기로 하자.

a. 경쟁력의 변화와 플레이어 간의 상호작용

한 해 자료이긴 하나 제품 세그먼트별·국가별 점유율(<그림 4>)을 살펴보면, 한국은 자동차 운반선이나 광석 운반선을 제외하고 거의 모든 세그먼트에서 점유율이 높다. 특히, 탱커나 케미컬선, LNG선 등의 고부가가치선이라고 불리는 선형에서 높은 점유율을 나타내고 있다.

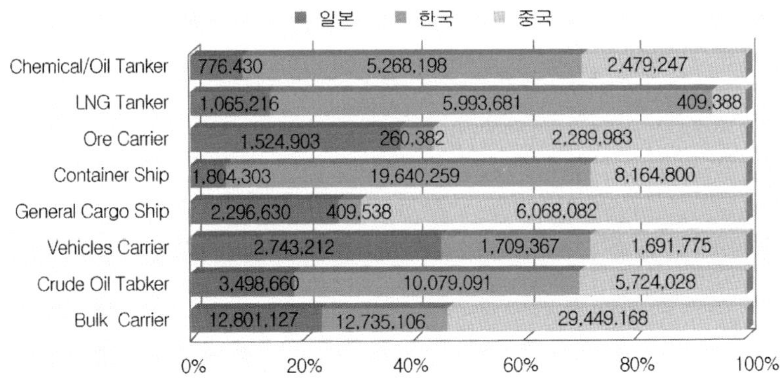

자료 : Clarkson, World Shipyard Monitor, 2008

〈그림 4〉 한·일·중 선종별 시장점유율(CGT기준 상위 8선종 비교)[15]

일본이 비교적 높은 점유율을 나타내고 있는 영역은 광석 운반선과 일반화물선, 자동차 운반선, 벌크선이다. 일본의 CGT 기준에서 선형별 점유율(2008년 기준)을 보면, 벌크캐리어가 41.8%, 탱커가 11.4%,

---

15) 단위는 CGT(표준 화물선 환산 톤수)치이며, 3국의 총 CGT를 베이스로 그 비율을 나타낸다.

자동차 운반선이 9.0%, 일반화물선이 7.5%, 컨테이너선이 5.9%, 광석 운반선이 5.0%의 순서이다. 국가를 기준으로 볼 때, 고부가가치선은 한국에 시장을 양보하였으나 벌크캐리어에서는 상대적으로 많은 시장을 차지하고 있다. 벌크캐리어에서는 중국이나 한국의 중기업 등과의 경쟁이 치열하긴 하나 일본은 높은 시장점유율을 유지하고 있다. 이것은 일본 조선 산업에 있어 기존의 리더였던 대기업이 아니라, 일부의 중기업의 약진에 의한 것이다.

b. 외부 환경요인: 국내의 제도적인 측면

일본에서 조선 산업은 1970년대의 두 차례의 오일쇼크를 겪으면서 장기에 걸쳐 '구조불황산업'으로 인식되었다. 국내의 모든 회사가 수익성 향상을 위해서 선별 수주를 실시하는[16] 한편, 국가 정책을 통해 과잉 생산능력을 정리[17]했다(<표 2>). 이러한 규제는 단기적으로는 과잉 생산력을 조정하여 선가를 유지하는 효과는 있었지만, 장기적으로는 국내 조선업의 발목을 붙잡는 요인이 되었다. 관련 규제가 1996년 이후 단계적으로 완화되어 최근 철폐된 바 있으나, 일본의 대기업들이 시장 재확대로 인한 투자 니즈에도 불구하고 2000년대 전반까지 생산설비 확장을 할 수 없었던 한 가지 요인은 규제에 있었다.

규제로 인한 생산능력 조정은 인적 자원의 측면에서 장기적으로 막대한 부작용을 낳았다. 수많은 대학에서 조선 전문학과가 폐지·개편되고, 고도성장기와 같은 우수한 인재를 국내에서 확보하는 것이

---

16) 선가 폭락을 우려하여 세계 1위라는 시장 지위를 활용하면서 수급 밸런스를 조정.

17) 생산설비의 확장제한과 과잉 생산능력의 정리, 선가(船價)지도, 운수성 장관의 권고에 따른 조업시간의 제한 등.

곤란하였다. 현재 일본에서는 조선 관련 학과의 정원이 매우 적은 상황이 계속되고 있다. 규제로 인한 생산능력 조정은 한국에서도 행해졌지만, 시장 재확대를 노린 한국정부는 관련 규제를 신속하게 철폐했다. 반면 일본에서는 시장 환경의 변화에 대한 정책적 대응의 지연이 시장 재확대(시장의 탈성숙화)의 기회를 빠르게 포착하는 데 큰 걸림돌로 작용하였다. 동시에 일본 국내 대기업이 세계 선두의 지위를 기반으로 선가유지를 위해 추진한 생산조정 역시 새로운 기회를 포착하는 데 많은 장애가 되었다.

〈표 2〉 한·일 조선 산업의 변천

구분	1970~1980년대	1990년대 이후~현재
환경 변화	• 전반 오일쇼크로 대형 탱커선의 대량 발주 • 후반: 벌크선의 투기 수요 증가	• 1990년대 후반부터 무역량 증가와 선박 수요의 증가 • 중국기업의 대두
일본	• 70년대 후반: 조선불황 구조불황 • 80년대: 2회(1980년과 1988년)의 설비능력 삭감(세계 1위의 지위를 이용) • 대폭적인 수급의 불균형을 시정하기 위하여 '특정 불황 산업 안정 임시 조치법'	• 대기업의 재편과 중기업 확대 • 2002~2003: 경영 통합과 분사화→종합중공 2사·조선 전업 4사 • 중기업 조선의 약진(이마지·츠네이시조선 등) • 조선소에 대한 총량규제의 철폐(2005년에 1만 총톤 이상, 2007년에 1만 총톤 미만의 조선소에 대한 규제 완화)
한국	• 1973년 조선업에 진출 • 1987년 대형 엔진의 국산화 결정 • 조선 설비 증강을 유지	• 2006년 수주량(1,153만 8,000CGT: 전 세계 수주량의 39.6%), 수주 잔량(세계 셰어 37.4%), 건조량(764만CGT: 전 세계 건조량의 35.7%) 모두 세계 1이다

자료: 각종 자료를 기초로 저자 작성.

c. 일본 기존 대기업 조선 메이커의 경쟁력 저하 요인과 한국기업의 역습

－내부요인: 다각화의 성공과 다각화의 함정

조선사업은 선가와 환율의 변동으로 매년 영업이익이 크게 변동하는 사업이다. 조선 산업이 구조불황기에 접어든 적도 있어, 사업 규모가 커지고 내부에 자원이 축적되자 많은 기업이 수익의 안정화를 추구하여 다각화를 지향하게 되었다. 이러한 경향은 축적 자원이 컸던 대기업에 있어 보다 뚜렷했는데 대기업들은 안정적인 수익과 사업 리스크가 적은 육상의 국내 공공사업 분야로 적극적인 다각화를 추진해 나갔다.

대기업들의 다각화에는 빛과 그림자가 공존했다. 다각화는 수익의 안정화라는 긍정적인 효과를 가져왔으나 기업 내부적으로 조선사업의 입지를 약화시키는 결과를 초래하였다. 조선과는 거리가 먼 임원이 증가하고, 상무이사 이상의 고위경영진에 있어 조선부문 출신자의 비율이 점차 저하되었다. 이후 조선 이외의 사업부문 출신자가 사장 및 회장으로 취임하는 일(가토·구, 2010)까지 발생하게 되었다. 1990년대에 이르러 조선 시황이 회복, 장기 트렌드로 성장기로 돌아오고 일본 대기업들은 내부적으로 충분한 자원이 있음에도 불구하고 전략적 대응(조선 분야에 대한 중점적인 자원 배분)에 취약한 모습을 확연히 드러낸 바 있는데, 이는 앞서 언급한 사안이 기업 내부적으로 많은 영향을 미친 결과로 추정된다.

일본의 조선 대기업에 있어 오일쇼크 후의 구조불황기에 적극적으로 진행한 사업 다각화는 수익성 관점에서 당시로서는 최선의 선택이었을 가능성이 높다. 다만 선박과 같은 자본재는 석유위기와 같은 공급 쇼크를 배경으로 일시적으로는 시장이 얼어붙었다고 해도 초장기 트렌드의 차원에서 보면 개발도상국의 경제성장을 포함시켜 언제나 성장시장이라고 보는 것이 타당하다. 대기업의 다각화 성공은 단기적으로는 수익 안정을 가져왔을지 모르나 장기적 관점에서 성장의 기회를 상실했다고도 볼 수 있다.

다각화의 성공은 기업에 있어 기존 사업의 비약적인 성장을 막는 함정(다각화의 함정)으로 변화할 가능성이 있다. 함정으로 변하는 메커니즘은 크게 2가지로 구성된다고 볼 수 있는데, 하나는 유사한 자본시장을 내부에 지닌 사업부(M형 기업)하에서 성장사업의 입지가 커지는 현상(이 자체는 당연)이며 다른 하나는 사업별 투자수익률을 비교 시 획일적인 투자의 회수기간 설정(그렇지 않으면 비교할 수 없다)에 따른 문제로 볼 수 있다. 투자 회수기간은 사업의 특성에 따라 상이한데 조선 산업의 경우 장기적 관점에서는 성장시장임에도 불구하고 일본 내에서는 구조불황산업의 전형적인 사례로 인식됨에 따라 일본기업들은 '함정'에 빠지게 되었다.

이상과 같이 일본 조선 대기업들이 한국기업에 추격 및 역전을 허용한 현상을 분석함에 있어 내부적 요인에 보다 주목할 필요가 있다. 일본의 대기업은 높은 기술력과 자원을 내부에 보유하고 있었음에도 불구하고 시장 확대기에 자원을 신속하게 재배치를 할 수 없었다. 다각화의 성공으로 수익성의 안정과 시장 지위를 이용한 선별 수주(선가 유지)는 일본 대기업의 강점의 핵심(Core Competence)이었다고 할 수 있지만, 시장 재확대기에는 신속한 의사결정을 방해하였다. 높은 기술력과 인재, 45년간의 세계 1위의 지위가 경직성의 핵심(Core Rigidity)으로 변모했던 것이다.

–이중의 어중간한 상태(Stuck in the Middle)에 빠진 일본 대기업

일본의 대기업 조선소는 시장 확대기에 외형적 확장보다는 수익성을 중시하고 선별 수주를 계속하는 한편, 고부가가치 세그먼트로의 변환을 꾀했다. 그러나 같은 시기 고부가가치 세그먼트에 진입한 한국기업에 단기간에 추격당하였다.[18]

일본의 국내 대기업은 장기 실적 침체와 업계 보호를 위한 정부 규제로 생산능력의 제약에 직면함과 동시에 국내에 안정된 우량 고객을 보유하고 있어 선가유지를 위해서 선별 수주와 고부가가치선을 중심으로 하는 제품전략을 취하였다. 이것은 당시의 시장 지배력을 유리하게 이용하면서 제약된 생산능력을 살린다고 하는 점에서 추진된 가장 합리적인 전략이었다. 그러나 결과적으로는 예상을 넘은 해외 선박 수주의 급증과 고부가가치선의 초대형화라는 고객 요구에 대응하지 못하는 결과를 낳고 말았다.

일본 대기업은 한국기업의 대담한 대형 설비투자와 고부가가치선 분야에 대한 자원 집중, 대형선의 해외 대체 수요에 대한 신속한 대응으로 인해 관련 시장을 급속히 상실하였다. 한편 한국은 조선시장이 다시 성장기로 돌아왔던 시기에 전략적으로 대규모 투자를 단행했으나 아시아 외환위기로 인해 잠시 위축된 적이 있었다. 이때 일본 대기업들은 일시적으로 다시 시장을 확대할 수 있었으나 설비의 대형화 측면에서 한국에 뒤지고 있었기 때문에 수요가 증가한 대형선을 수주할 수 없었다. 반면 한국이 외환위기의 극복, 조선산업 내 합병 및 구조조정을 진행하자 일본 대기업은 '한국의 외환위기'라는 기

---

18) 한편, 한국 기업은 시장 확대와 선박 대형화가 겹친 시기에, 1980년대 말의 선행투자가 활용되게 되었다. 이에 대해서는 후술한다.

회를 놓치고 이도저도 아닌 '어중간한 상태(Stuck in Middle)'에 빠지면서 2000년대에 구조조정을 맞이할 수밖에 없었다(<그림 5>).

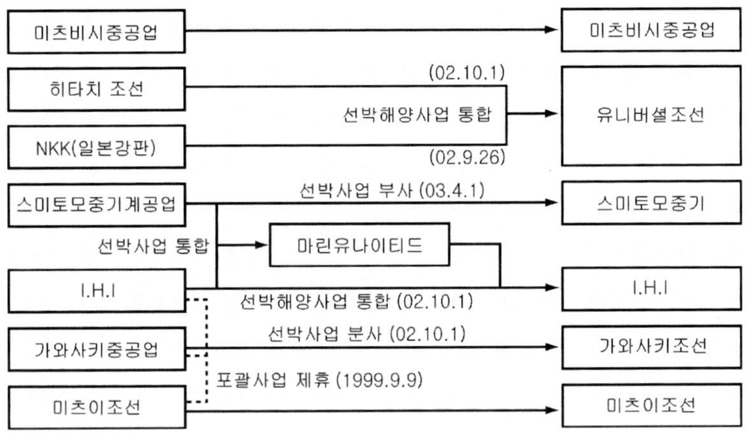

자료: 이요긴 지역경제 연구센터(2007) p.14.

〈그림 5〉 일본 조선산업 재편의 동향

d. 한국 대기업 조선 메이커의 행동과 상호작용

한국은 1998년에 아시아 외환위기로 인해 일시적으로 일본에 다시 추월당하였으나 몇 년 만에 다시 역전하였으며, 특히 대형선과 고부가가치선의 영역에서 시장점유율을 빠르게 늘려 나가고 있다.

한국 역시 구조불황기에는 일본과 마찬가지로 설비 억제 정책을 취하였지만, 1980년대 후반 정부의 정책 전환이 이루어져 설비 확장이 가능해졌으며 1990년대 전반에 대기업 중에서 몇 곳이 대형 설비 투자를 실시했다. 그러나 이러한 선행 투자는 합리적인 것이었다고는 말하기 어려운 점이 있다. 당시 시장의 정체 상황을 고려하면 가동률이 낮아서, 유휴 설비화하고 있었다고 추측할 수 있다. 그 후 아시아 외환위기(1997년 말)라는 외부적인 요인으로 대형 합병이 추진되었다. 이러한 기업의 대형화, 설비투자의 확대는 일본선의 대체수요와 중국의 해운 수요증가를 전망한 의사결정은 아니었을 것으로 추정되나 결과적으로 시장 확대기와 선박의 대형화라는 요구와 일치하였고 효과적으로 활용되었다고 생각된다.

또한 한국의 조선 산업은 대형 설비투자와 동시에 조선 산업이 빠르게 성장하면서 수많은 우수한 엔지니어를 확보할 수 있게 되었다. 대형 설비와 엔지니어를 효율적으로 활용하기 위해서 보다 높은 집적이 요구되는 제품군으로 이행하게 되었고, 일본의 대기업과 마찬가지로 한층 고부가가치선이나 고객의 다양화를 추구하게 되었다. 동시에 기존의 선박 뿐만 아니라, 고객의 요구를 반영하여 드릴십선이나 LNG의 신규선, PSPO 등 새로운 세그먼트도 낳았다. 예를 들면 2007년에는 개발된 세계 최초의 LNG-FPSO나 극지용 드릴십 선박을 들 수 있다. 이러한 제품 이노베이션과 함께, 선행 설비투자의 장점을 살려서 적극적인 공정 이노베이션도 도입되었다. 예를 들면, 삼성 중공업은 초대형 선박 건조의 신기술 '테라블록 공법'이나 해상건조 공법을 개발하였다.

고부가가치선을 둘러싼 일본의 구 대기업과 한국기업 간 경쟁 과정에서 한국 대기업은 중형선, 벌크캐리어 수주에는 상대적으로 전력을 투구하지 않았는데, 이로 인해 틈새가 생기게 되었다. 틈새의 배경으로는, ① 선박시장의 대형화의 흐름을 탄 대형선의 수주가 비약적으로 성장하고, ② 조선은 수주에서 인도까지 3년 대기가 일반적이기 때문에 단기간에 공정 수(생산라인) 확보나 제품믹스(Product Mix)를 변화시키기가 어려웠으며, ③ 수많은 엔지니어를 효과적으로 운용하고, 수익을 올리기 위해서는 고부가가치 세그먼트를 중요시할 수밖에 없었다는 점을 들 수 있다.

e. 일본 중기업 조선 메이커 A사: 의도하지 않은 틈(간격)이 낳은 시장에 대한 자원 적합

한국기업과 일본 대기업과의 사이에 전개된 선박의 고부가가치화 경쟁은 결과적으로 제품의 대형화와 고객 요구의 다양화에 따른 한국기업의 시장점유율을 신장시키게 되었다. 반대로 일본의 기존 대기업은 시장 확대기에 내부에 자원을 가지고 있었음에도 불구하고, 시장 변화에 대응할 수 없었다. 한편 벌크캐리어·세그먼트로 특화하여, (자금력이나 인재, 설비 등) 제약된 자원을 집중함으로써 일본 중기업은 시장점유율을 유지하면서 경쟁력을 향상시켜 왔다. 그들의 선택과 집중에 의한 표준선 전략의 성공의 배후에는 무엇이 있는 것인가. 일본의 조선 중기업의 성공요인에 대하여 A사의 사례를 중심으로 개관하면 다음과 같다.

첫째로, 1990년대에 국내 중기업은 자원 제약(엔지니어의 인력규모나 입지 제약, 설비 제약, 자금 제약)으로 일본 조선 대기업이 상대적으로 힘을 기울이지 않는 벌크캐리어의 표준선으로 특화하고 있었다. 이러한 선택은 시장 진입 장벽이 낮아 격렬한 경쟁이 예상되는 영역에 대한 특화를 의미하고 있어 장기적으로는 신흥국의 참가로 인한 수익성의 현저한 저하가 예상되고 있었다. 그럼에도 불구하고 일본 조선 중기업이 성장할 수 있었던 것은 한국 대기업의 대형선·고부가가치선에 대한 '자원 집중으로 의도하지 않은 틈'(시마모토, 2002)

속에 우연히 자리를 잡게 되었기 때문이다(<그림 6>).

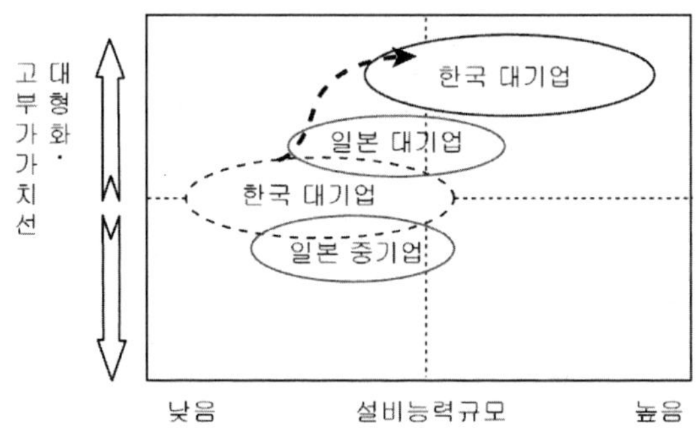

<그림 6> 한·일 조선 산업에 있어서 경쟁의 원동력

두 번째로, 중기업인 A사는 '틈'에서의 예기치 못한 성공에 머무르지 않고, 중국이나 필리핀에서 중형선에 적합한 설비투자를 하여, 시장 확대의 계기를 붙잡을 수 있었다(현재는 해외 조선소 생산비율이 전체의 7할에 가깝다). A사는 또한 신흥국의 중형선 세그먼트의 참가로 선가 침체에 대비하여, 낮은 선가로도 수익성을 확보하기 위해서 원가 기획을 기점으로 제품 수를 대담하게 줄이는 표준선 전략을 선택하고 개발 생산 프로세스의 혁신과 조직능력의 향상을 지속적으로 추진했다. 그 결과 어려운 제약 조건하에서 취한 일련의 결정과 행동이 시간의 흐름과 경쟁기업의 행동(한국기업의 자원 집중에 따른 틈)과 상호작용하면서 일견 '자살적이라고도' 할 수 있는 표준선 전략은 보다 발전된 전략으로 진화했고 수주 산업에서의 원가기획의 도입이라는 혁신과 개발/생산프로세스상의 혁신이 동시에 진행되었다.

세 번째로, 벌크캐리어를 축으로 하는 표준선 전략은 기존의 설비능력을 그다지 확장하지 않고도 대응할 수 있는 전략이었다는 점을 들 수 있다. 선박시장 전체의 대형화 추세와는 다른 길(저가격 세그먼트에의 집중)을 일본의 중기업이 선택한 배경에는 무엇보다도 기존의 설비능력으로 대응할 수 있는 범위 내에 있었다는 점이다(한정적인 선택사항 중에서 선택했다).

네 번째로, 수주량의 확대에 대응하기 위한 해외 생산거점의 확립과 분업체제의 구축했다는 점이다. 앞에서 서술한 것처럼, 시장 요구의 확대에 대응할 수 있기 위해서는, 생산설비의 확대가 필수적이다. 그러나 국내에서는 생산설비의 확장이 용이하지 않기 때문에, 국내에서는 합병을, 해외에서는 생산거점(두 곳)의 설립을 통해서 수요 확대에 대응하고 있다.

다섯 번째로, 표준품으로 특화하는 과정에서 부가가치 향상을 꾀하는 이노베이션을 행하였다. 이 회사는 표준선(기획선) 전략을 한층 강화하기 위하여, 현재 새로운 대응을 준비하고 있는데 선박을 3개의 부분으로 나누고, 그중 기관실에 있어 부품의 연결방법이나 배치의 기본을 바꾸는 구조 이노베이션을 추진하고 있다(<그림 6>: 구·가토·무카이, 2010; 가토·구, 2010). 이 활동은 제품 시스템의 하부조직에 있어서 부품의 연결방법이나 배치의 기본을 바꾸는 것으로, 선주나 사용자에 대한 부가가치를 높이고 설계의 유용도를 향상시켜, 생산 리드 타임을 큰 폭으로 단축시키고, 기간 부품을 시리즈선으로 공유함으로써 비용 절감을 꾀할 수 있다.

Ⅲ. 결론

지금까지 한·일 조선 산업의 역전의 원인을 기업 간 상호작용에 의한 프로세스 관점에서 제품전략을 중심으로 분석해 보았다. 이상의 분석을 정리해 보면 <그림 7>과 같다. 분석을 통해 밝혀진 것을 정리해 보면 다음과 같다.

첫째, 일본 조선 산업의 상대적인 경쟁력 저하는 외부적 요인으로는 규제 완화의 지연에 의한 정책, 시장과의 괴리, 인적 자원의 부족과 더불어 한국 조선기업의 제품 혁신, 고객 맞춤화의 성공, 시장 확대와 매끄럽게 연결된 생산능력의 확장, 국가 차원의 혁신시스템을 들 수 있다.

둘째, 내부적인 요인으로는 일본 대기업이 충분한 내부 자원에도 불구하고 내부 조직논리로 인해 시장 변화에 적절히 대응하지 못한 점을 들 수 있다. 이 과정에서 조선 산업의 불황기에 겪었던 아픔을 반복하지 않고자 추진했던 다각화의 성공이 역설적으로 함정으로 작동, 조선 산업의 효과적인 성장을 저해한 것으로 여겨진다. 다시 말해 최초로 움직이는 자가 함정에 빠지는 전형적인 사례라고도 할 수 있다.

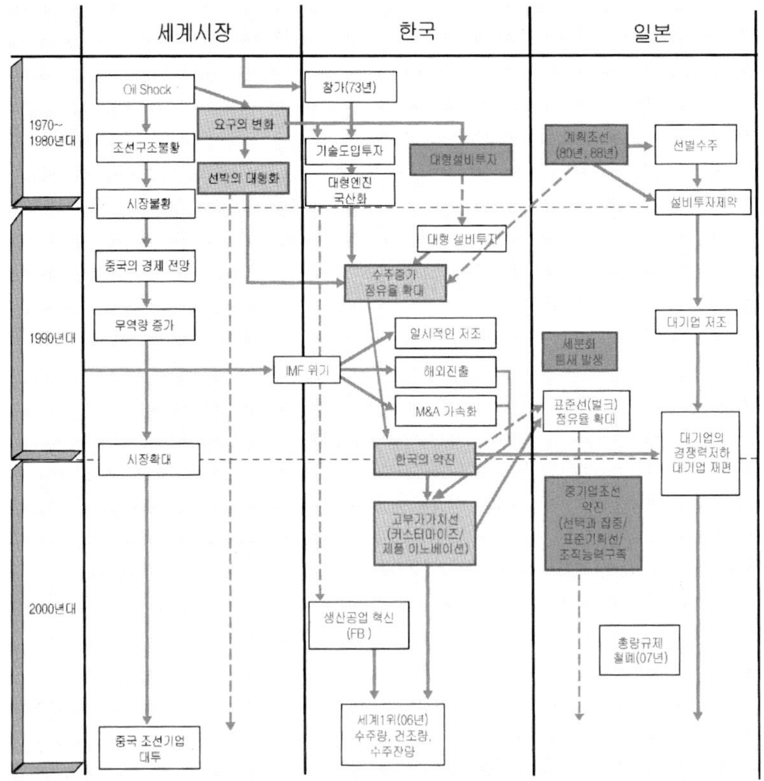

〈그림 7〉 조선 산업 발전의 인과관계도

　　이상의 분석을 근거로 하여 여기에서 지적할 수 있는 것은 다음의 3가지이다.

　　첫째, 조선 산업에서 발생한 것과 마찬가지로 제품이 성숙화·표준화했더라도 신흥국의 경제 성장을 배경으로 시장이 성숙기에서 성장기로 되돌아가는 일도 일어날 수 있다. 이때 선발기업은 시장 재확대의 기회를 포착하기 곤란한 상황에 빠질 수 있는데 일본 대기업은 이중의 의미에서 '전략 불완전'(미시나, 2004)에 빠졌다. 다각화의 성공에 의한 조선부문의 발언력 저하로 신속한 행동을 취할 수 없었다. 수익성을 중시한 선별 수주와 고부가가치 제품으로의 이행은 조직 내부에서 상대적으로 동의를 얻기는 쉬웠으나 성숙 제품에서는 설비 투자에 의해 단기간에 후발기업에게 추격되어 버릴 수 있다는 우려 때문에 투자시기를 놓치고 한국 대기업에 시장을 빼앗겼다.

두 번째로, 새로운 주요 플레이어로 부상한 국내 중기업의 성공은 한·일 대기업 메이커의 기업 행위의 상호작용과 그로부터 생겨난 '틈'의 존재 없이는 불가능했음에 유의해야 할 것이다. 표준선 전략은 제품의 특징과 생산설비의 제약조건 중에서 선택된 전략이었다는 것, 게다가 이 전략은 단순한 틈새에 대한 집중이라기보다는, 계속적인 조직능력 구축 프로세스를 거친 다음 경쟁력의 향상으로 이어지고 있다는 점에 유의하여야 한다. 즉 A사의 성공 사례를 설명하기 위해 서는 당초의 '의도하지 않은 틈'에서의 성공을 '의도한 전략'으로 전 환해 가는 창조적인 전략 전개 프로세스와 조직 능력 구축 프로세스 에 주목할 필요가 있음을 시사하고 있다.

마지막으로 산업이전/이행설에 관련하여 언급해 두기로 하자. 주지 한 바와 같이, 국가 간의 산업경쟁력의 전환에 관한 논의는, Akamatsu (1961)의 안행형 경제발전론(Flying Geese Model)이나 Vernon(1966)의 국제 상품주기론(PLC) 이후에 활발하다. 이러한 논의에서는 산업(기술)의 성장에 따라서 산업의 중심이 선진국에서 후진국으로 이동하여 국제 분업이 이루어지고 있다는 것이다. 그러나 이것은 기업활동이 거의 한 나라에서 완결된다는 것을 전제로 한 완성품 중심의 논의이며 시 오치(2008) 씨가 지적하듯이 이전한 후에 선발국 및 후발국에서 이노 베이션이 발생하지 않는 것을 전제로 하고 있다. 오늘날과 같이, 기업활동이 국가 간의 다양한 분업관계에 의해 성립되는 것을 감안할 때, 산업이전/이행설은 설명할 수 없는 부분이 많다. 생산거점만이 아니라, 소비시장 성격이 강해지는 신흥국들의 지속적인 등장을 감안할 때 시장의 탈성숙화에 대한 대비는 꾸준히 이루어져야 한다. 이러한 상황을 설명하기 위해서는 산업이나 기술이전에 관한 논의보다 플레이어의 능동적인 행위와 플레이어 간의 상호작용에 주목한 분석이 필요할지도 모른다.

앞서 언급한 바와 같이 본 연구는 많은 것을 시사하고 있다. 본 연구가 안고 있는 향후의 과제도 적지 않다. 우선 세부적인 기업수준에서 한국기업과 일본기업의 분석이 필요하다. 다음으로는 조선 산업을 둘러싼 비즈니스 시스템 차원의 분석이 필요하다. 특히, 성숙산업에 있어서 시장의 탈성숙화와 이노베이션의 본질에 대한 분석이 필요할 것이다. 끝으로 향후 한·일·중의 플레이어 간의 경쟁과 기술이전 메커니즘, 인적 자원의 이동, 해외거점의 신설이나 이전에 의한 국제분업 체제의 재편 등의 영향에 대한 분석도 중요한 과제가 될 것이다. 조신 산업은 빠르게 성숙한 산업으로 많은 산업에 다양한 시사점을 줄 수 있는 산업이다. 향후에도 지속적인 관심과 연구가 필요할 것이다.

참고 문헌

<국내 문헌>
배성인(2009). "숨고르기에 들어간 조선 산업". 삼성경제연구소.
홍성인(2008). "한국 조선 산업의 글로벌경쟁과 차별화 전략". KIET산업경제, 9월.
홍성인(2003). "조선 산업의 경쟁 요소별 분석 및 대응전략". 산업 연구원.
김형균·손은희(2008). "조선 산업의 추격". 기업 간 추격의 경제학. 21세기 북스.

<일본어 문헌>
가토 히로유키, 구승환(2010). "조선 산업에 있어서의 경쟁의 다이너미즘 – 행위의 시스템으로 본 전략의 변화와 그 의미". 조직학회 전국 연구발표 대회, 중앙대학, 도쿄. 6월.
구승환, 가토 히로유키, 무카이유 이치로(2010). "조선 산업의 다이너미즘과중 기업 메이커의 제품 전략 – 국제 경쟁구도의 변화와 새로운 대응". 도쿄 대학 Discussion Paper, MMRC – DP – 286.
이타미 다카유키(1992). "일본의 제조업, 세계의 왕좌를 언제까지 지킬 수 있을까". NTT 출판.
가고노 다다오(1989). "성숙 기업의 경영전략". 국민경제 잡지, 159(3),85 – 102.
미시나 가즈히로(2004). "전략 불완전의 논리 – 만성적인 저수익의 병에서 어떻게 빠져 나갈 것인가". 동양경제신보사.
누마가미 츠요시(2000). 『행위의 경영학』. 시라모모 책방.
누마가미 츠요시(2009). "경영전략의 사고법, 시간 전개·상호작용·다이나믹스". 일본경제신문사.
시오지 히로미(2008). "동아시아 우위 산업 분석의 과제와 방법". 동아시아 우위 산업의 경쟁력. 미네르바 책방.
시마모토 미노루(2002). "자원의 집중에 의한 틈". 조직 과학, 34(4),53 – 66.
신타쿠 쥰지로(1994). "일본기업의 경쟁 전략 – 성숙 산업의 기술 전환과 기업 행동". 유히카쿠.

<해외 문헌>

Akamatsu, Kaname(1961). "A Theory of Unbalanced Growth in the World Economy". In: Weltwirtschaftliches Archiv, Hamburg, no.86, pp.196~217.

Akamatsu, Kaname(1962). "A Historical Pattern of Economic Growth in Developing Countries". In: The Developing Economies, Tokyo, Preliminary Issue No.1, pp.3~25.

Bae, Zong-Tae, Young-Bae Kim, & Jong-Hyun Wi(2009). "Identifying trajectories from Catch-up to path creation: Transition process model and case studies in Korea". The 7th Asialycs International Conference in Taipei, Taiwan, April 2010.

Baldwin, Carliss Y. and Kim B. Clark(1997). "The Power of Modularity", Harvard Business Review.

Baldwin, CarlissY. and Kim B. Clark(2000). "Design rules, Vol.1": The power of modularity, The MIT Press: Cambridge, MA.

Emery, F. E. and E. L. Trist(1965). "The causal texture of organizational environments". Human Relations, 18(1), 21-32.

Levison, Marc(2006). "The Box: How the Shipping Container Made the World Smaller and The World Economy Bigger". Princeton Univ Press.

Mintzberg, Henryand James A. Waters(1985). "Of strategies, deliberate and emergent". Strategic Management Journal, 6, 257-272.

Moon. Youngme(2005). "Break Free from the Product life Cycle". Harvard Business Review, May, 86-94.

Poter. Michael E.(1980). *Competitive Strategy*, New York: Free Press.

Vernon, Raymond(1966). "International Investment and International Trade in the Product Cycle". The Quarterly Journal of Economics, 80(2), 190-207.

7장

종합 및 시사점

종합 및 시사점

박영렬(연세대학교)

감덕식(LG경제연구원)

지금까지 한국과 일본의 산업경쟁력에 대한 평가와 상대적 경쟁력 변화의 원인에 대한 한국, 일본 양측 연구진의 의견을 살펴보았다. 이 과정에서 5개 산업의 분석과정에서 많은 부분에서 공통된 의견이 제시되었지만 발표자 간 의견이 상충되는 영역도 동시에 발견되었다. 여기서는 지금까지 논의된 주장들을 전체적으로 종합해 보고 그 시사점을 살펴보고자 한다.

1. 한국과 일본 간 상대적 경쟁력

5개 산업에 있어 한·일 간 경쟁력 수준에 대한 평가는 정량적 지표를 통해 주로 진행되었는데 자동차를 제외한 대부분의 영역에서 한국은 일본기업과 대등한 수준이거나 일부 앞서는 것으로 나타났다. 조선, 반도체, TV산업에서는 한국기업의 역전에 대해 대체적인 의견 일치가 이루어졌으며 자동차, 철강 산업에서는 경합이 진행되는 것으로 파악되었다.

그러나 현상을 인식함에 있어 연구진 간 의견이 상충되는 부분이 발견되었다. 핵심쟁점은 경쟁력의 질적인 부분에 대한 것으로 일본 측 연구진은 산업이나 기업의 경쟁력을 매출 및 시장점유율과 같은 단순한 양적 지표로만 단정 짓기는 어려우며 성과가 실현된 과정이나 질을 파악해야 한다는 것이었다. 일본 측 연구진은 이러한 관점에서 한국기업의 성과는 대부분 프로세스 혁신(Process Innovation)에 국한되어 있으며 여기에 요구되는 핵심적인 지식이나 자본재는 대부분 일본에서 제공되고 있는 반면 일본기업들은 프로세스 혁신을 스스로 주도해 왔으며 제품 혁신(Product Innovation)－소니의 워크맨과 같이 새로운 개념의 제품을 제시하는 것－을 대부분의 산업에서 주도하면서 이룩한 성과가 많다는 점을 지적하였다. 이러한 주장은 LCD산업을 분석한 아카바네 준 교수의 연구에 잘 나타나 있는데 한국 LCD 산업의 성장이 대부분 일본장비의 효과적인 도입에 기반을 두고 있으며 LCD에 필요한 소재 및 부품영역에서 아직 일본기업이 시장을 지배하고 있기 때문에 일본의 LCD 산업 경쟁력은 여전히 강력하다는 사례가 제시되었다. 이러한 지적에 대해 한국 조선 및 반도체 산업 연구진을 중심으로 제품 혁신에 가까운 사례(Nand Memory, 고부가가치 선박)를 통한 반론이 일부 제시되기도 하였으나 전반적으로 볼 때, 합리적인 지적으로 수용되었으며 나아가 한국기업 성장의 Upside Potential에 대한 우려가 제기되기도 하였다.

2. 추격, 그리고 역전의 원인－3대 핵심 가설에 대한 논의

한일 경쟁력 비교를 위한 양국 연구진 간 회의에서는 보다 효율적인 진단과 분석을 위해 3가지 가설을 설정하고 접근하였다. 첫 번째는 산업순환가설로 산업이 점차 성숙화하면서 산업이 국제분업단계를 거쳐, 개도국으로 이전한다는 가설이다. 두 번째 가설은 거시경제 침체가설이었다. 일본의 경우 부동산 버블 붕괴를 중심으로 거시지표들의 장기간 침체된 바 있는데 이로 인해 기업들이 구조조정에 몰두, 적기 투자에 실패함으로써 한국기업들에게 추격의 기회를 제공했다는 관점이다. 마지막 가설은 기업의 지배구조가설로서 한국의 재벌체제는 의사결정의 핵심에 오너들이 있어 상대적으로 과감하고 빠른 의사결정을 가능한 반면 일본기업들은 집단주의 문화로 인해 의사결정체제의 효과성이 떨어질 수 있다는 관점이다.

1) 산업순환가설

산업순환이론(Vernon, 1966; Stopford & Wells, 1972; Arbernathy & Utterback, 1978)은 한국과 일본 간 경쟁력 변화를 가장 거시적인 관점에서 많은 산업에서 일어나고 있는 현상을 설명해 줄 수 있을 것으로 기대되어 양국 연구자들에게 언구의 기본 가설로 제시되었다. 실세 분석결과 다수의 산업에서 산업순환가설의 기본적인 맥락은 지지되는 것으로 나타났다. TV 산업에서 CRT-TV의 경쟁력은 미국, 일본, 한국을 거쳐 중국으로 빠르게 이전되고 있는 것으로 나타났으며 조선 산업의 주도권도 영국/유럽, 일본, 한국을 거쳐 최근에는 중국으로 거쳐 가는 양상을 보이고 있다. 일본 측 연구진인 아베 마코토 연구원은 철강 산업에 있어 여러 난관 끝에 일본에서 확립된 대량생산시스템, 고기능 강판시스템 기술이 특정화 단계에서 한국기업에 쉽게 빠르고 신속하게 이전된 것이 양국 간 상대적 경쟁력 변화의 가장 큰 원인으로 분석하였다.

그러나 여러 연구에서 산업순환이론을 일반적으로 적용하기에는 무리가 따른다는 지적도 많이 제기되었다. 이러한 지적은 한국의 추격이 일본기술의 효과적인 모방과 저임금이란 요소자원과의 결합으로는 충분히 설명되기 어려운 부분이 존재했으며 나아가 본질적으로는 추격은 설명할 수 있으나 역전을 설명하기는 어려웠기 때문이다. 이러한 현상에 대한 보완 설명은 주로 한국 측 연구진들에 의해 이루어졌는데 한국기업들이 스스로 새로운 기술의 원천을 제시하고 시장에 적극적으로 대응해 산업 내에 역동성을 부여, 산업의 주도권을 스스로 쟁취했다는 관점을 제시하였다. 예컨대 반도체 산업의 경우 한국과 일본 간 역전이 진행된 과정에서 산업의 진화 패턴은 여전히 높은 기술력과 적기/적량 투자능력에 있으며 한국기업들은 범용 메모리 외에 Nand Flash와 같은 고부가 영역에서도 우위를 나타내고 있다는 점이 그것이다. TV 산업도 반도체 산업과 유사한 주장이 제기되었는데 LCD-TV 산업에서도 해당 기간 중 대형화, 고화질과 같은 기술 차별화가 여전히 중요한 문제였으며 양국 간 원가경쟁력의 차이는 요소자원의 편재에 있기보다는 적기/적량투자와 같은 전략적 의사결정 능력에 기반을 두었기 때문이었다. 일본 측 연구진인 구승환 교수와 히로유키 카토 교수의 분석에서도 유사한 의견이 제시되었는데 조선 산업의 경우 일본과 한국에서 혁신이 경쟁적으로 진행되었으며, 나아가 수요시장에 대한 한국기업의 적극적인 대응이 탈성숙화된 조선 산업을 효과적으로 공략할 수 있었던 원동력이었다는 점을 지적하며 조선 산업에 있어 양국 간 역전 현상을 산업순환이론만으로 설명하기에는 한계가 있다고 지적하기도 하였다.

2) 거시경제침체가설

거시경제 침체와 한·일 간 경쟁력 변화는 핵심가설 중 하나로 제시되었으나 원인과 결과 간 관계에 영향을 미칠 수 있는 여러 요인들에 대한 충분한 통제의 어려움으로 인해 본격적인 검증에는 어려움이 존재하는 것으로 나타났다. 그럼에도 불구하고 연구진들은 치밀한 분석을 통해 다수의 의견을 제시하였는데 반도체, LCD, TV 산업 분석에서는 일본의 IT 버블 붕괴, 구조조정이 일본기업들의 설비투자에 직/간접적인 영향을 미쳤다는 의견이 직접적으로 제시되었다. 아카바네 준 교수는 LCD 패널산업의 경우 장비기술에서 핵심적인 기술적 진보가 5세대 공정에서 많이 이루어졌는데 이 기간 중 한국, 대만기업들은 적극적인 설비투자에 나선 반면, 일본기업들은 IT 버블 붕괴, 구조조정 등의 문제로 인해 설비투자에 나서지 못한 것이 상대적 경쟁력 변화의 핵심적인 원인이라고 보았다. 하연찬 교수는 거시지표와 설비투자 간 관계 분석을 통해 반도체 산업에서도 일본이 적기/적량 투자에 실기한 것이 주요한 원인으로 작동하고 있을 것이라는 의견을 제시하였다.

한편 조선 산업에서는 관련 가설이 지지되지 못하는 것으로 나타났디(자동차, 철강 산업에서는 관련 의견이 제시되지 않았다). KAIST의 김영배 교수는 조선 산업의 경우 대표적인 성숙산업으로 1970년대 중반 이후부터 이미 장기적인 수요 침체를 겪고 있었기 때문에 양국 간 조선 산업의 부침에 있어 각 국의 거시경제 변화의 영향은 상대적으로 크지 않다는 점을 논거로 제시하며 IT 버블 붕괴 이후 일본 조선 산업 내에서 진행된 구조조정과 투자축소는 산업 발전에 대한 정부정책 결정자와 기업경영자의 산업 전망, 전략적 선택에 의한 결과로 해석하는 것이 타당하다는 의견을 견지하였다. 일본 측 연구진인 구승환/히로유키 카토 교수는 조선 산업에 있어 양국 간 경쟁력 변화의 본질을 '성숙화된 산업의 탈성숙화와 이에 대한 기업들의 대응과정'에서 찾고자 하였는데 김영배 교수와 마찬가지로 조선 산업은 성숙화된 외부환경에 적응하는 과정에서 거시경제 침체라는 새로운 환경을 겪은 것이기 때문에 그 영향은 그리 크지 않으며 탈성숙화된 산업에 있어 기업들의 미진했던 전략적 대응, 장기간 침체에 따른 관련 산업 인프라(예: 대학의 조선학과) 쇠퇴의 누적적 효과가 보다 직접적인 원인인 것으로 파악하였다.

3) 지배구조(소유자 경영) 가설

연구내용 발표에 있어 가장 논쟁이 뜨거웠던 부분은 CEO와 지배구조에 대한 부분이었다. 양국 간 경쟁력 변화의 원인을 도출함에 있어 경영진의 중요성에 대해서는 큰 이견을 보이지 않았다. 그러나 경영진 능력 차이의 원인을 바라보는 관점은 상이했다. 일본 측 연구진들은 자국 CEO의 자질과 육성시스템에 문제의식을 가진 반면, 한국 측 연구자들은 소유자 경영 또는 지배구조에서 그 원인을 찾고자 했다.

야나기마치 이사오 교수는 반도체 산업의 경우 일본기업 내에 만연한 연공서열주의, 평등주의로 인해 경쟁력 있는 CEO를 육성해 내기 어려운 구조가 일본 반도체 산업 경쟁력 저하의 근본원인이라고 진단하였다. 야나기마치 교수의 관점에서 파악되는 일본기업의 문제는 기업성장의 특정 단계나 외부환경에서 기인하는 병리적 현상이라기보다는 일본의 문화, 사회에 배태되어(embedded) 발생하는 문제로 일본기업 전반으로 일반화되고 있다(일본기업의 성공사례로 언급하고 있는 엘피다의 CEO, '사카모토 유키오'의 젊은 시절부터 외국계 회사에서 오래 근무했으며 젊은 시절부터 경영진의 역할을 수행한 인물이다). 한편 고미 노리오 교수는 반도체 산업의 분석에서 한국과 일본 간 역전의 원인 중 하나로 한국기업들의 전략적 능력, 정부와 기업이 긴밀한 관계를 통한 산업 육성 전략을 주목한 바 있는데, 이 역시 Top Management의 능력과 역할이라는 관점에서 야나기마치 교수의 주장과 유사하다고 볼 수 있다. 그러나 일본 연구진들은 능력 있는 최고경영자의 부재라는 문제를 일본이라는 사회에 배태되어 있는 조직이 내재한 한계가 CEO 육성시스템과 최고경영자의 능력으로 표출되고 있다는 비교경영 내지는 사회 네트워크(Social Network)적 렌즈(lens)를 통해 주로 조망하는 반면 지배구조라는 렌즈를 통해 접근하고 있지는 않았다.

한국 측에서 진행된 연구에서 경영자의 문제는 소유경영 또는 지배구조관점에서 집중적으로 논의되었다. 연구결과는 크게 소유경영자 가설을 지지하는 그룹과 그렇지 못한 그룹으로 양분되었다. 한국의 TV 산업의 경우 일본기업들을 추격하기 위해 2000년대 초 불황기임에도 불구하고 공격적인 투자를 감행한 바 있으며 이후 지속적인 투자를 전개하였다. 이러한 투자전략은 실패 시 막대한 손실을 입을 수 있는 고위험 전략인 관계로 기업 전체를 책임질 수 있는 소유경영체제가 보나 효과적이라는 측면에서 홍덕표 수석연구위원은 한국기업 성장의 원동력으로 소유경영자 가설을 지지하였으며 반도체 산업을 분석한 하연찬 교수도 유사한 주장을 견지하였다. 한편 조선 산업을 분석한 KAIST의 김영배 교수는 소유자경영가설에 지나친 일반화에 우려를 표명하였다. 김영배 교수의 관점에서 소유자경영은 성공과 실패를 동시에 내재한 모델로서 한국조선 산업을 분석할 경우에 소유와 경영이 동일할 경우 장기경영, 반대로 전문경영인에 의한 경영은 단기경영의 유발한다는 기본적인 패턴은 확인할 수 있으나 한국의 대우그룹 해체나 전문경영인에 의한 대우조선의 신속한 회생과정을 살펴볼 때, 지배구조와 의사결정 간의 관계를 단정하기에는 어려움이 존재한다고 지적하였다.

<표 1> 발표 논문 주요 내용 요약(1/2)

저자/산업	제목	주요 내용
● 야나기마치 이사오 /반도체	● 엘피다에 있어서의 최고경영진과 전략적 의사결정	● 기업경쟁력의 중요한 원천 중 하나는 경영진의 경쟁력이기 때문에 산업경쟁력의 원천은 미시적 관점에서 CEO의 능력에서 찾을 수 있음. ● 일본은 연공서열주의, 평등주의 등으로 인해 능력 있는 CEO의 체계적 육성이 어려운 구조임. ● 엘피다의 '사카모토 유키오'는 전형적인 일본 경영자와 다른 유형으로 엘피다를 성공적으로 Turn Around 시킴
● 하연찬 /반도체	● 메모리 반도체산업에서의 한·일 경쟁력 비교 연구	● 한·일 간 반도체산업의 경쟁력 변화는 거시경제 침체에 따른 투자 부진, 과감한 의사결정력의 부재에서 비롯됨. ● 기술과 적기/적량투자가 산업의 핵심이므로 산업순환가설을 적합하지 않음. ● 기업가 정신을 지속적으로 고양시킬 수 있는 지배구조가 중요
● 고미 노리오 /전기·전자	● 한일 전자 기업 경쟁력의 현황과 향후 과제	● 한국기업은 State−Industry Complex, 전략적 능력이 있으나 일본기업은 국내시장에 집착하고 글로벌 시장 확대에 소홀히 함. ● 한국기업들의 성공은 주로 Process Innovation에 기반을 두고 있어 성장의 한계가 존재할 수 있음.
● 홍덕표 /TV	● 한일 TV 산업 한일 경쟁력 비교	● 일본기업: 성공요인−장기적 연구개발, 정밀한 제조능력, 수출 중심의 판매전략/실패요인−디지털 기술의 등장, 제조경쟁력 약화, 거시경제 침체 ● 한국기업: 성공요인−오너경영을 통한 과감한 투자, SCM 역량, 한국기업 간 경쟁, 그룹차원의 역량 집중, 차별적 디자인, 수직계열화 체제 ● 초기단계에는 산업순환가설이 지지되나 디지털 단계에서는 지지되지 않음. ● 거시경제 침체, 지배구조/의사결정구조가 핵심원인
● 아카바네 준 /LCD	● 일본 LCD 산업의 변용	● 원가절감, 자국 내 LCD기업 난립으로 대만으로 기술이전 추진 ● 장비산업 발달과정에서 생산 프로세스의 모듈화가 진전, 장비산업을 통한 지식의 이전이 용이해짐에 따라 산업 내 지식이전 메커니즘, Game Rule이 변화 ● 일본기업들은 경직된 의사결정 체제로 인해 적응하지 못함. ● 소재 및 부품영역에서 일본기업들이 경쟁력은 아직 유효

〈표 2〉 발표 논문 주요 내용 요약(2/2)

저자/산업	제목	주요 내용
• 시오지 히로미 /자동차	• 일·한·중 자동차 산업의 국제경쟁력 비교	• 한국·일본/중국 간 객관적인 경쟁력 비교가 중요 • 한국·일본과 중국 간에는 많은 격차가 존재(중국 기업의 경쟁력은 아직 한계가 존재) • 한·일 기업 경쟁력의 원천: ▲ 내수 시장 보호 ▲ 내수 시장의 크기 ▲ 높은 수출 비중 ▲ 핵심시장(북미)시장 확보 • 현대차: BRICs에서 높은 경쟁력 보유 • 내수 시장의 보호와 수출전략이 산업경쟁력의 핵심
• 이중우 /자동차	• 한일자동차 산업의 경쟁력 비교	• 자동차 산업 특징/국가 간 주요 지표 비교/주요 시장별 Market Share 비교/현대차와 도요타 비교/현대차의 과제제시
• 아베 마코토 /철강	• 2가지 이노베이션으로 본 일본 철강 산업의 발전과 한국의 Catch-Up	• 일본 철강 산업의 경쟁력은 ▲ 2가지 제조방식(대량 생산방식(일관제철), LD전로와 연속주조설비)의 차별화, ▲ 고기능 강판의 개발에 있었음. • 이후 전방고객의 요구가 기술보다는 가격으로 변화, 기술 개발의 불확실성이 감소해 후발기업의 추격이 용이 • 포스코는 기존 기술의 개량, 저가격화로 성장의 기반을 마련한 후 신공법으로 역전을 추진 • 일본기업들은 설비과잉으로 기존 기술의 개량을 추진 • 차세대 기술을 우선적으로 도입하는 것이 중요 • 내수 시장에서의 과도한 경쟁이 경쟁력 제고에 한계로 작동
• 김경찬, 이진우 /철강	• 한국 및 일본 철강 기업의 경쟁력 비교	• 기술 변화, 생산량 변화를 중심으로 한국, 일본 기업 간 경쟁력 지표를 historical하게 비교
• 구승환, 히로유키 카토 /조선	• 일본 조선 산업에 있어 기업경쟁력의 변동과 그 요인	• 일본 조선 산업은 전후 10년 만에 세계 1위가 된 후 45년간 경쟁력을 지켜 오다 한국에게 역전됨. • 일본: 불황기에 추진한 다각화가 조선사업부문의 발언권을 저하, 수익성 경영 이후 시장 확대기에 대응 실패 • 한국: 과감한 투자, 해외시장 적극 대응, 고객별 Customization
• 김영배 /조선	• 한국, 일본조선 산업의 경쟁력 분석	• 조선 산업 수준에서 볼 때, 경기침체는 예견되었던 사항으로 설득력이 떨어짐. • 한국기업 경쟁력의 원인은 전략적 선택(경영능력)에 있음. 소유 및 지배구조가설은 적절하지 않고 경영자의 경영능력이 중요(대우조선의 사례를 볼 때 소유 및 지배구조가설은 설득력이 떨어짐)

3. 추격과 역전에 대한 새로운 시각

한국, 일본의 산업경쟁력 변화에 대한 이번 연구에서 3대 핵심가설을 검증하기 위한 많은 연구가 진행되었는데, 이 과정에서 기존에는 고려하지 못했던 새로운 설명과 신선한 시각이 있었다. 하나씩 살펴보도록 한다.

1) 내수시장의 경쟁구조와 리더십

일본 측 연구에서 한·일 간 경쟁력 차이의 원인 중 하나로 내수시장의 구조가 제시되었다. 일본의 경우 내수시장이 상대적으로 한국보다 커 기업들이 난립한 반면, 한국기업들은 정부 주도의 조정하에 산업별로 2~3개 기업이 포진하고 정부가 내수시장을 보호함으로써 안정적 성장이 용이했다는 것이다.[1] 그 결과 일본기업들은 내수 시장에서 안정적인 시장점유율을 확보하기 위해 내수시장에 더욱 집착할 수밖에 없었던 반면 한국기업들은 일찌감치 글로벌 전략을 추진, 보다 큰 시장을 확보하고 이를 기반으로 다시 역량을 구축할 수 있었다는 것이다. 이러한 논리는 다수의 논문에서 발견되었다. 반도체 산업은 State-Industry Complex의 대표적인 사례라고 지적되었으며(고미 노리오) LCD 산업에 있어 내수시장에서 LCD패널 및 장비기업들의 난립은 대만, 한국으로 빠른 기술이전의 단초라고 보았다(아카바네 준). 자동차 산업에서도 유사한 분석이 제기되었다(시오지 히로미). 이상의 분석은 일본의 경우 내수시장이 커서 일본기업들은 해외로

---

[1] 이러한 관점에서 내수 시장의 구조는 국가산업육성 전략의 결과로 볼 수 있어 산업수준이 아닌 국가수준의 가설로 분류하였다.

진출한 필요가 적었던 반면 한국기업들은 내수시장이 작아 해외로 진출해야만 했다는 기존의 일반적인 논리나 내수산업에서의 강한 경쟁이 국가경쟁력을 제고시킨다는 마이클 포터 교수의 국가경쟁력 모형(diamond model)에서의 논리와도 상충되는 것이다.

제기된 주장에 대한 타당성은 검증의 여지가 남아 있으나 일본학자들이 보다 주목한 것은 경쟁력 있는 산업구조를 창출할 수 있는 리더십이 일본에는 부족하다는 자성이었다. 일본에서는 국가정책-산업전략-기업전략간 연계를 적극적으로 추진할 수 있는 리더십이 부재한 반면, 한국에는 그러한 리더십이 있다는 것이다. 토론과정에서 일본 원전사고 수습과정에서 나타난 일본정부의 무질서한 대응과 FTA, 원전수주과정에서 있어 나타난 한국정부의 주도적 리더십이 양국 간 대비되는 사례로 제시되면서 많은 공감을 얻기도 하였다. 전반적으로 볼 때, 일본 측 연구진은 양국 간 경쟁력 변화를 한국기업의 빠른 역량 구축에서 답을 찾기보다는 일본기업의 저변에 깔린 역량을 충분히 발현해 내지 못하는 사회 전반의 리더십 부재에서 근본적인 원인을 찾고 있는 것으로 나타났다.

2) 장비산업을 통한 대규모 지식 이전[2]

흥미로운 의견 중 하나는 장비산업에 대한 것인데 LCD산업을 연구한 아카바네 준 교수는 기계장비를 통한 지식이전을 산업경쟁력 변화의 핵심으로 파악, 산업경쟁력 분석에 있어 미시적 관점을 제공함

---

2) 본 내용은 산업순환가설에서 기술특정화 단계에서 관찰할 수 있는 현상이기도 하나 장치산업의 경우 장비산업의 발달이 산업 변화의 가장 핵심적인 요건으로 제시되고 있으며 산업수준에서 지식의 유형이 체계적으로 변환되는 특성이 있어 별도의 요건으로 분류하였다.

으로써 분석의 틀을 보다 풍성하게 하였다.

반도체, LCD과 같은 대규모 자본투자가 요구되는 산업은 일반적으로 적기, 적량투자가 중요한 것으로 알려져 있는데 아카바네 준 교수는 제조장비산업의 발달과정이 더욱 중요하다고 보았다. LCD산업과 같이 장비업체가 제조업체와 공동으로 개발한 장비를 후발경쟁기업이 판매하는 경우 선발기업의 암묵적 지식(Tacit Knowledge)이 장비에 배태되어(embedded) 후발기업에게 이전되며 Package화된 장비 솔루션을 판매할 경우 제조공정 간 복잡한 조정 노하우까지도 간접적으로 이전되기 때문이다. 이 과정에서 아카바네 준 교수가 주목한 것은 장비거래를 통한 1회성 지식이전보다는 장비업체들이 효과적인 기계장비를 개발하는 과정에서 제조공정에 필요한 다양한 유형의 지식이 누구나 접근 가능한 형식지(Explicit Knowledge)의 형태로 구조적으로 전환되어 산업수준에서 기술적 블랙박스가 점차 해체되고 있다는 점에 주목하였다.

LCD 제조공정 중 유리기판에 패턴을 새기는 어레이(array) 공정과 어레이 공정에서 완성된 TFT 기판과 컬러필터를 붙여 액정을 주입하는 액정주입공정의 변화가 대표적인 사례라고 할 수 있다. 과거 어레이 공정과 액정주입공정은 대표적으로 노련한 현장 엔지니어의 세밀한 조정과 많은 시간이 필요한 공정으로 전체 제조 프로세스에 있어 급격한 생산성 저하를 야기했었다. 이를 해결하기 위해 LCD 제조기업과 장비업체는 각고의 노력 끝에 차세대 공정/장비인 슬릿코팅, 액정적하 공정/장비 개발에 성공했는데, 관련 장비를 도입할 경우 공정수 삭감, 획기적인 품질/생산성 향상은 물론 비용 삭감, 대형 LCD 제조라는 부수적인 성과까지 얻을 수 있게 되었다. 그러나 이 과정에서

현장 엔지니어의 역할이 극적으로 감소3)한 결과 일정수준의 경험만
있으면 LCD 제조에 참여할 수 있게 되었으며 전체적으로는 제조단계
에의 블랙박스를 해체하는 역설적인 결과를 낳고 말았다. 특히 장비
기술의 발전은 점진적 발전 보다는 핵심적인 기술적 난제의 해결 여
부에 따라 오랜 정체와 급격한 발전을 병행하는 경향이 있어 올바른
장비의 도입이 매우 중요한 문제가 되었다. 이로 인해 LCD산업 내에
서의 Game Rule마저 핵심기술의 확보에서 자본력, Risk Take 능력으로
변질되었으며 후발기업들의 추격이 구조적으로 용이하게 되었다.

3) '1등 기업'의 함정, 그리고 전략적 경직성4)

전략에 대한 많은 논의가 소유자 경영가설에서 진행된 바 있으나
성공적인 전략 도출이 1등 기업이기 때문에 구조적 한계가 존재하며
이러한 실수가 누적되면서 양국 간 상대적 경쟁력 변화가 촉진되었
다는 주장이 일본 측에 의해 제기되어 이를 정리해 보고자 한다.

구승환/히로유키 카토 교수에 의하면 일본기입들은 전략적 관점에
서 몇 가지 실수를 범하였는데 이는 1등 기업이기 때문에 쉽게 빠지
는 함정이라는 것이다. 일본 조선기업들은 세계적인 경쟁력과 자원을
보유하고 있을 때, 조선 산업의 특유의 불안정한 수익구조와 사업 리

---

3) 신규 장비를 도입할 경우 제조에 필요한 몇 가지 조건을 기계장비에 입력하면 기계가 생산을 자동화했으며
전체 제조공정도 매우 단조로워졌기 때문이다.

4) 양국 간 경쟁력 변화에 주요한 원인을 도출함에 있어 전략적 능력, 그 자체에 대한 논의도 있었다. 하지만
이것은 소유경영자 가설과 차이가 있는데 소유경영자 가설에서 묘사되는 전략이 장기적 관점의 올바른 의
사결정, 위험 감수능력 등 우수한 전략으로서 핵심요건을 구비하고 있으나 기본적으로 지배구조의 결과 내
지는 부산물로 이해되는 반면 전략적 능력에 대한 주장은 지배구조와는 독립적으로 존재할 수 있는 하나의
기능으로써 전략을 바라본다는 점에서 차이가 있다고 할 수 있다. 5개 산업분석에서도 전략적 능력 그 자
체에 대한 언급이 부분적으로 이루어졌다. 그러나 양국 연구진에 연구결과에서 전략적 능력에 대한 논의는
앞서 살펴본 바와 같이 주로 소유경영의 한계와 이를 보완/대체할 수 있는 논리를 개발하는 과정에서 포괄
적으로 진행된 바 있다.

스크를 해결하기 위해 일본의 공공시장으로 적극적인 다각화를 추진하였다. 그 결과 재무적 측면에서 긍정적인 결과를 보여 주기도 하였으나 내부적으로는 조선업 자체에 대한 재평가가 진행되고 획일적인 관리메커니즘(예: 투자평가에 있어 동일한 기준 적용)이 더해지면서 비조선업 출신 CEO까지 등장, 조선이라는 본업에 대한 지속적인 몰입이 저해되었다. 그 결과 다각화의 함정에 빠져 불황산업으로 여겼던 조선 산업의 탈성숙화가 급격히 진행되는 시점에서 일본기업들은 많은 자원을 보유하고 있었음에도 불구하고 많은 시장을 한국기업들에게 내줄 수 밖에 없었다고 일본 측 연구진은 지적하였다. 나아가 표준화된 선박이 조만간 치열한 가격경쟁에 노출될 것으로 여긴 나머지 범용시장을 중심으로 한 철수전략은 후발기업들에게 스스로 추격의 공간을 제공하고 잠재적 시장기반 역시 저해시킨 결과를 야기했다는 점을 지적하였다. 하지만 연구진들이 주목한 것은 단편적인 전략적 선택의 옳고 그름이 아니라 이러한 현상의 이면에 일본기업들이 1등 기업이었기 때문에 불확실성이 높은 새로운 선택을 항상 강요받아 왔으며 그러한 강요가 언제든지 잘못된 선택의 결과로서 표출될 가능성이 높다는 것이었다.

이러한 맥락에서 제기된 문제(1등 기업의 리스크)는 다른 산업의 연구에서도 지적된 바 있다. 반도체, LCD산업에서 장비산업의 경우 일본기업들이 많은 노력을 기울였던 장비 개발이 역설적으로 후발기업의 추격을 용이하게 만들어 버렸으며 TV 산업에서 일본의 소니가 기술적 잠재력이 약한 차세대 LCD보다는 차차세대 디스플레이인 유기EL(OLED)에 집착했던 사실은 1등 기업으로서 선택했던 새로운 선택(Exploration)이 오히려 기업 성장을 장기적으로 저해시켜 버린 사례로 볼 수 있다. 반대로 기존 역량에 집착(Exploitation)해서 성장을 저해시키는 사례는 철강 산업에서 차세대 공정기술 선택에 대한 한국, 일본 양국 간의 다른 선택에서 찾아볼 수도 있다.

이러한 논쟁에서 있어 짚어 봐야 할 문제 중 하나는 과연 효과적인 전략의 도출이라는 그 자체가 과연 가능한 것인가에 대한 부분이다. 변화가 심한 산업에서는 전략수립에 필요한 정보를 획득·해석하여 전략에 반영하는 과정에서 새로운 정보가 Update되는 경우가 빈번하여 선발자는 잘못된 선택의 함정에 노출될 수 있으나 후발자 역시 시간경쟁에서 근본적인 한계에 노출되기 때문에 선발자와 후발자 간 어느 편의 리스크가 더 높다고 단정 지어 말하기 어려운 측면이 있기 때문이다. 이러한 경우 전략이란 정태적인 Content라기보다는 Dynamic한 Process에 오히려 가깝기 때문에 정확한 선택보다는 탐색적 성격을 지니고 잘못된 선택에 대한 복원 능력이 중요해진다. 구승환/히로유키 카토 교수는 이러한 관점에서 일본 조선 산업을 바라보기도 하였는데 대형 조선사들은 역동적인 전략적 능력이 부족했던 반면 일본의 특정 중견 조선사는 전략적 공간을 탐색하는 능력과 포착된 공간에 내부자원을 최적화시킬 수 있는 동태적 능력을 통해 비약적인 성장을 이루었다고 지적하면서 일본 대형 조선사들의 통태적 관점에서 전략적 능력의 한계가 경쟁력 변화의 주요한 원인이었다고 지적하였다. 동종산업을 분석한 한국 측의 김영배 교수는 역시 유사한 맥락에서 변화된 외부환경에 대한 적극적인 적응, 발견된 기회에 대한 집중적인 대응이 한국조선기업의 성장동인 중 하나였다는 사실을 지적한 바 있다.[5)]

4. 경쟁에서 상호의존적 관계로

한국과 일본, 일본과 한국, 양국의 연구진들은 5대 산업에 대한 연구를 통해 양국 간 산업경쟁력 변화의 수준과 주요 원인을 살펴보고자 했다. 초기에 제시했던 3대 가설에 있어 아직 명쾌한 결론에 이르지는 못했으나 국제적 연구진 구성을 통해 객관적으로 양국 경쟁력 변화의 실체에 좀 더 다가갈 수 있었다는 점에서 많은 의미가 있는 연구라고 할 수 있다. 향후에도 연구가 지속될 필요가 있으며 새롭게 제시된 가설과 관련해서도 많은 관심이 필요할 것이다.

연구과정에서 지금의 연구주제가 향후에도 과연 유효한 주제가 될 수 있을 것인가에 대한 흥미로운 질문이 제기되었다. 이것은 양자(Dyadic)적 관점에서 볼 때, 한국과 일본은 경쟁관계로 볼 수 있으나 한 걸음 뒤에서 세계 시장을 놓고 볼 때, 한국과 일본은 경쟁이라기보다는 상호의존적인 동반자 관계로 점차 발전할 것으로 예상되기 때문이다. 글로벌 경제의 중심이 점차 아시아로 이동하고 있으며 일본, 한국, 중국, 대만이 포진한 동아시아가 북미와 더불어 세계적인 혁신의 근거지(Center of Excellence)가 될 가능성도 점차 커지고 있다. 이러한 맥락에서 볼 때, 본 연구가 기본적으로 양국 산업경쟁력에 대한 것이긴 하나 연구의 결과는 다양한 측면에서 함의를 지닌다고 볼 수 있을 것이다. 본 연구에서 논의되었던 주제나 연구자료, 그리고 신

---

5) "사실 이는 (한국 조선기업의 차별적 전략은) 전략적 선택에 의한 결과라기보다는 어쩔 수 밖에 없는 선택이었던 측면도 크다. 각 조선기업은 원가절감과 생산성 향상을 위해 극한적인 혁신 노력을 할 수 밖에 없었고 그 결과 육상건조와 같은 역발상의 공정개발과 지속적인 공정 혁신 성과를 올릴 수 있었다. 그리고 마침 고객의 다양한 요구와 대형화되는 선박 수요에 한국 조선기업의 선택이 맞아 떨어지면서 일본을 추월할 수 있었다." - 조선 산업에 대한 분석 중.

선한 시각들은 한국과 일본 각국 기업들의 경쟁력 강화는 물론 양국 산업/기업 간 협력, 건설적인 발전 나아가 세계를 주도하는 아시아의 미래를 구상함에 있어 중요한 초석이 될 수 있을 것이다. 양국의 건설적인 발전과 본 주제에 관심을 가지는 많은 분들에게 도움이 되었으면 한다.

감덕식

LG경제연구원 책임연구원

김경찬

포스코경영연구소 수석연구위원

김영배

KAIST 테크노경영대학원 경영공학전공 교수

박성주

KAIST 테크노경영대학원 경영공학전공 교수

박영렬

연세대학교 경영대학 교수

이중우

인제대학교 경영학부 교수

이진우

포스코경영연구소 연구위원

정구현

KAIST 테크노경영대학원 초빙교수

하연찬

극동대학교 경영학과 교수

홍덕표

 LG경제연구원 수석연구위원

Hiromi SHIOJI

 교토(京都)대학교 경제학부 교수

Hiroyuki KATO

 고쿠시칸(國士館)대학교 정경학부 교수

Isao YANAGIMACHI

 게이오(慶應義塾)대학교 종합정책학부 교수

Jun AKABANE

 요코하마시립(横浜市立)대학교 국제종합과학부 교수

Makoto ABE

 아시아경제연구소 주임연구원

Norio GOMI

 슈쿠토쿠(淑徳)대학교 경영학부 교수

Seunghwan KU

 교토산업(京都産業)대학교 경영학부 교수

한일 산업경쟁력 비교

초 판 인 쇄 ㅣ 2013년 1월 31일
초 판 발 행 ㅣ 2013년 1월 31일

지 은 이 ㅣ 박성주 · 박영렬 · 야나기마치 이사오 외
펴 낸 이 ㅣ 채종준
펴 낸 곳 ㅣ 한국학술정보㈜
주   소 ㅣ 경기도 파주시 문발동 파주출판문화정보산업단지 513-5
전   화 ㅣ 031) 908-3181(대표)
팩   스 ㅣ 031) 908-3189
홈 페 이 지 ㅣ http://ebook.kstudy.com
E - m a i l ㅣ 출판사업부 publish@kstudy.com
등   록 ㅣ 제일산-115호(2000. 6. 19)

ISBN   978-89-268-4052-8 93320 (Paper Book)
            978-89-268-4053-5 95320 (e-Book)

 한국학술정보㈜의 학술 분야 출판 브랜드입니다.